W0064517

DIE ERDGESCHICHTE

DIE ERDGESCHICHTE

EINE SPURENSUCHE DURCH JAHRMILLIONEN

SIMON LAMB
& DAVID SINGTON

KÖNEMANN

Vorwort

Die Erdgeschichte, die Fernsehserie wie auch das Buch, entstand aus der Zusammenarbeit zwischen einem Wissenschaftler mit einem lange gewachsenen Interesse am Filmemachen (Simon Lamb) und einem Filmemacher mit einem lange gewachsenen Interesse an den Geowissenschaften (David Sington). *Die Erdgeschichte* wurde in zahlreichen, über viele Jahre geführten Diskussionen entwickelt.

Die Aufgabe, das Buch zu schreiben und das Drehbuch der Fernsehserie in ein Manuskript zu überführen, fiel vor allem Simon zu. Gemeinsam erarbeiteten David und Simon den ersten Entwurf und versuchten dabei sicherzustellen, daß es einem möglichst großen Publikum zugänglich ist. Dabei spielen die Illustrationen eine zentrale Rolle. In enger Zusammenarbeit mit Felicity Maxwell machte Simon die wissenschaftlichen Vorgaben für unseren exzellenten Illustrator Gary Hincks (dem Michael Eaton zur Seite stand). Simon war auch für die Bildlegenden zu Fotos und Illustrationen verantwortlich. Das Manuskript profitierte sehr von Felicity Maxwells geologischem Sachverstand, und sie gab zahlreiche wertvolle Hinweise. Außerdem möchten wir Philip England, Rachel Mills, Keith O'Nions und Hazel Rossotti für ihre Beurteilung von Teilen des Manuskripts danken. Darüber hinaus gilt unser Dank Hendrik van Heijst, Lorcan Kennan, Conall MacNiocall, Graham Robertson, Paul Valdes und John Woodhouse, die die computergenerierten Diagramme anfertigten.

Originalausgabe: 1998 von BBC Books, ein Imprint of BBC Worldwide Ltd.

Das Buch entstand begleitend zur Fernsehserie *Earth Story*, die erstmals 1998 von BBC 2 ausgestrahlt wurde.
Herstellung: Richard Reisz
Produktion der Serie: David Sington
Produzenten: Robin Brightwell, Simon Lamb, Cynthia Page, Danielle Peck, Isabelle Rosin, Simon Singh

Illustrationen von Gary Hincks
Zusätzliche Illustrationen von Michael Eaton
Beraterin für die Illustrationen: Felicity Maxwell
Designer: Ben Cracknell
Layout: Reuben Barnham

Originaltitel: Earth Story

Könemann Verlagsgesellschaft mbH
Bonner Str. 126
D–50968 Köln

Übersetzung aus dem Englischen: Renate Hirschberger, für Agents – Producers – Editors
Fachlektorat: Gerhard Bruschke, für Agents – Producers – Editors
Redaktion und Satz der deutschen Ausgabe: Agents – Producers – Editors, Overath

Projektkoordination: Birgit Wüller
Herstellung: Ursula Schümer

Druck und Bindung: Leefung Asco Printers Co. Ltd., Hong Kong

Printed in China

ISBN 3–8290–5026–7

10 9 8 7 6 5 4 3 2 1

Frontispiz: Ein inzwischen vertrauter Blick auf unseren Planeten aus dem All, im Zentrum der östliche Pazifik. Die tiefblauen Meere, die weißen Wolken und die grünen Landflächen würden jedem außerirdischen Raumforscher sofort verraten, daß dieser Planet etwas besonderes ist und flüssiger Wasser und Leben aufweist.

Seite 6: Auf Wiedersehen, Erde. Ein Bild von Erde und Mond, aufgenommen in den 1990er Jahren von der Raumsonde Galileo, *als sie ihre lange Reise zum Jupiter antrat.*

Inhalt

Einleitung

Nachdem die von der NASA entwickelte Raumsonde Galileo im Dezember 1990 auf ihrem Weg zum Jupiter die Erdumlaufbahn verlassen hatte, machte sie eine Reihe bemerkenswerter Aufnahmen von der Erde und ihrem natürlichen Satelliten, dem Mond. Vor dem schwarzen Hintergrund heben sich die blauen und weißen Strukturen der Erde stark von den braungrauen Farbtönen des Mondes ab. Aber Galileo sollte nicht nur Aufnahmen machen, sondern auch Beobachtungen anstellen, um eine der wichtigsten Fragen der Weltraumforschung zu beantworten: Kann mit Hilfe von Raumschiffen die Existenz von Leben auf anderen Planeten nachgewiesen werden? Senden diese Lebewesen Signale aus, die mit modernster Technologie empfangen und ausgewertet werden können?

Flüssiges Wasser ist ein notwendiges Medium für Lebewesen. Das Vorkommen von Wasser auf einem Planeten ermöglicht theoretisch Leben. Auch dem Vorhandensein von Sauerstoff wird hohe Bedeutung beigemessen. Dessen Moleküle sind chemisch überaus reaktionsfreudig, das heißt, sie gehen leicht Verbindungen mit anderen Elementen ein. Diese Tatsache müßte dazu führen, daß der atmosphärische Gehalt an freiem Sauerstoff allmählich zurückgeht – es sei denn, dieses Element wird durch bestimmte Prozesse wieder freigesetzt. Eine natürliche Quelle für Sauerstoff ist die Photosynthese der Pflanzen. Die Forscher der NASA folgerten daraus, daß das Vorhandensein von Wasser und Sauerstoff ein starker Indikator für die Existenz von Leben sein muß.

Die im Weltraum durchgeführten Experimente machen deutlich, was für ein bemerkenswerter Planet unsere Erde ist. Von allen bisher bekannten Bereichen des Sonnensystems bietet nur die Erde die Voraussetzung für Leben. Einzigartig ist die Erde aber nicht nur in räumlicher, sondern auch in zeitlicher Hinsicht. Stellen Sie sich eine Kamera vor, die die Erde in großer Höhe umkreist und in regelmäßigen Abständen, etwa alle 50 000 Jahre, eine Aufnahme von der sich unter ihr bewegenden Erde macht. Reihte man nun diese Aufnahmen aneinander, erschiene die Erde als konstant rotierender Planet, die Kontinente würden als sich bewegende Flächen erscheinen, an den Polen würden Eismassen wachsen und wieder abschmelzen, und Gebirgsketten würden sich heben und wieder abgetragen werden. Kein anderer Planet unseres Sonnensystems weist eine derart starke Dynamik auf.

In diesem Buch wird folgende These aufgestellt und belegt: Es ist kein reiner Zufall, daß sich der Planet Erde, der Raum für Leben bietet, in fortwährendem Wandel befindet. Die biologische und die geologische Aktivität gehen auf der Erde sogar Hand in Hand. Dieses Buch erläutert die Erkenntnis, daß nur ein geologisch aktiver Planet Leben hervorbringen und andererseits nur ein Lebensraum bietender Planet seine geologische Dynamik bewahren kann. Diese Schlußfolgerung wird in den folgenden acht Kapiteln ausführlich entwickelt; an dieser Stelle soll ein kurzer Überblick gegeben werden.

Das erste Kapitel beschreibt, wie mit Hilfe der Auswertung von Gesteinen Rückschlüsse auf die Erdgeschichte gezogen werden können. Die ältesten Gesteine der Erde wurden in Grönland und Südafrika gefunden. Sie belegen, daß die Erde vor etwa 4 Milliarden Jahren völlig anders aussah als heute: Sie war vermutlich von einem riesigen Ozean bedeckt, der mit einer Vielzahl von kleinen vulkanischen Inseln übersät war. In jener Zeit muß es bereits vulkanische Tätigkeit sowie tektonische Bewegung, das heißt die Drift der großen Kontinentalplatten, gegeben haben. Schon damals hatten frühe Lebensformen auf der Erde Fuß gefaßt: in Form von hitzeangepaßten Bakterien. Die wichtigste Erkenntnis aber, die aus der Untersuchung der Gesteine gewonnen wird, lautet: Trotz allen Wandels, dem die Erde in den Jahrmilliarden unterworfen war, sind die sie formenden Kräfte dieselben geblieben.

Das Wesen dieser Kräfte wird in den folgenden drei Kapiteln (2 bis 4) dargestellt. Der Schlüssel zu ihrem Verständnis liegt in einigen grundlegenden physikalischen Gesetzmäßigkeiten. Im Erdinneren herrschen Temperaturen bis etwa 5000 °C. Die Erdoberfläche hingegen ist wesentlich kühler. Deshalb sind die Wärmeströme von tieferen Schichten des Erdballs zur Oberfläche hin gerichtet. Der Wärmetransport erfolgt dabei auch über das Gestein bzw. flüssiges Magma; dieser Vorgang wird als Konvektion bezeichnet. Hat das Magma die Oberfläche erreicht, fließt es meist horizontal weiter, kühlt dabei allmählich ab und und erstarrt zu festem Gestein. Ein Teil des neu gebildeten Gesteins oder des noch flüssigen Magmas schiebt sich dann wieder nach unten, ins Erdinnere, während ein anderer Teil an der Erdoberfläche verbleibt. Die horizontale Bewegung an der Erdoberfläche wird in der Theorie der Plattentektonik beschrieben. Sie erklärt die Gliederung der Oberfläche in mehrere als Platten bezeichnete Gesteinsschollen und deren permanente Bewegung. Die Erde ähnelt einem Motor, der Wärmeenergie in Bewegung umsetzt.

Im Verlauf der Erdgeschichte haben die Platten durch ihre Bewegungen die Kontinente über die gesamte Erdoberfläche verschoben und durch diese Verlagerung das Klima der Erde maßgeblich beeinflußt; dies wird in den Kapiteln 5 und 6 umfassend beschrieben. Die Auswirkungen des Klimas auf das Leben sind an vielen Stellen der Erde nachvollziehbar. So löschen mächtige Eisdecken, wie etwa die rund 3000 Meter dicken Eismassen Grönlands, die darunterliegende Landschaft praktisch aus und wirken wie eine Barriere gegen jegliches Leben. Auf Landkarten erscheinen die schnee- und eisbedeckten Flächen als weiße Flecken. Auch für Lebewesen ist die Welt des Ewigen Eises ein weißer Fleck – mit Ausnahme der heißesten Wüsten gibt es auf der Erde keine lebensfeindlicheren Regionen. Nur Mikroorganismen können hier dauerhaft existieren. Vor einigen Jahrtausenden waren jedoch weite Teile der Nordhalbkugel, die heute Lebensraum unzähliger Arten ist, von Eis bedeckt.

Die Erdgeschichte erlebte mehrere drastische Klima-Änderungen. Im vorletzten Kapitel wird dargelegt, wie diese Wechsel auch massive Einschnitte für das Leben auf der Erde bedeuteten. Ganz offenbar haben Ereignisse wie die Eiszeiten auch den Verlauf der Evolution in hohem Maße beeinflußt. Die gegenwärtige Vielfalt der Tier- und Pflanzenarten auf der Erde ist also ein Ergebnis der ständigen Dynamik unseres Planeten.

Diese Dynamik wird wiederum durch das Leben auf der Erde aufrecht erhalten. Hier schließt sich nun der Kreis zur Raumsonde Galileo und ihrer »Entdeckung« der Ozeane. Wasser ist unentbehrlich für die Entwicklung von Leben. Überraschender ist aber vielleicht die Tatsache, daß Wasser auch eine wesentliche Rolle bei der Bewegung der Platten spielt – kurz gesagt: ohne Wasser keine Plattentektonik. So ermöglicht Wasser Leben und Bewegungen auf der Erde. Ozeane können jedoch nur in einer schmalen Temperaturspanne bestehen, die durch die Erdgeschichte hindurch in etwa konstant geblieben sein muß. Dem widerspricht auch nicht die Tatsache, daß seit der Entstehung unseres Sonnensystems vor rund 4,6 Milliarden Jahren die von der Sonne ausgesandte Strahlung leicht zugenommen hat. Die Erde wurde – im Gegensatz zum Planeten Venus – vor zu starker Erwärmung und zu hohem Wasserverlust durch Verdunstung bewahrt.

Höchstwahrscheinlich wies die Atmosphäre der Erde bei ihrer Entstehung einen hohen Gehalt an Kohlendioxid auf; dieses Gas bewirkte einen Treibhauseffekt und bewahrte die Erde davor, zuviel Wärme in den Weltraum abzustrahlen und damit zu stark abzukühlen. Der überwiegende Teil des Kohlenstoffs ist mittlerweile in den Gesteinen der Erdkruste gebunden. Die Temperaturen auf der Erde sind dadurch trotz des Anstiegs der Sonnenstrahlung geringer als in der Vergangenheit. Bei der Bindung von Kohlenstoff spielen auch Lebewesen eine bedeutende Rolle, da sie Kohlendioxid aus der Atmosphäre entnehmen, um ihr Gewebe aufzubauen. Mit der Zunahme der Sonnenenergie konnten Lebewesen größere Mengen an Kohlenstoff aufnehmen. Dies führte zu einer Verringerung des Treibhauseffekts und zu einer Abnahme der Temperaturen.

Mit diesen Annahmen beschäftigt sich das abschließende Kapitel des Buchs. Wenn sie zutreffen, haben wir einen bemerkenswerten Schluß zu ziehen: Ohne Wasser kein Leben und ohne Leben kein Wasser. Da ohne Wasser auch keine Bewegung der Platten möglich wäre, sind geologische und biologische Prozesse die gesamte Erdgeschichte hindurch untrennbar miteinander verbunden gewesen.

Die Menschheit ist, erdgeschichtlich betrachtet, sehr jung. Es bleibt zu hoffen, daß wir mit zunehmendem Wissen über unseren Planeten die Achtung vor der Erde als einem faszinierenden Gestirn bewahren und mehren.

David Sington

KAPITEL 1

REISENDE DURCH DIE ZEIT

Geologen streben nach dem Verständnis der Prozesse, die zur Bildung und Entwicklung der Erde führten. Dafür müssen sie das frühere Erscheinungsbild des Planeten rekonstruieren. Aber wie kann die Erdgeschichte ohne Zeitzeugen und deren Berichte nachvollzogen werden? Vor etwa 200 Jahren entdeckten Geowissenschaftler, daß der Schlüssel zum Verständnis der Vergangenheit in unserer gegenwärtigen Umwelt liegt, in den Gesteinen der Erdoberfläche. Mit der Erforschung dieser Gesteine begann eine Zeitreise in die Vergangenheit, eine Reise, die bis heute andauert.

Little Langdale Tarn in Cumbria, England: Geologen erkennen in dieser zeitlos wirkenden Landschaft Spuren starker Kräfte – die Bewegung von Gletschern und die Erosion durch Flüsse haben die Landschaft über lange Zeiträume hinweg massiv verändert.

EIN BLICK UNTER DIE ERDOBERFLÄCHE

Stellen Sie sich vor, Sie blicken an einem schönen Sommertag von einem Berg: Um Sie herum breitet sich bis zum Horizont eine von Bergen und Tälern gegliederte Landschaft aus. In der Sonne glänzende Flüsse schlängeln sich durch die Täler, vereinigen sich mit anderen Flüssen und strömen schließlich als immer breiter werdender Fluß zum nächsten See. Die Vegetation ist dicht; an den Flußufern stehen kleine Baumgruppen, an den Berghängen wachsen Nadelwälder. Vögel zwitschern, und Kühe muhen auf der Weide. Ein Fuchs schnürt über ein Feld – auf der Suche nach Beute oder nach einem Artgenossen.

Diese Szenerie deckt sich wahrscheinlich mit der Vorstellung vieler Menschen vom Paradies: eine zeitlose Landschaft, die mit sich selbst im Einklang ist. In Wirklichkeit gibt es viele Elemente in dieser von Leben erfüllten Landschaft noch nicht sehr lang. Felder und Forste gehen, ebenso wie das weidende Vieh, erst auf das menschliche Einwirken zurück. Vor langer Zeit existierten viele der heute lebenden Tier- und Pflanzenarten noch nicht. Die scheinbar friedlich ihre Bahnen ziehenden Flüsse wirken sehr landschaftsprägend. Sie schürfen Täler aus und unterschneiden Hänge. Das von den Flüssen abgetragene Material wird flußabwärts an anderen Stellen wieder abgelagert. Die Erdoberfläche ist also nicht statisch, sondern ihre Gestalt ist ständigen Veränderungen unterworfen. Die gegenwärtige Landschaft erscheint wie ein Standbild in einem Film. Erst die aufeinanderfolgenden Standbilder würden die Dynamik der sich ständig verändernden Erdoberfläche aufzeigen.

Diese Sicht unserer Umwelt mag den meisten Menschen fremd erscheinen; sie ist aber der grundlegende Ansatzpunkt zur Erklärung der Erdgeschichte, die sich über unvorstellbar lange Zeiträume erstreckt. Vor diesem Hintergrund deuten Geologen scheinbar Belangloses: ein Stein, der herabrollt, oder ein Fluß, der bei Hochwasser über seine Ufer tritt ... Im Laufe der Zeit verändern zahllose solch kleiner Prozesse das Landschaftsbild nachhaltig. Zu dieser Erkenntnis gelangte die Wissenschaft erst vor rund 200 Jahren, als man langsam in der Lage war, die Erdgeschichte zu rekonstruieren. Diese Informationen erlangt man anhand von Gesteinen, die sich an der Erdoberfläche oder unmittelbar darunter befinden.

Es wäre zu einfach, den Boden unter unseren Füßen einfach als selbstverständlich hinzunehmen, ihn zu bearbeiten und zu bebauen, ohne sich damit auseinanderzusetzen, wie er entstand. Zu den bemerkenswertesten Eigenschaften unseres Planeten gehört, daß gerade dieser Untergrund voller Informationen und so reich an Geschichte ist, daß er geradezu dazu herausfordert, ihm »zuzuhören«. Unter unseren Füßen sind nahezu alle Geschehnisse der Erde verzeichnet, bis zurück in die Zeit, als die Erde entstand.

DAS GESTEIN ERFORSCHEN

Bis ins späte 17. Jahrhundert nahmen die meisten Christen in Europa die in der Bibel beschriebene Schöpfungsgeschichte wörtlich. Sie skizzierte den Ablauf der irdischen Ereignisse, beginnend mit der Erschaffung der Erde in sechs Tagen. Im Jahr 1650 verwendete der englische Erzbischof James Ussher den biblischen Stammbaum und zählte die Lebensalter aller Nachkommen von Adam zusammen. So errechnete er, daß die Erde im Jahr 4004 vor Christus erschaffen worden sei, was ein Gesamtalter des Planeten von etwa 6000 Jahren ergibt. Jene Naturwissenschaftler, die ihren Untersuchungen die Berechnung Usshers zugrundelegten und 6000 Jahre, ja selbst die zehnfache Dauer für eine lange Zeit hielten, wurden bald eines Besseren belehrt.

Gegen Ende des 18. Jahrhunderts begann das Zeitalter der Industriellen Revolution. Bergarbeiter und Ingenieure eigneten sich für den Abbau von Bodenschätzen oder den Bau von Kanälen ein umfassendes Wissen über Gesteine an. Einer von ihnen, Abraham Gottlob Werner, arbeitete im sächsischen Freiberg. Er entdeckte, daß die Gesteine offenbar in Schichten auftraten. Die unterste Schicht bildeten kristalline Gesteine wie Granit, Gneis und Schiefer, aus denen etwa das Böhmische Massiv aufgebaut ist. Diese werden von einer Folge von Sedimentgesteinen wie Sandstein und Schieferton überlagert. Werner erklärte dies damit, daß die Erde einst vollständig von Wasser bedeckt war – eine Vorstellung, die sich noch eng an den biblischen Sintflutbericht anlehnt. Dieser urzeitliche Ozean hatte einen unregelmäßig verlaufenden Meeresboden; große Tiefen wechselten mit seichten Abschnitten. Nach Werners Theorie war das gesamte Material der heutigen Erdkruste in Wasser gelöst und befand sich im sogenannten Schwebezustand. Im Laufe der Zeit setzte es sich ab, und durch Verdichtung entstanden die von Werner entdeckten Schichten unterschiedlicher Gesteine. Zuerst kristallisierten die schwersten der im Wasser gelösten Stoffe aus und bedeckten den unregelmäßigen Meeresboden mit kristallinem Gestein. Durch Materialeintrag der immer leichter werdenden Komponenten aus dem Wasser entwickelten sich die verschiedenen Schichten und bildeten eine charakteristische Abfolge. Mit zunehmender Verringerung des Wasserkörpers erfolgte ein immer stärkerer Eintrag von Material der festländischen Bereiche. Flüsse luden in den küstennahen Bereichen Sand und Ton ab, der die flacheren Bereiche des urzeitlichen Ozeans bedeckte.

Werners Theorie zufolge bildeten sich alle Gesteine durch Ablagerung von Material auf dem Grund von Meeren und Seen im Zuge eines Prozesses, der von Geologen als Sedimentation bezeichnet wird. Die Anhänger dieser Theorie wurden »Neptunisten« genannt, da das Wasser eine dominierende Rolle bei diesen Vorgängen spielt. Die Neptunisten wurden jedoch bald mit einer konkurrierenden Theorie konfrontiert, die von James Hutton, einem schottischen Landwirt und Kaufmann, aufgestellt wurde, der genug Geld verdient hatte, um sich für den Rest seines Lebens den Phänomenen der Natur widmen zu können. Er machte sich einen Namen durch zwei Beobachtungen, die er in den 1780er Jahren in Schottland anstellte. Die erste machte er 1785 in Glen Tilt, als er drei unterschiedliche Gesteinsarten untersuchte: Kalkstein, Schieferton und Granit. Nach Werners Theorie war Granit ein Produkt, das durch Ausfällung von im Wasser mitgeführten Schwebstoffen entstand. In Glen Tilt war der Granit in finger- bis aderförmiger Gestalt in die anderen Gesteine eingedrungen. Manche Schiefertonblöcke waren sogar vollständig von Granit umschlossen. Dies brachte Hutton zur Überzeugung, daß Granit kein Ausfällungsprodukt sein konnte, sondern als geschmolzene Masse in ältere Sedimente – eben Kalkstein und Schieferton – eingedrungen sein mußte und sich dann später verfestigte.

Damit wurde Hutton klar, daß neben Wasser auch hohe Temperaturen für die Entstehung der Erdkruste maßgebend waren. Vulkane, die er in Italien und im französischen Zentralmassiv gesehen hatte, interpretierte er als Ventile unterirdischer Kammern, in denen die Hitze des Erdinneren in Form von flüssigem Magma an die Erdoberfläche gelangte. Viele dieser Vulkane sind aus Basalt aufgebaut, einem weit verbreiteten vulkanischen Gestein. Hutton fand heraus, daß ein Teil des in der Erde geschmolzenen Gesteins nicht die Oberfläche erreicht, sondern sich in Form von Adern und schmalen Gängen in der Erdkruste verfestigt. Auch Granit sei, so seine Überzeugung, nur eine andere Form verfestigten Gesteins aus dem Erdinneren. Die Wissenschaftler, die Hutton folgten und die Bedeutung des Vulkanismus für die Entstehung der Erdkruste hervorhoben, wurden als »Vulkanisten« bezeichnet. Huttons Betonung der Rolle des geschmolzenen Gesteins im Erdinneren verschaffte ihm den Beinamen »Plutonist«, nach Pluto, dem römischen Gott der Unterwelt. Die Erkenntnis, wie Granit entsteht, war von großer Bedeutung, da dieses Gestein auf allen Kontinenten der Erde weit verbreitet ist.

Somit waren zwei unterschiedliche Typen von Gesteinen erkannt: Sedimente, deren Bestandteile von Flüssen transportiert und in Seen oder Meeren abgelagert wurden, und Magmatite, die nach Abkühlung flüssiger Gesteine entstanden. Hutton gelang es auch, noch einen weiteren Gesteinstyp nachzuweisen: die Metamorphite. Diese gehen aus Sedimenten und Magmatiten hervor, die durch die Einwirkung von hohen Temperaturen und Druck vollständig verändert wurden. In Glen Tilt hatte James Hutton auch Gesteine gefunden, auf die diese Form der Entstehung zutraf.

Im Jahr 1788 machte er eine Entdeckung, die das damalige Bild vom Planeten Erde entscheidend veränderte und ungeahnte Einsichten in das Geschehen der weit entfernten Vergangenheit ermöglichte. Bei Siccar Point an der schottischen Ostküste, in der Nähe von Edinburgh, entdeckte er eine Schichtenfolge von Sandsteinen, die schräg gestellt war. Sie überlagerte eine Abfolge von Schiefertonen und Siltsteinen, deren Schichten nahezu *saiger* (vertikal) ausgerichtet und teilweise auch gefaltet waren. Dieses Phänomen zeigt einen dramatischen Bruch zwischen zwei Perioden der Sedimentablagerungen; deshalb wird es als Diskordanz bezeichnet. Hutton fand heraus, daß für die Stichhaltigkeit seiner Überlegungen sieben Annahmen zutreffen mußten:

1. Flüsse verlagern Gesteinsmaterial durch Erosion und lagern die mitgeführten Bestandteile in Seen oder Meeren ab.

2. Das von den Flüssen eingetragene Material wird am See- oder Meeresboden abgesetzt. Dort bildet es Schichten von Schlamm, Ton und Sand, die nach Überlagerung schichtweise verfestigen.

3. Diese Schichten werden durch Kräfte aus dem Erdinneren über den See- oder Meeresspiegel herausgehoben. Dabei drehen sie sich von der horizontalen in die vertikale Lage, werden gekippt und gefaltet.

4. Erosion durch Flüsse führt zur Einebnung der gehobenen und gekippten Schichten.

5. Anschließend sinken die eingeebneten Lagen, und auf ihnen werden neue Schichten mit von Flüssen eingetragenem Material abgelagert.

6. Kräfte des Erdinneren führen erneut zu Hebung und Schrägstellung der abgelagerten Schichten.

7. Die angehobenen Gesteinslagen werden durch Fließgewässer abgetragen, die somit die Landschaft umgestalten.

Damit waren die wichtigsten Informationen benannt, die bei der Auswertung eines bestimmten Gesteins zu entnehmen waren. Trotzdem spiegeln diese Schlußfolgerungen nur einen Bruchteil dessen wider, was sich an Informationsgehalt im Gestein verbirgt. Heutzutage könnten Geologen ermitteln, woher die erodierenden Flüsse kamen, an welchen Stellen im See oder Meer die Ablagerung erfolgte, welcher Art die Bewegungen im Erdinneren waren, die zur Hebung führten, und wie alt die Gesteine sind. Aber auch ohne dieses Wissen konnte Hutton nachweisen, daß die Entstehung der Erdoberfläche in mehreren Phasen ablief. Und er erkannte, daß dies im ständigen Wechselspiel geschah: zwischen der Abtragung der Oberfläche durch Erosion der Flüsse und der Ablagerung des verfrachteten Materials, verbunden mit der Bildung einer neuen Oberfläche. Auch die Bewegungen im Erdinneren spielen dabei eine wichtige Rolle – sie können im Extremfall eine vollständige Umkehr des Reliefs hervorrufen.

Die Erklärung der Diskordanz beruhte maßgeblich auf Huttons Erkenntnis, daß ein Teil der an der Oberfläche anstehenden Gesteine durch Sedimentation von verlagertem Material entstanden war. Diese einfach erscheinende Schlußfolgerung war tatsächlich ganz neu und von großer Tragweite. Sie findet sich nicht in früher aufgestellten Theorien zur Entstehung der Erde, wie etwa in der des »Neptunisten« Abraham Gottlob Werner. Überdies fand Hutton heraus, daß sowohl die Erosion von Gesteinsmaterial durch Flüsse als auch die Ablagerung von Sedimenten in Seen und Meeren sehr langsam vonstatten gingen. Und da niemand die Kräfte, die eine Hebung und Schrägstellung von Gesteinen bewirkten, rekonstruieren konnte, gab es für Hutton keinen Zweifel daran, daß auch diese Prozesse nur in sehr langen Zeiträumen ablaufen können. In Siccar

Sedimente wie diese im Jura entstandenen Sandsteine im US-Bundesstaat Utah umfassen mehrere Schichten. Jede dieser Lagen entspricht bestimmten Ablagerungsbedingungen, die durch Wasser oder Wind gegeben waren.

Point wurde offenkundig, daß all die genannten Ereignisse mehrfach aufgetreten sein mußten. Die Gesteine nahmen für ihre Bildung also offenbar eine sehr lange Zeit in Anspruch.

Nach Hutton befindet sich die Oberfläche der Erde in einem Zustand permanenter Veränderung: Flüsse durchschneiden Gebirge und lagern das mitgeführte Geröll flußabwärts in einem See oder Meer ab. Nach der Sedimentation verdichtet sich das Material unter dem Gewicht später abgelagerter Schichten, und seine Temperatur steigt allmählich an. Nach genügend starker Erwärmung dehnen sich die Schichten aus und bewirken die Hebung des See- oder Meeresbodens. Somit steigt das Niveau vorher tiefer gelegener Gebiete, während die früher höheren Gebirge im Lauf der Zeit durch die Erosion der Flüsse immer weiter abgetragen werden. Schließlich wiederholen sich diese Vorgänge in der anderen Richtung: Flüsse strömen von den Hebungsgebieten hinab zu den Abtragungsgebieten, wo sie das mitgeführte Geröll ablagern, das sich verdichtet, erwärmt und wieder aufsteigt, während die höher gelegenen Gebiete abgetragen werden. Danach wechselt die Aktionsrichtung erneut, und immer so weiter, ohne zeitliche Begrenzung (siehe Seiten 18 bis 19).

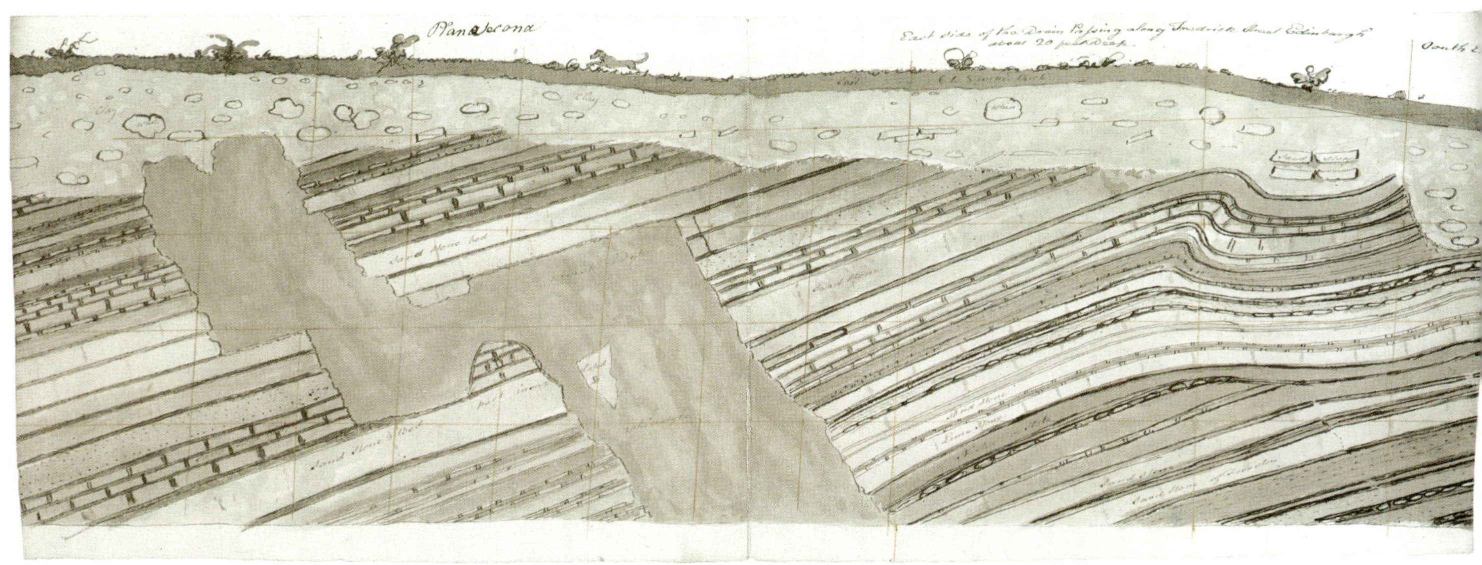

Dieses vor etwa 200 Jahren von John Clerk gemalte Aquarell ist wohl eine der frühesten Darstellungen der Gesteinsbildung. Flüssiges Magma drang vor der Aushärtung in eine Schichtenfolge ein. Eine Diskordanz, an der jüngere, horizontal abgelagerte Gesteinsschichten auf älteren, schräggestellten Schichten lagern, befindet sich direkt unterhalb der Oberfläche.

Was auch immer man über Huttons Sicht der Erde als sich ständig bewegende Maschine oder die Rolle der Temperatur bei der Gebirgsbildung denken mag – eine tiefgreifende Erkenntnis kann man ihm nicht absprechen: das Konzept geologischer Zeiträume. Im Jahr 1788 schrieb er über die Erde: »Keine Spur von einem Anfang – keine Aussicht auf ein Ende.« Dies war in der Tat ein bedeutender Schritt; er markierte den Übergang von der Annahme einer Erdgeschichte, die sich nach der biblischen Überlieferung in einem Zeitraum von einigen tausend bis maximal hunderttausend Jahren abspielte, hin zum Glauben an die Unendlichkeit. Hutton glaubte, daß die Erdgeschichte endlos sei, ohne übergeordnete Richtung und ohne Systematik in der Evolution. Bei seinen Auswertungen hatte er jedoch den Blick für das Detail verloren und es versäumt, einzelne Seiten des Buches zu enträtseln, das er auf so gewissenhafte Weise zu lesen gelernt hatte. Gerade die noch nicht entschlüsselten Sätze erzählten aber die Geschichte der Ereignisse, die zur Bildung der einzelnen Gesteinsschichten geführt hatten. Die Interpretation der Abfolge dieser Lagen und ihre Einordnung in eine Zeitskala waren die bedeutenden Aufgaben der Geologie im 19. Jahrhundert.

Erdgeschichte in einer Zeitskala

John Woodward, Professor für Geologie an der Universität Cambridge, stellte im Jahr 1695 folgende Behauptung auf: Die in vielen Gesteinen enthaltenen Fossilien sind die versteinerten Überreste der Lebewesen, denen es nicht gelungen war, vor der Sintflut auf Noahs Arche zu gelangen. Er glaubte, daß die Sintflut die Erdoberfläche zerstört, zumindest aber maßgeblich umgestaltet habe, die schlammigen Überreste nach dem Sinken des Wassers fest geworden seien und somit die gegenwärtige Oberfläche der Erde gebildet hätten. Ertrunkene Lebewesen seien demzufolge nach der Verfestigung des Schlamms als Fossilien erhalten geblieben.

Die von Woodward als Fossilien erkannten Lebensspuren erlangten im frühen 19. Jahrhundert in der Geologie große Bedeutung. William Smith, ein Tiefbauingenieur aus Oxfordshire, entdeckte als erster ihre Aussagekraft. Er beaufsichtigte die Anlage von Kanalsystemen und die dafür notwendigen technischen Arbeiten. Dabei hatte er sich mit der Beschaffenheit der Erdkruste, die für den Bau von ausge-

dehnten unterirdischen Kanälen durchbohrt werden mußte, auseinanderzusetzen. Er wußte, daß Gesteine in Schichten aufeinander lagerten. Routinemäßig beschäftigte er sich mit deren Eigenschaften wie Farbzusammensetzung und Härte. Zu seiner Tätigkeit gehörten auch Reisen in viele Regionen Englands. Dabei stellte er fest, daß unverkennbare Schichten beziehungsweise Schichtenverbände in weit voneinander entfernten Gebieten vorkommen. Die Gesteinspakete waren zum Teil über große Entfernungen zu verfolgen. Diese Erkenntnis markierte einen Meilenstein in den Geowissenschaften, vergleichbar mit Huttons Entdeckung von Diskordanzen.

Seit seiner Kindheit hatte sich Smith mit Fossilien, die er in Gesteinen fand, beschäftigt – den Überresten von Korallen, Schalentieren, Seeigeln und anderen Meereslebewesen. Er erkannte, daß jede Gesteinslage ihre spezifischen Fossilien enthielt. Auswertung und Analyse der Fossilien waren demnach eine weitere Methode, Gesteinsschichten zu bestimmen. Smith stellte die Behauptung auf, daß Gesteinsschichten mit gleichem Fossiliengehalt gleich alt sein müßten. Somit konnte er Gesteinsschichten nicht nur nach äußeren Eigenschaften klassifizieren, sondern auch nach ihrem Alter. Die Auswirkungen dieser Erkenntnis waren enorm. Nun war es möglich, Schichten aller Teile der Erde hinsichtlich ihres Gehalts an Fossilien miteinander in Beziehung zu setzen.

Auf der anderen Seite des Ärmelkanals machten französische Wissenschaftler etwa zur gleichen Zeit ähnliche Entdeckungen. Aber im Gegensatz zu

Viele Gesteinslagen sind übersät mit fossilen Überresten. Jüngere und ältere Sedimentschichten enthalten jeweils die Fossilien der zu jener Zeit existierenden Fauna und Flora. Die abgebildeten Muscheln und Ammoniten lebten vor rund 150 Millionen Jahren während des Jura.

Das Auf und Ab der Erdoberfläche

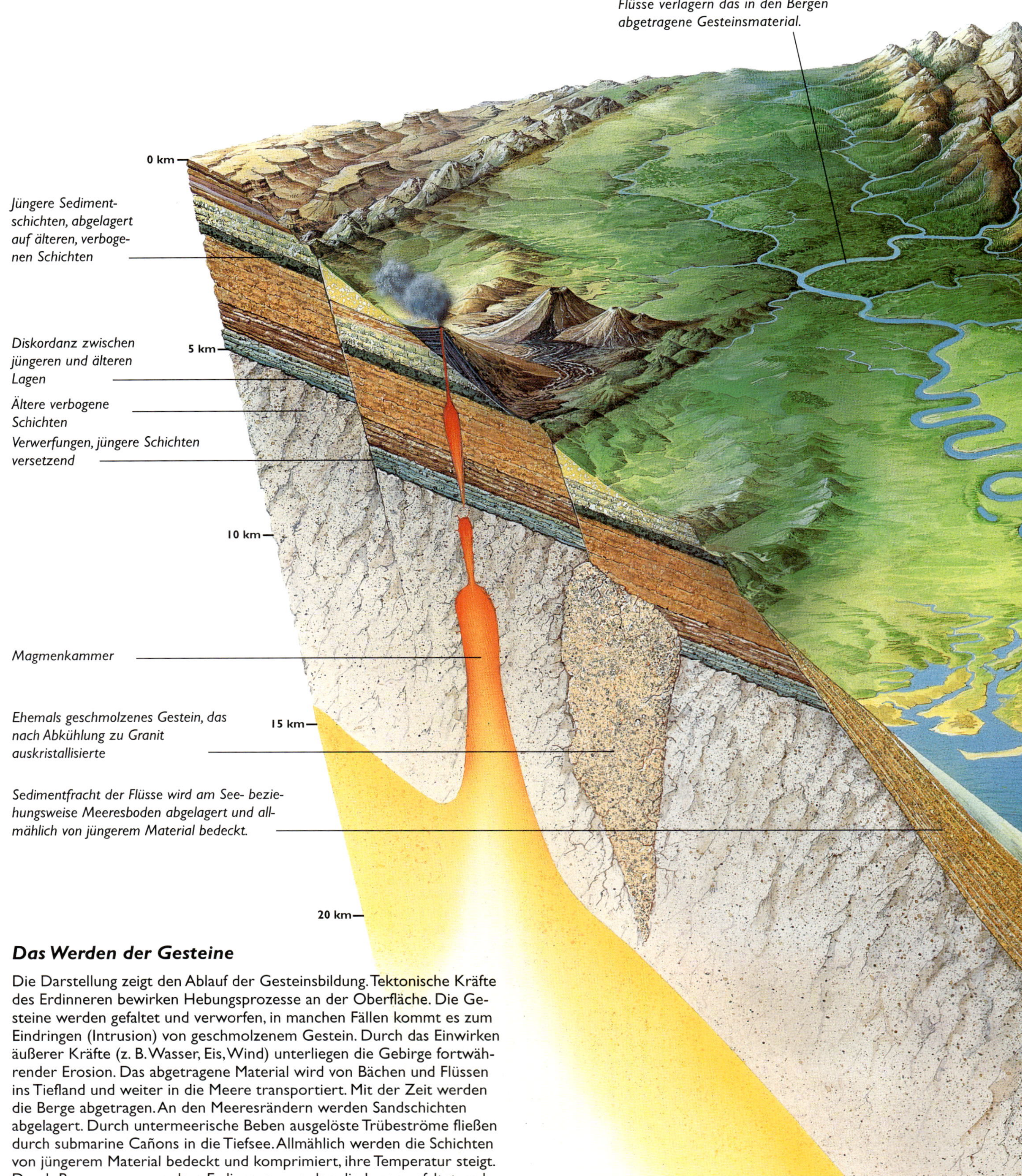

Das Werden der Gesteine

Die Darstellung zeigt den Ablauf der Gesteinsbildung. Tektonische Kräfte des Erdinneren bewirken Hebungsprozesse an der Oberfläche. Die Gesteine werden gefaltet und verworfen, in manchen Fällen kommt es zum Eindringen (Intrusion) von geschmolzenem Gestein. Durch das Einwirken äußerer Kräfte (z. B. Wasser, Eis, Wind) unterliegen die Gebirge fortwährender Erosion. Das abgetragene Material wird von Bächen und Flüssen ins Tiefland und weiter in die Meere transportiert. Mit der Zeit werden die Berge abgetragen. An den Meeresrändern werden Sandschichten abgelagert. Durch untermeerische Beben ausgelöste Trübeströme fließen durch submarine Cañons in die Tiefsee. Allmählich werden die Schichten von jüngerem Material bedeckt und komprimiert, ihre Temperatur steigt. Durch Bewegungen aus dem Erdinneren werden die Lagen gefaltet und schräggestellt. Geschmolzenes Gestein durchdringt sie auf seinem Weg zur Erdoberfläche, um dort aus Vulkanen auszubrechen.

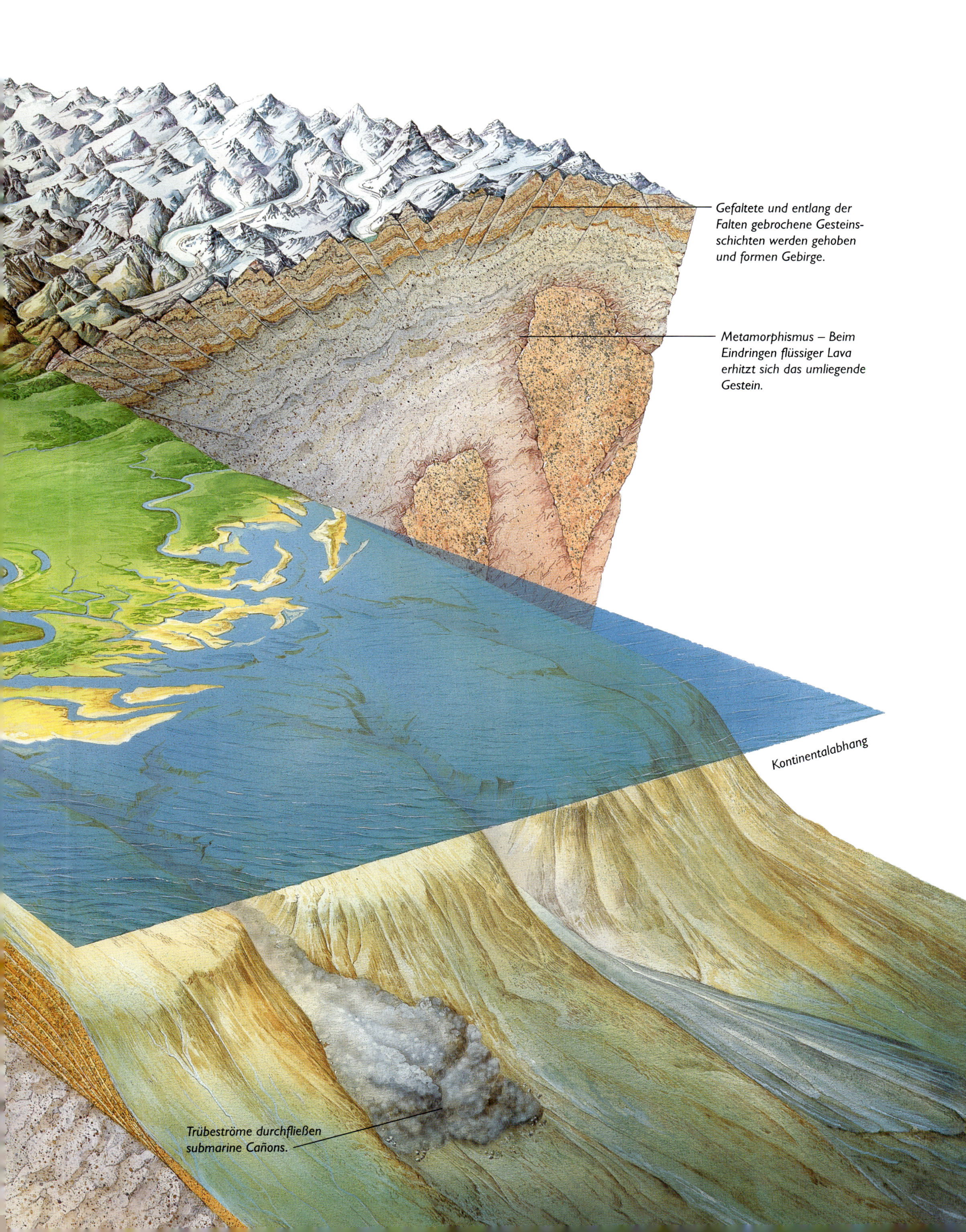
Gefaltete und entlang der Falten gebrochene Gesteinsschichten werden gehoben und formen Gebirge.
Metamorphismus – Beim Eindringen flüssiger Lava erhitzt sich das umliegende Gestein.
Kontinentalabhang
Trübeströme durchfließen submarine Cañons.

Zu Beginn des 19. Jahrhunderts rekonstruierte Georges Cuvier aus Knochenfunden fremdartige Tiere; er überzeugte damit Geologen vom Aussterben vieler Lebewesen. Dieses Megatherium genannte Exemplar stammt aus Südamerika.

Smith, der Fossilien als maßgebliches Element für die Erkennung und den Vergleich von Gesteinsschichten ansah, galt ihr Interesse eher den genauen Merkmalen der Fossilien.

Jean Baptiste Lamarck, Georges Cuvier und Alexandre Brongniart untersuchten während des frühen 19. Jahrhunderts die Gesteine des Pariser Beckens. In den Gipsabbaugebieten von Montmartre fand Cuvier Überreste eines unbekannten Tieres, das Merkmale eines Tapirs, eines Nashorns und eines Schweins aufwies. Er gab seinem Fund den Namen *Paläotherium* (Urtier). Nach eingehender Untersuchung zahlreicher fossiler Knochen konnte Cuvier darstellen, daß in früheren Zeiten auf der Erde Lebewesen existierten, die mittlerweile ausgestorben sind. Viele Arten waren verschwunden, neue hatten sich entwickelt. Der Frage nach dem Ursprung der Arten begegnete Charles Darwin einige Jahrzehnte später mit seiner Theorie der Evolution durch natürliche Selektion (siehe Kapitel 7).

Mit der genaueren Untersuchung der Gesteine gelang Geologen der Nachweis für abrupte Veränderungen der natürlichen Bedingungen auf der Erde. So fanden sie zum Beispiel in der Nähe von Paris eine abwechselnde Folge von Überresten von See- und Landtieren. Dies legte den Schluß nahe, daß es eine Reihe katastrophaler Überflutungen des Gebiets gegeben haben mußte. Auch der Reverend William Buckland maß rasch erfolgten Umwälzungen eine große Rolle in der Erdgeschichte zu. Er behauptete, daß gigantische Überschwemmungen, wie zum Beispiel die Große Sintflut, die weitere Entwicklung der Erde in hohem Maße beeinflußt hätten. Buckland erfuhr die Auszeichnung, an der Universität Oxford 1819 den ersten Kurs in Geologie abhalten zu dürfen. Ein beeindruckender Holzschnitt zeigt ihn vor einem mit Stapeln von Fossilien bedeckten Tisch und umgeben von Karten und Diagrammen, auf denen in Großbritannien ermittelte Schichtenfolgen verzeichnet sind; seine Zuhörerschaft besteht aus Universitätsdozenten in Talaren und Doktorhüten. Buckland bemühte sich nachzuweisen, daß sich geologische Auswertungen auf die Zeit nach der Großen Sintflut beschränken. Anfangs hatte er analog zur Bibel behauptet, daß Menschen bereits seit der Erschaffung der Erde existierten. Da es jedoch in den sintflutlichen Ablagerungen keinen Nachweis menschlichen Lebens gegeben hatte, setzte er die Sintflut vor der Erschaffung des Menschen an. Allmählich näherte er sich wieder der biblischen Sichtweise an; später akzeptierte er die Erkenntnis, daß die Erde bereits lange vor der Sintflut existierte.

Bucklands Schüler Charles Lyell trat den sogenannten »Katastrophisten« entgegen. Er argumentierte, daß sie bei der Auswertung der Gesteine zu weit gegangen seien. Er glaubte, daß Gesteinsabfolgen von Natur aus Fragen offen lassen müssen, da sie nur Momentaufnahmen der Vergangenheit darstellten. Weit voneinander entfernte Ereignisse würden zueinander in Beziehung gesetzt, um den Eindruck zu erwecken, daß eine Naturkatastrophe die andere ablöst. Für Lyell dagegen entsprach dies nicht der Realität; vielmehr ereigne sich die Erdgeschichte in langsamen, stetigen Veränderungen. Er führte seine logischen Schlußfolgerungen in seinem Buch »The Principles of Geology« aus, das zwischen 1830 und 1833 erstmals erschien. Seine Theorie der Erdgeschichte basierte auf zwei Axiomen. Zunächst ging er davon aus, daß alle gegenwärtig auf der Erde ablaufenden Prozesse, wie zum Beispiel die erodierende Tätigkeit von Flüssen, der

Vulkanismus, die Landhebung und -senkung, auch in der Vergangenheit auftraten. Anders ausgedrückt: Die Naturgesetze sind konstant. Dies wurde gelegentlich mit dem Kernsatz ausgedrückt: »Die Gegenwart ist der Schlüssel zur Vergangenheit.« Zum anderen nahm Lyell an, daß die Geschwindigkeit, mit der diese Prozesse ablaufen, gleich bliebe. So verlaufen Änderungen des Meeresspiegels oder Abtragung durch Flüsse in der Gegenwart langsam und taten dies folglich auch in der Vergangenheit.

Diese Prinzipien sind überaus nützlich und haben durchaus ihre Berechtigung. Lyell lag jedoch falsch, als er sie für unabdingbar erklärte. Das Leitprinzip der modernen Geologie könnte eher folgendermaßen lauten: Wenn vergangene Ereignisse durch gegenwärtige Prozesse erklärt werden können, dann gibt es keinen Grund, unbedingt nach einer Erklärung dafür (etwa eine Naturkatastrophe) zu suchen. Katastrophen können aber nicht immer ausgeschlossen werden. Heute glauben Geologen etwa, daß massive Meteoriteneinschläge für das Massensterben von Lebewesen verantwortlich waren – auch wenn solche Ereignisse nur selten auftreten.

Trotzdem dominierten in den 1850er Jahren Ansichten von Geologen wie Charles Lyell. Sie stellten auch einen Biologen wie Charles Darwin zufrieden. Er hatte erkannt, daß die natürliche Selektion lange Zeit erfordert, um die Umgestaltung von Leben zu bewirken, wie sie in den Fossilien ersichtlich wird. Wie vor ihm James Hutton war auch Lyell davon überzeugt, daß es für geologische Prozesse keine übergeordnete Richtung und keine zeitliche Begrenzung gab. Auch wenn sich Wissenschaftler mit dieser Idee angefreundet hatten, wurde sie durch neue Entwicklungen in der Physik in Frage gestellt.

Im 19. Jahrhundert gaben industrielle Prozesse wie das Walzen von Stahl eine direkte Vorstellung des Verhaltens heißer Materialien – der Vorgang erfolgt bei ähnlichen Temperaturen, wie sie in Teilen des Erdinneren herrschen.

Eine kühle Berechnung

Mitte des 19. Jahrhunderts herrschte in Westeuropa eine Periode intensiver industrieller Entwicklung, die sich nicht zuletzt auf die Nutzung von Wärme und Energie erstreckte; mit der Thermodynamik, die das Verhalten dieser Größen beschrieb, entstand eine neue Wissenschaft. Die formulierten Gesetze der Thermodynamik setzten natürlichen Prozessen Grenzen. Sie schlossen unendliche Bewegungen aus und unterstützten den Gedanken des nicht umkehrbaren Wechsels. Damit machte die Vorstellung, daß Prozesse auf der Erde für unbegrenzte Zeit mit gleichbleibender Geschwindigkeit ohne Anfang und Ende ablaufen, keinen Sinn mehr. Die Erde benötigt eine Energiequelle, die, wenn sie nicht wieder aufgefüllt wird, irgendwann versiegt.

In den 1860er Jahren war William Thomson, der spätere Lord Kelvin, als Physiker an der Universität Glasgow tätig; in dieser Zeit leistete er bedeutende Beiträge im Bereich der Thermodynamik. Kelvin hatte sich intensiv mit dem Ursprung der von der Sonne abgestrahlten Wärme beschäftigt. Er kam zu dem Schluß, daß die einzig mögliche Quelle der

Ein Arbeiter bei der Salzgewinnung an der brasilianischen Küste. Nach dem Verdunsten von Meerwasser kristallisiert Salz in den flacheren Küstenbereichen aus. Dieses häufig in großen Mengen anfallende Salz kann sehr leicht gefördert werden.

Energiefreisetzung der Einschlag von Gesteinsmassen auf die Sonne war. Nach Kelvin ist diese Energie die Quelle der Sonnenstrahlung; sie wird stetig in den Weltraum abgegeben.

Kelvin hatte erfahren, daß Minenarbeiter beim Vordringen in die Tiefen der Erde auf Gesteine trafen, die wärmer waren als jene an der Erdoberfläche. Er schloß daraus, daß es in der Erde eine ständig wirkende Energiequelle gebe. Kelvin ging davon aus, daß diese Energie aus der Zeit der Entstehung der Erde überdauert habe. War diese Annahme richtig, dann war er in der Lage, das Alter der Erde zu schätzen. Geht man davon aus, daß die gesamte Erdoberfläche einst aus geschmolzenem Material bestand, dann entspricht die Erdgeschichte der Zeit, die das geschmolzene Material zur Abkühlung auf die gegenwärtige Temperatur benötigte. Kelvin wollte die neuen Erkenntnisse der Thermodynamik nutzen, um die Länge dieses Zeitraums zu ermitteln.

Kelvins Rechnung basierte auf einer Reihe von Annahmen. Zunächst entstammt nach Kelvin die Wärme im Erdinneren der Zeit der Bildung des Planeten. Danach kühlte sich die Erde ab. Dann ging er von einer Erdatmosphäre mit ähnlichen Temperaturen wie in der Gegenwart aus. Schließlich nahm er an, daß die Temperatur überall auf der Erde zu Beginn der von geschmolzenem, von Vulkanen ausgeworfenem Basalt entsprach (etwa 1100 °C). Kelvin mußte auch die thermischen Eigenschaften der Erde – etwa das Wärmespeichervermögen – ermitteln. Dies geschah durch Messungen an zahlreichen Gesteinen. Er errechnete, wie lange ein Körper von der Größe der Erde unter den angenommenen Bedingungen benötigt, um entsprechend abzukühlen. Diese Berechnung des Erdalters basiert auf physikalischen Prinzipien. Die Einfachheit von Kelvins Argumentation ist verführerisch und trügerisch zugleich. Sie erweckt den Anschein mathematischer Exaktheit. Tatsache ist jedoch, daß sie viele Ungereimtheiten enthält. Die Ermittlung der relevanten Größen – wie die Temperatur der Erde bei ihrer Entstehung, die thermischen Eigenschaften des Planeten und die aktuellen Temperaturgradienten im Erdinneren – ist schwierig. 1862 schätzte Kelvin das Alter der Erde auf 20 bis 400 Millionen Jahre. Nachdem andere Physiker Kelvins Berechnungen modifiziert hatten, engte er 1897 den Zeitraum auf 20 bis 40 Millionen Jahre ein.

Kelvins quantitativer Ansatz zur Ermittlung des Erdalters inspirierte andere Geologen zu eigenen Versuchen. Ein Ansatz lag darin, die Zeitspanne für die Ablagerung von Sedimentschichten zu ermitteln und danach zu extrapolieren, wieviel Zeit vergehen mußte, bis die mächtigen noch erhaltenen Gesteinspakete entstanden waren. Diese Methode war ebenfalls problematisch. Die Geschwindigkeit der Ablagerung von Sedimenten variiert stark; häufig verläuft dieser Prozeß auch periodisch. Außerdem ist nirgendwo der vollständige Ablauf der Ablagerung nachzuvollziehen. Somit muß die Entwicklungsgeschichte der seit Entstehung der Erde abgelagerten Sedimente aus miteinander kombinierten Gesteinsabfolgen zahlreicher Orte abgeleitet werden. Einige grobe Schätzungen des maximalen Alters der Erde basieren auf einer etwa 10 Kilometer mächtigen Sedimentschicht und einer Ablagerungsrate von rund 1 Meter in 10 000 Jahren. 1899 entwickelte der irische Geologe und Physiker John Joly eine weitere ausgeklügelte Methode. Unter der Annahme, daß die Ozeane bei der Entstehung der Erde Süßwasser enthielten, versuchte er die Zeitspanne zu ermitteln, in der ihr Salzgehalt den gegenwärtigen Stand erreichen konnte. Er nahm weiter an, daß Flüsse den Ozeanen ständig Salz zuführen. Nach Schätzung des jährlichen Salzeintrags durch die Flüsse und Messung des Salzgehalts des Meeres kam er auf ein Erdalter von 99 Millionen Jahren.

Diese glänzenden gelben Kristalle bilden Autunit, ein wichtiges Uranerz. Uran ist in vielen Gesteinen als Spurenelement enthalten. Ein Teil davon ist radioaktiv und wandelt sich in Blei um. Geologen benutzen den radioaktiven Zerfall als Zeitmaß zur Datierung von Gesteinen.

Um die Jahrhundertwende stimmten die Geologen darin überein, daß die Erde rund 100 Millionen Jahre alt sein mußte. Dieser Wert war ein Kompromiß zwischen Kelvins Abkühlungsberechnung und geologisch orientierten Schätzungen. Einigen Forschern erschien dieser Zeitraum jedoch als zu kurz. So verlor Charles Darwin gegen Ende seines Lebens das Vertrauen in seine Evolutionstheorie, da er erkannte, daß sie mit diesem Zeitrahmen nicht vereinbar war. Er erlebte nicht mehr, wie neue Entwicklungen in der Physik die bestehenden Widersprüche aufhoben und die größte Unklarheit in seiner Theorie beseitigen konnten.

Der französische Physiker Antoine Henri Becquerel machte 1896 folgende Beobachtung: Eine fotografische Platte, neben die er zufällig uranhaltiges Mineralsalz ausgeschüttet hatte, färbte sich schwarz. Dies war der Beweis, daß Uran seine Energie irgendwie abgab. Pierre und Marie Curie zeigten dann, daß Thorium und Radium ähnliche Eigenschaften hatten wie Uran. Marie Curie bezeichnete dieses Phänomen als Radioaktivität. Der in Neuseeland geborene Physiker Ernest Rutherford und der britische Chemiker Frederick Soddy entdeckten 1902 in Montreal gemeinsam die wesentlichen Merkmale dieses Prozesses: Sie wiesen nach, daß Atome radioaktiver Elemente instabil sind, sich spontan in andere Elemente umwandeln und dabei Energie abgeben. Rutherford erkannte, daß diese Wärmeerzeugung Folgen für Kelvins Abkühlungsberechnung hatte. Dieser hatte behauptet, daß der Planet über keine Energiequelle verfüge außer der Wärme, die aus der Zeit seiner Entstehung stamme. Rutherford hatte jedoch einen natürlichen Prozeß der Erzeugung von Energie nachgewiesen. Dies war ein schwerer Schlag für Kelvins Theorie und bestätigte all jene, die aus geologischer Sicht argumentiert hatten, daß die Erde wesentlich älter als Kelvins geschätzte 20 Millionen Jahre sein mußte. Allerdings hatten viele Geologen den Theorien der Physiker lange nichts entgegenzusetzen. Doch da sich die Physiker einmal getäuscht hatten, konnte dies auch wieder geschehen.

Doch obwohl Kevin mit seiner Schätzung falsch lag, ist die Erzeugung von Energie durch radioaktiven Zerfall nicht der wichtigste Beweis für seinen Irrtum. Natürlich entkräftet radioaktiver Zerfall eine von Kelvins Grundannahmen; die dabei erzeugte Energie kann aber die Zeit der Abkühlung der Erde nicht in ausreichendem Maße verlangsamt haben. Der fundamentale Irrtum in Kelvins Ansatz war die Annahme, daß die Erde vorwiegend durch Wärmeleitung abkühlt, wie ein heißer Ziegel. In Kapitel 4 wird der Beweis erbracht, daß das Erdinnere in fortwährender Bewegung ist und Konvektion erfolgt. Die Abkühlung ist unter diesen Bedingungen ein physikalisch sehr komplizierter Prozeß. Kelvin war einer der wenigen Physiker des 19. Jahrhunderts, der solch ein physikalisches Problem hätte lösen können. Aber erst nach seinem Tod wurden die dafür notwendigen Informationen verfügbar, nachdem Wissenschaftler neue Techniken entwickelt hatten, das Erdinnere zu untersuchen.

Ein neuer Zeitmesser

Die eigentliche Bedeutung der Entdeckung der Radioaktivität für Geologen lag darin, daß sie ihnen eine Methode zur zeitlichen Erfassung der Erdgeschichte lieferte. Bis gegen Ende des 19. Jahrhunderts hatten die Geologen ausschließlich ihren Erkenntnissen bei der Auswertung von Gesteinen vertraut. Sie waren bereits in der Lage, aus den Beziehungen zwischen Gesteinsschichten auf die Reihenfolge geologisch relevanter Ereignisse zu schließen und das relative Alter zu bestimmen. Aber sie konnten keine Aussagen über absolute Zeiten machen; diese blieben zunächst Spekulation. Der Schlüssel zur absoluten Altersbestimmung lag in der Datierung der Gesteine. 1905 zeigte Rutherford, daß der radioaktive Zerfall als natürlicher Zeitmesser dienen konnte.

Diese Form der Zeitmessung beruht auf der Tatsache, daß radioaktiver Zerfall ein fundamentaler Prozeß ist. Anders als alle anderen Phänomene, die Wissenschaftler bis dahin hatten nachweisen können, verläuft er unbeeinflußt von Größen wie etwa Temperatur, Druck und Änderungen in der chemischen Zusammensetzung. Dafür gibt es eine gleichbleibende Wahrscheinlichkeit, daß ein radioaktives Element innerhalb einer bestimmten Zeit zerfällt. In einem sehr großen Atomverband ist die Zahl der in einem Zeitintervall zerfallenden Atome proportional zur Größe des Verbandes. Das bedeutet, daß die Zeit bis zum Zerfall der Hälfte der Atome konstant ist. Die Zeitspanne ist die für jedes radioaktive Element charakteristische Halbwertzeit.

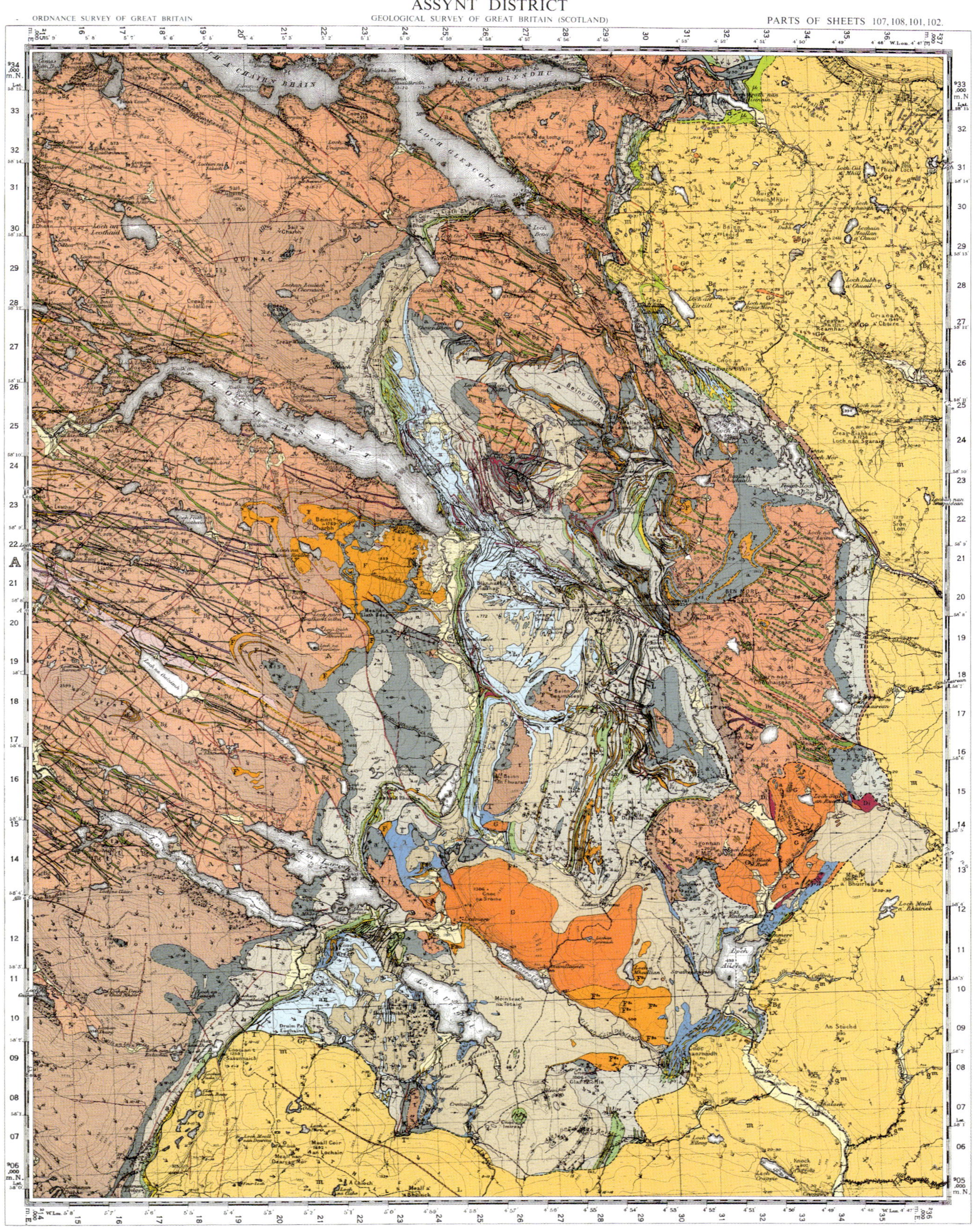

In der geologischen Karte wird Wissenschaft zur Kunst. Diese Darstellung des schottischen Distrikts Assynt zeigt die an der Oberfläche anstehenden Gesteine in unterschiedlichen Farben. Der Erstellung einer solchen Karte geht lange geologische Geländearbeit voraus, bei der Informationen zur Bestimmung der Gesteine gesammelt werden. Die Karte dokumentiert somit die Geschichte der Gesteine.

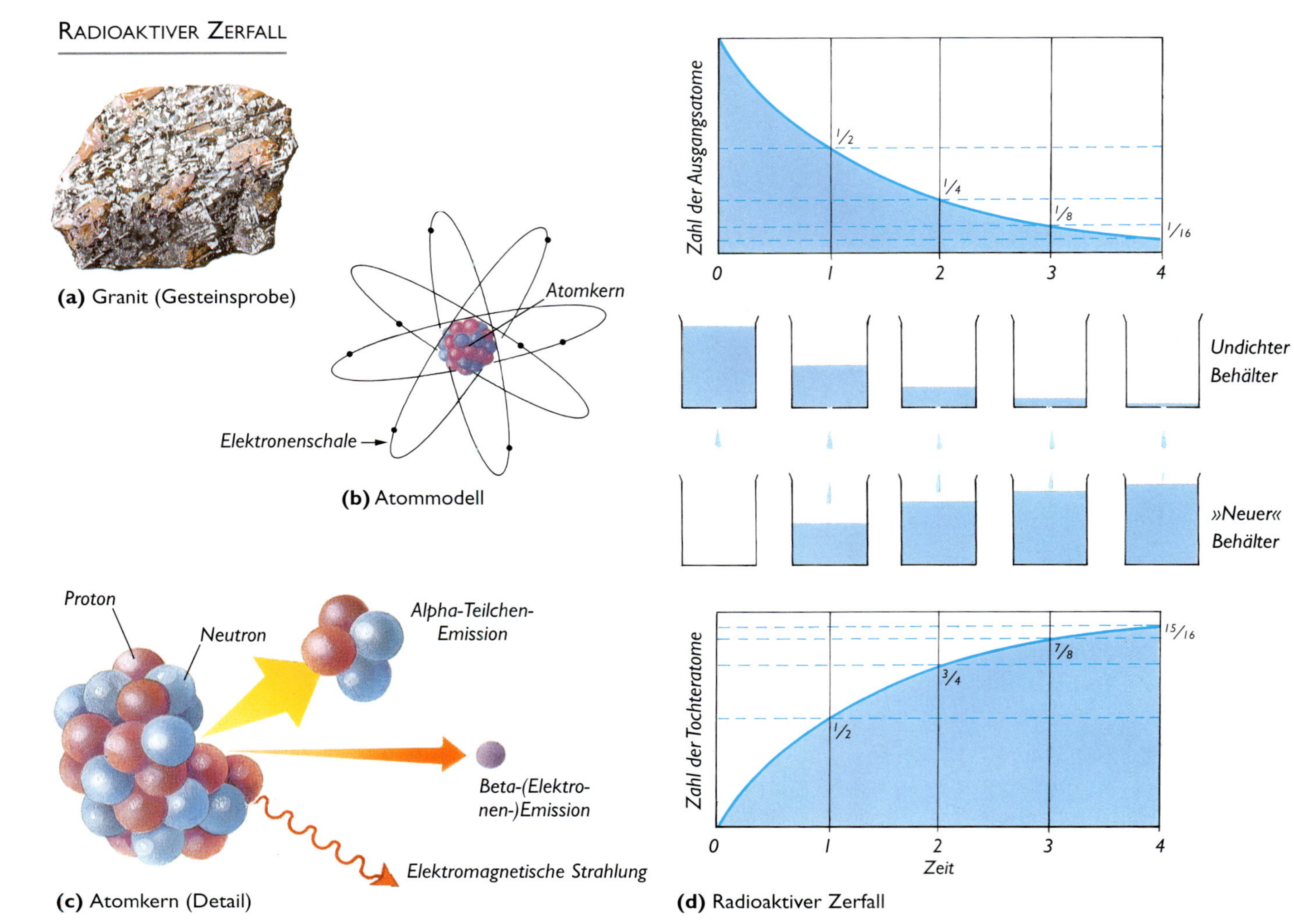

Viele Gesteine enthalten radioaktive Elemente **(a–b)**. Der Kern all dieser Atome gibt Teilchen (Alpha- oder Beta-Teilchen) und Energie ab; dies führt zum Übergang in ein neues Tochterelement **(c)**. Geologen datieren Gesteine durch den Vergleich der Anzahl von Ausgangs- und Tochterelementen. Der Prozeß des Zerfalls läßt sich mit der Wirkung eines undichten Behälters vergleichen. Der anfangs volle Behälter stellt die Zahl radioaktiver Ausgangselemente bei der Gesteinsbildung dar. Ein leerer Behälter darunter fängt die Tropfen auf – dies entspricht der Zahl der Tochterelemente **(d)**. Bei klaren Ausgangssituationen wie etwa der Verfestigung vulkanischen Materials gibt es im Anfangsstadium keine Tochterelemente. Deren Anzahl steigt ähnlich dem Wasserspiegel im Behälter während die Zahl der Ausgangselemente abnimmt. Beim radioaktiven Zerfall ist die Zeit, in der sich die radioaktiven Elemente halbieren, konstant – dies bezeichnet man als Halbwertzeit, die für jedes Element charakteristisch ist.

Kernphysiker bestimmten die Halbwertzeit einer Vielzahl von radioaktiven Elementen, indem sie in Kernreaktoren den Zerfall mit hochempfindlichen Geräten aufzeichneten. Sie fanden heraus, daß radioaktiver Zerfall ein sehr langsam ablaufender Prozeß ist, der sich über weite Zeitspannen erstreckt. Einige der natürlich vorkommenden radioaktiven Elemente haben eine Halbwertzeit von bis zu Hunderten von Millionen Jahren. Dies ist der Grund, warum diese Elemente nicht vollständig verschwunden, sondern in noch nachweisbaren Mengen erhalten sind. Nach dem Vergehen der Halbwertzeit ist die Hälfte der ursprünglichen Menge zerfallen, die andere Hälfte besteht weiter. Nach dem Verlauf einer weiteren Halbwertzeit ist wiederum die Hälfte der verbleibenden Menge zerfallen, und nur ein

Viertel der ursprünglichen Anzahl an Atomen noch erhalten. Dieser Vorgang wiederholt sich ständig; man spricht hierbei von exponentiellem Zerfall.

Atome bilden das Grundgerüst der Materie. Sie haben eine aus nicht mehr teilbaren Partikeln aufgebaute Grundstruktur. Atome bestehen aus einem aus Protonen und Neutronen aufgebauten Atomkern, um den sich Elektronen bewegen. Die Zahl der Protonen im Kern, die sogenannte Atomzahl, definiert ein Element und bestimmt seine chemischen Eigenschaften. Wasserstoff, das leichteste Element, besteht aus nur einem Proton und dem dazugehörigen Elektron. Der Kern eines Heliumatoms enthält zwei Protonen (und meist zwei Neutronen). Diese Reihe setzt sich im Periodensystem der Elemente bis zu den schwersten Elementen fort, wie etwa zum Uran, dessen Atomkern 92 Protonen umfaßt. Das Atomgewicht ergibt sich nicht aus der Zahl der Protonen, sondern aus der Summe von Protonen und Neutronen im Atomkern. Neutronen dienen der Stabilisierung des Atomkerns. Da sie die chemischen Eigenschaften des Atoms nicht beeinflussen, können Atome eines Elementes Kerne mit unterschiedlicher Anzahl an Neutronen haben. Atome eines Elements mit variierender Neutronenzahl heißen Isotope. Viele Elemente haben Isotope; diese unterscheiden sich chemisch nicht voneinander, haben aber unterschiedliche Atomgewichte. Helium zum Beispiel hat zwei Isotope: Helium-4 mit jeweils zwei Protonen und Neutronen im Atomkern und das seltenere Helium-3 mit zwei Protonen und einem Neutron im Kern.

Einige Isotope sind instabil; genau diese sind radioaktiv und unterliegen dem Zerfall. So gibt es zwei radioaktive Isotope des Urans mit den Atomgewichten 235 und 238. Sie zerfallen zu stabilen Isotopen des Elements Blei mit den Atomgewichten 207 beziehungsweise 206. Dieser Prozeß bringt den Verlust von Protonen und Neutronen mit sich und wird durch die Aussendung (Emission) von Strahlung in Form von Alpha-Teilchen vollendet. Rutherford wies nach, daß ein Alpha-Teilchen ein Isotop des Elements Helium ist – Helium-4 mit jeweils zwei Protonen und Neutronen. Somit enthalten alle uranhaltigen Gesteine auch Helium, dessen Gehalt mit zunehmendem Zerfall des Urans langsam ansteigt; es dauert etwa 700 Millionen Jahre, bis die Hälfte von Uran-235 zerfallen ist. Bei starker Erwärmung verliert ein Gestein oder ein Mineral das in ihm gebundene Helium. Rutherford zeigte auf, daß der aktuelle Heliumgehalt eines Gesteins, der sich ja aus dem radioaktiven Zerfall von Uran ergibt, eine Angabe zum Alter eines Gesteins zuläßt. Daraus ergibt sich ein Mindestalter des Gesteins, da Helium ein sehr mobiles Gas ist und wahrscheinlich ein Teil nach dem Abkühlen des Minerals bei niedrigen Temperaturen entweicht.

Ein bemerkenswertes Experiment läutete in der Geologie ein neues Zeitalter ein. Rutherford fand heraus, daß ein im US-Bundesstaat Connecticut gefundenes uranhaltiges Mineral seinem Heliumgehalt zufolge mindestens 500 Millionen Jahre alt sein mußte. Mit einem Schlag hatte er damit die Erdgeschichte drastisch erweitert – dies war das Ergebnis der Datierung mit Hilfe der Radioaktivität. Wenig später konnte R. J. Strutt, ein Physiker aus Cambridge, mittels radioaktivem Zerfall von heliumhaltigem Thorium nachweisen, daß ein in Ceylon gefundenes Mineral ein Mindestalter von 2,4 Milliarden Jahren haben mußte. Damit war die Spanne geologischer Zeit in den Bereich von Milliarden von Jahren ausgedehnt. Andere Forscher praktizierten eine Art der Zeitmessung, die auf dem Verhältnis von Uran und Blei basiert. Blei ist das letzte Zerfallsprodukt von radioaktivem Uran. Da es weit weniger mobil ist als Helium, kommt es in wesentlich geringerem Maße abhanden. Beim Auskristallisieren im Zuge der Abkühlung flüssigen Magmas enthält ein uranhaltiges Mineral wie etwa Zirkon zunächst kein Blei. Beim Zerfall des Urans steigt der Gehalt an im Mineral befindlichen Blei an. Das heute ermittelte Verhältnis von Uran zu Blei kann als Maß für den Zeitraum seit Beginn der Abkühlung verwendet werden.

Der Geologe Arthur Holmes begann 1911 mit der Erstellung einer geologischen Zeitskala, die auf der Uran-Blei-Methode basierte. Er wies nach, daß der Schalentiere umfassende Bereich geologischer Zeitrechnung – von den Geologen als *Phanerozoikum* bezeichnet (siehe Kapitel 7) – mindestens 400 Mil-

Im südafrikanischen Barberton Greenstone Belt ermöglichen 3,5 Milliarden Jahren alte Gesteine einen Blick in ein frühes Stadium des Planeten Erde.

lionen Jahre dauerte. Gesteine älterer geologischer Epochen wie des *Paläozoikums* sind mehrere Milliarden Jahre alt. Holmes schätzte 1927 das Alter der Erde anhand der Anteile radioaktiver Elemente und deren Zerfallsprodukte. Er nahm an, daß das gesamte Blei der Erdkruste durch den Zerfall von Uran und Thorium entsteht. Die Schätzung auf der Basis der Anteile von Uran, Thorium und Blei ergab ein Alter der Erdkruste von etwa 3,6 Milliarden Jahren. Dieser Ansatz gibt eine Vorstellung des wahrscheinlichen Alters der Erde. Damit hatte sich die Wissenschaft endgültig von den Vorstellungen des 19. Jahrhunderts entfernt.

Die Technik der Zeitbestimmung ist seit Beginn der Datierung mittels Radioaktivität in der ersten Hälfte des 20. Jahrhunderts beträchtlich verfeinert worden. Physiker haben die Halbwertzeit einer ganzen Reihe von Elementen sehr präzise bestimmt. Dabei eignen sich einzelne Zerfallsserien für die Datierung bestimmter Gesteine oder geologischer Ereignisse. Glaubwürdige Meßwerte ergeben sich zum Beispiel nicht nur beim Zerfall von Uran zu Blei, sondern auch von radioaktivem Rubidium zu Strontium oder von Kalium zu Argon. Relativ kurze Zerfallsserien, wie etwa die von Kohlenstoff-14, werden zur Datierung jüngerer Ereignisse wie dem Ablauf der menschlichen Geschichte herangezogen. So konnte nachgewiesen werden, daß sich die ersten menschenähnlichen Geschöpfe vor ein paar Millionen Jahren entwickelten und die Dinosaurier vor circa 65 Millionen Jahren ausstarben. Die Auswertung von Fossilien ergab, daß die ersten Tiere vor rund 600 Millionen Jahren erschienen. Aber die geologische Vergangenheit und der Beginn für die frühesten Formen von Leben reichen sehr viel weiter zurück. Auf ähnliche Weise, wie Astronauten zeigten, daß die Erde nur ein kleiner Fleck im unermeßlichen Universum ist, ermittelten die Geologen, daß der Zeitraum der Menschheitsgeschichte nur ein Augenzwinkern in der Ewigkeit darstellt. Die von Geologen entwickelte Zeitskala zählt ganz sicher zu den bedeutendsten wissenschaftlichen Erkenntnissen.

Die ältesten Gesteine

Mit der Entwicklung neuer Methoden der Isotopendatierung bestand in den 1960er und 1970er Jahren eine Herausforderung darin, die ältesten Gesteine der Erde zu finden, um Genaueres über die frühesten Stadien ihrer Existenz zu erfahren. Tatsächlich fand man einige aussagekräftige Bruchstücke der Erdoberfläche aus einem sehr frühen Stadium der Erde. Im südlichen Afrika beschrieb der Ingenieurgeologe A. Hall zu Beginn des 20. Jahrhunderts eine Abfolge vulkanischer und sedimentärer Gesteine. Er hatte sie in der Provinz Nordtransvaal nahe der Bergbaustadt Barberton und im Königreich Swasiland entdeckt. Barberton war während des Goldrauschs in den 1880er Jahren eines der Abbauzentren, und die Bergleute bezeichneten das Gestein der umliegenden Berge wegen seiner Farbe als Grünstein. Das Verhältnis von Grünstein zu anderen Gesteinsschichten ließ Hall zu dem Schluß kommen, daß es sich hierbei um die ältesten bisher im südlichen Afrika entdeckten Gesteine handelte. Er konnte aber ihr absolutes Alter nicht bestimmen. Heute werden die Formationen zusammenfassend als Barberton Greenstone Belt bezeichnet. Bei den in den 1970er Jahren durchgeführten Datierungen der Gesteine stellten die Geologen zu ihrer Überraschung fest, daß einige Schichten rund 3,5 Milliarden Jahre alt sind. Diese Gesteine erlauben also tatsächlich einen Blick in die frühe Erdgeschichte. Ähnliche Gesteine wurden inzwischen auch in der Region Pilbara in Westaustralien entdeckt. Aber es gibt noch ältere Überreste aus der Frühzeit der Erde.

Stephen Moorbath, einer der ersten Geochronologen an der Universität Oxford, untersuchte 1971 die Gesteine an der südwestlichen Küste Grönlands bei Nuuk. Sie zählen ebenfalls zu den ältesten Gesteinen der Erde. Eine Bergbaugesellschaft führte im Gebiet von Isua auf der Suche nach Erzen Bohrungen durch. Moorbath, der sich für diese Gesteine interessierte, entdeckte eine Gesteinsabfolge, die aus feinkörnigen Sedimenten und Laven aufgebaut war. Die Laven hatten röhren- und kissenartige Formen – ein typisches Phänomen für Lava, die unter Wasser ausgestoßen wurde. Moorbath datierte

Maarten de Wit untersuchte die alten vulkanischen Gesteine im südafrikanischen Barberton Greenstone Belt, hier kissenförmige Lavareste, die vor etwa 3,5 Milliarden Jahren ausgestoßen und am Grund des damals hier bestehenden Ozeans abgelagert wurden.

Die ältesten Felsen der Welt

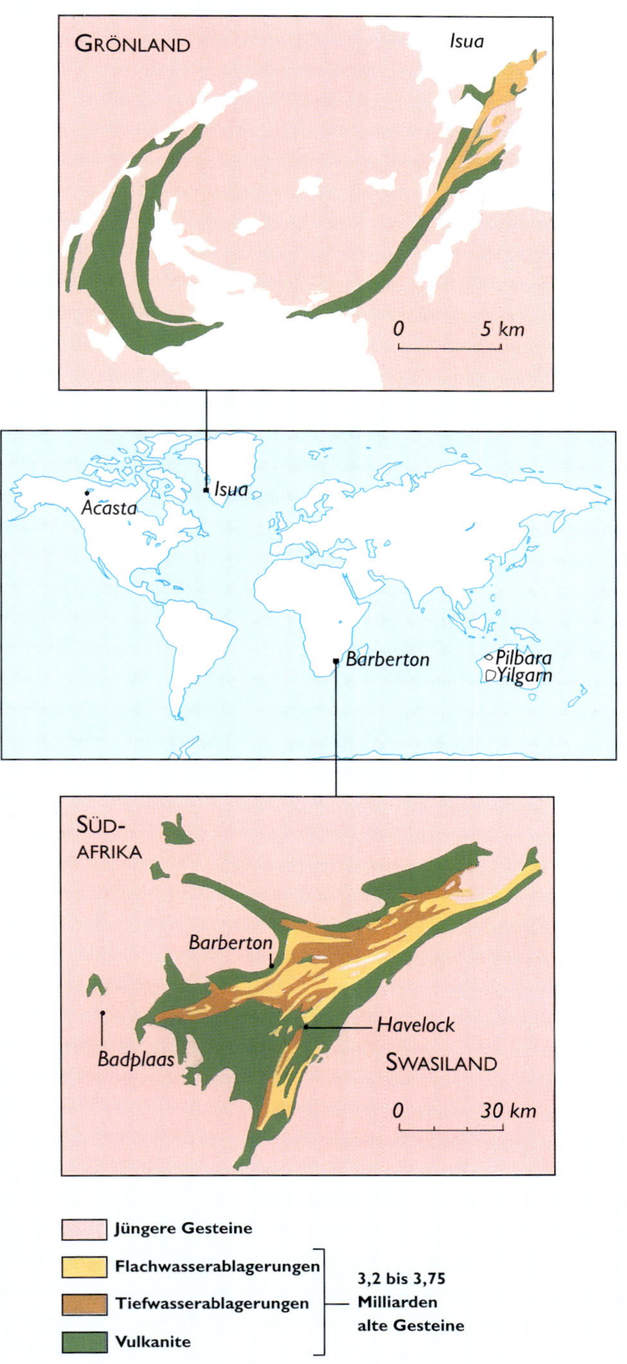

Die ältesten Sedimente der Erde treten kleinflächig auf, umgeben von jüngeren Gesteinen. Sie belegen die Bedingungen an der Oberfläche in einem frühen Stadium der Erde. In der grönländischen Region Isua wurden vor etwa 3,75 Milliarden Jahren Sedimente in von Vulkaniten geprägter Umgebung abgelagert. Die von Grünstein eingenommenen Regionen Barberton in Südafrika sowie Yilgarn und Pilbara in Westaustralien bildeten sich vor etwa 3,2 bis 3,5 Milliarden Jahren. Bei Acasta, Nordkanada, fand man einzelne Minerale in jüngeren Gesteinen, die vor rund 4 Milliarden Jahren nach vulkanischer Aktivität auskristallisierten.

sie nach seiner Rückkehr mit der Rubidium-Strontium-Methode auf etwa 3,75 Milliarden Jahre. Die Gesteine waren damit die ältesten, die jemals auf der Erde entdeckt wurden. Anscheinend sind sie Reste einer vulkanischen Insel, deren Laven unter Wasser ausgestoßen wurden. Gefunden wurden Gesteine mit einem hohen Gehalt an Eisen, das in heißen Quellen emporgestiegen und in flachen Becken auskristallisiert war. Auch andere, aus Quarz und vulkanischem Material aufgebaute Gesteine waren darunter.

Maarten de Wit, ein niederländischer Geologe, arbeitete in den vergangenen etwa 20 Jahren im Barberton Greenstone Belt, wo er die alten Gesteine sehr detailliert kartierte. Auch er fand mächtige Lagen kissenförmiger vulkanischer Gesteine, die unter Wasser entstanden sein mußten. Einige dieser vulkanischen Gesteine wiesen deutlich höhere Gehalte an Magnesium auf als ähnliche Gesteine jüngeren Alters. Aufgrund des besonders hohen Magnesiumgehalts gaben Geologen einer Serie vulkanischer Gesteine in Barberton sogar einen eigenen Namen. Die Bezeichnung Komatiite geht auf den Fluß Komati zurück, der die Region durchzieht.

Der vulkanische Ursprung der Komatiite zeigt, daß sie bei Schmelzvorgängen im Erdinneren, in dem als Erdmantel bezeichneten Bereich (siehe Kapitel 4) entstanden. Versuche zur Bildung dieser Gesteine aus geschmolzenen Proben des Erdmantels ließen vermuten, daß das Erdinnere damals heißer und wasserreicher gewesen sein muß. Früher gab es viel mehr radioaktive Elemente als heute – immerhin zerfiel noch sehr viel radioaktive Materie in den vergangenen Milliarden von Jahren –; die durch deren Zerfall freigesetzte Energie mag als Erklärung für die damals offenbar höheren Temperaturen der Erde dienen. Im Laufe der Jahrmilliarden kühlte der Planet jedoch schließlich ab. Ein Großteil des dabei abgegebenen Wassers wurde bei Vulkanausbrüchen freigesetzt.

In den vulkanischen Schichten, wie etwa in denen der Region Isua, befinden sich auch eisenhaltige Sedimente, die streifenförmige Abfolgen bilden. De Wit erkannte darin eine typische Struktur – konzentrische Kreise, wie sie auch in blubbernden Schlammseen in geothermisch aktiven Regionen Neuseelands oder Südamerikas auftreten. Damit war für de Wit der Beweis erbracht, daß diese eisenhaltigen Gesteine Reste heißer Schlammseen waren. Sie entstanden wohl bei periodischer Austrocknung dieser flachen Seen. Es gibt noch eine Vielzahl weiterer Anzeichen für eine starke geothermische Aktivität, wie etwa Geysire, die umgebende Gesteine brechen können. Hervorragend erhalten

Fühlbarer Beweis für vulkanische Aktivität an der ursprünglichen Erdoberfläche – diese seltsamen kreisförmigen Strukturen (links) im südafrikanischen Barberton Greenstone Belt sind fossile Überreste heißer, blubbernder Schlammseen, die vor rund 3,5 Milliarden Jahren an den Hängen eines Vulkans existierten. Sie haben große Ähnlichkeit mit gegenwärtigen Strukturen (rechts) einer vulkanischen Region in Bolivien.

Die Vision eines frühen Stadiums der Erde, basierend auf der Auswertung alter Gesteine. In jener vulkanisch aktiven Zeit bildeten primitive Organismen in Flachwasserbereichen oder in der Umgebung heißer Quellen hügelartige Strukturen, sogenannte Stromatolithen.

sind hier fossile Überreste von Bakterien, die eine typische Reiskornform besitzen. Diese Bakterien entwickelten sich in heißen Quellen und bezogen ihre Energie aus vulkanischer Aktivität.

Die vulkanischen Laven sind von Resten ausgedehnter Aschewolken bedeckt. Asche wurde in die Luft geschleudert, nachdem Wasser in den Krater geflossen war und heftige Eruptionen ausgelöst hatte. So sind die ältesten Barberton-Gesteine Reste von Vulkanen, deren Material sich in flachen Seen absetzte. Darüber wurden vor 3,4 bis 3,2 Milliarden Jahren mehrere Kilometer dicke Sedimentschichten abgelagert. Dabei handelt es sich vor allem um Sandsteine mit hohem Quarzgehalt und Beimengungen von Granit; sie wurden an den Küsten und im Bereich von Flußmündungen abgelagert. Einige dieser Sandsteine enthalten Anzeichen für Gezeitenströme – kleine Sanddünen, die mit der Strömung wandern. Dies beweist, daß das System Erde-Mond zu dieser Zeit bereits bestand, denn ohne die Schwerkraft des Mondes gäbe es keine Gezeiten. Die mineralische Zusammensetzung der Sandsteine liefert weitere Informationen. Sie wurden wahrscheinlich aus Material gebildet, das von einer nicht meeresbedeckten Region zugeführt wurde, einer Region mit weiter Verbreitung von Granit. Heutzutage befinden sich diese Gebiete auf den Kontinenten. Somit zeugen die Barberton-Gesteine von der Entstehung eines der ältesten Kontinente der Erde.

Die Gesteine von Isua und Barberton markieren für Geologen tatsächlich den letzten Punkt ihrer Zeitreise. Oft nur mit einem Gesteinshammer ausgerüstet, gelang den Geologen eine Serie von Momentaufnahmen, die zahlreiche Stadien der Erdgeschichte zeigt. Die Bilder reichen so weit zurück, daß wir die Zeiträume kaum fassen können. Heute weiß man, daß die Erde vor rund 4,55 Milliarden Jahren bei der Bildung des Sonnensystems entstand (siehe Kapitel 8). Die Reise durch die Zeit berührte etwa 90 % der Geschichte unseres Planeten. Aber sie zeigte auch die Funktionsweise der Erde. Unser Planet mag sich verändert haben, aber die ihn formenden Kräfte sind unverändert. In den folgenden Kapiteln gehen wir dieser Entdeckung nach.

ALVIN
OCEANOGRAPHIC
INSTITUTION

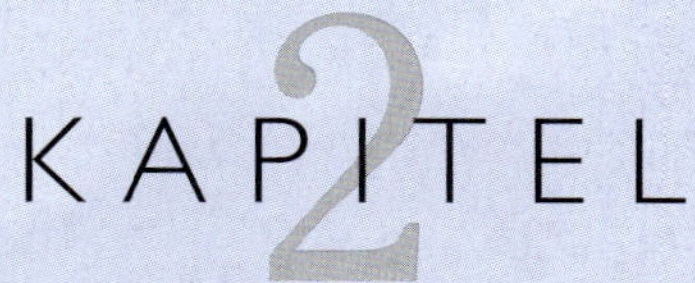

KAPITEL 2

TIEFSEE

Ein seltsames Merkmal der Erdoberfläche ist die Tatsache, daß zwei unterschiedliche Niveaus bestehen. Während die Landoberfläche im Mittel einige hundert Meter über dem Meeresspiegel liegt, reicht der etwa zwei Drittel der Erdoberfläche einnehmende Meeresboden bis mehrere Kilometer unter Meeresniveau. In den vergangenen rund 50 Jahren begannen Wissenschaftler mit der Erforschung dieser ausgedehnten Region. Sie entdeckten, daß sich unter den Meereswellen eine von der Erdoberfläche völlig verschiedene Landschaft ausbreitet und wiesen eine langgestreckte Bergkette nach, die um die ganze Erde verläuft. Durch das Auseinanderdriften der Erdoberfläche wird hier ständig neuer Meeresboden gebildet.

Das aus Titanlegierungen gebaute US-Unterwasserboot Alvin widersteht dem in großen Meerestiefen herrschenden Druck. Geologen verwendeten es zur Erforschung mittelozeanischer Rücken.

Ein gigantisches Puzzle

Edward Bullard von der Universität Cambridge löste 1965 mit Hilfe von Computern ein schwieriges Puzzle: Er hatte nach Übereinstimmungen zwischen der Westküste Afrikas und der Ostküste Südamerikas gesucht. Der Computer testete mehrere Möglichkeiten, die Kontinente zusammenzusetzen, und suchte die Kombination mit den wenigsten Überlappungen und Lücken. Am naheliegendsten war es, Brasilien an den westafrikanischen Bogen anzulegen, und tatsächlich fand Bullard die Übereinstimmungen überaus zufriedenstellend. Zwar gab es im Bereich der Nigermündung einige Überlappungen, aber die Abweichungen waren insgesamt gering. Die gleiche Technik verwendete er für den Vergleich der Küsten Nordamerikas mit Grönland und Europa. Auch hier fand er zahlreiche Übereinstimmungen zwischen der Ostküste Grönlands und Skandinavien sowie Großbritannien; auch die grönländische Westküste wies zahlreiche Gemeinsamkeiten mit Nordkanada auf. Grundlage der Untersuchungen Bullards war allerdings, daß er die Erdoberfläche gewissermaßen umgestaltete – und den Atlantik entfernte.

Bullards geometrische Spielereien markierten den Höhepunkt der über mehr als 50 Jahre angestellten geologischen Spekulationen über die Bewegung der Kontinente. Die Geologen waren in zwei Lager gespalten: Eine Gruppe vertrat die Auffassung, daß sich die Kontinente schon immer an ihrer gegenwärtigen Stelle befanden, während die andere Gruppe davon ausging, daß die Kontinente über die Erdoberfläche driften. Es überrascht nicht, daß Vertreter der zweiten Gruppe milde belächelt wurden. Welcher Mensch mit klarem Verstand würde solch eine Aussage treffen? Sir Harold Jeffreys, ein herausragender Geophysiker der ersten Hälfte des 20. Jahrhunderts, hielt die Bewegungstheorie für abwegig. Aufgrund seiner Beobachtungen der Reaktion der Erde auf Erdbeben hielt er das Erdinnere für zu fest, als daß Bewegungen an der Oberfläche möglich schienen. Vertreter der Drifttheorie konnten diesen Einwand nicht entscheidend widerlegen.

Offensivster Vertreter derjenigen, die von einer Drift der Kontinente ausgingen, war der 1880 geborene deutsche Geowissenschaftler Alfred Wegener. In seiner Jugend hatte er sich für die Meteorologie und die Erforschung Grönlands begeistert. Angeblich hatte er bei einem Aufenthalt dort angesichts der treibenden gewaltigen Eisschollen die Vorstellung driftender Kontinente entwickelt. Eisschollen, die nach dem Abbruch von einem Eisschelf im Wasser treiben, entsprechen in mancher Hinsicht Kontinenten auf der Erdoberfläche. Von dieser Idee begeistert, begann Wegener, zur Untermauerung seiner Theorie alle auffindbaren Hinweise zusammenzutragen. 1915 veröffentlichte er die Ergebnisse seiner Arbeit in seinem Buch »Die Entstehung der Kontinente und Ozeane«. Darin stellte Wegener die Hypothese auf, daß in früheren Zeiten alle Kontinente zusammenhingen und einen Superkontinent bildeten, den er Pangäa (griechisch für »alles Land«) nannte. Nach dessen Auseinanderbrechen drifteten die einzelnen Teilkontinente bis zum Erreichen ihrer gegenwärtigen Lage voneinander weg. In den dazwischen auftretenden Lücken entstanden die Ozeane.

Wegeners Theorie stützte sich auf zwei wesentliche Beweisketten: Zum einen war das die Ähnlichkeit bestimmer Merkmale auf verschiedenen Kontinenten. Er verglich sein Vorgehen mit dem Wiederzusammensetzen einer zerrissenen Zeitung, wobei man darauf zu achten habe, daß die gedruckten Linien zueinander paßten. Wegener wies darauf hin, daß, wenn man von der einstigen Existenz eines Superkontinents Pangäa ausgehe, die Ausprägung von Gesteinsformationen, von Flora und Fauna, Naturräumen und Klimazonen auf weit voneinander entfernten Kontinenten identisch oder zumindest sehr ähnlich sein und ein vergleichbares Alter aufweisen müsse.

Tatsächlich finden sich zum Beispiel die fossilen Überreste einer vor circa 270 Millionen Jahren blühenden Farnart *(Glossopteris)* in Südamerika, Südafrika, Indien und Australien. Wegeners Theorie

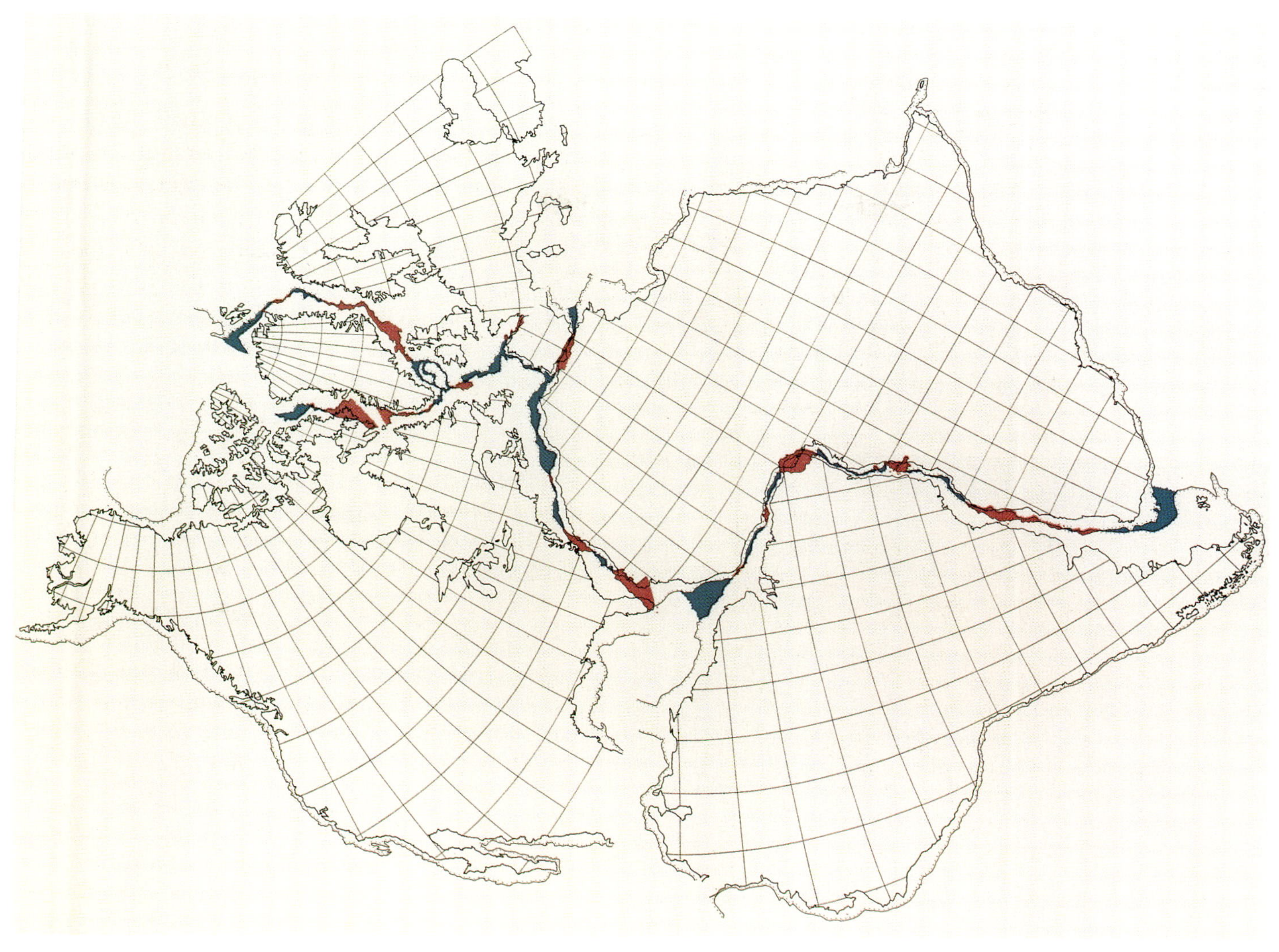

Edward Bullard von der Universität Cambridge setzte 1965 mit Hilfe eines Computers die Kontinente zusammen; die geringen Abweichungen werden blau und rot dargestellt. Dies unterstreicht die Ansicht, daß die Kontinente früher einmal zusammenhingen, später jedoch auseinanderdrifteten; auf diese Weise entstand der Atlantik.

zufolge war diese Farnart einst in einer einzigen ausgedehnten Region verbreitet.

Wegener ging davon aus, daß sich die Kontinente auch heute noch bewegen. Er zeigte sich von den Ergebnissen einer 1906 in Grönland durchgeführten Expedition beeindruckt, denen zufolge sich die Insel seit der Messung von 1870 um mehrere hundert Meter von Dänemark weg nach Westen bewegt haben mußte. Dieses Resultat schien die Kontinentaldrift zu bestätigen. Doch die Meßergebnisse erwiesen sich als falsch. Weitere, zwischen 1927 und 1948 angestellte Messungen konnten derart starke Bewegungen nicht bestätigen. Bei seinem Tod im Jahr 1930 galt Wegeners Theorie aufgrund solch falscher Meßergebnisse, der mangelhaften Genauigkeit der damals erhobenen Daten und des Fehlens einer plausiblen Erklärung für die Kräfte, die die Kontinentaldrift auslösen, als höchst unwahrscheinlich.

Auch in den folgenden Jahren nahmen führende Geophysiker die Vorstellung von sich bewegenden Kontinenten nicht sonderlich ernst. Die Argumente für und gegen die Kontinentaldrift bezogen sich auf das Land, wohingegen Wegeners Theorie auch die Entstehung von Ozeanen zwischen den Bruchstücken von Pangäa mit einschloß. Das änderte sich erst nach dem Zweiten Weltkrieg – und damit fand Wegener die ihm gebührende Anerkennung.

Reise ins Unbekannte

In den 1950er Jahren begann die Zeit des Kalten Krieges. Die Rivalität zwischen den USA und der Sowjetunion machte die Weltmeere zu möglichen Schlachtfeldern für neu entwickelte Waffen, untermeerische Nuklearraketen mit großer Reichweite. Die US-Marine benötigte daher umfangreiche Informationen über die Meere. Für die Navigation unter Wasser waren präzise Karten des Meeresbodens notwendig. Außerdem benötigten sie genaue Informationen über die verschiedenen Gravitationsfelder über den Ozeanen, um die Flugbahnen der Raketen exakt berechnen zu können, sowie nähere Angaben zu den relativ isoliert liegenden Pazifischen Inseln, die sich als Standorte für Atombombentests anboten. Geld spielte dabei kaum eine Rolle. Für die Meeresforscher tat sich eine Goldgrube auf: Zwischen 1948 und 1958 erhöhte die US-Regierung die Fördergelder für die Erforschung der Ozeane um das Zehnfache.

Heute haben wir eine recht genaue Vorstellung vom Aussehen des Meeresbodens. Diese im Pazifik vor der Küste des US-Bundesstaats Oregon in Richtung Süden gemachte Sonaraufnahme zeigt den flachen Kontinentalschelf (rosa-gelb), der sich in einigen hundert Metern Tiefe erstreckt, und weiter vor der Küste den Boden des hier rund 3000 Meter tiefen Meeres (blau-grün).

Wissenschaftliches Arbeiten auf See war jedoch ein riskantes Geschäft. Die Ozeanographen mußten auf ihren Hochseeschiffen mit schweren, oft hochexplosiven Geräten arbeiten. Es gab zahlreiche Unfälle – Forscher gingen bei Unwettern über Bord oder wurden von nicht ausreichend gesicherten Maschinenteilen eingeklemmt. Ihre Angehörigen lebten in ständiger Sorge. Aber viele Wissenschaftler verfolgten ihre Tätigkeit geradezu fanatisch. Eine kleine Gruppe von Wissenschaftlern dominierte die Forschung, deren Namen – Maurice Ewing, Bruce Heezen und Bill Menard – in den wichtigsten Publikationen der 1950er Jahre vielfach auftauchten.

Das Jahrzehnt begann mit einer Forschungsexpedition im Auftrag des Scripps Oceanographic Institute an der Westküste der USA. Die Ergebnisse dieser als MidPac-Expedition bezeichneten Unternehmung enttäuschten viele Erwartungen. Damals herrschte die Vorstellung vor, daß der Meeresboden eine ausgedehnte glatte Fläche sei, die lediglich von einigen submarinen Hügeln und Inseln gegliedert wurde. Dieses Bild basierte auf den Ergebnissen, die in den 1870er Jahren vom Forschungsschiff *HMS Challenger* erzielt worden waren. Auf deren Fahrten hatte man versucht, die Formationen am Meeresgrund mittels mühevoller Auslotungen zu ermitteln: Vom Schiff aus hatte man ein an einem Kabel befestigtes Gewicht ins Wasser gelassen.

Die *Challenger*-Expedition hatte jedoch bereits die Erkenntnis erbracht, daß die Tiefsee nicht unmittelbar an die Küste anschließt. Das von relativ seichtem Wasser eingenommene, bis etwa 200 Meter tiefe Gebiet um die Ränder der Kontinente bildet den Kontinentalschelf; er erstreckt sich über mehrere hundert Kilometer vor der Küste. Meerwärts des Schelfs erreicht das Wasser dagegen Tiefen von mehreren tausend Metern. Da die Ozeane im Verhältnis zu ihrer Tiefe enorme Flächen einnehmen, werden die Karten des Meeresbodens stark überhöht dargestellt. Dabei erscheint der Rand des Kontinentalschelfs als gigantisches untermeerisches Gebirge. In Wirklichkeit neigt sich der Meeresboden meist nur sehr leicht; dennoch gibt es markante Höhenunterschiede. Die bedeutendsten Abhänge finden sich in den als mittelozeanische Rücken bezeichneten Bergketten. Ein solcher rund 2500 Meter hoher Rücken durchzieht den Atlantik auf einer Breite von rund 1000 Kilometern. In einigen Ozeanen sind meist nahe der Küstenschelfs Gräben entwickelt. Diese bis zu etwa 100 Kilometer breiten Rinnen bilden die tiefsten Bereiche der Erdoberfläche. Die tiefste Stelle mit mehr als 11 000 Metern unter dem Meeresspiegel befindet sich im Marianengraben im westlichen Pazifik.

Den Ozeanographen war es gelungen, die Gestalt des Meeresbodens nachzuvollziehen. Die Geologen jedoch interessierten sich für die Gesteine, aus denen der Meeresboden beschaffen ist. Die meisten von ihnen vermuteten, daß er den Kontinenten ähnelte, daß er also aus dicken Schichten von Sedimentgesteinen bestand, die zum Teil erhitzt, gekippt und von ehemals geschmolzenen Massen von Granit durchdrungen worden waren. Die Datierung radioaktiver Elemente ergab, daß Teile der Kontinente mehrere Milliarden Jahre alt sind. Demnach mußten auch die Ozeane sehr alt sein. Es gab sogar die Theorie, daß der Pazifik vor mehreren Jahrmilliarden durch das Abbrechen eines gewaltigen Teilstücks der Erdoberfläche entstanden war, das sich später zum Mond entwickelt haben sollte. Lange Zeit ging man davon aus, daß der auf den Kontinenten erodierte Schutt ins Meer gelangt sei und nach Ablagerung auf dem Meeresboden eine bis etwa 5000 Meter mächtige Sedimentschicht mit einer im wesentlichen glatten Oberfläche gebildet habe.

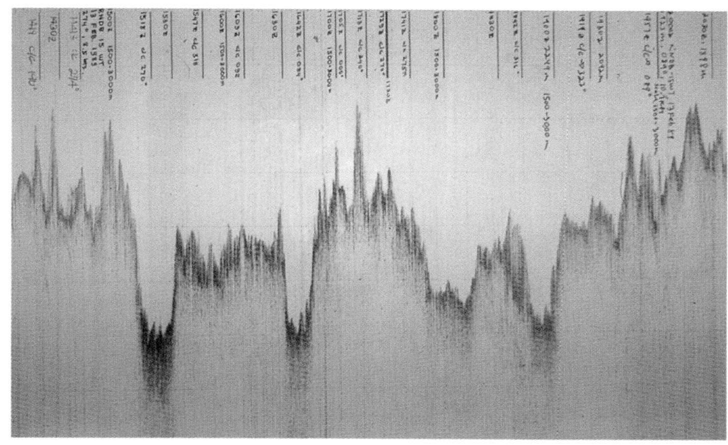

Echolote bewährten sich für die Messung der Meerestiefe entlang einer Schiffsroute. Diese stark überhöhte Darstellung zeigt die bewegte Topographie des Meeresbodens nahe dem Grat eines mittelozeanischen Rückens.

Die MidPac-Expedition arbeitete mit einem hochpräzisen Gerät, dem Echolot. Zum ersten Mal wurde solch ein Verfahren in der Tiefsee praktiziert. Im Zweiten Weltkrieg hatte man die Geräte zum Aufspüren von U-Booten verwendet, indem in regelmäßigen Abständen akustische Impulse ausgesendet wurden. Diese Impulse gelangen vom Schiff auf den Meeresboden und werden von dort reflektiert und auf dem Schiff registriert. Da man die Geschwindigkeit kannte, mit der sich der Schall im Wasser fortpflanzt, ließ sich die Wassertiefe aus dem zeitlichen Abstand zwischen Aussenden und Empfang der akustischen Impulse errechnen. Die ermittelte Tiefe wird in Karten eingezeichnet, und mit der Zeit entsteht eine Darstellung des Meeresbodens entlang der Schiffsroute (siehe oben). Ein U-Boot in unmittelbarer Nähe würde als markante Untiefe erscheinen. Die Echolot-Messungen ergaben ein überraschend stark gegliedertes Relief des Ozeanbodens, das nicht der Vorstellung eines alten Beckens mit einer mächtigen Sedimentschicht und einer relativ glatten Oberfläche entsprach. Dies war der erste Beweis, daß Ozeanböden nicht so alt sind, wie ursprünglich angenommen wurde.

Noch präzisere Echolote wurden für Untersuchungen im Meeresboden verwendet. Durch künst-

Die ozeanische Kruste

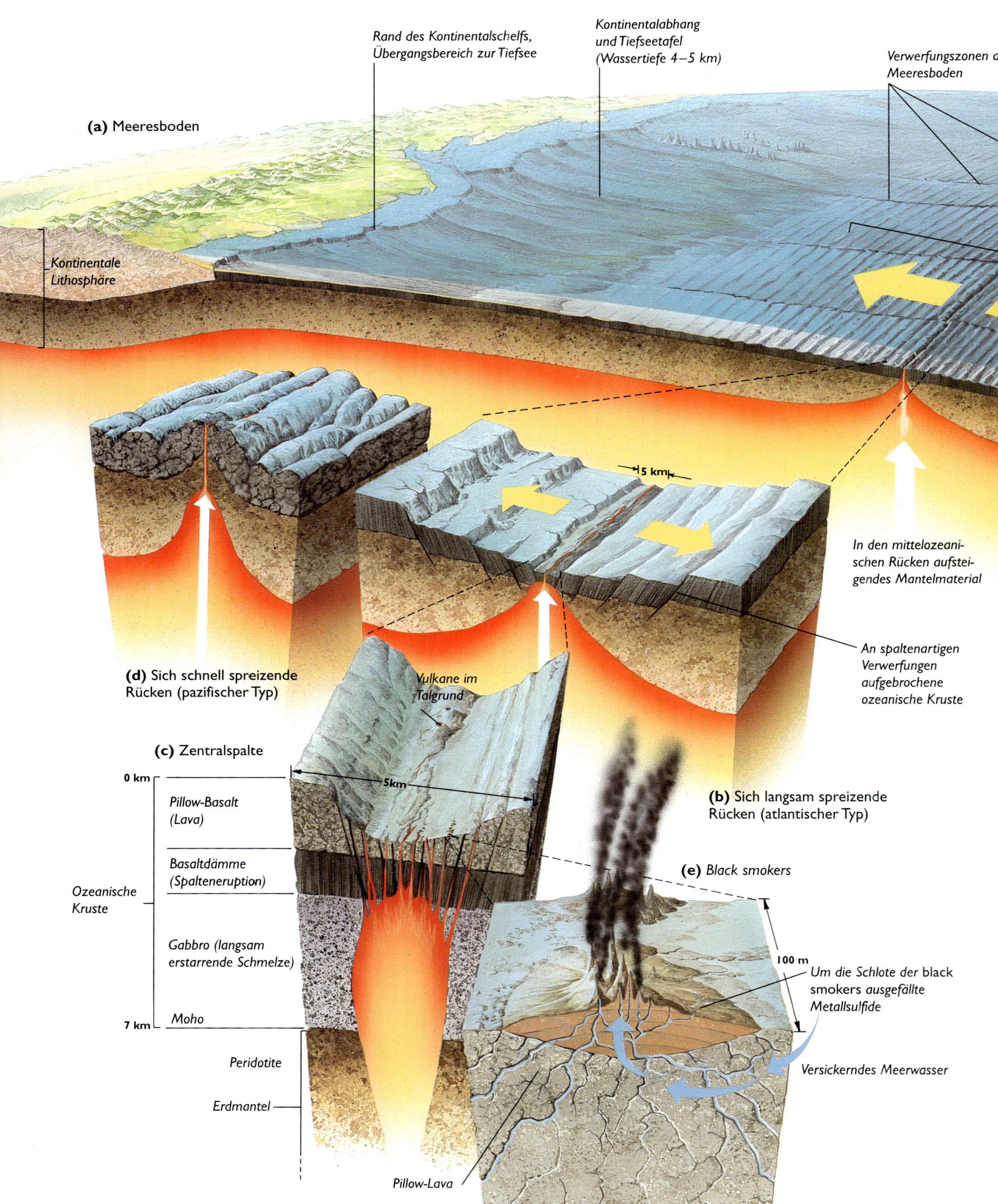

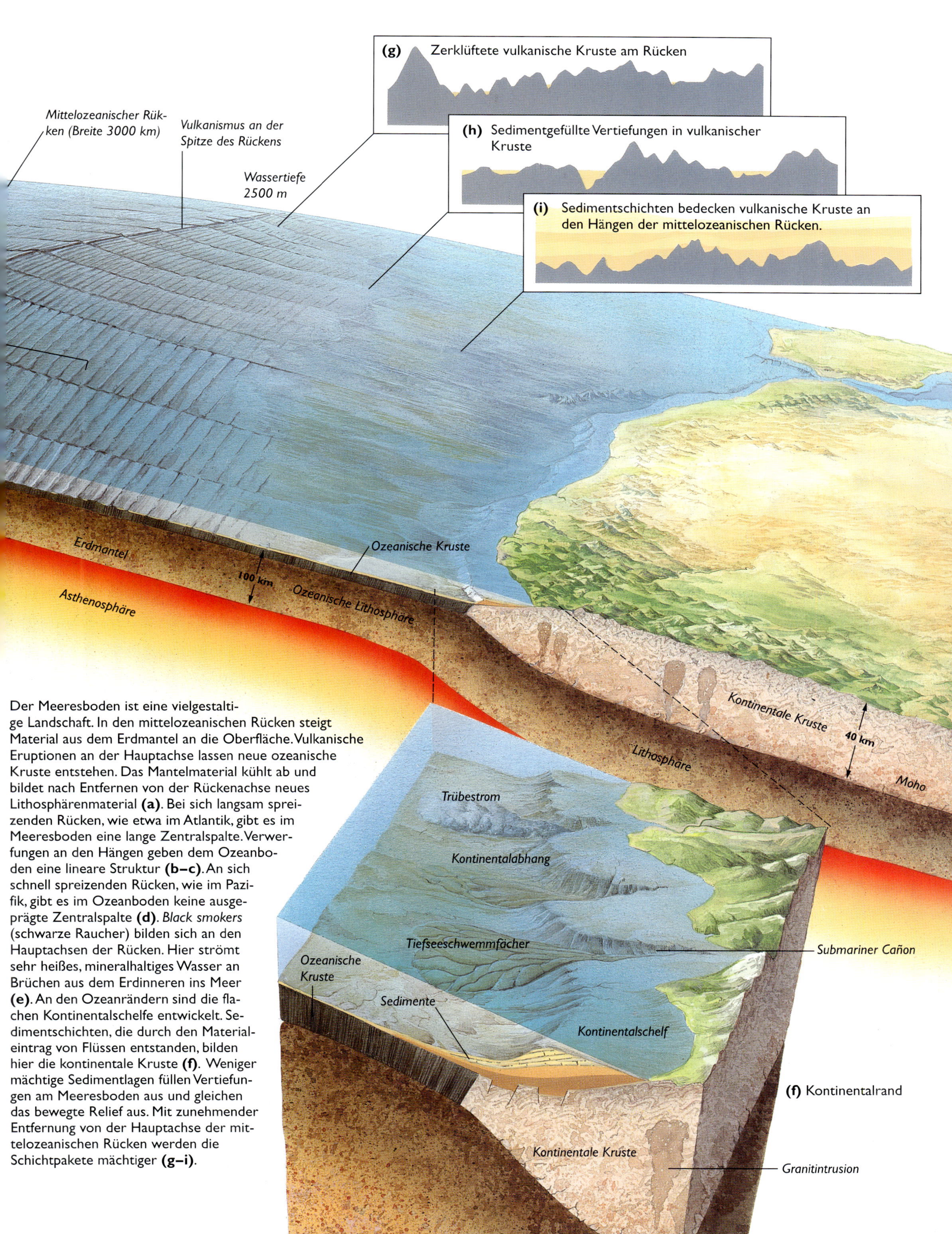

Der Meeresboden ist eine vielgestaltige Landschaft. In den mittelozeanischen Rücken steigt Material aus dem Erdmantel an die Oberfläche. Vulkanische Eruptionen an der Hauptachse lassen neue ozeanische Kruste entstehen. Das Mantelmaterial kühlt ab und bildet nach Entfernen von der Rückenachse neues Lithosphärenmaterial **(a)**. Bei sich langsam spreizenden Rücken, wie etwa im Atlantik, gibt es im Meeresboden eine lange Zentralspalte. Verwerfungen an den Hängen geben dem Ozeanboden eine lineare Struktur **(b–c)**. An sich schnell spreizenden Rücken, wie im Pazifik, gibt es im Ozeanboden keine ausgeprägte Zentralspalte **(d)**. *Black smokers* (schwarze Raucher) bilden sich an den Hauptachsen der Rücken. Hier strömt sehr heißes, mineralhaltiges Wasser an Brüchen aus dem Erdinneren ins Meer **(e)**. An den Ozeanrändern sind die flachen Kontinentalschelfe entwickelt. Sedimentschichten, die durch den Materialeintrag von Flüssen entstanden, bilden hier die kontinentale Kruste **(f)**. Weniger mächtige Sedimentlagen füllen Vertiefungen am Meeresboden aus und gleichen das bewegte Relief aus. Mit zunehmender Entfernung von der Hauptachse der mittelozeanischen Rücken werden die Schichtpakete mächtiger **(g–i)**.

TRANSFORMSTÖRUNGEN

Der mittelozeanische Rücken im östlichen Pazifik besteht aus einer Reihe von Segmenten, die an Verwerfungszonen versetzt wurden **(a)**. Die mehrere tausend Kilometer breiten Zonen (wie die Mendocino- oder Murray-Verwerfung) folgen Stufen im Ozeanboden. Einzelne Streifen unterschiedlich stark magnetischen Gesteins am Meeresboden werden an Verwerfungszonen über weite Strecken versetzt; das zeigt die horizontale Verlagerung der Erdkruste.

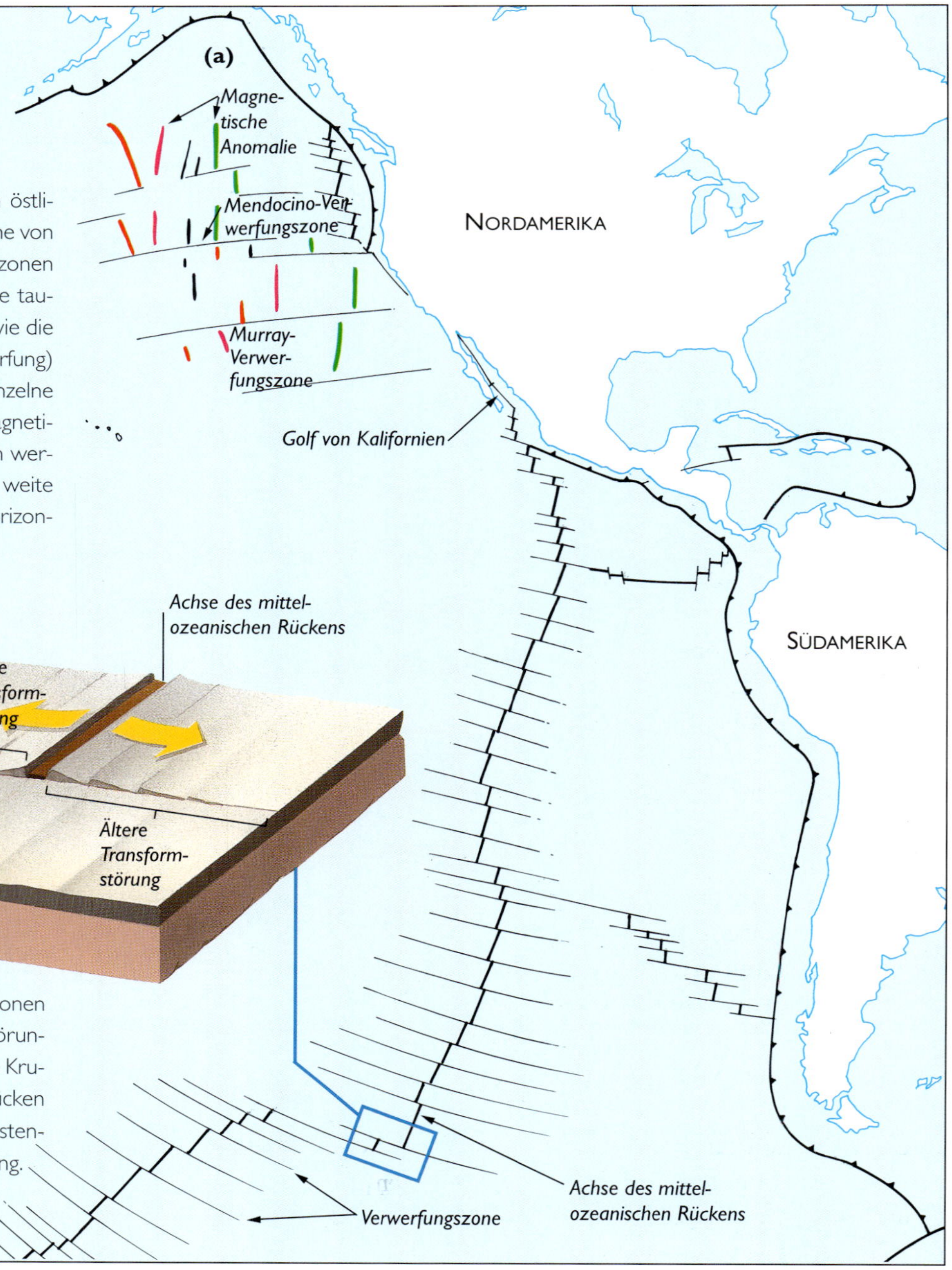

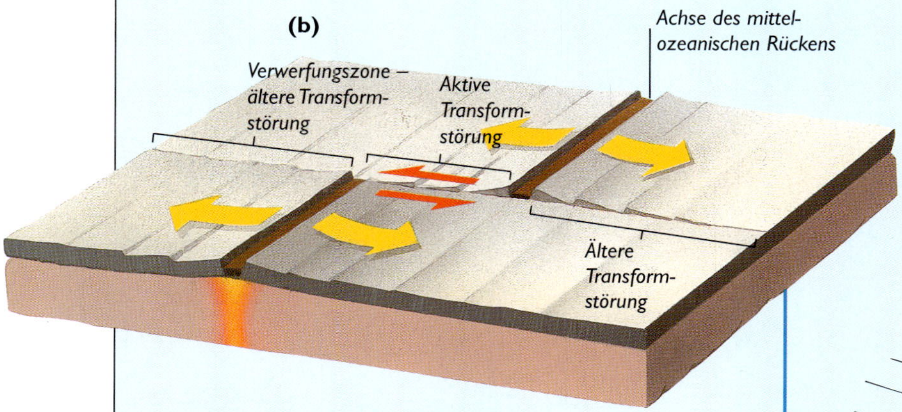

Die aktiven Teile der Verwerfungszonen bezeichnet man als Transformstörungen **(b)**. Während sich ozeanische Kruste von der Hauptachse der Rücken entfernt, gleiten angrenzende Krustenteile an Transformstörungen entlang.

lich ausgelöste Explosionen erzeugten die Forscher der MidPac-Expedition Signale, die tief in den Ozeanboden eindrangen und danach reflektiert wurden. Die zurückgeleiteten Signale wurden von hochsensiblen Mikrophonen aufgezeichnet, die von den Schiffen mitgezogen wurden. Die Geschwindigkeit konnte durch Ermittlung des Zeitraums zwischen der Explosion und dem Ankommen der Signale errechnet werden. Sie hängt maßgeblich von der Gesteinsart ab. Eine ähnliche Technik hatte man an Land eingesetzt, um die Grundstruktur der Kontinente zu erforschen. Hier breiteten sich die Signale bis in eine Tiefe von 35 Kilometern sehr langsam aus; darunter stieg die Geschwindigkeit. Geologen bezeichneten den Bereich langsamer Ausbreitung der Schwingungen als Erdkruste, den darunterliegenden Teil als Erdmantel. Die MidPac-Forscher ermittelten unter dem Pazifik eine Krusten- und eine

Mantelschicht. Die ozeanische Kruste war jedoch wesentlich dünner als die kontinentale; ihre Mächtigkeit betrug nahezu konstant 7 Kilometer.

Die Wissenschaftler der Expedition gewannen aus ihren seismischen Untersuchungen ein viel genaueres Bild der ozeanischen Kruste. Im etwa 1 Kilometer mächtigen oberen Teil der Kruste breiteten sich die Signale überaus langsam aus. Die Forscher deuteten dies als Sedimentbedeckung, die jedoch dünner war als erwartet. Zum damaligen Zeitpunkt war die Zusammensetzung der restlichen Erdkruste nicht bekannt. Dieses Rätsel wurde erst viele Jahre später gelöst. Aber der MidPac-Besatzung gelang es schließlich, dem Ozeanboden Gesteinsproben zu entnehmen. Mit einem Metallgefäß, das an einem langen Kabel hing, konnten aus einer Tiefe von mehreren Kilometern einzelne Bruchstücke fossiler Korallen gefördert werden. Paläontologen ermittelten, daß die Korallen vor etwa 100 Millionen Jahren im Flachwasserbereich in ausgedehnten Korallenriffen gelebt hatten. Seit jener Zeit mußte der Meeresboden auf seine gegenwärtige Tiefe gesunken sein. Dies war ein weiterer Hinweis darauf, daß tiefe Ozeane ein relativ junges Element der Erdoberfläche sein mußten – viel jünger als die Milliarden von Jahren, von denen zahlreiche Wissenschaftler ausgingen. Weitere Forschungsreisen in den frühen 1950er Jahren bestätigten die Ergebnisse der MidPac-Expedition: Demnach weisen weite Teile des Bodens von Atlantik und Pazifik ähnliche Merkmale auf – und beide haben eine wesentlich dünnere Erdkruste als die Kontinente.

Der US-Amerikaner Bill Menard, schon bei MidPac dabei, ermittelte im Rahmen einer späteren Forschungsreise zur Pazifikinsel Midway mit einem Echolot etwa 2000 Meter hohe stufenartige Erscheinungen auf dem Meeresboden. Das Kreuzen über dieser Stelle gab Klarheit darüber, daß sich diese Struktur über mehr als 1000 Kilometer in West-Ost-Richtung erstreckte. Somit hatte Menard eine neue Form von untermeerischen Bergketten entdeckt. Bis 1953 konnte er weitere solche Bergketten nachweisen; die längste davon erstreckte sich im östlichen Pazifik über fast 5000 Kilometer. In vielen Fällen nahm die Höhe der Stufe in einer Richtung fortschreitend ab. Menard bezeichnete diese Phänomene als Verwerfungszonen, da sie gewaltigen Brüchen oder Verwerfungen im Meeresboden ähneln.

Bruce C. Heezen und Marie Tharp arbeiteten am Lamont Doherty Observatory nahe New York. 1956 erstellten sie mit Hilfe der großen Datenmenge aus Tiefseemessungen die erste genaue Karte der Topographie des Meeresbodens. Diese Karte (siehe folgende Doppelseite) zeigt Ozeane mit einer mittleren Tiefe von rund 4000 Metern; in den zentralen Teilen – im Bereich der mittelozeanischen Rücken – sind sie dagegen flacher. Die Gipfel der Rücken liegen etwa 2500 Meter unter dem Meeresspiegel. Weite Teile des Meeresbodens sind uneben; parallel zu den mittelozeanischen Rücken existiert eine Struktur, die von langgestreckten Hügeln geformt wird. Nur am Fuße des Steilabfalls der Kontinentalabhänge ist der Boden relativ glatt. In diesen Bereichen wird er von Sedimentschichten bedeckt, deren Material von Flüssen in den Ozean getragen und hier abgelagert wurde.

Bei der Erstellung der Karte erkannten Heezen und Tharp eine Besonderheit. Die mittelozeanischen Rücken bilden quasi eine zusammenhängende untermeerische Gebirgskette, die sich als längstes Gebirge der Erde rund um den Planeten schlängelt. Sie weist eine Reihe von besonderen Merkmalen auf. Über weite Strecken verläuft im zentralen Teil ein Tal; es ähnelt dem Talsystem im Ostafrikanischen Graben, wo die Erdkruste auseinanderbricht. Bill Menards Verwerfungszonen markieren ein weiteres lineares System, das im rechten Winkel zu den mittelozeanischen Rücken verläuft. Zu diesen wurden häufig auch die Berge an den Verwerfungszonen gezählt. Im Jahr 1958 wurde dann jedoch der Nachweis erbracht, daß die Rücken zwischen Verwerfungszonen in einzelne Segmente zerlegt waren.

Folgende Doppelseite: In den späten 1950er Jahren machten sich die Ozeanographen Bruce C. Heezen und Marie Tharp die Ergebnisse aller Ozeanmessungen zunutze und erstellten die erste genaue Karte des Meeresbodens. Die mittelozeanischen Rücken umschließen die Erde als eine gigantische Kette untermeerischer Berge. Diese Ausgabe der Weltkarte des Meeresbodens wurde 1977 veröffentlicht.

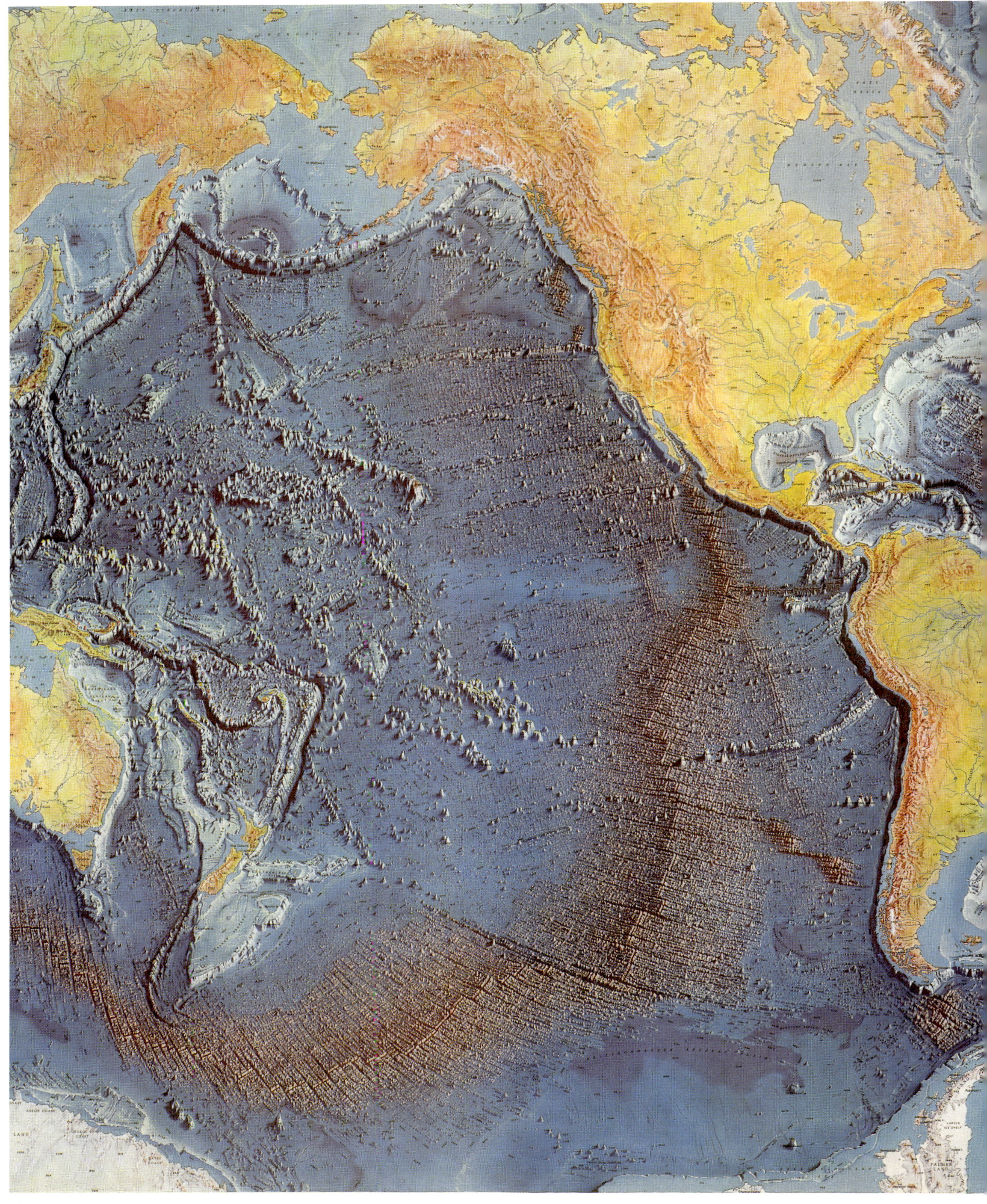

WORLD OCEAN FLOOR
BY BRUCE C. HEEZEN AND MARIE THARP
Lamont-Doherty Geological Observatory, Palisades, New York 10964
Based on Research and Exploration Initiated and Supported by the
UNITED STATES NAVY
OFFICE OF NAVAL RESEARCH
SUBMARINE DEPTHS IN CORRECTED METERS
LAND ELEVATIONS IN METERS
HORIZONTAL SCALE 1:23,230,300
1977
Published by the United States Navy as a Memorial to Dr. Bruce C. Heezen
in recognition of his contributions to man's knowledge of the world ocean floor
QUEEN MAUD LAND
ENDERBY LAND
MAC ROBERTSON LAND
WILKES LAND

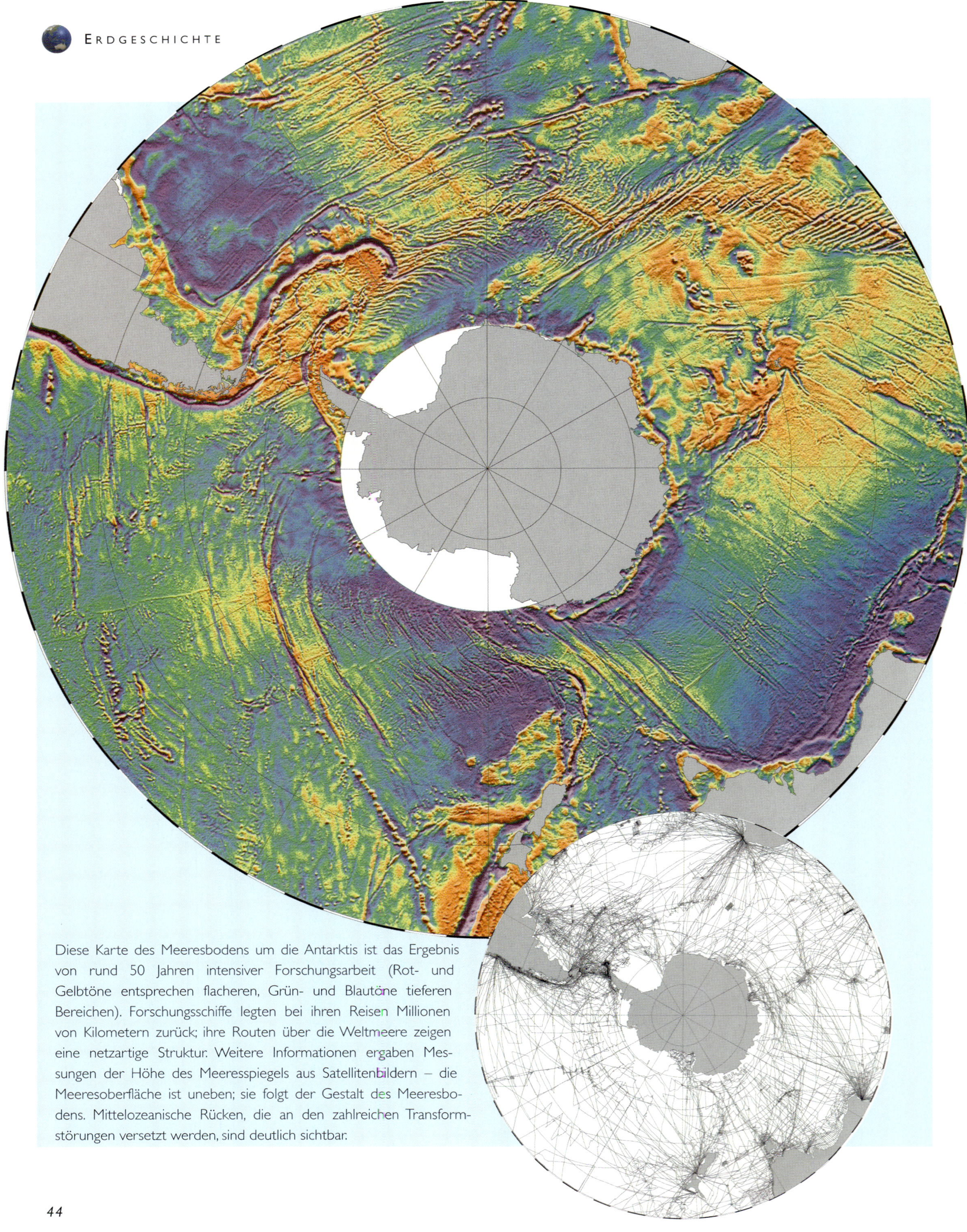

Diese Karte des Meeresbodens um die Antarktis ist das Ergebnis von rund 50 Jahren intensiver Forschungsarbeit (Rot- und Gelbtöne entsprechen flacheren, Grün- und Blautöne tieferen Bereichen). Forschungsschiffe legten bei ihren Reisen Millionen von Kilometern zurück; ihre Routen über die Weltmeere zeigen eine netzartige Struktur. Weitere Informationen ergaben Messungen der Höhe des Meeresspiegels aus Satellitenbildern – die Meeresoberfläche ist uneben; sie folgt der Gestalt des Meeresbodens. Mittelozeanische Rücken, die an den zahlreichen Transformstörungen versetzt werden, sind deutlich sichtbar.

MAGNETISCHE ANZIEHUNGSKRAFT

Je mehr der Kalte Krieg an Schärfe gewann, desto häufiger tauchten vor der Küste US-amerikanischer Häfen sowjetische U-Boote auf. Um deren Motorengeräusche aufzunehmen, installierte die US-Marine in den 1950er Jahren in den küstennahen Bereichen Mikrophone. Die empfangenen Signale wurden jedoch durch den Widerhall an untermeerischen Hügeln verfälscht. Die Marine benötigte dringend äußerst exakte Karten über die Meerestiefen bis etwa 600 Kilometer vor der Westküste Nordamerikas. Im Jahr 1955 wurde daher eine genaue Untersuchung des Meeresbodens vorgenommen. Das Projekt umfaßte Tiefenmessungen mit Hilfe eines Echolots, die ein Schiff durch Hin- und Herfahren auf eng benachbarten Abschnitten durchführen sollte. Die Marine bot den Forschern an, dabei auch eigene Untersuchungen anzustellen. Daraufhin wurde beschlossen, ein Instrument, das die Stärke des Erdmagnetfeldes maß, hinter dem Schiff mitzuziehen. Da manche Gesteine magnetisch sind, gingen die Wissenschaftler davon aus, daß von Abweichungen im Magnetfeld in den Ozeanen auf die Gesteine des Meeresbodens geschlossen werden könne. Sie ahnten jedoch nicht, zu welchen Erkenntnissen sie gelangen würden.

Die geowissenschaftlichen Forschungsarbeiten vor der Westküste Nordamerikas wurden von Arthur Raff geleitet. Zur präzisen Messung des Magnetfeldes verwendete er ein neu entwickeltes Gerät – ein sogenanntes Protonen-Magnetometer. Das Magnetfeld der Erde ist an verschiedenen Stellen unterschiedlich groß. Leichte Abweichungen der Stärke des Magnetfeldes von den Polen zum Äquator waren in ihrem Ausmaß ziemlich genau bekannt. Die Wissenschaftler suchten nach Schwankungen

MAGNETISCHE ANOMALIE DER OZEANE

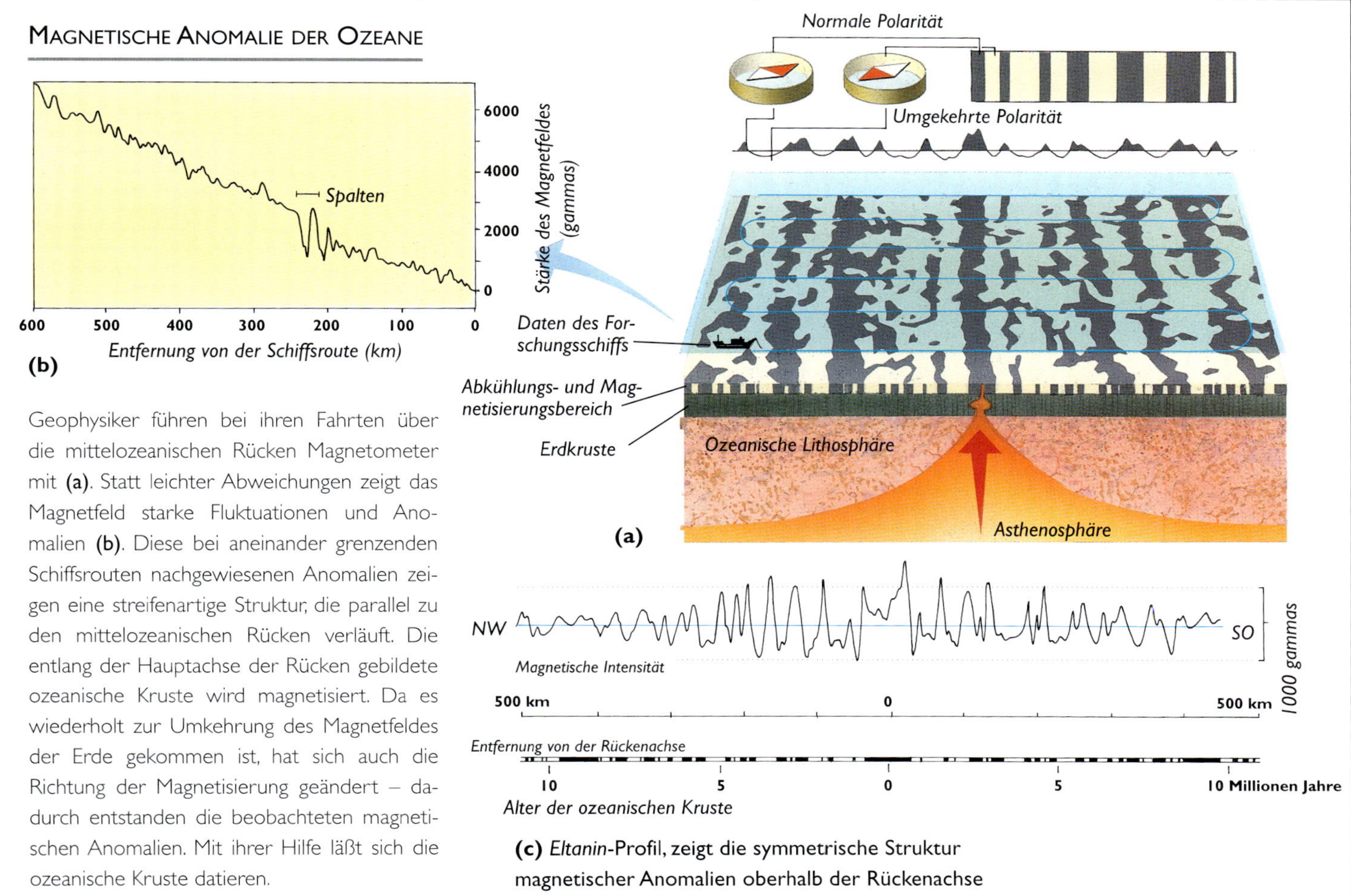

Geophysiker führen bei ihren Fahrten über die mittelozeanischen Rücken Magnetometer mit **(a)**. Statt leichter Abweichungen zeigt das Magnetfeld starke Fluktuationen und Anomalien **(b)**. Diese bei aneinander grenzenden Schiffsrouten nachgewiesenen Anomalien zeigen eine streifenartige Struktur, die parallel zu den mittelozeanischen Rücken verläuft. Die entlang der Hauptachse der Rücken gebildete ozeanische Kruste wird magnetisiert. Da es wiederholt zur Umkehrung des Magnetfeldes der Erde gekommen ist, hat sich auch die Richtung der Magnetisierung geändert – dadurch entstanden die beobachteten magnetischen Anomalien. Mit ihrer Hilfe läßt sich die ozeanische Kruste datieren.

(c) *Eltanin*-Profil, zeigt die symmetrische Struktur magnetischer Anomalien oberhalb der Rückenachse

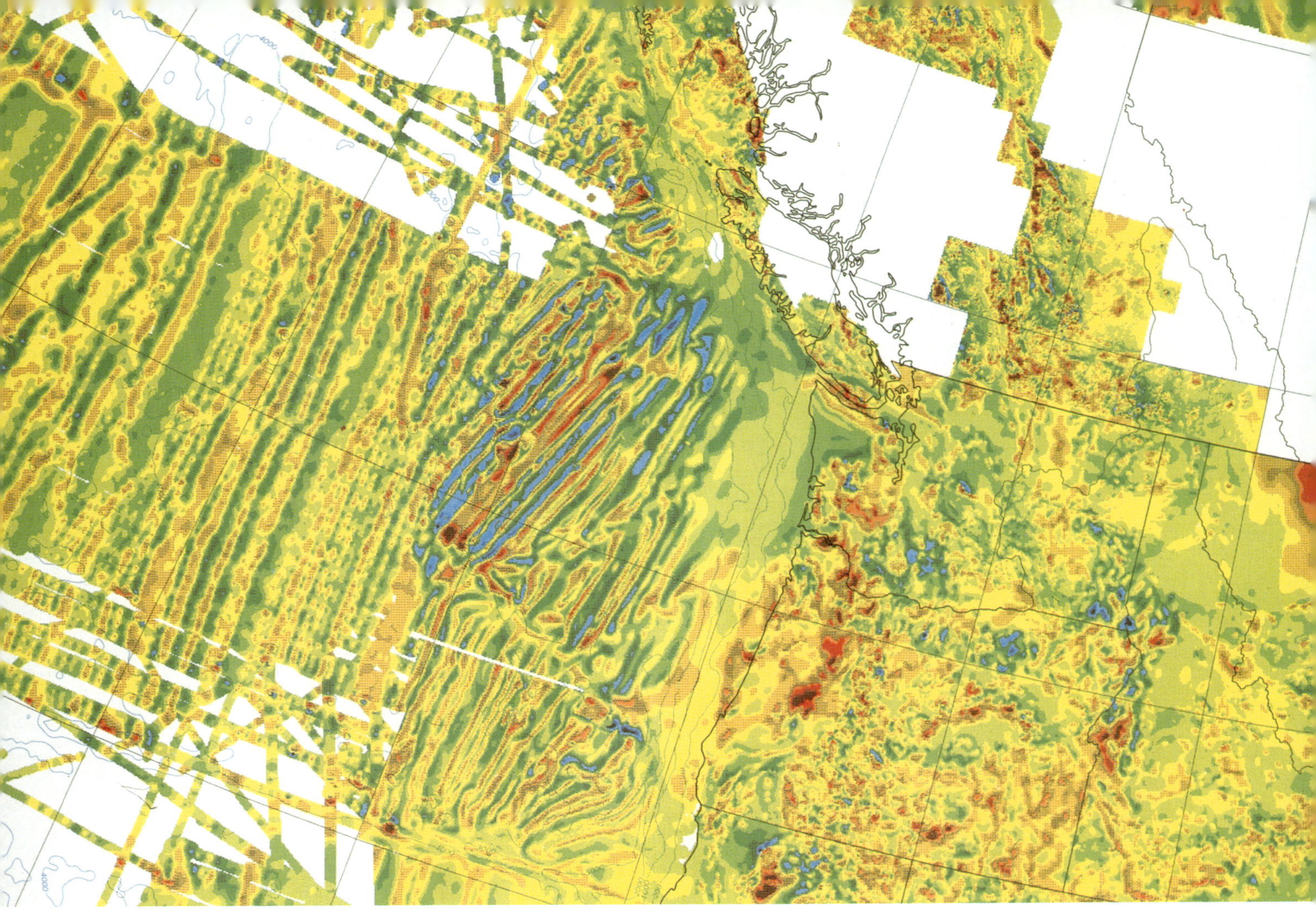

Messungen der Stärke des Magnetfeldes der Erde zeigen eine komplexe Struktur hoher (rote und braune Töne) und niedriger Werte (grüne und blaue Töne), die als magnetische Anomalien bezeichnet werden. Auf dem Festland (rechts) bilden die Anomalien ein unregelmäßiges, kleingekammertes Muster. In den Ozeanen (links) hingegen formen die magnetischen Anomalien ein streifenförmiges Muster. Die Streifen verlaufen parallel zu den mittelozeanischen Rücken; an Verwerfungszonen erscheinen sie versetzt.

der Feldstärke in kleinerem Maßstab. Für diese Schwankungen, die von der erwarteten schwachen Variation abweichen, wurde der Begriff der magnetischen Anomalien kreiert. Beim Kreuzen des Schiffes in parallelen Routen zeichnete Raff diese Anomalien akribisch auf. Er ermittelte, daß die Anomalien eine wellenförmige Struktur mit Wellengipfeln und -tälern aufwiesen, die einen Bereich von weniger als 10 % der gesamten Feldstärke ausmachten. Einzelne bei einer Fahrt ermittelte Anomalien konnten im Gebiet nebeneinander liegender Schiffsrouten nachvollzogen werden. Raff entdeckte beim Verbinden der Meßwerte der verschiedenen Routen markante Übereinstimmungen. Damit konnte er eine Karte der magnetischen Anomalien des Meeresbodens erstellen. Bei Markierung der Wellengipfel beziehungsweise -täler der magnetischen Anomalien in Weiß und Schwarz erscheint auf der Karte eine zebraähnliche Struktur mit parallelen Streifen, die eine Breite von bis zu mehreren zig Kilometern haben. Ein ähnliches Muster konnte für das Festland nicht beobachtet werden. Dort bilden die Anomalien aufgrund der unregelmäßigen Verteilung magnetisierter Gesteine ein Wirrwarr unterschiedlich hoher Feldstärken.

Raffs parallele Streifen erschienen so ausgeprägt, daß viele seiner Kollegen davon ausgingen, daß seine Meßinstrumente nur mangelhaft funktioniert hatten. Raff hingegen war von deren Genauigkeit überzeugt. Er bemerkte auch, daß die Anomalien parallel zu den mittelozeanischen Rücken verliefen. Diese Beobachtung schien zunächst von entscheidender Bedeutung, war aber bei der Publikation der Karte im Jahr 1958 nur noch bloße Kuriosität. Klar war jedoch, daß das Muster magnetischer Anomalien sehr vielfältig war. Zu beiden Seiten gigantischer Bruchzonen im östlichen Pazifik wurden identische Strukturen ermittelt.

In den späten 1950er Jahren beschäftigten sich die Forscher mit den Ursprüngen der magnetischen Streifen. Auf dem Festland ergeben sich magnetische Anomalien aus der Verteilung der Gesteine. Besonders stark ist das Magnetfeld in Gebieten mit hohen Anteilen magnetischer Gesteine. Es schien jedoch nicht plausibel, daß der gesamte Meeresboden, der beinahe zwei Drittel der Erdoberfläche bedeckt, aus wechselnden Streifen aus unterschiedlichen Gesteinen aufgebaut sein sollte. Allem Anschein nach waren die Gesteine des Meeresbodens sehr gleichförmig aufgebaut und von etwa konstanter Mächtigkeit.

NORDEN IST SÜDEN

In den 1920er Jahren beschäftigte sich der japanische Wissenschaftler Motonari Matuyama mit dem Magnetismus von Gesteinen. Es war bekannt, daß manche Gesteine eisenhaltige Minerale wie Magnetit und Hämatit enthalten. Der Magnetismus dieser Minerale weist bestimmte Eigenschaften auf. Wenn zum Beispiel Magnetit über eine kritische Temperatur – die sogenannte Curie-Temperatur – erhitzt wird (etwa 500 °C), verliert es seine dauermagnetischen Eigenschaften. Kühlt das Gestein dann wieder unter die entsprechende Temperatur ab, erlangt es seine magnetischen Eigenschaften wieder und speichert dabei die magnetischen Eigenschaften des Feldes, das zu dieser Zeit besteht. Danach verhalten sich die Gesteine, die magnetische Minerale enthalten, wie ein einfacher Magnetstreifen, etwa wie eine Kompaßnadel, die sich jeweils zum magnetischen Nordpol hin ausrichtet.

Matuyama untersuchte in seinem Labor an der kaiserlichen Universität von Kyoto einige vulkanische Gesteine, die er in Japan gesammelt hatte. Er erwartete natürlich, daß sich alle Gesteine zum magnetischen Nordpol hin ausrichten würden, doch einige Proben taten das Gegenteil und orientierten sich in die entgegengesetzte Richtung, zum magnetischen Südpol. Diese Gesteine stammten von Vulkanen, die älter waren als die Steine, die sich zum magnetischen Nordpol ausrichteten. Eine einfache Erklärung dafür schien, daß das Magnetfeld der Erde sich vor ein paar Millionen Jahren umgekehrt haben mußte. Die älteren vulkanischen Gesteine unterlagen somit einer nach Süden gerichteten Magnetisierung, da sie zu einer Zeit auskristallierten, als sich der magnetische Nordpol tatsächlich nahe dem Südpol befand. Bemerkenswert ist, daß Matuyamas Kollegen diesen Gedanke nicht verwarfen, als er seine Ergebnisse 1929 publizierte. Niemand wußte, warum die Erde ein magnetisches Feld hatte, und wo die Pole lagen, schien daher eher sekundär.

Zu Beginn der 1960er Jahre gelangten immer mehr Wissenschaftler zu der Überzeugung, daß sich das Magnetfeld der Erde in der Vergangenheit tatsächlich periodisch umgekehrt hatte. Edward Bullard fand auch eine Erklärung dafür, wie das Magnetfeld der Erde entstanden sein könnte. Zunächst einmal setzte er voraus, daß der äußere Kern flüssig war (siehe Kapitel 4), und stellte dann die folgende Überlegung an: Die Fließbewegungen des äußeren Kerns konnten bewirken, daß sich der äußere Kern wie ein Dynamo verhielt, der bei der Erzeugung von Strom ja ebenfalls ein leichtes Magnetfeld bildet. In diesem Modell schien es sehr gut möglich, daß sich beim Wechsel der Fließbewegungen auch die Richtung des Magnetfeldes umkehrt. Stimmte diese Annahme und hatte sich das Magnetfeld der Erde in der Vergangenheit tatsächlich umgekehrt, dann mußten gleich alte vulkanische Gesteine auf der ganzen Welt die gleiche magnetische Ausrichtung aufweisen. Um diese Theorie zu überprüfen und zu belegen, war es jedoch nötig, die untersuchten Gesteine exakt zu datieren.

Wie so oft in der Wissenschaftsgeschichte erforderte die Lösung dieses Problems eine ganz neue wissenschaftliche Methode: die Datierung von Gesteinen mit Hilfe der Zerfallszeiten von radioaktivem Kalium, einem in vulkanischen Gesteinen häufig vorkommenden Mineral, zum Gas Argon (siehe Kapitel 1). Solange vulkanische Gesteine noch nicht auskristallisiert sind, kann das durch den Zerfall von Kalium entstandene Gas Argon entweichen. Nach der Verfestigung des Gesteins aber ist das Argon eingeschlossen, und sein Gehalt im Gestein steigt an. Damit läßt sich am Argongehalt das Alter des Gesteins ablesen. Allerdings ist der Anteil des Gases überaus gering. Außerdem verfügte in den frühen 1960er Jahren nur die Berkeley University in Kalifornien über die Ausrüstung, um präzise Messungen vorzunehmen.

Die mit der Untersuchung des Magnetismus von Gesteinen befaßten Wissenschaftler benutzten für die Datierung ihrer Proben die Kalium-Argon-Methode. Wie Matuyama schon in den 1920er Jahren vermutet hatte, bestand tatsächlich ein Zusammenhang zwischen dem Alter der vulkanischen Gesteine und deren magnetischer Ausrichtung. Dies bestätigte die Theorie der Dynamik des Magnetfeldes der Erde; die Umkehrungen schienen immer nach etwa einer Million Jahren zu erfolgen. Damit war die Bühne frei für die Lösung des Rätsels der Meeresböden.

EINE RADIKALE HYPOTHESE

Harry Hess, der an der Princeton University lehrte, veröffentlichte 1960 eine aufsehenerregende Arbeit, in der er sich mit dem Ursprung der Meeresböden auseinandersetzte. Der ehemalige Offizier der Navy hatte während seines Dienstes auf See jede Gelegenheit wahrgenommen, mit dem neu entwickelten Echolot Daten über den Meeresboden zu erheben. Danach verfolgte er mit gespanntem Interesse die wissenschaftlichen Erkenntnisse, die die immer häufiger durchgeführten Forschungsfahrten erbrachten. Hess erkannte, daß die Gesteine des Meeresbodens eine andere Zusammensetzung aufweisen mußten als die Gesteine des Festlands – da sie viel tiefer lagen als die kontinentalen Gesteine, mußten sie deutlich dichter sein. Seine Argumentation basierte auf dem Prinzip der sogenannten Isostasie; sie besagt, daß sich die äußere Kruste der Erde wie ein Schiff auf dem flüssigeren Inneren bewegt. Die dichteren Gesteine am Meeresgrund sinken also tiefer in die Erde als die leichteren Gesteine der kontinentalen Kruste. Hess vermutete, daß der Meeresboden unter der dünnen Sedimentschicht aus dem gleichen Material wie der Erdmantel aufgebaut ist, mit etwa der gleichen hohen Dichte. Da, wo das Material jedoch mit Meereswasser in Berührung kam, entstände das Mineral Serpentin.

Hess entwickelte auch eine Theorie zur Entstehung der mittelozeanischen Rücken. Messungen hatten einen Anstieg der Temperatur in den obersten Metern der mittelozeanischen Rücken ergeben. Daraus wurde gefolgert, daß die Gesteine in einigen Kilometern Tiefe ungewöhnlich heiß sind. Die höheren Temperaturen führen zu verstärkter Ausdehnung und Verringerung der Dichte der Gesteine sowie zur Hebung des Meeresbodens. War das der Grund für die Existenz der mittelozeanischen Rükken? Sie könnten dort entstehen, wo heißere und weniger dichte Bereiche des Erdinneren zur Oberfläche aufsteigen.

Hess ging noch einen Schritt weiter. Eine seiner Entdeckungen, die er während des Zweiten Weltkrieges mit einem Echolot im Pazifik gemacht hatte, beschäftigte ihn besonders: Er hatte am Meeresboden seltsam abgeflachte, kreisförmige Berge nachgewiesen, die er als Guyots bezeichnete. Sie erinnerten stark an flache Inseln im Pazifik, die durch marine Abrasion abgeflacht worden waren – aber die Guyots befanden sich mehrere tausend Meter unter der Meeresoberfläche. Ihre Höhenlage über dem umgebenden Meeresboden ist auffallend konstant. Mit dem Sinken des Ozeanbodens geht somit auch ein Sinken der Guyots einher. Hess zufolge könnte der Meeresbodens ständig weitersinken. Die Guyots wären demnach ehemalige Inseln, die unter den Meeresspiegel absanken und dann immer weiter in die Tiefe gerieten. Wie aber

THEORIE DES *SEAFLOOR SPREADING* NACH HESS

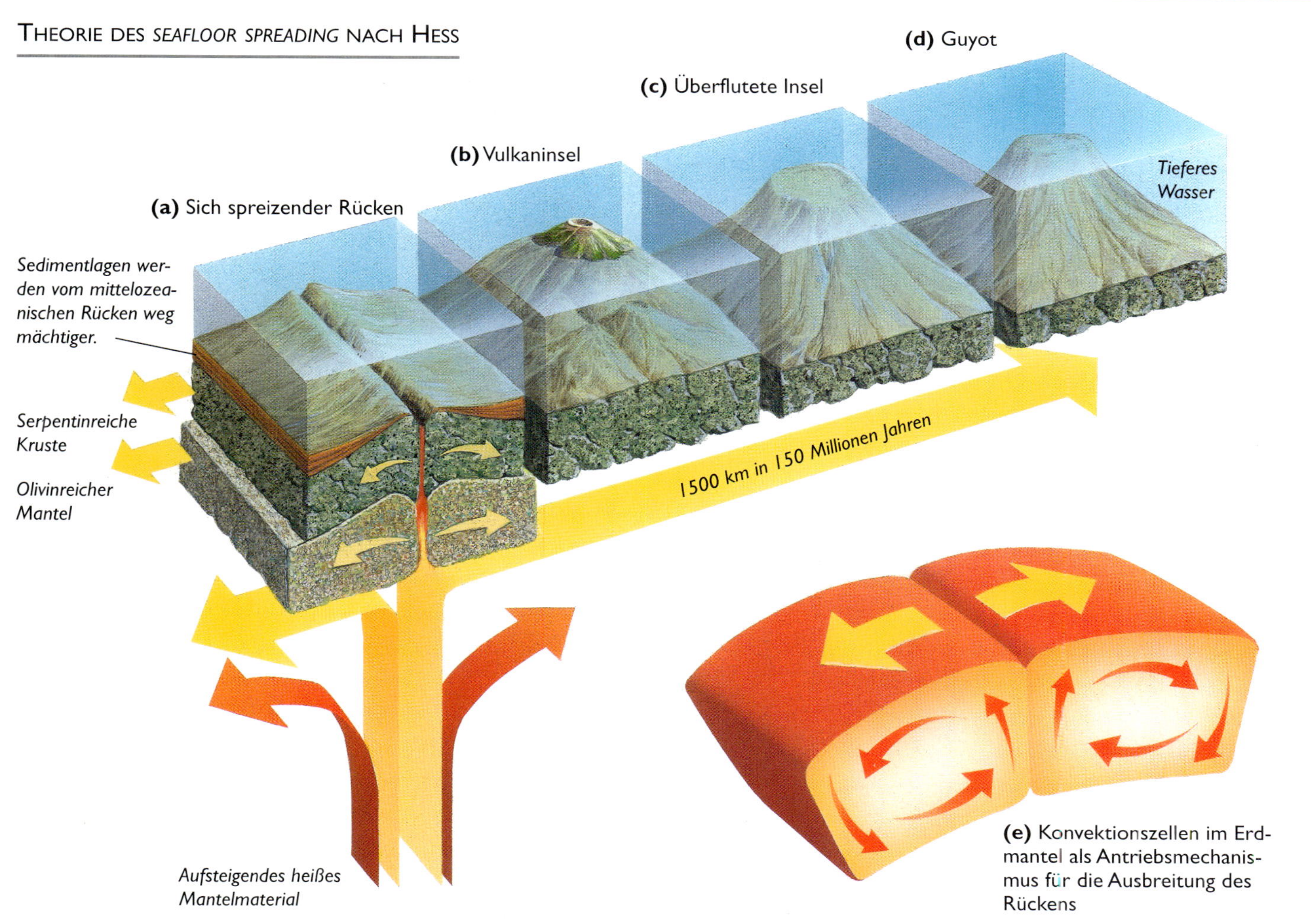

In den späten 1950er Jahren lieferte Harry Hess eine Erklärung für die submarinen Berge. Die mittelozeanischen Rücken überlagern eine Zone ausgeprägter Hebung im Erdmantel **(a)**. Nach Hess reagiert das aufsteigende heiße Mantelmaterial mit dem kalten Wasser und bildet die ozeanische Kruste. Diese bewegt sich seitwärts, kühlt ab, zieht sich zusammen, und an der Oberfläche lagert sich eine Sedimentschicht ab. Dabei sinkt der Meeresboden mehrere Kilometer ab **(b)**. Marine Erosion führt zur Abflachung der Gipfel **(c)**. Diese bilden schließlich submarine Berge oder sogenannte Guyots **(d)**. Hess vermutete, daß die Bewegungen im Mantel und im Meeresboden auf großräumige Konvektionszellen im Erdinneren zurückzuführen sein könnten **(e)**.

paßte das mit der Vorstellung zusammen, daß die mittelozeanischen Rücken aus dem Erdmantel aufsteigen? Hess fand eine ganz einfache Antwort: Der Meeresboden ist gewissermaßen ein Teil eines gigantischen Fördersystems der Erdoberfläche. Dabei steigt zunächst Mantelmaterial zu den Kämmen der mittelozeanischen Rücken auf und bildet dort neuen Meeresboden. Anschließend bewegt sich das Material zur Seite und kühlt langsam ab. Aufgrund der Abkühlung zieht es sich zusammen und sinkt demzufolge zunehmend ab. Auf diese Weise gerieten auch die abgeflachten Berge unter Meeresniveau und entwickelten sich zu Guyots.

Zur Beschreibung des von Hess entdeckten Fördermechanismus bürgerte sich rasch der Begriff *seafloor spreading* (Ausbreitung des Meeresbodens) ein. So radikal diese Theorie war, erklärte sie doch eine ganze Reihe von Phänomenen. Sie setzte voraus, daß der Meeresboden geologisch jung war – worauf ja bereits die Ergebnisse der MidPac-Expedition hindeuteten. Die seitwärts gerichtete Bewegung des Meeresbodens weg von den mittelozeanischen

Rücken würde erklären, warum der Hauptkamm der Rücken oft wie eine gigantische Spalte in der Erdkruste aussieht: Hier bricht der Meeresboden auseinander. Und schließlich steigt die Sedimentmächtigkeit auf dem Ozeanboden mit zunehmender Entfernung von den Rücken an, einfach weil der Grund dort älter und damit der Zeitraum für die Ansammlung von Sedimenten länger ist.

Im Jahr 1962 wurde Hess von den Geologiestudenten der englischen Cambridge University eingeladen, um über seine Theorie zu referieren. Fred Vine, einer der Studenten, war von seinen Ausführungen so beeindruckt, daß er nur ein Jahr später die Ergebnisse einer kurz zuvor durchgeführten magnetischen Untersuchung im Indischen Ozean nahe dem Carlsberg-Rücken zu analysieren begann. Dabei griff Vine einen Aspekt des Meeresbodens auf, den Hess nicht erklärt hatte: die geheimnisvolle Struktur der magnetischen Anomalien.

Es war bekannt, daß die meisten Inseln vulkanischen Ursprungs waren. Und Hess hatte mit der Entdeckung der Guyots Reste vieler untermeerischer Vulkane aufgespürt. Nahe dem Carlsberg-Rücken wurden zwei konische Berge untersucht, die Fred Vine ebenfalls für erloschene Vulkane hielt. Über einem der beiden Berge war das Magnetfeld jedoch viel stärker als über dem anderen. Vine fand folgende einleuchtende Erklärung für diesen Umstand: Der eine der Berge entstand, als das Magnetfeld der Erde umgekehrt war und die abkühlenden Lavamassen daher einer umgekehrten Magnetisierung unterlagen, während der andere sich bildete, als das Erdmagnetfeld die aktuelle Polarität hatte. Die jeweilige Magnetisierung der submarinen Berge addiert beziehungsweise subtrahiert sich mit dem Magnetfeld der Erde, und so entstehen die beobachteten deutlichen Unterschiede.

Vine kam zu dem Schluß, daß vielleicht der gesamte Meeresboden unterhalb einer dünnen Sedimentschicht aus vulkanischem Gestein aufgebaut ist, das aus dem Erdmantel ausgeworfen wird. Hess hatte dagegen nur gefolgert, daß der Meeresboden aus Mantelmaterial besteht, das durch den Kontakt mit Wasser chemisch verändert wurde. Fred Vine und Drummond Matthews stellten nun eine Verbindung zwischen der von Hess entwickelten Theorie des *seafloor spreading*, den Untersuchungsergebnissen am Carlsberg-Rücken und der Beobachtung der streifenförmigen Anordnung der magnetischen Anomalien parallel zu den mittelozeanischen Rükken her. Sie entwickelten eine Theorie, die durch ihre Einfachheit bestach und 1963 in der wissenschaftlichen Zeitschrift »Nature« veröffentlich wurde. Vine und Matthews folgten den von Hess entwickelten Gedanken, daß sich der Meeresboden zu beiden Seiten der mittelozeanischen Rücken ähnlich wie ein Förderband nach außen bewegt (siehe Abbildung rechts). Die dabei entstehende Lücke wird ständig durch vulkanische Eruptionen aufgefüllt, bei denen neuer Ozeanboden entsteht. Das vulkanische Gestein wird beim Abkühlungsvorgang dem Magnetfeld entsprechend magnetisiert. Der neu gebildete Ozeanboden bewegt sich im Zuge des *seafloor spreading* vom mittelozeanischen Rükken weg. Wenn sich das Erdmagnetfeld umkehrt, wird der neue Meeresboden in entgegengesetzter Richtung magnetisiert. Auf diese Weise entsteht auf dem Meeresboden die Struktur wechselseitig magnetisierter Streifen, die sich in Karten zebraähnlich darstellt. Vine zeigte auf, daß die magnetische Anomalie entlang der Hauptachse des Rückens darauf schließen läßt, daß die Gesteine dem gegenwärtigen Magnetfeld entsprechend ausgerichtet wurden. Dies entspricht genau seinem Modell der Entstehung neuen Meeresbodens entlang der Achse des untermeerischen Rückens.

Neues Beweismaterial

Man könnte annehmen, daß die Fülle von Beweismaterial für die Gedanken von Harry Hess und Fred Vine erdrückend sein mußte, da so viele Fragen beantwortet schienen. Dies entspricht jedoch nicht der damaligen Wahrnehmung. Die Theorien der beiden Geologen erschienen den Zeitgenossen so außergewöhnlich, ja bizarr, daß sie von ihnen genauestens unter die Lupe genommen und geprüft wurden. Und

STADIEN BEI DER ENTSTEHUNG EINES MEERESBECKENS

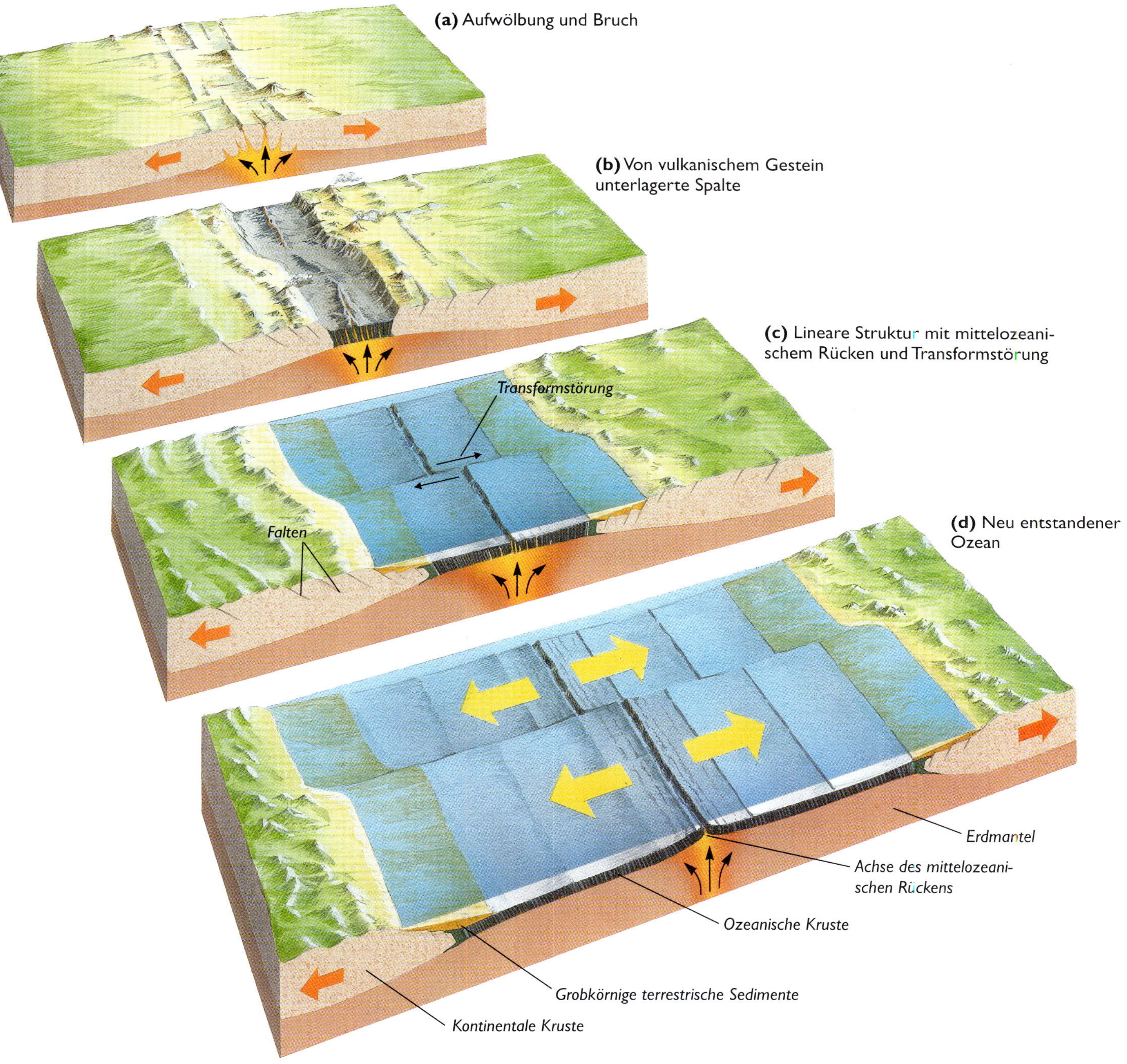

Ozeane entstehen beim Auseinanderbrechen von Kontinenten. Zunächst wölbt sich ein Kontinent auf und bricht **(a–b)**. Darunter lagerndes heißes Mantelmaterial steigt zur Oberfläche auf und löst vulkanische Aktivität aus. Die Kruste wird horizontal gedehnt, ihre vertikale Mächtigkeit nimmt an den Verwerfungen ab. Schließlich teilt sich die kontinentale Kruste, und es entsteht eine lineare Vertiefung. Nach der Überflutung entsteht somit ein neuer Ozean. Wenn er sich durch *seafloor spreading* ausdehnt, entwickeln sich an Biegungen in den Spalten Transformstörungen, an denen der mittelozeanische Rücken versetzt wird **(c–d)**.

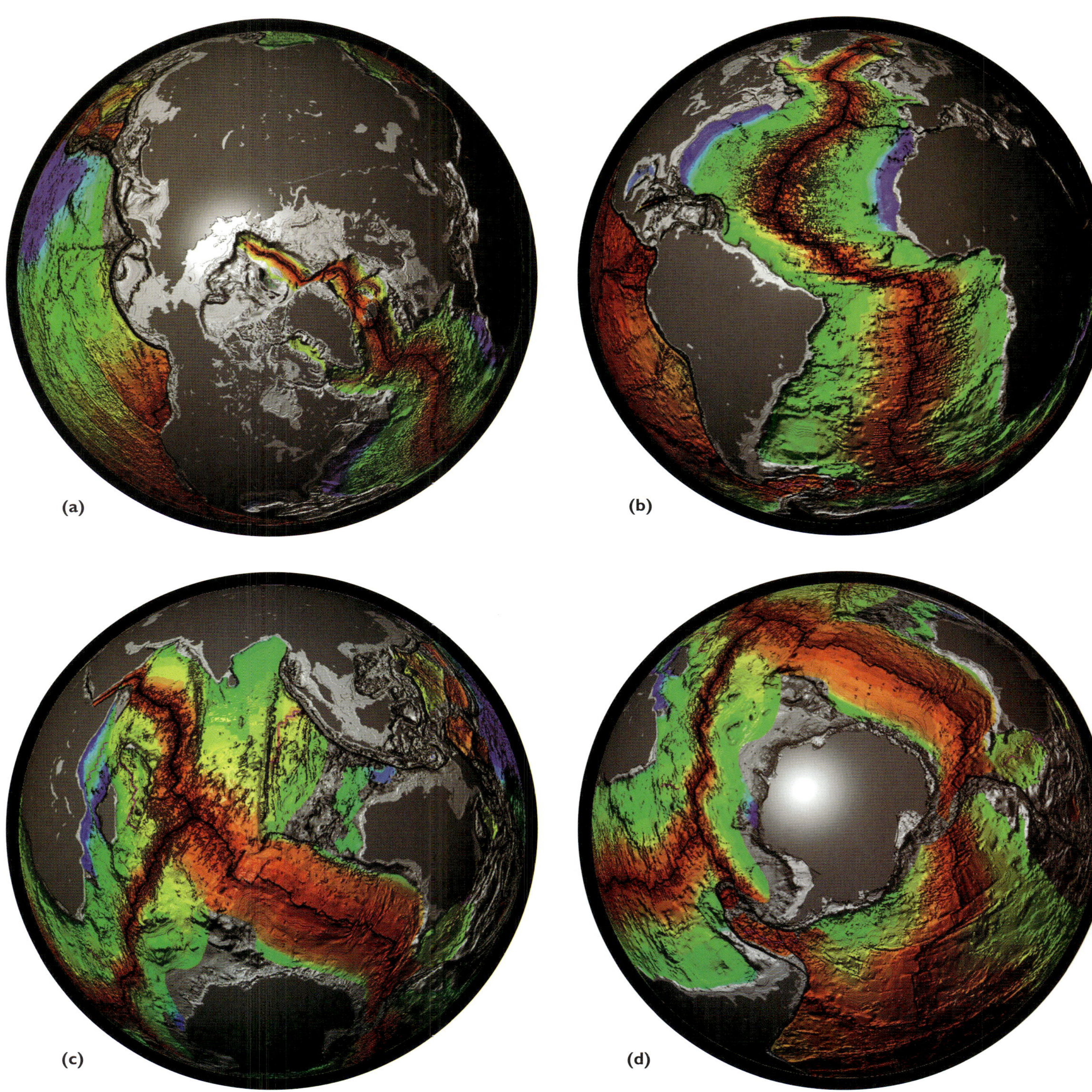

Wissenschaftler bestimmten das Alter der ozeanischen Kruste anhand der Strukturen magnetischer Anomalien. Die Darstellungen des Meeresbodens im Nordpolarmeer **(a)**, im Atlantischen Ozean **(b)**, im Indischen Ozean **(c)** und um die Antarktis **(d)** zeigen, daß die Kruste entlang der Kämme mittelozeanischer Rücken am jüngsten ist (rot-orange) und von den Flanken der Rücken zu den Ozeanrändern hin zunehmend älter wird (gelb-grün). Die ältesten Bereiche sind etwa 180 Millionen Jahre alt.

die sehr kritischen Wissenschaftler deckten in den Beweisen von Hess und Vine mehr Lücken auf, als es diesen lieb sein konnte – zu viele, um die akademische Welt zu überzeugen. Tatsächlich gab es einfach noch zu wenig verfügbare Daten.

Im Jahr 1965 besuchte J. Tuzo Wilson, ein Geophysiker von der University of Toronto, Fred Vine in Cambridge, um sich mit diesem über dessen Untersuchungsergebnisse und den sich daraus ergebenden Folgerungen auseinanderzusetzen. Wenn die Ozeane durch Ausbreitung an den mittelozeanischen Rücken entstehen und wechselseitig magnetisierter Meeresboden gebildet wird, dann sollte zu beiden Seiten der Rücken die gleiche Struktur magnetischer Anomalien auftreten. Im folgenden Jahr wurde dafür der erste Beweis erbracht. Das US-Forschungsschiff *Eltanin* stellte im Pazifik nahe der Osterinsel im Bereich des mittelozeanischen Rükkens in einer etwa 4000 Kilometer breiten Zone magnetische Messungen an. Das ermittelte Profil zeigte zu beiden Seiten des Rückens über je rund 2000 Kilometer eine nahezu symmetrische Struktur magnetischer Anomalien. Beim Falten der angefertigten Karte und dem Übereinanderlegen beider Teile zeigt sich eine verblüffende Übereinstimmung. Alle Umkehrungen des Erdmagnetfeldes, die sorgfältig an Land ermittelt worden waren, entsprachen den magnetischen Anomalien des von der *Eltanin* erhobenen Profils.

Wilson beschäftigte sich auch mit der ungegliederten Struktur der Verwerfungszonen und mit den mittelozeanischen Rücken. Er behauptete, daß der Hauptkamm eines Rückens und die Verwerfungszonen eine im Zickzack verlaufende Grenze zwischen zwei sich voneinander entfernenden Teilen der ozeanischen Kruste bilden. Bei der Seitwärtsbewegung vom Rücken weg gleitet Meeresboden – entlang der Verwerfungszonen – auch an benachbarten Teilen vorbei. Dies zeigt sich auch nach dem Auseinanderreißen eines Blattes in zwei Teile entlang einer im Zickzack verlaufenden Linie. Wenn man beide Teile auf einer flachen Oberfläche zusammensetzt und sie parallel zu Abschnitten des Risses ein wenig verschiebt, ist das Prinzip der Verwerfungszonen nachvollziehbar. Rücken bilden sich entlang der anderen Abschnitte, wo die Bewegung rechtwinklig zum Riß erfolgt. Wilson sah voraus, daß die Bewegung an Verwerfungszonen auf Bereiche beschränkt ist, die Abschnitte an Rücken verbinden – diesen Verwerfungstyp nannte er Transformstörung. Teile des Ozeanbodens zu beiden Seiten der Verwerfungszone gleiten aneinander vorbei. Bewegungen an den Verwerfungen der Erdkruste lösen Erdbeben aus. Als Wissenschaftler mit der genauen Lokalisierung von Erdbeben in Ozeanen begannen, ermittelten sie eine unregelmäßig verlaufende Linie, die – wie Wilson behauptet hatte – sowohl den Hauptkämmen der mittelozeanischen Rücken als auch den Transformstörungen folgt. Somit waren auf einen Schlag die vielschichtigen Fragen bezüglich des Meeresbodens beantwortet.

Mit Hilfe der mühsam ausgearbeiteten zeitlichen Einordnung der Umkehrungen des Erdmagnetfeldes konnten Geophysiker den fast zwei Drittel der Erdoberfläche bedeckenden Meeresboden mit einer Exaktheit kartieren, die für die Darstellung der Kontinente noch lange nicht erreicht war. Die magnetischen Anomalien zeigen, daß kein Gestein des Ozeanbodens älter als etwa 200 Millionen Jahre ist. Kontinente sind durchschnittlich um das Zehnfache älter als die gegenwärtigen Meeresbecken. Der gesamte, innerhalb eines Jahres an den mittelozeanischen Rücken neu gebildete Meeresboden hat eine Fläche von durchschnittlich 3,5 Quadratkilometern.

Bohrung im Meeresboden

Seit es die Wissenschaft der Ozeanographie gibt, sind die Wissenschaftler frustiert darüber, daß sie nicht die Möglichkeit haben, den Meeresboden gewissermaßen mit Händen zu greifen. Immerhin hatten viele von ihnen als Geologen angefangen, Feldforschung betrieben und zu Beginn ihres Berufslebens häufig mit einem Hammer Gesteinsbrocken aus den Felsen geschlagen und sie dann ins Labor geschleppt. Die Meeresgeologie dagegen muß weitgehend in großem Abstand zum untersuchten Medium mit Hilfe von Geräten der Fernerkundung betrieben werden: mit Echoloten, durch Messungen des Magnetismus und der Schwerkraft.

Mitte der 1960er Jahre wurde ein Schiff mit einer Bohrausrüstung bestückt – damit war es das höchstentwickelte Forschungsschiff der Welt. Von ihm aus konnten Löcher in den Meeresboden gebohrt werden; die zylinderförmigen Bohrkerne wurden nach oben gezogen. Das Schiff erhielt den Namen *Glomar Challenger* – nach der Produktionsfirma (Global Marine Company) und dem Schiff, das in den 1870er Jahren die erste große Forschungsfahrt auf dem Ozean unternommen hatte *(HMS Challenger)*. Die von Bord der *Glomar Challenger* aus unternommenen Arbeiten zählen zu den bedeutendsten Untersuchungen in der Geschichte der Erforschung der Erde.

Die 18 Monate dauernde Fahrt der *Glomar Challenger* bestätigte 1968 zweifelsfrei die Theorie des *seafloor spreading*. Während des dritten Abschnitts der Reise wurden neun Löcher in den Boden des Südatlantik zwischen Südamerika und dem süd-

GLOMAR CHALLENGER TIEFSEEBOHRUNG

Die Nummern 1 bis 7 beziehen sich auf Bohrlöcher im Meeresboden

Die speziell ausgerüstete *Glomar Challenger* bohrte 1968 im Südatlantik eine Reihe von Löchern in den Meeresboden **(a)**. Die dem Ozeanboden entnommenen zylinderförmigen Bohrkerne zeigten die Zusammensetzung der obersten Schichten der ozeanischen Kruste **(b)**. Sedimentschichten lagern auf Basalt. Das Alter der tiefsten Lagen steigt mit zunehmender Entfernung vom mittelozeanischen Rücken **(c)**. Die Funde bestätigten die Theorie des *seafloor spreading* für die Bildung ozeanischer Kruste.

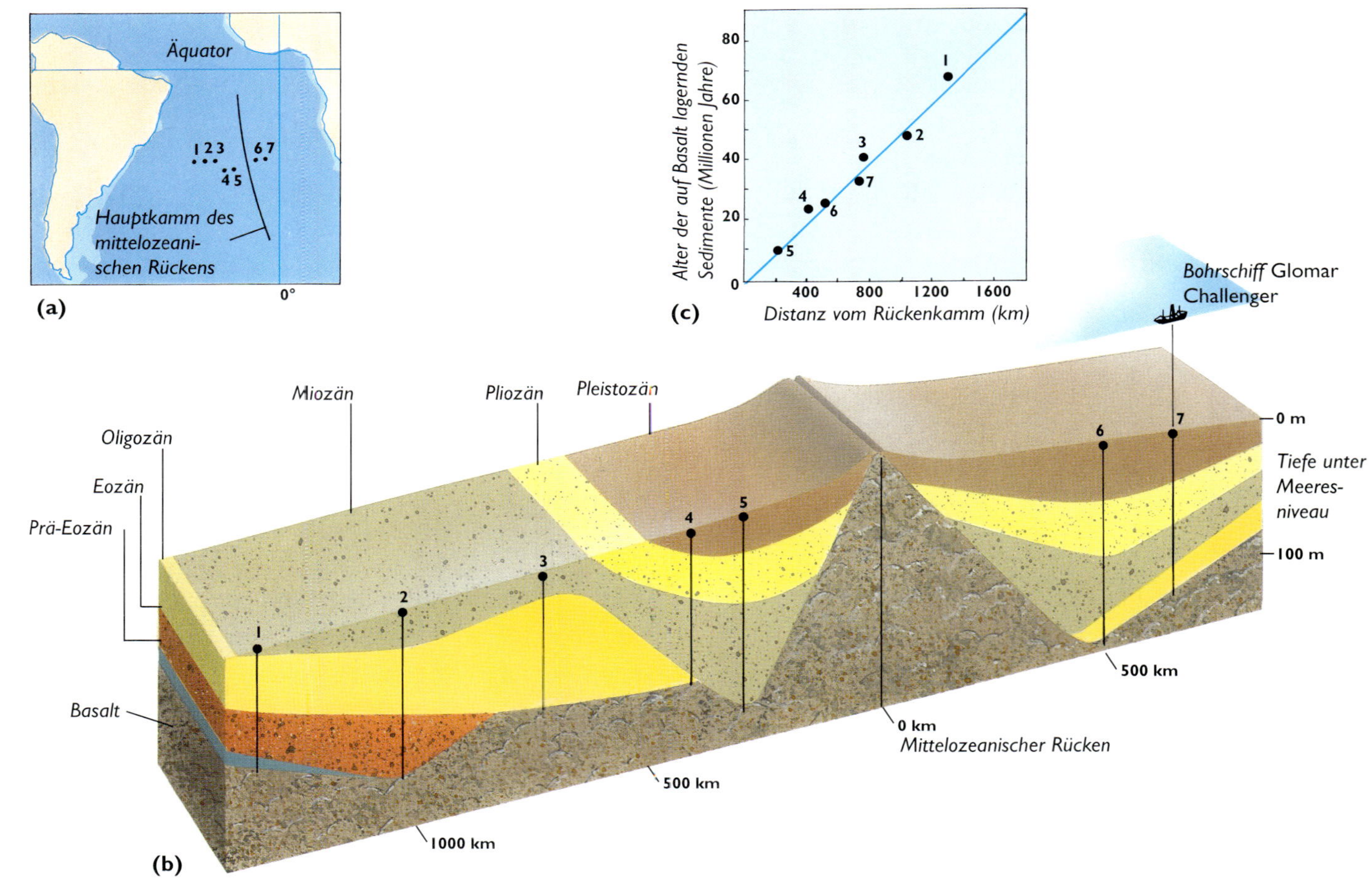

Durch Bohrungen in den Meeresboden konnten Wissenschaftler ihre Kenntnisse über dessen Entstehung stark erweitern. Die JOIDES Resolution kann mehr als 6 Kilometer tief ins Wasser vordringen. Das Forschungsschiff wird immer noch für Untersuchungen auf allen Weltmeeren eingesetzt.

lichen Afrika gebohrt, in Meerestiefen zwischen 2000 und 4500 Metern. Die Bohrungen drangen im Meeresboden mehr als 100 Meter bis zu vulkanischem Basalt vor. Damit war der Beweis erbracht, daß der Meeresgrund unter den Sedimentschichten tatsächlich vulkanischen Ursprungs ist. Oberhalb des Basalts zeigten die Bohrkerne Ablagerungen von Tiefseesedimenten, die zahlreiche Spuren kleinster Organismen enthielten, die durch den Vergleich mit Organismen terrestrischer Gesteine bekannten Alters datiert werden konnten. Wenn die Theorie der Bildung von Meeresboden durch *seafloor spreading* zutraf, so mußten sich die Sedimente bald nach dessen Entstehung auf der ozeanischen Kruste ablagern. Demnach wären die ältesten Organismen in den Sedimentschichten der Bohrkerne nahezu gleich alt wie die darunterliegende ozeanische Kruste und würden mit zunehmendem Abstand vom mittelozeanischen Rücken ein immer höheres Alter aufweisen. Diese Annahme wurde durch die Ergebnisse der Bohrungen bestätigt. Tatsächlich verhielt sich das Alter der Organismen proportional zur Entfernung vom mittelozeanischen Rükken – dies entsprach der Annahme, daß sich der Meeresboden mit konstanter Geschwindigkeit ausdehnt. Für den Südatlantik konnte für die Ausbreitung des Meeresbodens von den mittelozeanischen Rücken aus eine mittlere Rate von 4 Zentimetern pro Jahr ermittelt werden. Südamerika und Afrika driften also in dieser Geschwindigkeit auseinander.

Rechnet man nun von der Ausbreitung des Meeresbodens im Atlantik zurück, ergibt sich, daß Afrika und Südamerika vor etwa 125 Millionen Jahren zusammenhingen. Als die ältesten Teile des südatlantischen Meeresbodens gebildet wurden, müssen die Ränder der Kontinente Afrika und Südamerika einander berührt haben (dabei entsprechen die Ränder nicht den Küstenlinien, sondern den Grenzen der Kontinentalschelfe zu den Kontinentalabhängen). Kein Wunder, daß sich die Ränder beider Kontinente ähneln – sie hingen früher zusammen und drifteten auseinander (siehe Seite 56). Dies entsprach der von anderen Wissenschaftlern nicht anerkannten Theorie, die Alfred Wegener 1915 aufgestellt hatte. Und es entsprach auch dem Computermodell, das Edward Bullard 1965 präsentiert hatte. Nun war der Nachweis erbracht – nicht durch Funde an Land, sondern durch Bohrungen mitten im Ozean. Doch die Bohrungen im Ozeanboden erbrachten noch mehr. Die Sedimentfolge auf der vulkanischen Kruste dokumentiert die Entstehungsgeschichte des Atlantiks von dem Zeitpunkt an, als sich – ähnlich dem Ostafrikanischen Graben – eine schmale Spalte zwischen zwei Kontinenten auftat,

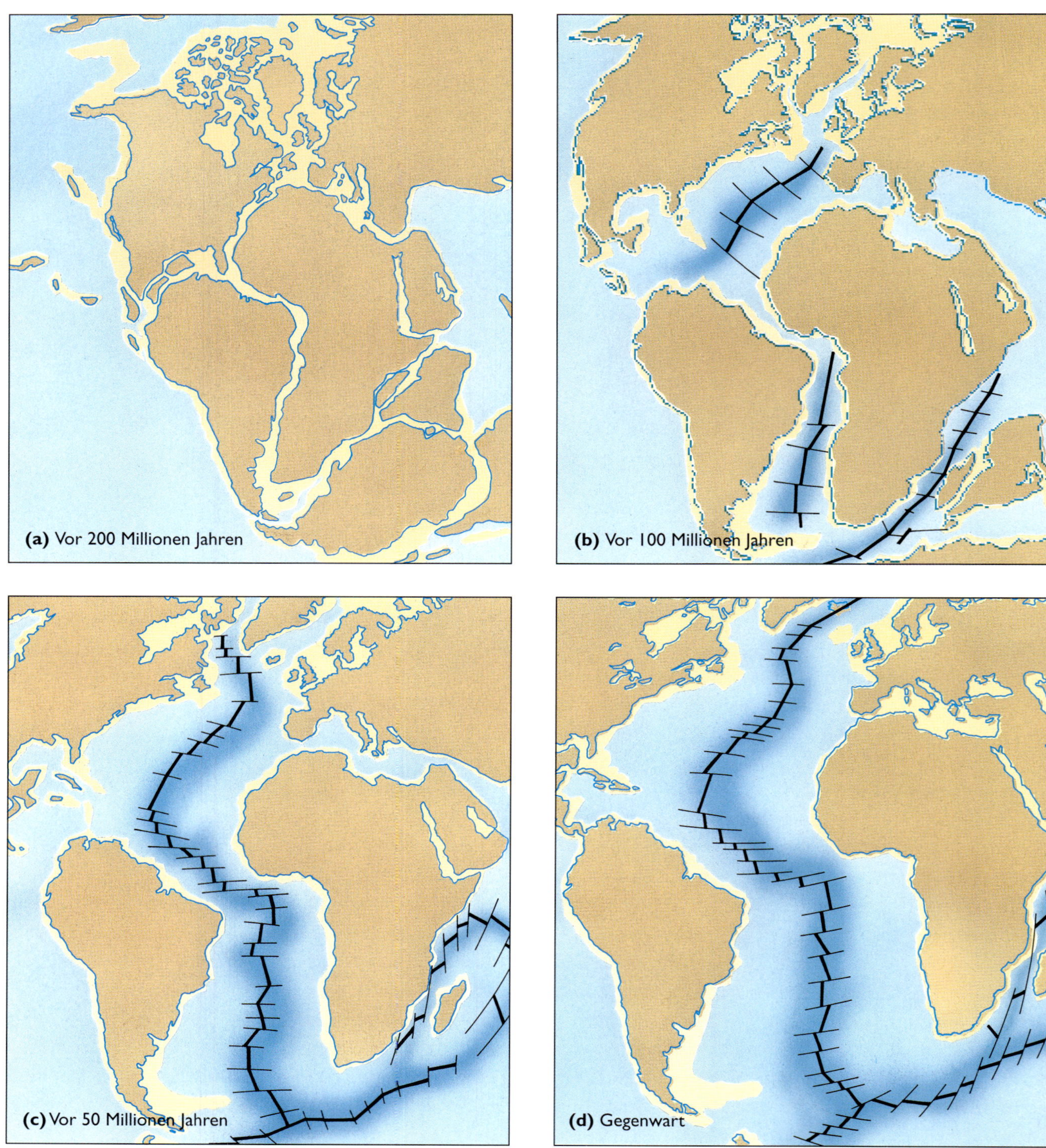

Vor 200 Millionen Jahren hingen die Kontinente noch zusammen **(a)**. Der zentrale Teil des Atlantiks entstand vor rund 150 Millionen Jahren mit der Trennung Nordamerikas von Afrika – die Lücke wurde durch Ausbreitung des Bodens an den mittelozeanischen Rücken mit ozeanischer Kruste gefüllt. Der Südatlantik entstand durch das Auseinanderdriften von Südamerika und Afrika **(b)**. Schließlich erstreckte sich ein zusammenhängender Ozean von Grönland bis zur Südspitze Afrikas **(c)**, der sich bis heute weiter ausdehnt **(d)**.

Das zentrale Bergland in Oman besteht aus Resten des Meeresbodens, der im Rahmen großräumiger Krustenbewegungen aufstieg. Geologen bezeichnen diese Gesteine als Ophiolithe; sie liefern zahlreiche Hinweise auf den Ursprung der ozeanischen Kruste.

die schließlich zu einem mehrere Kilometer tiefen Ozean wurde.

Gegen Ende der 1960er Jahre hatten Geologen ausreichende Kenntnisse über den Meeresboden erlangt, um Bereiche ausfindig zu machen, die im Laufe der Zeit über Meeresniveau gehoben worden waren. So ist die Insel Island im Nordatlantik ein oberirdischer Teil des mittelozeanischen Rückens. Fortwährende vulkanische Aktivität und Erdbeben zeugen hier von der Ausbreitung der Erdkruste. Bei vulkanischen Eruptionen öffnen sich Spalten, in denen flüssiges Magma freigesetzt wird. Der Mechanismus der Ausbreitung des Meeresbodens ist offensichtlich, auch wenn die Kruste in Island wesentlich dicker ist als in den Ozeanen. In anderen Gebieten der Erde wurden in Gebirgsketten Basalt und Meeressedimente gefunden. Wie sie dorthin kamen, ist noch umstritten. Trotzdem liefern sie den besten Einblick in die Gestalt der Erdkruste unterhalb des Meeresbodens. Ein herausragendes Beispiel ist die Wüste in Oman, wo Ophiolithe gefunden wurden. Sie lassen sich als Überreste unterschiedlicher Niveaus untermeerischer Vulkane interpretieren, die im Bereich der mittelozeanischen Rücken ausbrachen.

Ein typischer Ophiolith besteht in den obersten Lagen aus mehrere hundert Meter mächtigem, kieselsäurehaltigem Gestein, das durch die Verfestigung silikatreichen Schlamms entstand. Die Sedimente lagern auf Basalt, der eine für Unterwassereruptionen typische Kissenform hat. Unter der sogenannten Pillow-Lava erstrecken sich Basaltdecken, die in gigantischen Spalten auskristallisierten. Dies ist ein eindeutiger Beweis für die Bewegung des Meeresbodens und für den Aufstieg flüssigen Magmas, das die Klüfte ausfüllte. Noch tiefer erstreckt sich eine Schicht basaltähnlicher Zusammensetzung dort, wo sich flüssiges Magma ansammelte und auskristallisierte. All diese Lagen bilden eine rund 7 Kilometer mächtige Kruste, die auf dem Erdmantel sitzt. Durch Messung der Geschwindigkeit seismischer Wellen in den Gesteinen konnten Geologen die Gesteinsproben des Meeresbodens mit terrestrischen Gesteinen vergleichen.

MODELL DES MEERESBODENS

Eine wichtige Frage konnte die Theorie des *seafloor spreading* bis Mitte der 1980er Jahre nicht beantworten: Warum schmilzt das aufsteigende Mantelmaterial, das die Vulkane bildet, die wiederum die ozeanische Kruste bilden. Geophysikern war schon lange bekannt, daß der Erdmantel fest ist; bei Erdbeben »schwingt« er wie eine Glocke. Der Aufstieg des Materials unterhalb der mittelozeanischen Rükken erfolgt in einer Art »festem Fließen«; diese Bewegung vollzieht sich sehr langsam und ähnelt dem Verhalten von Blei oder Glas, wenn diese Materialien lange genug liegen (siehe Kapitel 4). Zwar ist der Erdmantel sehr heiß, doch wegen des großen Gewichts der darüberliegenden Gesteine herrscht ein gewaltiger Druck, der dafür verantwortlich ist, daß die Gesteine fest bleiben. Dan McKenzie, ein Geophysiker der Cambridge University, erkannte, daß der Druck im heißen Mantelmaterial beim Aufsteigen mit zunehmender Annäherung an die Oberfläche abnimmt. Schließlich ist der Druck so niedrig, daß das Material seine Festigkeit verliert und schmilzt. Die geschmolzenen Massen werden dann in der Zentralspalte der mittelozeanischen Rücken ausgestoßen und bilden neue ozeanische Kruste. Da die ozeanische Kruste überall durch die gleichen Vorgänge gebildet wird, ist ihre Dicke annähernd konstant.

Das *seafloor spreading* beschränkt sich jedoch nicht auf die ozeanische Kruste. Auch der darunterliegende Mantel bewegt sich horizontal von den mittelozeanischen Rücken weg. Der Erdmantel wird wie andere geologische Strukturen ebenfalls mit abnehmender Temperatur immer dichter. Unterhalb einer kritischen Temperatur ist er sogar dichter als alle anderen Bereiche, aus denen die Erde aufgebaut ist. Dieser dichteste Bereich wird als Lithosphäre bezeichnet. Sie erstreckt sich in der Regel bis in Tiefen, in denen Temperaturen von etwa 1300 °C herrschen. Unter der Lithosphäre befindet sich die Asthenosphäre – hier ist der Erdmantel heißer und weniger dicht (*astheno* bedeutet schwach). Der Meeresboden ist durch den Kontakt mit dem kalten Wasser recht kühl, er weist eine Temperatur von etwa 0 °C auf. Der Mantel unterhalb der Hauptachse der mittelozeanischen Rücken ist hingegen sehr heiß – die Temperatur liegt nahe am Schmelzpunkt von Basalt, der die ozeanische Kruste bildet. Bei der Bewegung von den Rücken weg kühlt auch das Mantelmaterial ab. Am Hauptkamm der mittelozeanischen Rücken ist die Lithosphäre meist nur sehr dünn; vereinzelt reicht die Asthenosphäre bis nahe an die Oberfläche. Mit zunehmender Entfernung von den Rücken wird die Lithosphäre mächtiger und erreicht an den ältesten Stellen des Meeresgrundes eine maximale Dicke von 120 Kilometern.

Die Tatsache, daß der Meeresboden mit zunehmender Entfernung von den mittelozeanischen Rükken mächtiger wird, hängt damit zusammen, daß sich die Lithosphäre bei Abkühlung zusammenzieht. Je niedriger die Temperatur, desto stärker verdichtet sich das Material. In den 1960er Jahren errechneten Wissenschaftler, daß sich die Mächtigkeit des Meeresbodens proportional zur Quadratwurzel seines Alters verhält. Mit dieser mathematischen Beziehung läßt sich der Aufbau weiter Teile des Meeresbodens vorhersagen, was ebenfalls die Theorie des *seafloor spreading* belegt.

REISE ZUM MEERESBODEN

In den 1970er Jahren wurde es zu einem Hauptanliegen der Meeresgeologie, zu den mittelozeanischen Rücken zu gelangen, da diese Gebiete im wahrsten Sinn des Wortes die Wiege weiter Teile der Erdoberfläche sind. Bis dahin hatte man den Meeresgrund mit Hilfe akustischer Geräte sehr präzise kartiert. Diese waren so konstruiert, daß sie hinter Schiffen knapp über den Meeresboden gezogen

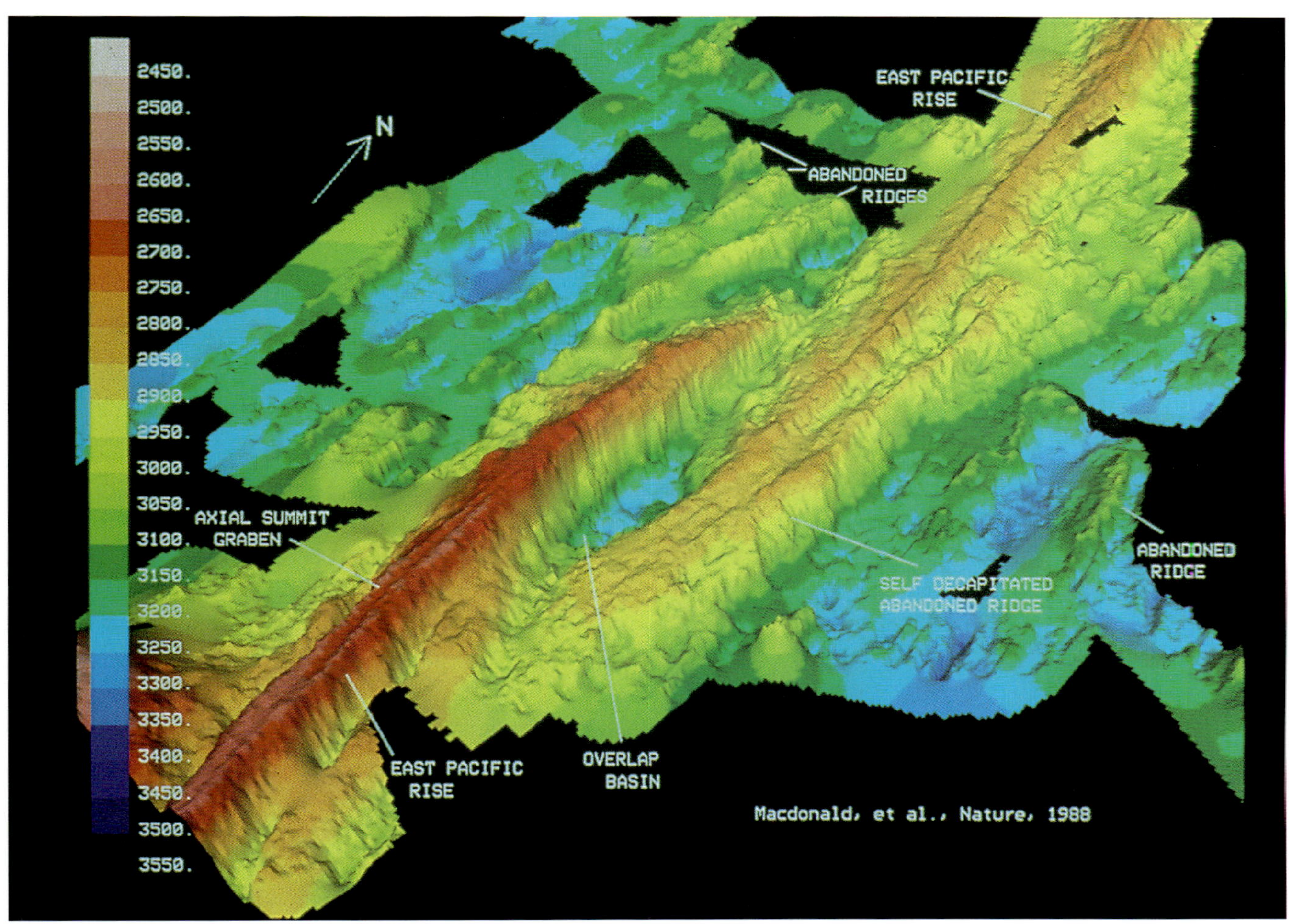

Diese 3-D-Aufnahme des Hauptkamms des mittelozeanischen Rückens im östlichen Pazifik (Meerestiefen erscheinen farblich abgestuft) wurde nach detaillierten Unterwasserortungen erzeugt. Die ozeanische Kruste wird durch vulkanische Aktivität in der Zentralspalte gebildet. Der Hauptkamm des Rückens ist in mehrere Teile gegliedert.

wurden und seitlich hochfrequente akustische Signale abstrahlten. Computer setzten die gesammelten Informationen dann in ein dreidimensionales Bild um, das einer etwas unterbelichteten Fotografie ähnelt.

Die Wissenschaftler, die erstmals die Computerkarten des Meeresbodens auswerteten, fühlten sich vermutlich wie Astronauten, die Satellitenaufnahmen eines fremden Planeten sahen. Die Zeit war reif für eine Reise – nicht in die Tiefen des Alls, sondern in die der Ozeane. Es bedeutete, in Tiefen von mehr als 3000 Metern hinabzutauchen, wo ein Druck von mehr als 300 Atmosphären herrscht. Um einem solchen Druck standzuhalten, bedurfte es spezieller Unterseeboote: Bis heute gibt es weltweit nur ein halbes Dutzend solcher Spezialboote, die russischen MIR-U-Boote sowie die französischen und US-amerikanischen U-Boote *Nautile* und *Alvin*.

In diesen U-Booten braucht man etwa zwei Stunden, um bis zum Meeresboden vorzudringen – in dieser Zeit legt das U-Boot auf einem spiralförmigen Kurs die über 3000 Meter zurück. Die Titanhülle hält dem Druck stand, während im Inneren ein der Erdoberfläche vergleichbares Druckniveau herrscht. Die Position des Schiffes wird mit Ortungsgeräten verfolgt. Kurz vor Erreichen des Meeresbodens werden Gewichte abgeworfen, damit das U-Boot seine Schwimmkraft erhält. Von da an wird es durch einen Elektromotor betrieben. Die Wissenschaftler an Bord beobachten den durch Lampen ausgeleuchteten Meeresboden durch Spezialkameras oder die kleinen Fenster. Ein Tauchgang dauert etwa vier

Black smokers *sind ein Phänomen der mittelozeanischen Rücken. Sie treten auf, wenn heißes Wasser aus sehr heißen Gesteinsformationen aus dem Meeresboden strömt. Beim Kontakt des heißen Wassers mit kaltem setzen sich Minerale ab und bilden eine schwarze Wolke.*

Stunden. Danach werden weitere Metallgewichte abgeworfen, um dem U-Boot den etwa zweistündigen Aufstieg zum Versorgungsschiff zu ermöglichen.

Die ersten Tauchfahrten bestätigten, daß es am Hauptkamm der mittelozeanischen Rücken eine intensive vulkanische Aktivität gibt. Überall fanden sich Beweise für junge Lavaströme, die wie Zahnpasta aus der Tube austraten und die typische röhren- und kissenförmige Unterwasserlava bildeten. An einer Stelle im Pazifik entdeckten die Wissenschaftler Anzeichen für eine Eruption kurz vor dem Tauchgang – Wasser schimmerte über der noch warmen Lava. Temperaturproben zeigten gelegentlich, daß Wasserkörper, die in Klüften der Lava aufstiegen, höhere Temperaturen aufwiesen als das im allgemeinen 0 °C kalte Tiefseewasser. Im Jahr 1979 entdeckte eine französisch-amerikanische Expedition während eines Tauchgangs zu einem mittelozeanischen Rücken im Pazifik etwas Unerwartetes: eine schwarze Wolke, die vom Ozeanboden emporschwebte. Ein in diese Wolke eingebrachtes Thermometer schmolz sofort, was an Bord großes Entsetzen auslöste, da das Thermometer auf maximal 300 °C ausgelegt war – etwa die Temperatur, der die Plexiglasfenster des U-Boots gerade noch widerstehen konnten. Dabei wäre die Besatzung des U-Boots beinahe mitten durch die schwarze Wolke gefahren! Schließlich gelang es doch noch, die Temperatur zu ermitteln: Sie betrug 350 °C. Die Wolke wurde als *black smokers* (schwarzer Raucher) bezeichnet, und seither wurde diese Erscheinung noch viele weitere Male entlang der mittelozeanischen Rücken entdeckt.

Black smokers sind der sichtbare Beweis für das Strömen von Wasser durch die ozeanische Kruste. Dieses Phänomen existiert auch in Entfernungen von bis zu 1500 Kilometern von den mittelozeanischen Rücken. Die Erscheinung ist von fundamentaler Bedeutung sowohl für die Abkühlung des Meeresbodens als auch für die chemische Zusammensetzung der Ozeane. Kaltes Meerwasser dringt durch Risse tief in die ozeanische Erdkruste vor. In größeren Tiefen wird es durch Kontakt mit heißen Gesteinen aufgeheizt. Das sehr heiße Wasser, das viel leichter ist als das kalte Wasser des Ozeans, steigt schnell auf und tritt wieder aus der Erdkruste aus. Schätzungen zufolge fließt das gesamte Wasser der Ozeane innerhalb einiger zehn Millionen Jahre durch die Risse im Meeresboden. Das zirkulierende Meerwasser wird dabei aufgeheizt, während die umgebenden Gesteine abkühlen; außerdem reagieren die chemischen Stoffe im Gestein und im Wasser miteinander. So verändert sich das vulkanische Gestein, und es kommt zur Entstehung neuer Minerale, die auch Wasser enthalten. Im Ozean gelöste Salze werden gebunden, während andere Substanzen aus dem vulkanischen Gestein gespült werden. Wo das heiße Wasser den Meeresboden erreicht, lagert es einen Teil der ausgespülten Substanzen dort ab. Tatsächlich ergaben die Tauchgänge, daß es auf dem Meeresboden einen sagenhaften Reichtum an mineralischen Ablagerungen gibt. Diese chemischen Austauschprozesse gleichen aber auch die Zufuhr von Salzen und anderen von Flüssen fortwährend in die Ozeane eingebrachten Verbindungen aus. Wäre dies nicht der Fall, wären die Meere schon seit langer Zeit zu salzig und alkalisch für den Fortbestand von marinem Leben.

Leben in der Tiefsee

Die Entdeckung der *black smokers* fiel mit einem weiteren außergewöhnlichen Fund zusammen: Am Sockel der heißen Austrittsstellen existieren zahlreiche Lebewesen unter für die meisten Organismen extrem lebensfeindlichen Bedingungen. Inzwischen hat man Hunderte von bis dahin unbekannten Arten ausgemacht, unter anderem Muscheln, Garnelen und Röhrenwürmer. Einige Arten sind blind, verfügen aber über Wärmesensoren, und manche der Wurmarten können einige Meter lang werden. Interessanterweise können einige der an den Sockeln der *black smokers* eingesammelte Garnelen, die normalerweise bei einem Druck von 300 Atmosphären existieren, auch in den Labors an der Erdoberfläche ohne jeden Druckausgleich überleben.

Der Boden der Tiefsee galt früher als absolut lebensfeindlich. In den vergangenen Jahrzehnten fanden Wissenschaftler Organismen wie diese Röhrenwürmer; sie leben im mineralreichen, warmen Wasser auf den Sockeln der black smokers *an den mittelozeanischen Rücken.*

Als diese Tierwelt entdeckt wurde, rätselten Wissenschaftler über deren Überlebensfähigkeit. Untersuchungen ergaben, daß es neben größeren Lebewesen auch Einzeller gibt. Sie bilden die Basis der Nahrungskette und schweben entweder im Wasser oder leben auf Gesteinen nahe den Austrittsstellen. Sie ertragen höhere Temperaturen als die meisten anderen Organismen – sogar Wassertemperaturen von 100 °C, dem Siedepunkt bei atmosphärischem Druck, was ihnen die Bezeichnung Hyperthermophile (Hitzeliebende) eintrug. Ihre Energie erhalten sie aus Verbindungen von Wasserstoffsulfiden der *black smokers* mit im Meerwasser gelöstem Kohlendioxid und Sauerstoff; diese Form der Ernährung wird als Chemosynthese bezeichnet.

Die unerwartete Entdeckung von derartigen Symbiosen an den mittelozeanischen Rücken eröffnete eine verlockende Aussicht. Die Rücken waren demnach nicht nur Ursprungsorte der ozeanischen Kruste, die weite Teile der Erdoberfläche bedeckt, sondern auch Ursprungsorte des Lebens. Genetische Studien an Hyperthermophilen ließen den Schluß zu, daß diese Lebewesen den Beginn der Evolution des Lebens markieren. Dafür spricht auch, daß die ältesten bekannten Fossilien Überreste von Einzellern sind, die in der Nähe heißer Quellen verbreitet waren. In Kapitel 7 wird beschrieben, wie ihre Lebensweise den Schlüssel für den Ursprung des Lebens darstellt. Der Meeresboden ist beileibe nicht alt oder leblos; er erweist sich vielmehr als eine der dynamischsten Regionen der Erde, die großen Einfluß auf unsere eigene Lebenswelt hat.

Doch es waren noch weitere, im folgenden Kapitel beschriebene Entdeckungen nötig, bevor die Wissenschaftler ein vollständiges Bild dieser Dynamik gewinnen konnten.

KAPITEL 3

»RING OF FIRE«

Der Pazifische Ozean ist von einer etwa 30 000 Kilometer langen Kette aktiver Vulkane umgeben. Sie reicht von Neuseeland und den Fidschi-Inseln im Süden über Neuguinea und die Philippinen bis nach Japan und zu den Alëuten im Norden; im Osten verläuft sie entlang der Westküste Amerikas bis nach Patagonien. Diese kettenförmige Anordnung der Vulkane, die ständiger tektonischer Aktivität unterliegen, führte zu dem Namen *Ring of Fire*, »Feuerring«. Wissenschaftler, die Zusammenhänge zwischen Erdbeben und den am Rand des Pazifiks liegenden Vulkanen untersuchen, haben eine Erklärung für das Phänomen: die Plattentektonik. Aus ihr läßt sich ablesen, wie die Grenzbereiche der Kontinentalplatten funktionieren, wie die Kontinente entstanden, sich bewegen und immer noch wachsen.

Der Ausbruch eines Vulkans im Ring of Fire. *Eine Säule aus heißem Gas und Asche erhebt sich über dem Gipfel des Mount St. Helens in Nordamerika während seines zweiten Ausbruchs im Jahre 1980, einen Monat nachdem der Berg explodiert war und die gesamte Umgebung verwüstet hatte.*

EIN BERG DES REICHTUMS

Die ersten Europäer, die den Pazifik erblickten, waren sehr wahrscheinlich die *conquistadores*; die spanischen Eroberer hatten sich bis zur Westküste Südamerikas durchgekämpft, um die Gebiete dort zu erschließen und auszubeuten. Um 1535 erreichten sie das Hochland der Anden – eine rauhe Gegend, in der sich die verschneiten Berggipfel bis in Höhen von mehr als 6000 Meter über dem Meeresspiegel erheben. Die Luft enthält dort nur halb soviel Sauerstoff wie auf Meeresspiegelniveau, und die Nachttemperaturen können auf –30 °C fallen. Die *conquistadores* hatten von einem großen Reichtum an Bodenschätzen gehört, etwa von dicken Silberadern, die mit bloßem Auge im nackten Fels zu erkennen seien. Ein Berg mit einer sehr markanten konischen Form, der sich etwas abseits des Potosi genannten Gebiets befindet, umfaßte Silberablagerungen, wie sie die *conquistadores* noch nie zuvor gesehen hatten. Sie nannten den Berg deshalb Cerro Rico – Berg des Reichtums.

An seinem Fuß errichteten die spanischen Einwanderer die Stadt Potosi, die sie in den darauffolgenden 300 Jahren mit prunkvollen Kirchen und Palästen ausstatteten. Mittelpunkt der Stadt war jedoch die *Casa de la Moneda*, eine massive Festung aus Stein, in der aus dem im Cerro Rico abgebauten Silber Münzen geprägt wurden. Auf diesen Münzen war ein Fluß aus Silber abgebildet, der nach Spanien zurückfließt. Dies sollte symbolisieren, daß nun genügend Geld vorhanden war, um das spanische Weltreich zu finanzieren. Es wird vermutet, daß im Cerro Rico während der 300 Jahre dauern-

Bewohner von Potosi feiern die Gründung ihrer Stadt. Der Wohlstand von Potosi geht auf die umfangreichen Silberminen des Cerro Rico zurück, des markanten konischen Berges, der im Hintergrund zu sehen ist. Man vermutet, daß bislang rund 2 Milliarden Unzen Silber aus den vorhandenen Lagerstätten abgebaut wurden.

Der Ring of Fire

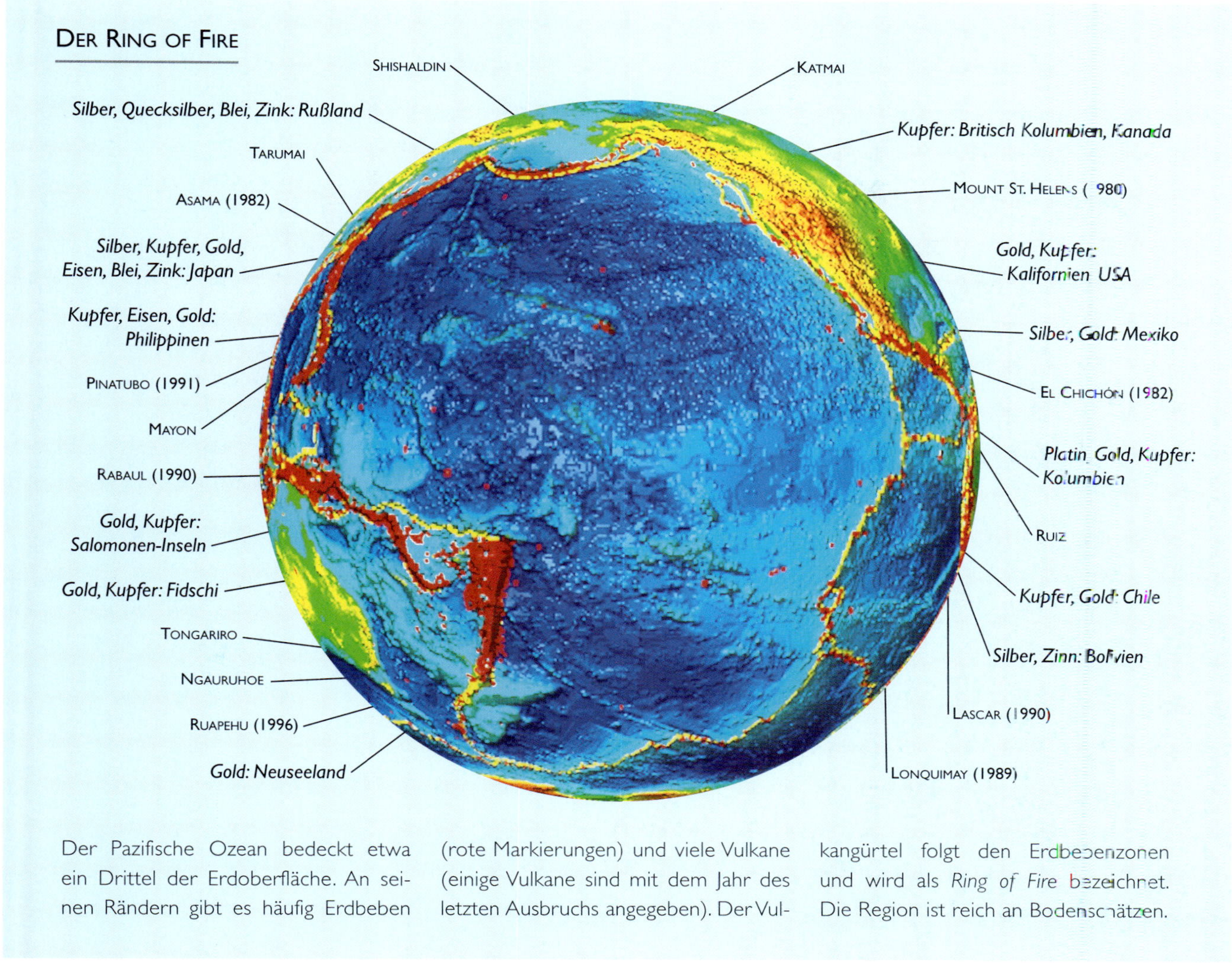

Der Pazifische Ozean bedeckt etwa ein Drittel der Erdoberfläche. An seinen Rändern gibt es häufig Erdbeben (rote Markierungen) und viele Vulkane (einige Vulkane sind mit dem Jahr des letzten Ausbruchs angegeben). Der Vulkangürtel folgt den Erdbebenzonen und wird als *Ring of Fire* bezeichnet. Die Region ist reich an Bodenschätzen.

den Kolonialisierung durch die Spanier rund 2 Milliarden Unzen Silber gewonnen wurden. Das ist mehr als die gesamte Silbermenge, die im gleichen Zeitraum in allen anderen Teilen der Erde abgebaut wurde. Und es entspricht einem enormen Anteil des gesamten Silbers, das je in den Händen von Menschen lag.

Das Silber des Cerro Rico stellt aber nur einen Teil des Reichtums an Bodenschätzen dar, der in den Hohen Anden von den Spaniern abgebaut wurde. Anfang des 19. Jahrhunderts kamen derart große Mengen an Zinn aus Bolivien auf den Weltmarkt, daß der Rohstoff marktführend wurde und die traditionelle Zinnindustrie im britischen Cornwall zugrunde richtete. Dieselben Regionen beherrschten auch noch mit anderen Bodenschätzen, wie etwa Kupfer, den Weltmarkt. Die großen Kupfervorkommen in Chuquicamata und Las Encondidas im nördlichen Chile sind die bedeutendsten Reserven dieses Metalls. Auch entlang des Vulkangürtels, der den Pazifik umschließt und als *Ring of Fire* bezeichnet wird, lösten jüngste Funde von Goldlagerstätten vor allem in Neuseeland, Neuguinea sowie Teilen von Nord- und Südamerika ein neues Goldfieber aus. Heute gilt die kleine vulkanische Insel Lihir vor der Küste Neuguineas als reichste Goldmine; hier wird das Gold innerhalb des Vulkankraters selbst abgebaut.

Die Menschen zahlen in diesen Regionen jedoch einen hohen Preis für den Abbau von Bodenschätzen. An den Rändern des Pazifischen Ozeans wird das Land in regelmäßigen Abständen von sehr heftigen Erdbeben heimgesucht. In der bolivianischen Hauptstadt La Paz wurde die 1550 erbaute Basilika San Francisco im 17. Jahrhundert bei einem Erdbeben so stark beschädigt, daß sie nahezu vollständig wiederaufgebaut werden mußte. In Chile wurde die Stadt Concepción 1848 ebenfalls durch ein Erdbeben fast völlig zerstört, gerade als der Naturforscher Charles Darwin eine Expedition in der Region unternahm. Zu solchen Katastrophen kam es nicht nur in der Vergangenheit. Im Jahr 1960 wurde in dem Land ein etwa 1000 Kilometer langer Landstrich von einem der bis dahin stärksten jemals registrierten Erdbeben verwüstet. In Peru löste 1970 ein Erdbeben einen Erdrutsch aus, dem in einem Tal der Hohen Anden ungefähr 50 000 Menschen zum Opfer fielen.

Zu Beginn des 19. Jahrhunderts richteten einige der verbliebenen Angehörigen der Jesuitenmission, die im 18. Jahrhundert in Chaco im Tiefland von Bolivien sogar einen kurzlebigen unabhängigen Staat begründet hatte, im Palast eines spanischen Kolonialherren ein Observatorium ein, das dazu diente, Erdbeben zu studieren und aufzuzeichnen. Diese Beobachtungsstation, das Observatorio San Calixto, exisitiert noch immer und wird weiterhin von jesuitischen Patres betrieben. Bis heute haben sie jedoch wie alle Erdbebenforscher nur die Möglichkeit, auf das nächste Beben zu warten.

Einen Zusammenhang zwischen den Erdbeben und dem Reichtum an Bodenschätzen sahen religiöse Menschen wohl höchstens darin, daß sie die Beben als eine Warnung Gottes deuteten, nicht nur irdischen Besitztümern nachzujagen. Die Geologen fanden heraus, daß es einen natürlichen Zusammenhang zwischen den Erdbeben und dem Reichtum an Bodenschätzen gibt; diese Entdeckung revolutionierte das Verständnis unseres Planeten. Der Ursprung dieser Erkenntnis basiert auf detaillierten Untersuchungen der Auswirkungen eines großen Erdbebens innerhalb des *Ring of Fire*, das allerdings nicht in Südamerika, sondern viel weiter nördlich stattfand.

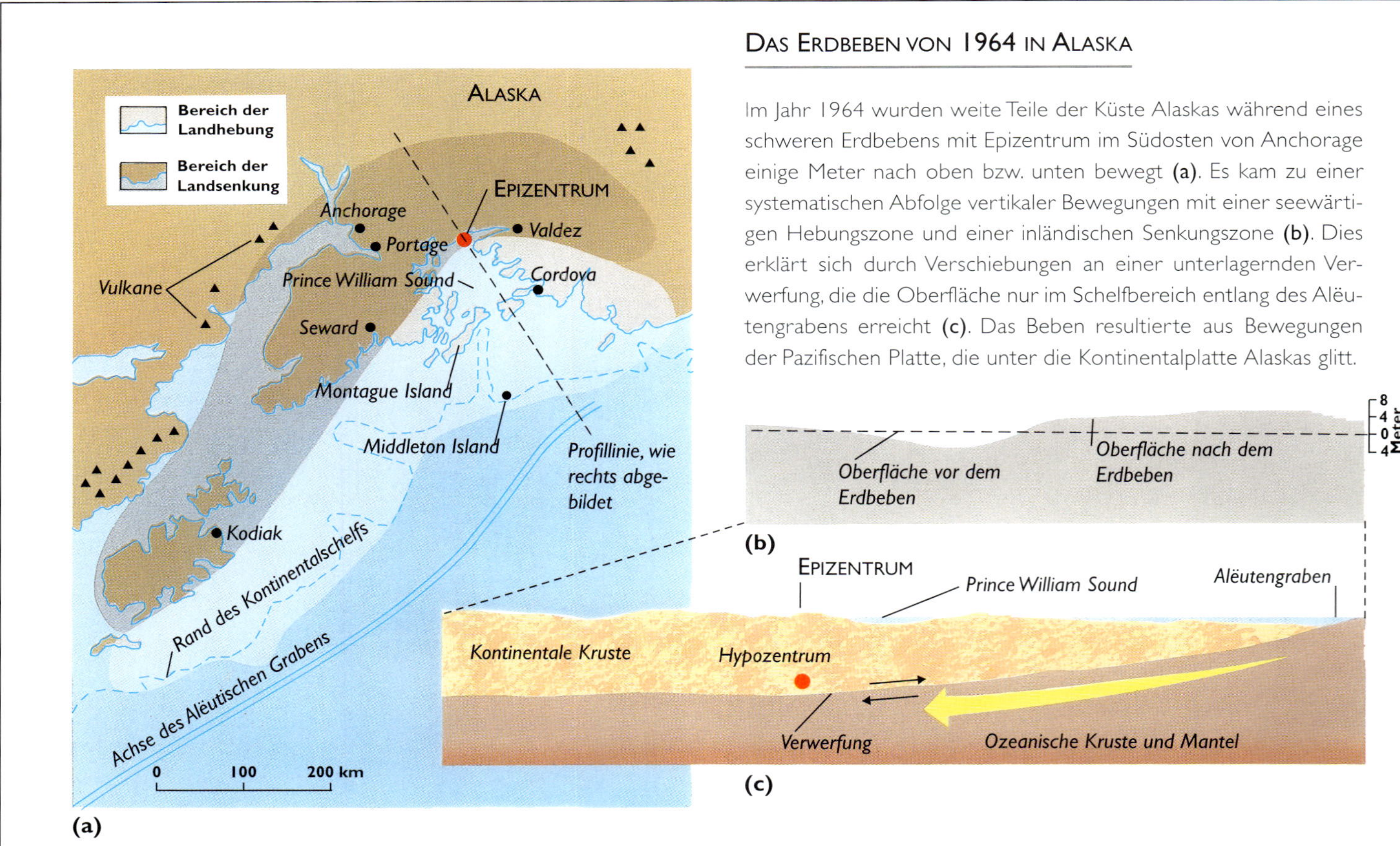

Das Erdbeben von 1964 in Alaska

Im Jahr 1964 wurden weite Teile der Küste Alaskas während eines schweren Erdbebens mit Epizentrum im Südosten von Anchorage einige Meter nach oben bzw. unten bewegt **(a)**. Es kam zu einer systematischen Abfolge vertikaler Bewegungen mit einer seewärtigen Hebungszone und einer inländischen Senkungszone **(b)**. Dies erklärt sich durch Verschiebungen an einer unterlagernden Verwerfung, die die Oberfläche nur im Schelfbereich entlang des Aléutengrabens erreicht **(c)**. Das Beben resultierte aus Bewegungen der Pazifischen Platte, die unter die Kontinentalplatte Alaskas glitt.

Die Stadt Portage in Alaska wurde durch das Beben 1964 verwüstet – die Absenkung von fast 2 Metern führte zu einer katastrophalen Überflutung. Seit 1964 ist die Region völlig verschlammt; die Holzhäuser sind teils im Schlamm begraben, wie die Aufnahme von 1996 zeigt.

Auswirkungen eines grossen Erdbebens

Weit nördlich von Bolivien ereignete sich am Karfreitag, dem 17. März 1964, an der Küste nahe der Stadt Anchorage in Alaska ein ungewöhnlich starkes Erdbeben der Stärke 8,6 auf der Richterskala. Das Beben löste eine Vielzahl von Erdrutschen aus. Hochhäuser und Brücken stürzten ein. Gewaltige, bis zu 50 Meter hohe Flutwellen vernichteten sämtliche Einrichtungen an der Küste. So wurde die Hafenbefestigung bei Valdez und Seward in der Bucht des Prince William Sound völlig zerstört, und große Teile des Landes wurden überflutet. Die Gewalt dieser hohen Flutwellen war erschreckend. In Seward wurde eine 79 Tonnen schwere Diesellokomotive fast 40 Meter weit durch die Luft geschleudert.

George Plafker, der für das Geologische Institut in Alaska arbeitete, weilte für eine Konferenz in Seattle, als ihn die Nachricht des Erdbebens erreichte. Er hatte über mehrere Jahre hinweg diesen Teil Alaskas geologisch untersucht. Daher flog er am nächsten Tag mit zwei Kollegen sofort nach Anchorage. Der Hauptflughafen war so stark zerstört, daß der Flug auf einen in der Nähe liegenden Militärflughafen umgeleitet werden mußte.

Im Gegensatz zu den vielen Ingenieuren, die sich in dem Katastrophengebiet an die Arbeit machten, lag das Interesse von Plafker nicht in der Untersuchung der Ausmaße des Erdbebens – als Geologe war ihm daran gelegen, die Ursache des Bebens herauszufinden. Er wußte, daß er zur Erklärung dieses Naturereignisses ermitteln mußte, auf welche Weise das Beben die Landschaft verändert hatte. In den folgenden zwei Wochen erforschte er die Gegenden um Anchorage und am Prince William Sound, indem er Augenzeugen befragte. Er hörte seltsame Berichte über Schwankungen des Landes. Einige Fischer berichteten, daß sich das Land gehoben habe. Andere sprachen von Überschwemmungen und der Absenkung ganzer Landstriche. Diese

Änderungen beschränkten sich nicht auf eine kleine Region, sondern umfaßten ein Gebiet von der Größe Frankreichs. Es war klar, daß etwas viel Dramatischeres geschehen war als nur ein »Beben« der Erde.

Auf der Straße von Anchorage erreicht man nach rund einer Stunde Fahrt in Richtung Süden die Überreste der Gemeinde Portage. 1964 befand sich hier ein kleiner Bahnhof, erbaut aus Schindeln und gebrauchten Bahnfahrzeugen. Dick Raymond besaß dort die Bar Diamond Jim's mit angeschlossenem kleinem Laden. Den Standort der Bar hatte er sorgfältig ausgewählt, damit sie auch nicht von hohen Springfluten erreicht werden konnte. Aber als in der Nacht nach dem Erdbeben die Flut das Land erreichte, drang doch Wasser ins Haus. Die Bar wurde von einer mehrere Zentimeter dicken Schlammschicht bedeckt. Am nächsten Tag rückte die Flut noch weiter vor, und das Wasser erreichte die Höhe der Fenster im Erdgeschoß. Es war bald klar, daß dies ein außergewöhnliches Ereignis war. Nach dem Erdbeben wurde die Gemeinde Portage bei Flut ständig durch meterhohe Wassermassen überschwemmt, so daß die Menschen bald wegzogen. Portage wurde zu einer Geisterstadt. Die einzige plausible Erklärung für die ständigen Überschwemmungen war, daß sich das Städtchen um einige Meter gesenkt haben mußte. Die Absenkung war allerdings nicht nur auf Portage selbst beschränkt – weite Gebiete mit toten Pinienwäldern, die durch das einströmende Salzwasser zerstört worden waren, legten den Schluß nahe, daß eine ausgedehnte Region südlich von Anchorage ebenfalls abgesunken war.

Der Fischerhafen von Cordova im Prince William Sound, ungefähr 100 Kilometer südöstlich von Por-

Links: Überflutete Pinienwälder in der Nähe der Gemeinde Portage in Alaska. In dieser Region erfolgte während des Erdbebens in Alaska 1964 eine Absenkung von mehr als 2 Metern; das Gebiet wurde daraufhin vom Meer überflutet.

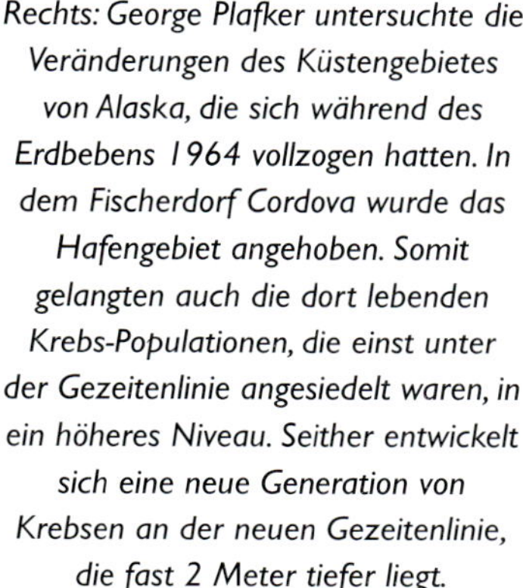

Rechts: George Plafker untersuchte die Veränderungen des Küstengebietes von Alaska, die sich während des Erdbebens 1964 vollzogen hatten. In dem Fischerdorf Cordova wurde das Hafengebiet angehoben. Somit gelangten auch die dort lebenden Krebs-Populationen, die einst unter der Gezeitenlinie angesiedelt waren, in ein höheres Niveau. Seither entwickelt sich eine neue Generation von Krebsen an der neuen Gezeitenlinie, die fast 2 Meter tiefer liegt.

tage, erlitt ein anderes Schicksal. Hier lag eine kleine Flotte von Fischerbooten, die auf die jährliche Wanderung der Lachse wartete. Während des Erdbebens wurden Gebäude sowie Wasser- und Stromleitungen beschädigt. Paul Abbott, Besitzer einer großen Fischfabrik in Cordova, erinnerte sich, daß in den Tagen nach dem Erdbeben ein gewaltiges Durcheinander geherrscht hatte. Mächtige Wassermassen brachen in die Bucht des Prince William Sound herein, so daß es den Fischern nicht möglich war, den Hafen gefahrlos zu verlassen. Ein Mann, der während des Erdbebens im Watt war, berichtete, daß Schlammfontänen wie kleine Geysire nach oben gespritzt waren. Eine Woche nach dem Beben, als sich der Gezeitenwechsel wieder stabilisiert hatte, entdeckte der Fischer aus dem Städtchen Cordova eine erschreckende Veränderung. Die Flut erreichte den Hafen nicht mehr – die vertäuten Boote waren gestrandet und lagen nun auf trockenem Land.

Es hatte den Anschein, daß das Erdbeben die Stadt Cordova angehoben hatte. Plafker fand eine einfache Methode, um diese Hebung zu messen. An der Küste bevölkert eine Krebsart nur jene Bereiche der Felsen am Strand, die während der Flut von Wasser bedeckt sind, während sie bei Ebbe nicht überspült werden. Während des Erdbebens wurden die Tiere über die Gezeitenlinie getragen, wo nach der Katastrophe ein heller Streifen toter Krebse zurückblieb. Indem Plafker die Höhendifferenz zwischen dem höchsten Punkt der Zone mit den toten Krebsen und der neuen Gezeitenlinie ermittelte, konnte er das Ausmaß der Küstenhebung bestimmen.

Seit 1964 haben sich neue Kolonien dieser Krebse entwickelt. Bei Ebbe kann man an einigen Stellen immer noch Ablagerungen auf zwei Niveaus erkennen. Eine Lage zeigt die Zone der auf niedrigem Niveau lebenden Krebse; diese entwickelte sich einige Meter unter der alten, vor 1964 gebildeten Zone. Das ist auch deutlich an den vielen Holzpfählen zu erkennen, die einst den Pier der Konservenfabrik in Cordova stützten. Hier haftet immer noch eine helle Lage toter Krebse an den Pfählen, ungefähr 2 Meter über ihrem eigentlichen Lebensraum. Die Hebung erfolgte jedoch nicht allein in Cordova, sondern reichte bis weit ins Hinterland der Stadt. In einigen Teilen des Landes war die Küstenlinie fast um 10 Meter angehoben worden.

Plafker trug die Meßwerte der unterschiedlichen Niveaus in eine Karte ein. Er fand heraus, daß er Stellen gleichen vertikalen Versatzes durch topographische Höhenlinien interpolieren konnte. Somit ergab sich zwischen dem Prince William Sound, Kodiak Island und Anchorage ein rund 400 Kilometer breiter und etwa 800 Kilometer langer Bereich, der angehoben wurde bzw. abgesunken war (siehe Abbildungen rechts und Seite 66).

Eine umstrittene Idee

Die Geologen waren sich einig darüber, daß der Hauptstoß des Erdbebens aus der Bewegung zweier Erdkrustenteile resultierte, die entlang einer gigantischen Spalte oder Verwerfung plötzlich aneinander geprallt waren. An der Stelle, wo diese Spalte die Oberfläche erreicht, müßte eine Verwerfungslinie verlaufen. Dementsprechend müßte sich das Land an einer der beiden Seiten dieser Linie heben oder senken. In der Tat konnte Plafker diese Art vertikaler Bewegungen auf Montague Island mitten in der Bucht des Prince William Sound nachweisen, in der sich während des Erdbebens Brüche ereignet hatten. Teile der Insel waren entlang einer Verwerfungslinie, die nun eine lange Wölbung bildete, um ungefähr 10 Meter angehoben worden; Montague Island wurde dadurch geradezu in zwei Hälften geteilt. Die

Elastizität der Erde bei einem schweren Erdbeben

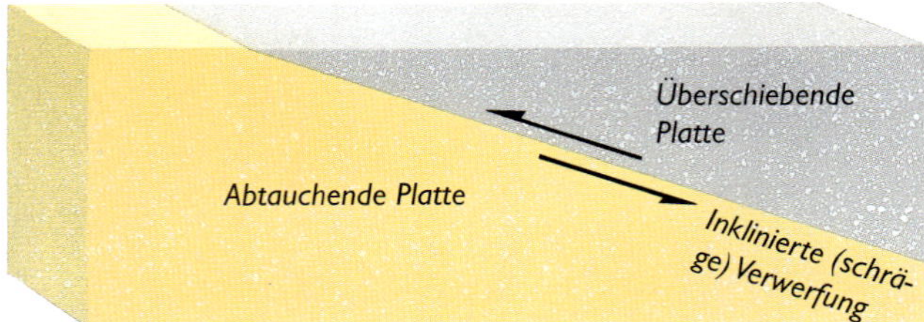

(a) Unmittelbar nach dem letzten Erdbeben

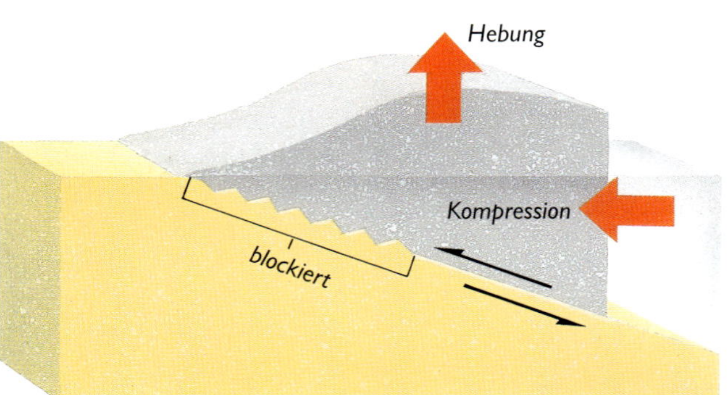

(b) Zwischen den Erdbeben

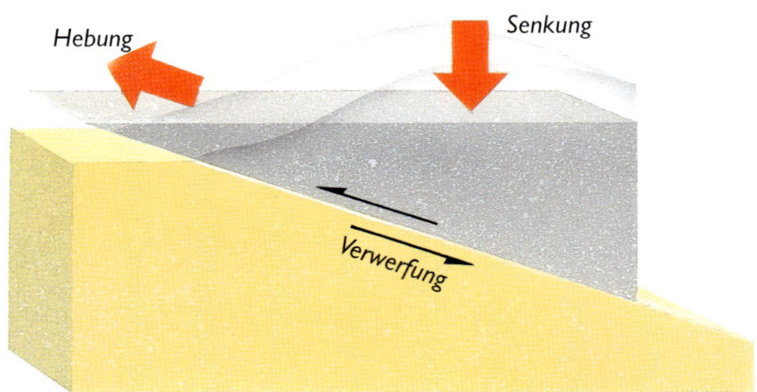

(c) Während des Erdbebens

An den Rändern des Pazifik gibt es während eines Erdbebens Hebungen und Senkungen. Dies läßt sich durch Bewegungen an Verwerfungen zwischen zwei Platten erklären **(a)**. Zwischen den Erdbeben wird die überschiebende Platte zusammengedrückt und nach oben gewölbt **(b)**. Der flache Bereich der Verwerfung ist blockiert. Wenn er bricht, entsteht ein Erdbeben. Die zusammengedrückte Kruste gleitet plötzlich entlang der Verwerfung nach oben und nimmt wieder ihre ursprüngliche Form an **(c)**. Dieser Vorgang hebt das Land an die Spitze der überschiebenden Platte; im hinteren Teil wird die Kruste gesenkt.

Während des Erdbebens in Alaska 1964 wurden weite Teile des Küstengebietes um einige Meter angehoben. Auf dem dazugewonnenen Land wachsen jetzt Sträucher und kleine Bäume. Vor dem Erdbeben verlief die Küstenlinie am Fuße der mit Pinienbäumen bedeckten Klippen.

Art der Bewegung auf Montague Island deutete darauf hin, daß der Meeresboden des Pazifischen Ozeans näher an Alaska herangedriftet war. Aber die Verwerfungsbrüche erstreckten sich nur über wenige Kilometer. Diese lokalen Bewegungen konnten also das regionale Schema von Hebung und Senkung während des Erdbebens nicht vollständig erklären, denn dann hätte es eine gigantische Verwerfungslinie über mehrere hundert Kilometer geben müssen.

Trotz großer Bemühungen konnte Plafker an Land keine Hinweise auf eine große Verwerfungslinie finden. Daher nahm er an, daß die Verwerfung die Erdoberfläche unter Wasser erreichte, vielleicht dort, wo Ozeanographen einen Tiefseegraben ausgemacht hatten. Plafker entwickelte die Idee noch weiter: Er setzte voraus, daß die Verwerfungsfläche fast die ganze Küste Alaskas unterlagert, die sich in einer langsamen Aufwärtsbewegung nach Süden neigt (siehe Seite 66). Während des Erdbebens, so nahm er an, hatte sich das Küstengebiet von Alaska plötzlich nach Süden und nach oben bewegt. Zu jener Zeit erschien den Geologen diese Erklärung für das Erdbeben als sehr gewagt.

Plafkers Modell erklärte die Aufwärtsbewegung durch das Erdbeben. Aber was geschah mit den Teilen des Landes, die abgesunken waren? Noch mehr Fragen ergaben sich nach einer weiteren Kartierung des Landes. Dabei fand man heraus, daß sich Vermessungsmarkierungen horizontal um einige Meter verschoben hatten. Der abgesunkene Bereich hatte sich also in eine horizontale Richtung ausgedehnt und war in vertikaler Richtung gestaucht und abgesenkt worden. Bald stellte sich heraus, daß George Plafker Recht hatte. Um dies zu verstehen, muß man sich die Arbeit des Geologen Harry Reid vor Augen halten, der das schwere Erdbeben von San Francisco im Jahre 1906 untersucht hatte.

Harry Reid nahm an, daß sich die Erdkruste etwa wie eine elastische Feder verhält. Die Elastizität ist sehr gering, und schon ein kurzes Zusammendrükken oder Auseinanderziehen führt dazu, daß die Elastizitätsgrenze erreicht wird und Brüche auftreten (siehe Abbildung links). Dieses Verhalten ist charakteristisch für spröde Materialien – was auf die Erdkruste überall dort zutrifft, wo sie kälter als 350 °C ist. Bei höheren Temperaturen verhält sie

Während des Erdbebens 1964 wurde Middleton Island, eine kleine Insel am Rand des Pazifiks, um nahezu 5 Meter angehoben. Dabei wurde ein Schiffswrack aus dem Zweiten Weltkrieg vollständig an die Oberfläche gehoben. Vor dem Erdbeben lag es auch bei Ebbe unter Wasser.

sich eher zähflüssig wie ein Karamelbonbon. Erdbeben treten daher auch nur in jenen Bereichen auf, in denen das Gestein spröde ist. Ein 10 Kilometer langes Gummiband mit der Festigkeit der Erdkruste ließe sich zwischen 10 Zentimetern und 1 Meter dehnen, bevor es reißen würde.

Reid hielt Erdbeben für einen Teil eines Kreislaufs von ruckartigen Bewegungsmustern. Zwischen den Erdbeben ist die Erdkruste für eine Zeitspanne von wenigen bis zu Hunderten von Jahren elastisch (eben zum Beispiel wie eine Feder); sie wird zusammengedrückt oder gedehnt, bis sie irgendwann bricht. Bei Erreichen des Bruchpunkts kommt es zum Erdbeben; die Kruste springt zu beiden Seiten des Bruchs zurück und nimmt die Form an, die sie nach dem vorhergehenden Beben hatte. Anschließend beginnt der Zyklus von neuem. Je stärker die Kruste vor einem Erdbeben gestaucht oder gedehnt wurde, desto größer wird der Rückstoß und damit die Heftigkeit des Erdbebens sein. Das erklärt, warum sehr lange Erdbeben relativ unregelmäßig auftreten; es dauert einige hundert Jahre, bis die Kruste ausreichend verformt ist und beim Bruch ein Erdbeben solchen Ausmaßes erzeugt. Reid kannte den Ursprung der Kräfte nicht, die diesen Kreislauf von elastischer Verformung und Brechen bewirken, doch der von ihm angenommene Erdbebenzyklus lieferte eine natürliche Erklärung für Plafkers Beobachtungen.

Plafker nahm an, daß die gesamte Küste Alaskas in einem Bereich von etwa 200 Kilometern wie eine Feder horizontal zusammengedrückt und nach oben befördert worden war. Dabei wurde die Kruste so stark komprimiert, daß sie entlang einer leicht schräg gestellten Kluft aufbrach. Geologen bezeichnen einen solchen Bruch als Überschiebung; Plafker sprach in diesem Fall von einer Megaüberschiebung, da eine Überschiebung solchen Ausmaßes nie zuvor beschrieben worden war. Die Küste von Alaska bildete sich in ihre ursprüngliche Form zurück und sank dabei ab, wobei Wälder und kleine Städte wie Portage überschwemmt wurden. Der Hauptrand der Expansionszone wurde jedoch etwa 20 Meter nach oben und somit über den Meeresspiegel geschoben. Kleine Brüche durchzogen die überlagernde Alaskische Kruste, wobei die Verwerfungsbrüche entstanden, die George Plafker auf Montague Island ausgemacht hatte.

Es war klar, daß diese Verwerfung kein einmaliges Ereignis war. Beweise für frühere Vorkommnisse

ähnlichen Ausmaßes lieferte Middleton Island, eine kleine, zu Alaska gehörende Insel im Prince William Sound. Die Küstenlinie dieser Insel ähnelt in der Form einer Treppe: Sie besteht aus einer Folge von Terrassen, die zum Zentrum der Insel hin ansteigen. Die höchste Terrasse in der Mitte der Insel wird als Landebahn für Flugzeuge genutzt. Hier befindet sich auch eine Radarstation, die erste Anzeichen für einen russischen Angriff registrieren sollte.

Während des Erbebens von 1964 wurde eine untermeerische Gesteinsplattform, die von der rauhen See bei Middleton Island glatt geschliffen worden war, aus dem Wasser gehoben und bildete eine neue Küstenterrasse. Sie trug auch ein altes Schiffswrack aus dem Zweiten Weltkrieg nach oben, das bis dahin unter Wasser gelegen hatte. Plafker glaubte, daß jede der höheren Terrassen ebenfalls von einem Erdbeben stammte. In diesem Fall konnte Treibholz, das auf den alten Strandterrassen gefunden worden war, für deren Datierung dienen. Tatsächlich fand Plafker heraus, daß das Ereignis von 1964 nicht zufällig erfolgte, sondern Teil eines wiederkehrenden Schemas ist, das sich etwa alle 800 Jahre wiederholt. Es gilt daher als äußerst unwahrscheinlich, daß ein solch großes Erdbeben in unmittelbarer Zukunft wiederkehren wird.

Subduktionszonen

Den Ozeanographen war schon lange bekannt, daß es im Ozeanboden, zumeist an den Rändern des Pazifiks, Tiefseerinnen gibt, die eine ganz eigentümliche Erscheinung auf der Erdoberfläche darstellen. Sie befinden sich in vielen Fällen rund 100 Kilometer vor der Küste, parallel zu den großen Vulkanbögen. Außerdem erreichen sie mit 6 bis 7 Kilometern unter dem Meeresspiegel sehr große Tiefen. In der

Benioff-Erdbebenzone

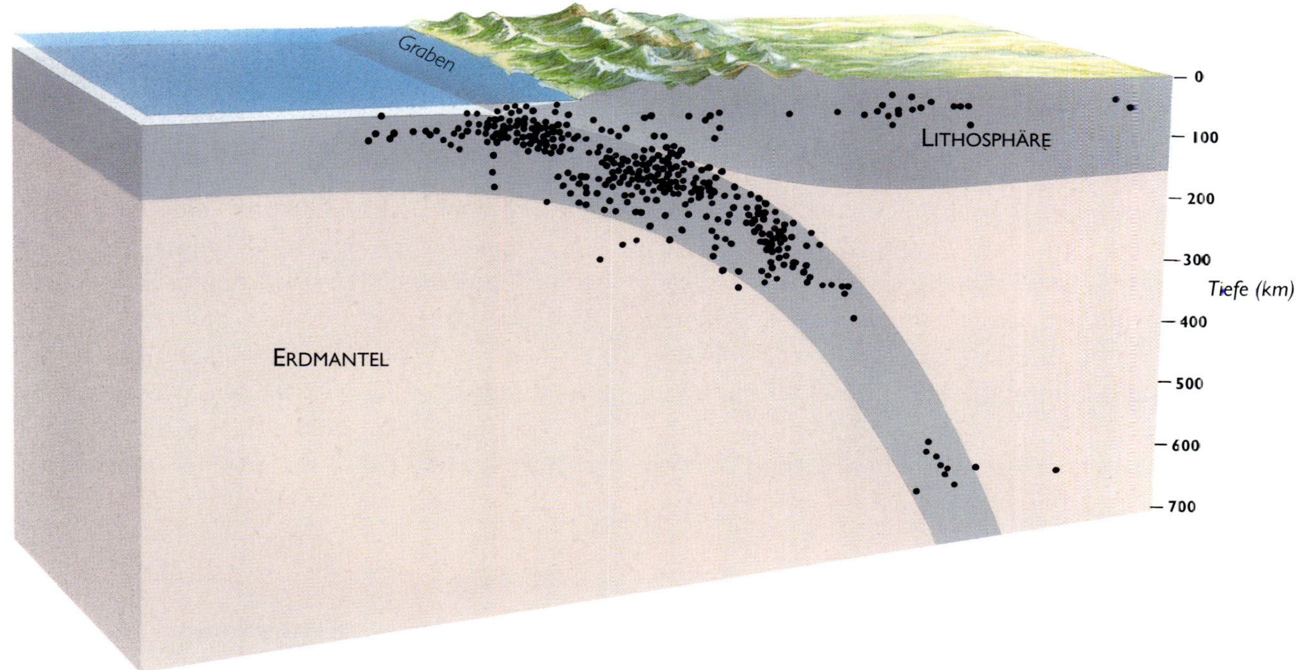

Die Ränder des Pazifischen Ozeans sind sehr erdbebenreich. Viele Beben (schwarze Punkte) in den Bereichen, die nach dem Seismologen Hugo Benioff als Benioff-Zonen bezeichnet werden, entstehen dort, wo sich die ozeanische Lithosphäre einem Tiefseegraben zuneigt und in den Erdmantel absinkt, indem sie unter die angrenzende Lithosphäre gleitet. Dabei brechen Teile der absinkenden Lithosphäre an Überschiebungen auf, und deren Bewegungen lösen die Erdbeben aus.

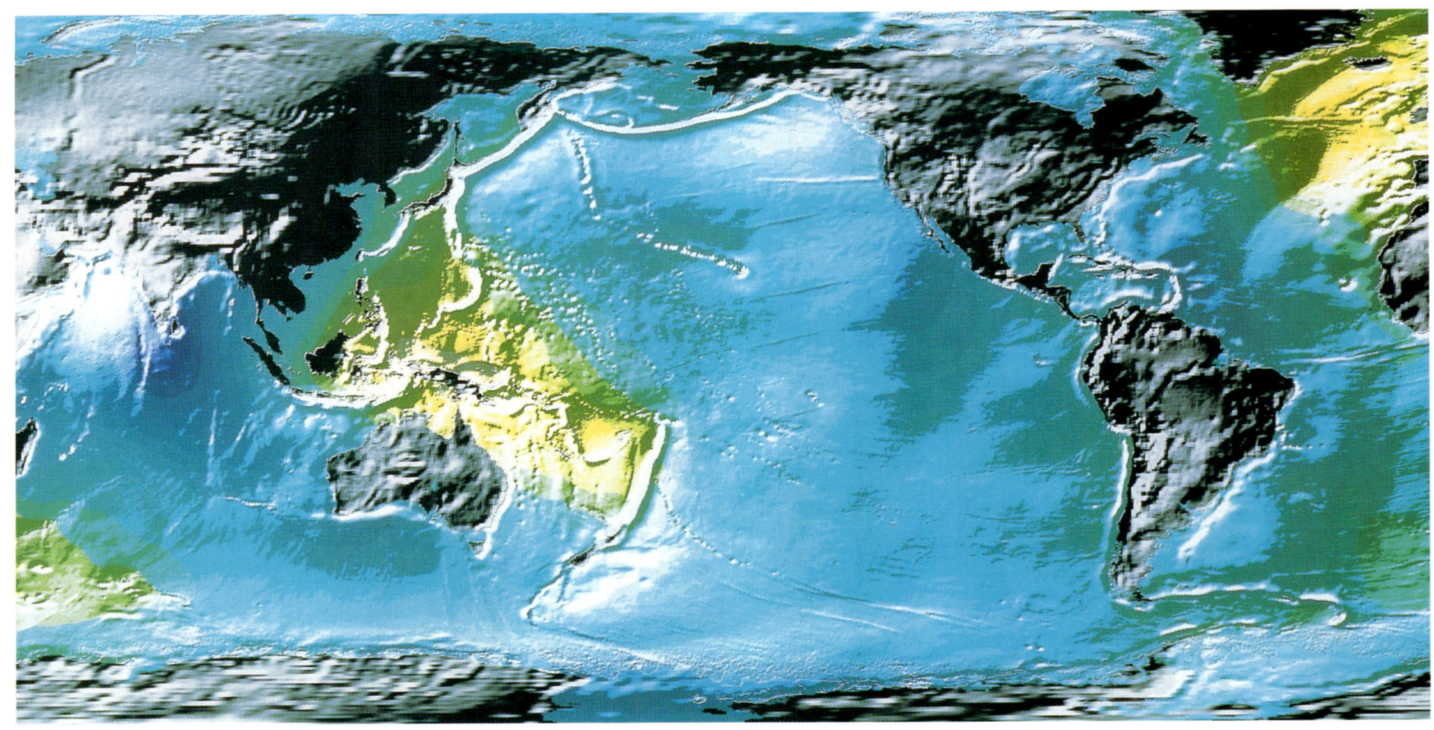

Genaue Messungen des Meeresspiegels – farblich dargestellt von hellgrün (höchste Werte) bis dunkelblau (tiefste Werte) – veranschaulichen die Struktur des Meeresbodens. Diese Karte zeigt Tiefseegräben im Meeresboden; sie bilden markante Bögen an den Rändern des Pazifischen Ozeans, wo sich der Meeresboden nach unten neigt und an Subduktionszonen in das Erdinnere sinkt.

Nähe der Marianeninseln, im Norden von Neuguinea, reicht der tiefste Graben mehr als 11 Kilometer unter den Meeresspiegel.

In den frühen 1950er Jahren machte der Seismologe Hugo Benioff eine seltsame Entdeckung bezüglich dieser Tiefseegräben. Er fand heraus, daß der gesamte Bereich der pazifischen Randzone von zahlreichen kleinen Erschütterungen betroffen ist. Manchmal waren diese groß genug, um ihre Quelle zu lokalisieren. Benioff fand heraus, daß die Erschütterungen nicht willkürlich erfolgten. Es schien vielmehr, daß sie sich in einer einige zig Kilometer breiten Zone ereigneten. Diese Zone verläuft vom Ozean her mit schwacher Neigung Richtung Festland, ehe sie steil unter den Vulkanbogen in eine Tiefe von ungefähr 700 Kilometer abtaucht. Solche Gebiete wurden von Geologen bald als Benioff-Zonen bezeichnet (siehe Abbildung Seite 73). Benioffs Annahme, daß diese Zonen dort auftreten, wo die ozeanische Kruste ins Erdinnere gleitet, wurde zunächst ignoriert. In den 1950er Jahren glaubte niemand an die Existenz solcher Bereiche im Pazifischen Ozean.

George Plafker erkannte bei seinen Untersuchungen über das Erdbeben in Alaska von 1964, daß seine angenommene Megaüberschiebung unterhalb der Küste von Alaska mit der flachen Seite einer Benioff-Zone übereinstimmte. Plafker und seine Kollegen identifizierten die Merkmale anderer großer Erdbeben entlang der Ränder des Pazifischen Ozeans in Neuseeland, in Japan, im westlichen Nordamerika und in Südamerika – sie hatten sich immer im Bereich von Benioff-Zonen ereignet.

Rechts: Vulkanketten liegen oberhalb von Subduktionszonen, in denen der Meeresboden in das Erdinnere abtaucht. Bei dieser Luftaufnahme ist eine langgestreckte Vulkankette auf der indonesischen Insel Java erkennbar.

Wo Ozeane sterben

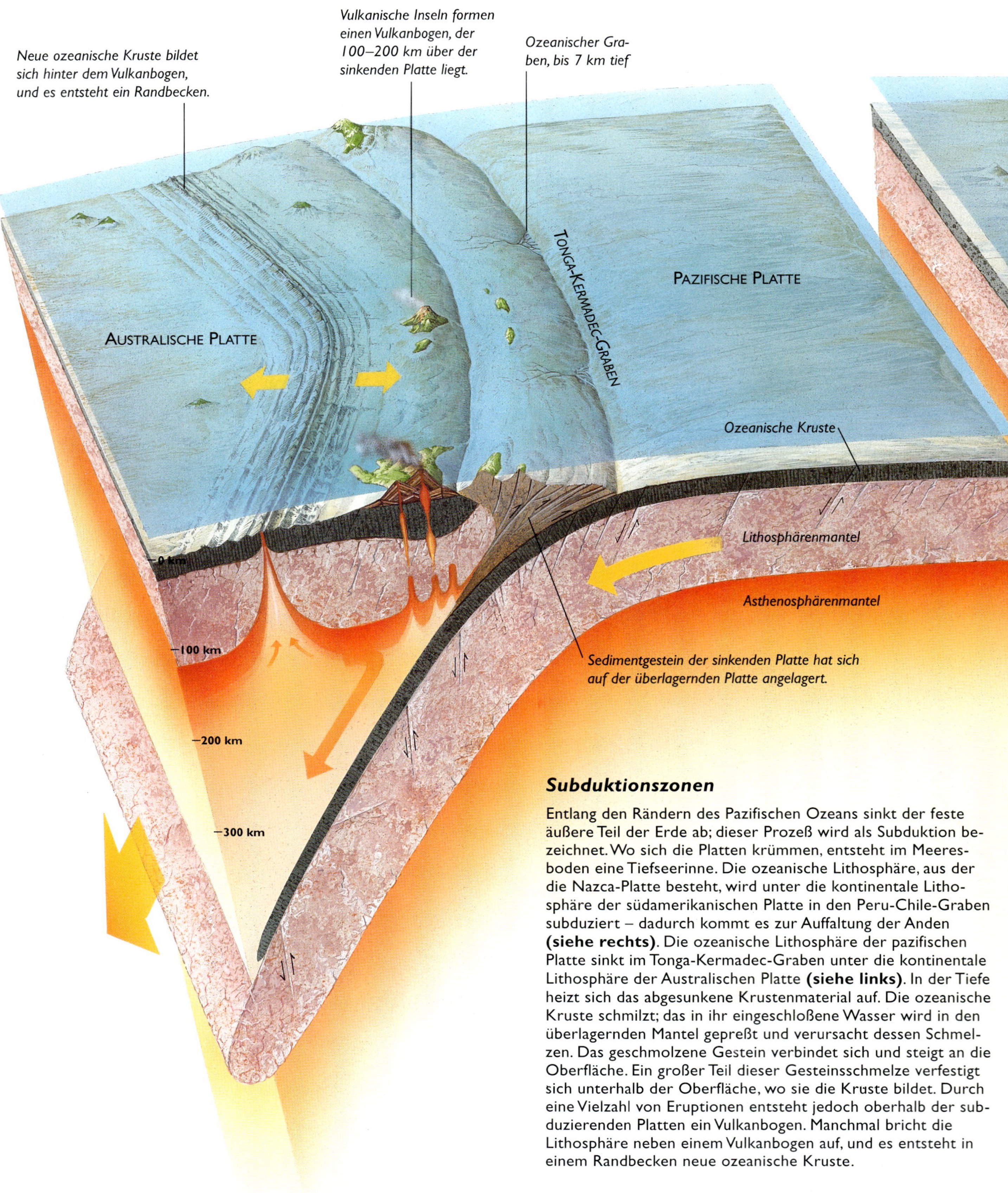

Subduktionszonen

Entlang den Rändern des Pazifischen Ozeans sinkt der feste äußere Teil der Erde ab; dieser Prozeß wird als Subduktion bezeichnet. Wo sich die Platten krümmen, entsteht im Meeresboden eine Tiefseerinne. Die ozeanische Lithosphäre, aus der die Nazca-Platte besteht, wird unter die kontinentale Lithosphäre der südamerikanischen Platte in den Peru-Chile-Graben subduziert – dadurch kommt es zur Auffaltung der Anden **(siehe rechts)**. Die ozeanische Lithosphäre der pazifischen Platte sinkt im Tonga-Kermadec-Graben unter die kontinentale Lithosphäre der Australischen Platte **(siehe links)**. In der Tiefe heizt sich das abgesunkene Krustenmaterial auf. Die ozeanische Kruste schmilzt; das in ihr eingeschloßene Wasser wird in den überlagernden Mantel gepreßt und verursacht dessen Schmelzen. Das geschmolzene Gestein verbindet sich und steigt an die Oberfläche. Ein großer Teil dieser Gesteinsschmelze verfestigt sich unterhalb der Oberfläche, wo sie die Kruste bildet. Durch eine Vielzahl von Eruptionen entsteht jedoch oberhalb der subduzierenden Platten ein Vulkanbogen. Manchmal bricht die Lithosphäre neben einem Vulkanbogen auf, und es entsteht in einem Randbecken neue ozeanische Kruste.

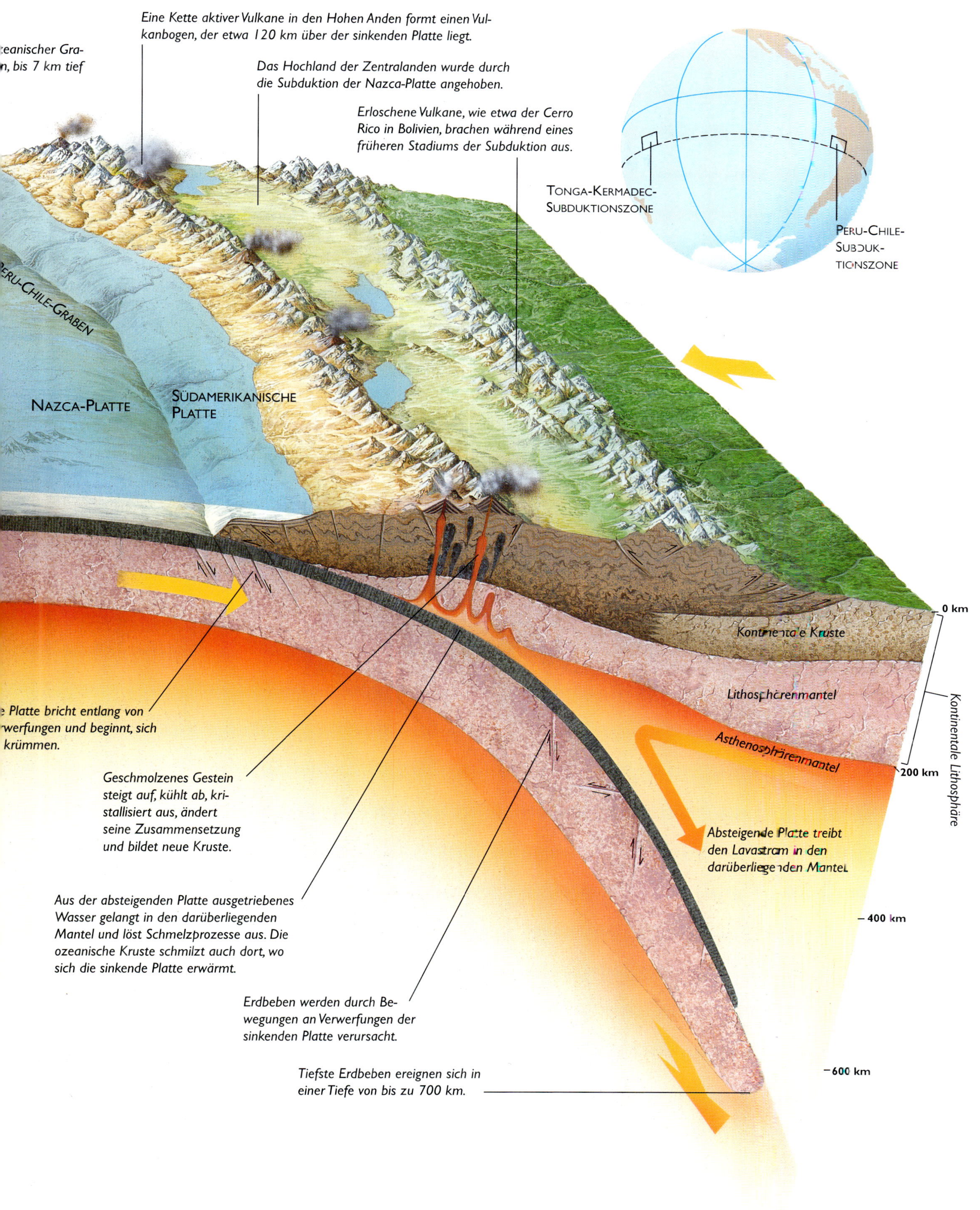

Eine Kette aktiver Vulkane in den Hohen Anden formt einen Vulkanbogen, der etwa 120 km über der sinkenden Platte liegt.
zeanischer Gra-
n, bis 7 km tief
Das Hochland der Zentralanden wurde durch die Subduktion der Nazca-Platte angehoben.
Erloschene Vulkane, wie etwa der Cerro Rico in Bolivien, brachen während eines früheren Stadiums der Subduktion aus.
Tonga-Kermadec-Subduktionszone
Peru-Chile-Subduktionszone
Peru-Chile-Graben
Nazca-Platte
Südamerikanische Platte
0 km
Kontinentale Kruste
Lithosphärenmantel
Asthenosphärenmantel
Kontinentale Lithosphäre
200 km
e Platte bricht entlang von
werfungen und beginnt, sich
krümmen.
Geschmolzenes Gestein steigt auf, kühlt ab, kristallisiert aus, ändert seine Zusammensetzung und bildet neue Kruste.
Absteigende Platte treibt den Lavastrom in den darüberliegenden Mantel.
Aus der absteigenden Platte ausgetriebenes Wasser gelangt in den darüberliegenden Mantel und löst Schmelzprozesse aus. Die ozeanische Kruste schmilzt auch dort, wo sich die sinkende Platte erwärmt.
400 km
Erdbeben werden durch Bewegungen an Verwerfungen der sinkenden Platte verursacht.
Tiefste Erdbeben ereignen sich in einer Tiefe von bis zu 700 km.
600 km

Das Ereignis von 1964 wurde mit dem Gleiten der kontinentalen Platte über die ozeanische Platte erklärt. Es wäre aber auch möglich, daß die Bewegung in umgekehrter Richtung erfolgte, die ozeanische Platte also unter die kontinentale sank. Wenn die Benioff-Zonen bei diesem Prozeß eine Rolle spielen, muß man davon ausgehen, daß ein beträchtlicher Teil des unterlagernden Mantels mit der ozeanischen Kruste absinkt – um genau zu sein, die gesamte Lithosphäre. 1967 wurde diese Annahme bestätigt. Die Lithosphäre des Pazifischen Ozeans driftet fast überall unter dem Kontinentalrand entlang. Es war nicht mehr nötig, auf Erdbeben der Stärke des Ereignisses in Alaska von 1964 zu warten, um dies zu erkennen. Verbesserte Techniken machten es möglich, Erdbeben aufzuzeichnen. Dies geschah durch Installation sehr empfindlicher Seismometer an vielen Stellen der Erde. Damit konnte bestimmt werden, wie sich die Platte während der viel kleineren Erdbeben bewegt, die nahezu jährlich auftreten.

Der Ursprung der Tiefseegräben wurde jetzt offensichtlich. Sie entstehen, wo die ozeanische Kruste in das Erdinnere abtaucht und den Meeresboden mit sich zieht. Wo sich die Lithosphäre aufwölbt und abtaucht, wird das Gestein geringfügig auseinandergeschoben; dabei ereignen sich zahlreiche kleinere Erdbeben. In Tiefen von einigen hundert Kilometern ist die absinkende Lithosphäre dem Widerstand des zäheren Mantelmaterials ausgesetzt. Sie wird dabei ein wenig zusammengedrückt, wodurch wiederum weitere Erdbeben ausgelöst werden.

Geologen bezeichnen den Prozeß, bei dem der Meeresboden ins Erdinnere abtaucht, als Subduktion. Der Bereich, in dem dies geschieht, heißt Subduktionszone. Im Bereich von Subduktionszonen bildet sich oberhalb des absinkenden Meeresgrundes eine Kette aktiver Vulkane. Der Meeresboden sinkt nicht immer unter die Kontinentalränder, sondern kann unter andere Teile der Meeresbodens abtauchen. In diesem Fall werden von den dazugehörigen Vulkanen neue Inselketten gebildet, die in einem Bogen angeordnet erscheinen (siehe Seiten 76 bis 77).

Die Theorie der Plattentektonik

Zu der Zeit, als George Plafker neue Erklärungen für das Erdbeben in Alaska 1964 vorlegte, versuchten andere Geologen, weitere Phänomene nachzuvollziehen. Die allgemeine Meinung, daß Kontinente ihre Position für alle Zeiten beibehielten, war nach den neuesten Erkenntnissen nicht mehr haltbar. Inzwischen war die Theorie des *seafloor spreading*,

der Ausbreitung des Meeresbodens, weitestgehend ausgearbeitet (siehe Kapitel 2). Seismologen konnten nachweisen, daß Erdbeben in der ozeanischen Kruste entweder an den Achsen der mittelozeanischen Rücken oder entlang der Abschnitte von Transformstörungen auftreten, an denen einzelne Teile des mittelozeanischen Rückensystems versetzt werden. Es schien, daß die Ozeane im wesentlichen von zwei mächtigen Schichten unterlagert werden, ozeanischem Krustenmaterial und dem oberen Teil des darunterliegenden Mantels. Beide zusammen werden als Lithosphäre bezeichnet und bewegen sich an der Achse der mittelozeanischen Rücken und entlang von Transformstörungen relativ zueinander.

Durch *seafloor spreading* entsteht neuer Meeresboden, was, für sich allein genommen, zu einem Anwachsen der Erdoberfläche führen muß. Die Entdeckung der Subduktionszonen war daher das letzte Teil in einem komplizierten Puzzle. Wenn sich die Lithosphäre unter den Ozeanen unterhalb der Pazifischen Ränder bewegt und zurück ins Erdinnere sinkt, ist das ein Mechanismus der Oberflächenzerstörung, der die Entstehung von neuer ozeanischer Kruste an den mittelozeanischen Rücken ausgleicht. Die Erde brauchte sich weder auszudehnen

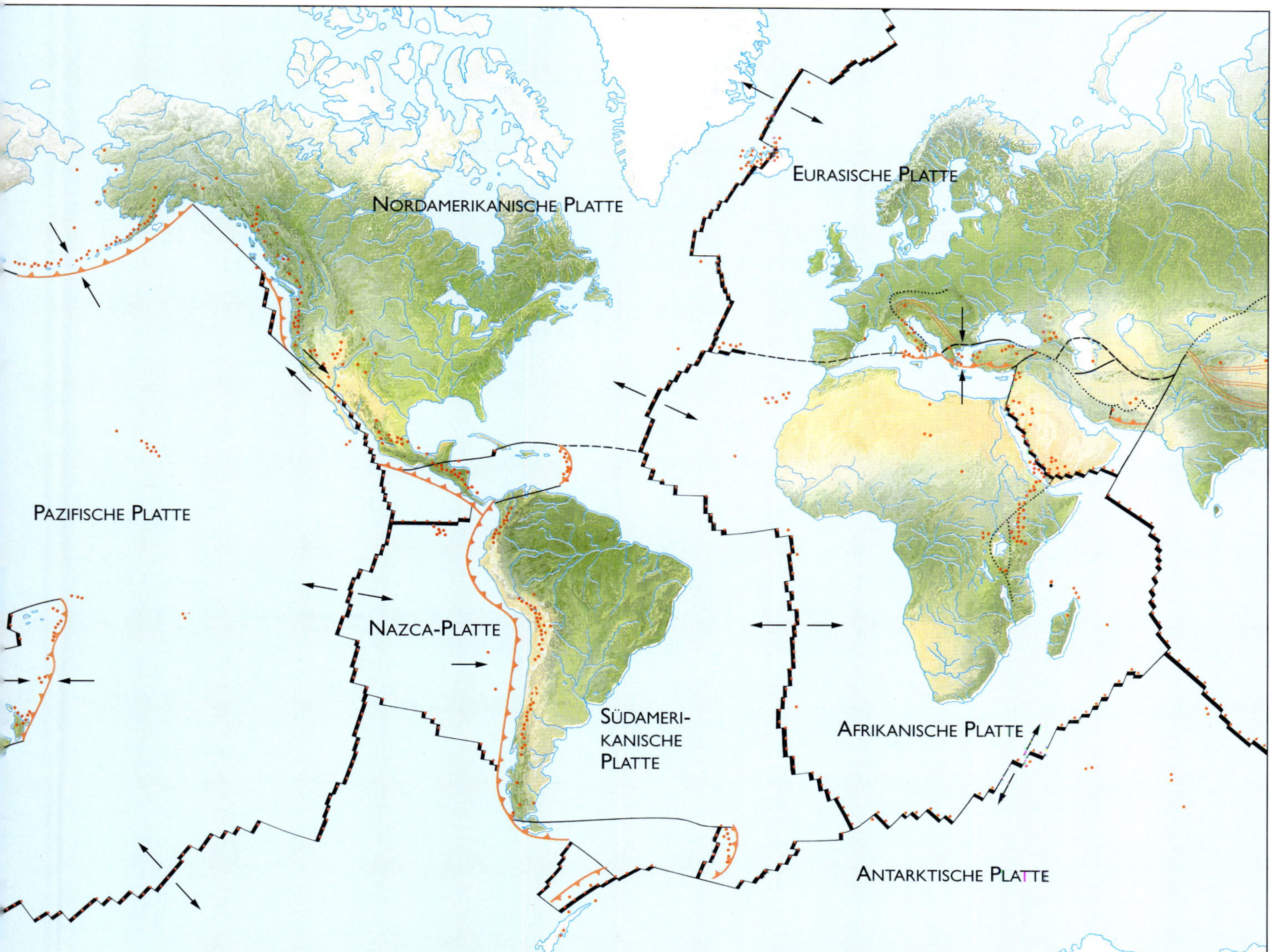

Das Prinzip der Plattenbewegungen

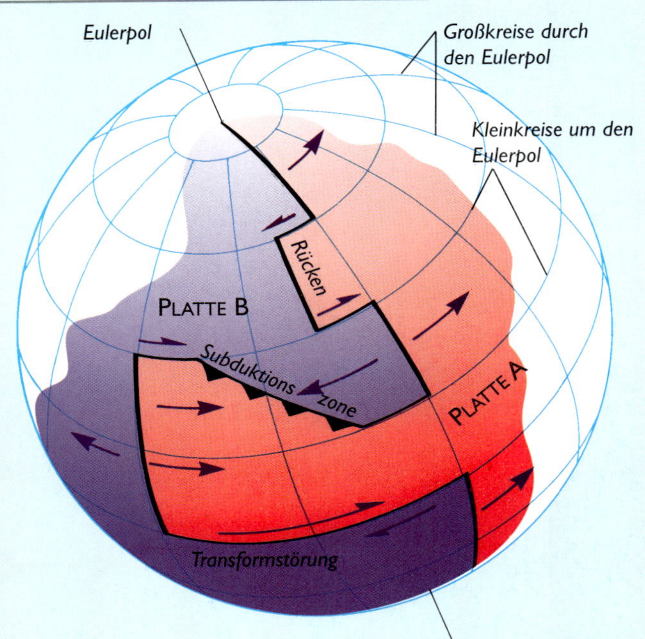

Starre tektonische Platten gleiten über die Erdoberfläche, indem sie um eine Achse rotieren (Eulerpol). Die Richtung der relativen Bewegung zwischen zwei Platten (A und B) folgt den Kleinkreisen um diese Achse, desgleichen Transformstörungen, an denen Platten aneinander vorbeigleiten. Mittelozeanische Rücken, wo die Platten auseinanderdriften, folgen dagegen den Großkreisen, die durch den Eulerpol verlaufen. Die Orientierung von Subduktionszonen, an denen die Platten konvergieren, folgt keinem generellem Gesetz.

noch zu schrumpfen, sondern konnte als konstante Oberfläche weiterhin bestehen. Auf diese Weise war 1967 die Theorie der globalen Plattentektonik entstanden.

Die Theorie setzt voraus, daß die Erde eine konstante Oberfläche aufweist, die in einige große, starre sowie einige kleinere Platten unterteilt ist. Diese Platten bilden die äußere Schale der Erde. Einige Platten bestehen nur aus ozeanischer Kruste, während andere aus der ozeanischen und der kontinentalen Kruste bestehen. Die Platten bewegen sich relativ zueinander; manchmal driften sie auseinander, zum Beispiel an mittelozeanischen Rücken oder in Grabengebieten; manchmal bewegen sie sich aneinander vorbei, so an Transformstörungen; und manchmal bewegen sie sich aufeinander zu, wie es am Pazifischen Rand der Fall ist. Die Platten bilden tatsächlich gekrümmte Abschnitte an der Erdoberfläche aus. Wenn sie absolut starr sind, dann muß sich die Erdoberfläche vorhersehbar bewegen. Zur Verdeutlichung stelle man sich ein Schiff vor, das entlang dem Äquator um die Welt fährt, also einen Kreis beschreibt. Von außerhalb der Weltkugel gesehen, erscheint der Kurs des Schiffes als Rotation um eine Achse, die durch den Nord- und Südpol verläuft. Die relative Bewegung zwischen zwei starren Objekten an der Oberfläche einer Kugel, gleichgültig, ob es sich um Schiffe oder tektonische Platten handelt, kann in ähnlicher Weise beschrieben werden, auch wenn die Rotationsachse nicht zwingend den Nord- oder Südpol durchquert. Die Rotationsachse der Platten wird Eulerpol genannt, nach dem Schweizer Mathematiker, der im 18. Jahrhundert Kugelbewegungen untersuchte.

Wenn zwei tektonische Platten wirklich starr sind, dann gibt es einen einzelnen Eulerpol, der die Bewegungsrichtung eines Plattenteils relativ zum anderen definiert. Geologen haben versucht herauszufinden, ob dies wirklich der Fall ist. Um zu illustrieren, wie der Prozeß vor sich geht, stellt man sich eine Rotationsachse (Eulerpol) vor, die sich entlang der Bewegung einiger Segmente im Grenzbereich zweier Platten befindet. Dann denkt man sich eine Weltkarte, aber mit einem Unterschied: Anstelle des Nordpols denkt man sich hier einen Eulerpol zweier Platten. Auf diese Weltkarte zeichnet man dann die Längen- und Breitengrade relativ zu dem gedachten Eulerpol. Wenn die tektonischen Platten starr sind, wird man eine außerordentliche Entdeckung machen – die relative Bewegung zwischen den beiden Platten wird immer parallel zu Längengraden der Weltkarte sein. Zum Beispiel werden Transformstörungen, wo zwei Platten aneinander vorbeigleiten, auf den Breitenkreisen eingezeichnet. Aber das ist noch nicht alles. Bewegen sich Platten relativ zueinander, bricht die Kruste wiederholt in Erdbeben aus. Die horizontale Verwerfung während der Erdbeben verläuft parallel zu den Breitengraden. Jedoch sind Subduktionszonen, an denen die Platten konvergieren, nicht unbedingt an Längen- oder Breitengrade gebunden. Nicht die gesamte Erdoberfläche ist starr, wie es die Plattentektonik annimmt – Teile der Kontinente sind sehr

Kontinente im Wandel der Zeit

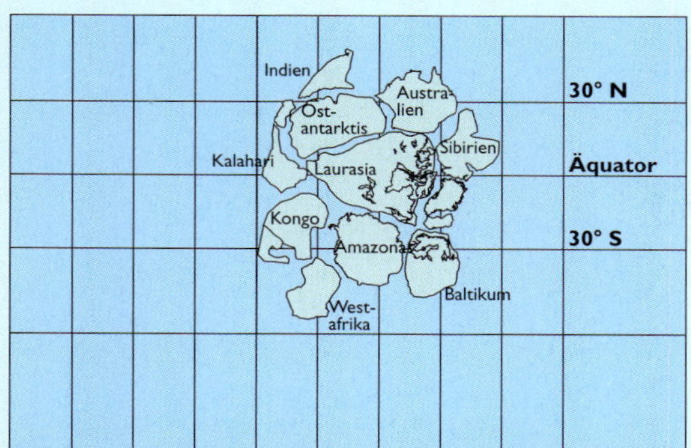

(a) Superkontinent Rodinia vor 700 Millionen Jahren

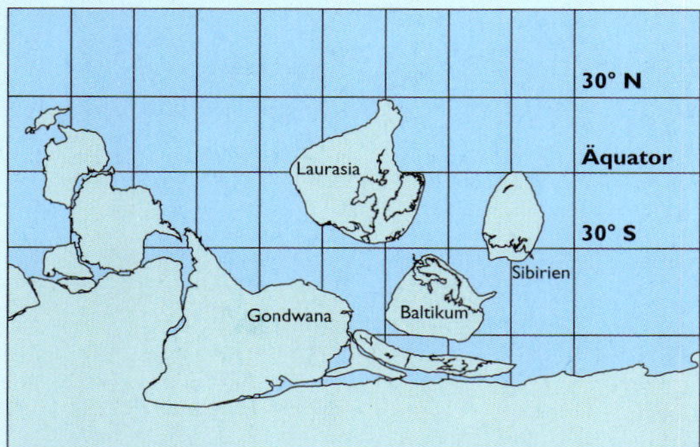

(b) Die Lage der Kontinente vor 500 Millionen Jahren zeigt Gondwanaland neben dem Südpol.

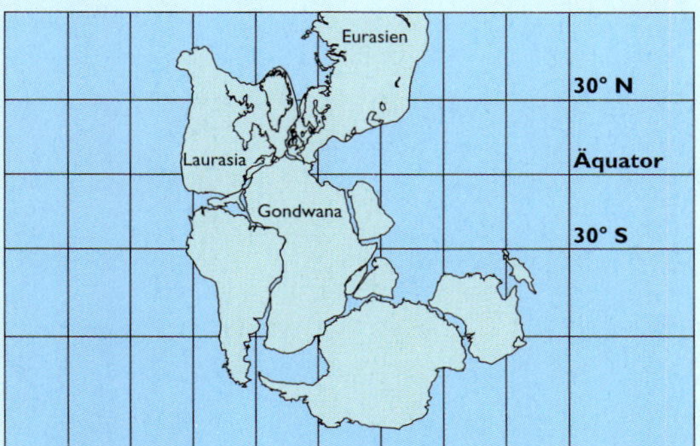

(c) Superkontinent Pangäa vor 250 Millionen Jahren

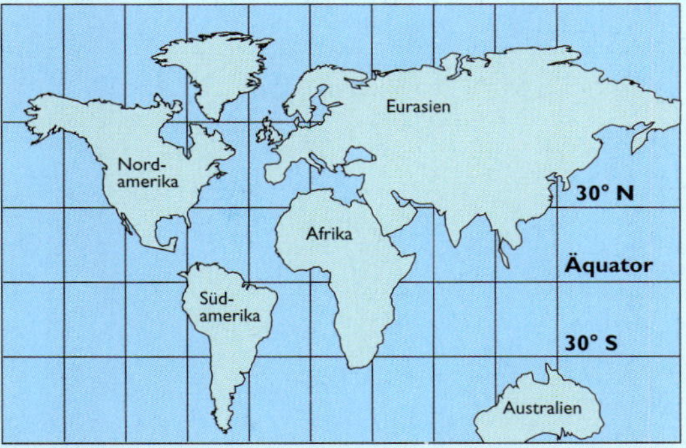

(d) Die Lage der Kontinente vor 50 Millionen Jahren

Die Kontinente sind Teile der großen Lithosphärenplatten, die die Erdoberfläche bedecken. Die Platten bewegen sich im Prozeß der Plattentektonik relativ zueinander. Die Kontinente spalteten sich voneinander ab oder sind kollidiert und haben teilweise riesige Superkontinente gebildet.

beweglich (siehe Kapitel 5). Läßt man diese relativ kleinen Bereiche außer acht, hat sich die Plattentektonik als Konzept bewährt.

Die Geschwindigkeit, mit der sich die Platten relativ zueinander bewegen, kann mit Hilfe einer exakten Meßmethode ermittelt werden, dem Global Positioning System, kurz GPS genannt. Es umfaßt ein Netzwerk von Satelliten, die konstant die Erde umkreisen und deren Bahnen von Radarstationen verfolgt werden. Die Distanz zwischen der Bodenstation und den Satelliten wird inzwischen mit Hilfe hochfrequenter Impulse bestimmt. Nachdem diese Meßmethode über mehrere Jahre angewendet worden war, konnte die Geschwindigkeit der tektonischen Platten ermittelt werden. Die Untersuchungen ergaben, daß sich die Platten mit Geschwindigkeiten von maximal 20 Zentimetern im Jahr und im Durchschnitt mit rund 10 Zentimetern im Jahr relativ zueinander bewegen. Dies mag äußerst langsam erscheinen, aber in geologischen Zeiträumen überwinden die Platten beträchtliche Distanzen. Der Boden des östlichen Pazifischen Ozeans bewegt sich mit einer Geschwindigkeit von etwa 9 Zentimetern im Jahr in Richtung Südamerika. Während dieses Prozesses ist in den letzten 10 Millionen Jahren die Kruste des Pazifischen Ozeans unter den westlichen Rand von Südamerika geglitten und rund 1000 Kilometer tief ins Erdinnere abgesunken.

Die driftenden Platten ziehen die Kontinent mit sich. Würde man die vergangenen 100 Millionen Jahre im Zeitraffer von nur wenigen Sekunden betrachten, sähe man die Kontinente über die Erdoberfläche tanzen. In der Vergangenheit sind Superkontinente auseinandergebrochen und kleinere zusammengestoßen, um wieder neue Superkontinente zu bilden. Daß die Superkontinente zerbrachen, sich neu gruppierten und drifteten, hatte grundlegende Auswirkungen auf das globale Klima und das Leben auf der Erde (siehe Kapitel 7).

Die Plattentektonik liefert eine einfache Erklärung dafür, daß die Tiefseegräben sowie die Vulkanketten bogenförmig angeordnet sind. Versucht man, einen Teil der Oberfläche eines Tischtennisballs einzudrücken, ergibt sich eine etwa kreisförmige Vertiefung. Weil die Erde im Prinzip kugelförmig ist, ent-

steht auch in Subduktionszonen eine Vertiefung, die sich einem Kreisbogen annähert. Die großen Vulkanketten am Rande des Pazifiks, die genau dem Grabenbogen folgen, sind ebenfalls bogenförmig angeordnet. Daher nimmt man an, daß zwischen den Vulkanen und den Gräben eine Verbindung besteht. Die Vulkane wirken wie eine Totenwache in einer Reihe oberhalb der sinkenden ozeanischen Platte. Das vulkanische Gestein, das sie herausschleudern, wird nach den Vulkanen der Hohen Anden in Südamerika als Andesit bezeichnet.

Die Vulkane der Hohen Anden

In Bolivien und Nordchile verläuft eine Kette von Vulkanen entlang des westlichen Rands der bis über 6000 Meter Hohen Anden. Viele davon sind nicht mehr aktiv, sondern nur die zersprengten und erodierten Stümpfe von Vulkanen, die in den letzten 25 Millionen Jahren ausgebrochen sind. Vereinzelte Berge geben Lebenszeichen in Form von weißem Dampf von sich, der in der Nähe der Gipfel austritt. Am Fuß sprudelt heißes Wasser aus Spalten. Wo Mineralien aus dem vulkanischen Gestein herausgelöst und in der trockenen Landschaft ausgefällt wurden, blieben weiße und gelbe Flecken.

Oben links: Eine Fumarole *raucht neben dem Gipfel eines aktiven Vulkans in den Hohen Anden in Bolivien. Der Vulkan ist steil, weil die Lava zu dickflüssig ist, um weite Strecken zu fließen. Der schwarze Kegel im Vordergrund entstand während einer Eruption.*

Links: Die Hohen Anden in Bolivien sind mit Vulkanen übersät, die Oberfläche der Erde ist von vulkanischem Gestein überprägt. Aus der Luft sieht man deutlich die konischen Hügel mit ihren radialen Lavaströmen – die schneebedeckten Gipfel der Vulkane erscheinen weiß. Vulkanische Asche bedeckt den Boden zwischen den Vulkanen.

Rechts: Die Gipfelkrater der aktiven Vulkane in den Hohen Anden in Bolivien strömen extrem heiße Gaswolken aus, zum Beispiel Wasserdampf, Kohlenstoffdioxid und Schwefeldioxid. Die Kraterwände des Vulkans Ollague sind mit gelbem Schwefel bedeckt.

Die Rolle des Wassers in einer Subduktionszone

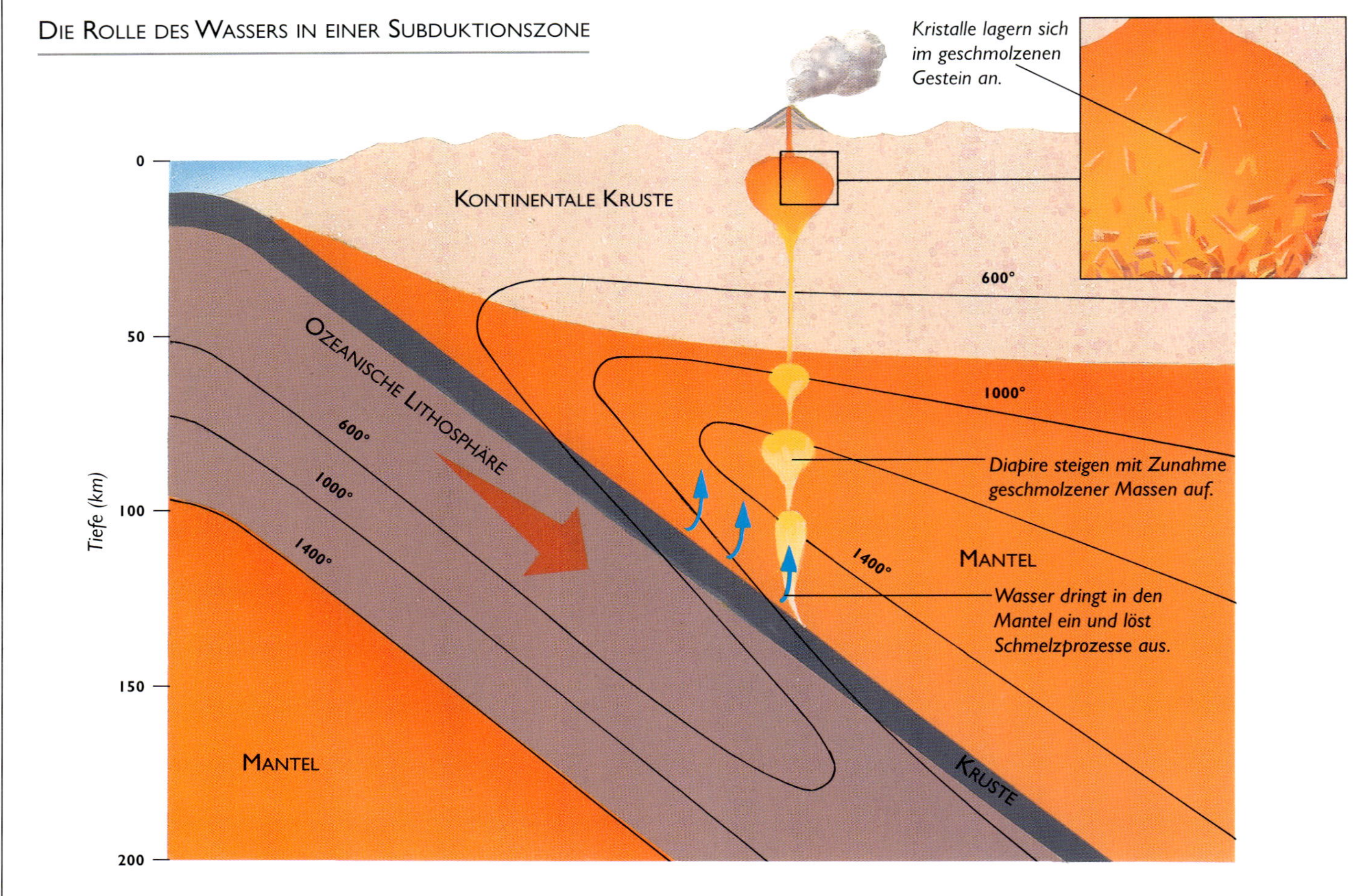

Wenn die ozeanische Lithosphäre in den Erdmantel abtaucht, nimmt sie Wasser mit. Das Wasser wird wohl durch Druck und hohe Temperaturen freigesetzt, und die Kruste beginnt zu schmelzen; daraufhin dringt das Wasser in den darüberliegenden Mantel ein und bringt auch diesen zum Schmelzen. Das geschmolzene Material sammelt sich und steigt wegen der geringeren Dichte in die Kontinentalkruste auf. Hier beginnt es auszukristallisieren; die zuerst gebildeten Kristalle sind dichter und sammeln sich unten an. Einige Gesteine verfestigen sich in der Tiefe und bilden große Granitblöcke. Wasserreiches Material gelangt an die Oberfläche, indem es aus Vulkanen über der absinkenden Kruste ausgeworfen wird.

Unter normalen Umständen ist die Lava bei ihrem Auswurf so dickflüssig, daß sie nur eine kleine Strecke über die Flanken des Vulkans zurücklegt, bevor sie sich verfestigt. Auf diesem Weg entstehen die steilen Hänge der Vulkane; dies geschieht manchmal unter Ausbildung von fast saigeren (senkrecht stehenden) Klippen. Die Vulkane formen konische Hügel, die aus einer generell flachen, von vulkanischer Asche bedeckten Landschaft herausstechen. Ein Großteil dieser Asche brach als extrem heiße Wolke mit Temperaturen bis zu 700 °C aus. Diese Aschewolken fegten mit einer maximalen Geschwindigkeit von 100 Kilometern in der Stunde in einem Umkreis von bis zu 10 Kilometern über den Boden. Dabei setzte sich die Asche ab und verwandelte sich in ein hartes orangefarbenes Gestein, das als Ignimbrit bezeichnet wird. Wenn ein Vulkan besonders heftig seitwärts ausbricht, bleibt nur noch der Stumpf des vorher konischen Berges erhalten. Massive Lavaklumpen in der Größe eines Hauses sind über die Gegend verstreut. Bis zum Ausbruch des Mount St. Helens (USA) im Mai 1980 hatte es keine Eruption gegeben, die dieser vergleichbar war.

In den Gipfelregionen treten Fumarolen als schwefelreiche Gasdämpfe aus. Sie überziehen das vulkanische Gesteinsmaterial mit gelbem Schwefel, und die Luft erhält einen deutlichen Schwefelgeruch. Leonore Hoke, eine österreichische Geologin, die ihre Untersuchungen in den Ostalpen begann, hat eine fast vollständige Sammlung vulkanischer Fumarolendämpfe aus Bolivien. Sie sammelte die Gase in speziell entwickelten Kupferröhren, um die Ursprungsorte des geschmolzenen Gesteins, das die Vulkane mit Material versorgt, zu ermitteln. Hinweise waren bereits in den Gasen gefunden worden, die in die Atmosphäre aufsteigen. Sie beinhalten große Mengen Wasserdampf, Schwefeldioxid und Kohlendioxid. Aber auch die selteneren Gase Stickstoff und Helium erwiesen sich als bedeutend.

BEDEUTUNG DER GASE

Helium ist ein sehr leichtes und kaum reaktionsfreudiges Gas. Aus diesem Grund ist es sehr mobil. In einem Zeitraum von einigen Jahren kann sich Helium sogar aus einem dichten Glasgefäß verflüchtigen, indem es einfach durch das Glas diffundiert. Wie schon in Kapitel 1 erklärt, gibt es mehrere Formen von Helium: eine leichte Form, die ein Atomgewicht von 3 hat, also dreimal so schwer ist wie Wasserstoff, und eine schwerere Form mit einem Atomgewicht von 4. Letzteres wird gebildet, wenn radioaktive Elemente wie Uran und Thorium zerfallen. Da die Erdkruste mit Uran und Thorium angereichert ist, produziert sie ständig schweres Helium. Tatsächlich weist die kontinentale Kruste im Durchschnitt 100 Millionen mal mehr schweres Helium auf als leichtes. In tieferen Schichten der Erde, im Mantel, sind die Konzentrationen von Uran und Thorium wesentlich geringer. Dieser Umstand ermöglicht es, den Ursprung des Heliums nachzuweisen. Wenn das Verhältnis Helium-4 zu Helium-3 im Gas relativ klein ist, kann man davon ausgehen, daß zumindest ein kleiner Teil des Heliums dem Erdmantel entstammt.

Leonore Hoke fand heraus, daß das Helium im Gas der Fumarolen in den Vulkanen der Hohen Anden sehr stark mit Helium-3 angereichert ist. Das zeigt, daß ein Teil des Heliums aus dem Mantel und wenigstens ein Teil der ausgebrochenen Lava ursprünglich aus dem Erdmantel stammt. Aber wegen der großen Mengen Wasserdampf in der Lava und in den vulkanischen Gasen nimmt man an, daß der Bereich, aus dem die Lava kommt, sehr feucht ist. Andere Gase aus den Vulkanschloten geben einen Hinweis zur Herkunft dieses Wassers. Meist sind die Gase reich an Stickstoff, beinhalten aber nur einen kleinen Anteil an Argon und Sauerstoff.

Ein hoher Gehalt an Stickstoff ist typisch für Gase, die bei Vulkanausbrüchen emittiert werden. Dieses Phänomen zeigt sich nicht nur in den Hohen Anden, sondern im gesamten Vulkangürtel, der den Pazifik umschließt, so auch in Neuseeland, Japan und Alaska. Es gibt eine reichhaltige Quelle an Stickstoff, die nicht weit von den Vulkanbögen entfernt ist: die Sedimente des Meeresbodens. Sie enthalten große Mengen an Überresten von toten Organismen, die einst im Meer lebten. Lebende Organismen sind reich an Stickstoff. Die Gesteine des Meeresbodens sind mit Wasser gesättigt. Daraus ergibt sich eine überraschende Schlußfolgerung: Einige Gase aus den Vulkanbögen kommen aus dem Erdmantel, andere entstammen dem Meeresboden.

DER SCHWANENGESANG EINES OZEANS

Die ozeanische Kruste taucht am Rand des Pazifischen Ozeans jedes Jahr um mehrere Zentimeter in den Erdmantel ein und löst dadurch Erdbeben aus. Der Meeresboden, der an einer Subduktionszone in den Erdmantel zurückkehrt, weist kleine Unterschiede zum Meeresboden auf, der an mittelozeanischen Rücken gebildet wird. Die in der Tiefsee gelegenen *black smokers* und hydrothermale Gänge sind der Beweis für den Strom von heißem Wasser, der die ozeanische Kruste durchdringt. Das Wasser reagiert mit dem Gestein, verändert seine Zusammensetzung durch Anreicherung mit Salz und Wasser und zersetzenden Elementen wie Chrom und Mangan. Wenn sich der Meeresboden von den mittelozeanischen Rücken entfernt, wird gelegentlich eine Lage von Meeressedimenten abgelagert, die eine neue geologische Formation bilden.

In einer Subduktionszone wird dieser veränderte Meeresboden, oft mit einem Teil der überdeckenden Sedimentlage, durch die hohen Temperaturen und enormen Druck im Erdinneren stark beansprucht. In einer Tiefe von 50 Kilometern hat er eine Temperatur von einigen 100 °C und wird unter massivem Druck, der rund 15 000mal höher als an der Erdoberfläche ist, komprimiert. Dadurch werden die Gesteine verändert. Wasser und Kohlendioxid, die im Gestein eingeschlossen sind, werden herausgepreßt, und neue Minerale, die unter diesen Verhältnissen stabil sind, beginnen sich zu bilden. Die intensive Abscherung erhöht beim Abgleiten der sinkenden Platte die Temperatur zusätzlich. Es besteht die Möglichkeit, daß Teile der ozeanischen Kruste so heiß werden, daß sie schmelzen. In Tiefen von über 100 Kilometern werden Minerale durch den hohen Druck zerstört. Das Wasser, das zusammen mit dem geschmolzenen ozeanischen Krustenmaterial leichter und mobiler als das umgebende Gestein ist, tritt aus und lagert sich an das darüberliegende Mantelgestein mit Temperaturen von über 1000 °C an.

Das große Wasservolumen, das aus der sinkenden ozeanischen Kruste gepreßt wird, hat einen kuriosen Effekt auf die umliegenden heißen Mantelgesteine. Laboruntersuchungen haben ergeben, daß dieser Effekt der Wirkung entspricht, die eintritt, wenn man Frostschutzmittel in den Kühler eines Autos schüttet oder im Winter Salz auf die Straßen streut. Beides, Salz und Frostschutzmittel, setzen den Gefrierpunkt des Wassers herab. Wenn man den anderen Weg wählt und das Frostschutzmittel oder das Salz bei einer Temperatur von einigen Grad unter Null mit Eiskristallen mischt, schmelzen die Eiskristalle. Dies entspricht genau dem Vorgang, wenn das Wasser in das heiße Mantelmaterial eindringt. Der Mantel ist bereits nahe daran, zu schmelzen, aber der Zusatz von Wasser reicht aus, um kleine Teile (ungefähr 10 %) zum Schmelzen zu bringen. Wasserdampf, Kohlendioxid und andere Gase wie Helium sondern sich im geschmolzenen Gesteinsmaterial ab. Die Flüssigkeit zusammen mit geschmolzener Ozeankruste beginnt sich anzusammeln. Da sie eine geringere Dichte hat als das umgebende Gestein, wandert sie nach oben in die darüberliegende Kruste, um Vulkane zu bilden (siehe Abbildung Seite 84).

EINE GEOLOGISCHE RAFFINERIE

Die Untersuchungen an Subduktionszonen helfen, eine weitere Frage der Erdgeschichte zu beantworten: Warum gibt es zwei verschiedene Krustentypen, die ozeanische und die kontinentale? Wie bereits in Kapitel 2 erläutert, hat die ozeanische Kruste eine relativ einheitliche Dicke von etwa 7 Kilometern und ist hauptsächlich aus vulkanischem Basalt aufgebaut. Die kontinentale Kruste hat eine differenziertere und wesentlich variablere Zusammensetzung und kann über 80 Kilometer dick sein. Die Existenz beider Krusten scheint eine spezifische Erscheinung der Erde zu sein – andere Planeten weisen keine so deutlichen Unterschiede bei der Zusammensetzung ihrer obersten Schichten auf (siehe Kapitel 8).

Die Zusammensetzung der kontinentalen Kruste ähnelt den Laven, die an Vulkanbögen ausgestoßen werden, und ihr Ursprung ist eng mit dem der Vulkane verbunden. Auch die Ozeane spielen eine entscheidende Rolle. Um dies nachzuvollziehen, muß man die Details der Aufwärtsbewegung von geschmolzenem Gesteinsmaterial, das die Vulkane speist, näher untersuchen. Die kontinentale Kruste hat eine ähnliche Zusammensetzung wie die ozeanische Kruste – es scheint immer dieselbe Zusammensetzung von geschmolzenem Gestein zu sein, die im Mantel erzeugt wurde –, aber ihr Wassergehalt ist höher (bis zu 3 % des Gewichts). Die Vulka-

Granit ist ein typisches Gestein der Kontinente. Unter dem Mikroskop erscheint Granit als ein Mosaik verschiedener Kristalle wie Quarz und Feldspat (weiß und blau) sowie Glimmer (braun, gelb, rosa und grün). Der gezeigte Ausschnitt hat eine Breite von etwa 1 Zentimeter.

ne an der Oberfläche und die Kontinentalkruste haben eine unterschiedliche Zusammensetzung: ungefähr drei Teile Basalt und ein Teil Granit. Der Schlüssel zum Verständnis liegt in der Antwort auf die Frage nach der Herkunft des Granits.

Von entscheidender Bedeutung ist hierbei der Gehalt an Silizium (Siliziumdioxid); dieses Element ist ein wichtiger Bestandteil der Gesteine. Basalt besteht zu etwa 50 % aus Silizium. Die kontinentale Kruste weist mit durchschnittlich 60 % einen höheren Anteil auf; Granit wird zu ungefähr 75 % aus Silizium aufgebaut. Die Entstehung der kontinentalen Kruste ist also eine Art Raffinerieprozeß, bei dem der Siliziumgehalt ansteigt. Dies geschieht, wenn das geschmolzene Material an die Oberfläche in die darüberliegende Kruste aufsteigt und abkühlt.

Tief in der Kruste härtet das geschmolzene Gesteinsmaterial langsam aus. Aber die gesteinsbildenden Mineralen kristallisieren nicht alle gleichzeitig aus. Im Gegenteil, die Minerale tun dies in einer bestimmten Reihenfolge. Die zuerst entstandenen Kristalle sind diejenigen mit dem höchsten Schmelzpunkt – magnesiumreiche Minerale wie Olivin und Pyroxen. Da sie sehr dicht sind, neigen sie dazu, den unteren Bereich des geschmolzenen Materials einzunehmen, und hinterlassen dabei eine Flüssigkeit, die relativ arm an Magnesium, dafür um so reicher an Silizium ist. Im weiteren Verlauf steigt der Siliziumgehalt in der zurückbleibenden Flüssigkeit an und erreicht etwa die Werte der kontinentalen Kruste. Der Wassergehalt spielt dabei eine wichtige Rolle, denn Wasser fördert die Kristallisation der Minerale, die typisch für die Kontinentalkruste sind. Das Gesteinsmaterial bleibt aufgrund seines Wassergehalts weiterhin selbst bei niedrigeren Temperaturen geschmolzen. Daher kann der Prozeß der Raffinierung lange anhalten, um den Siliziumgehalt der übrigen Gesteinsschmelze weiter zu erhöhen. Die Hauptkomponenten der kontinentalen Kruste – Feldspat, Quarz und Glimmer – kristallisieren aus.

Das geschmolzene Gesteinsmaterial erreicht die Oberfläche als eine zähflüssige Lava, die als Andesit bezeichnet wird und eine ähnliche Zusammensetzung hat wie die kontinentale Kruste. Nicht alle Laven, die aus Vulkanen ausgestoßen werden, haben diese Zusammensetzung. Manchmal resultiert der Raffinerieprozeß, vor allem während der Kristallisation, in einer Flüssigkeit, die reich an Silizium und sehr zähflüssig ist. Manchmal ist soviel Wasserdampf in der Lava enthalten, daß sie explodiert und seitwärts am Vulkan hinabgleitet oder große Aschewolken bildet, die die Landschaft bedecken.

Die Bildung der Kruste

Geologen gehen davon aus, daß das geschmolzene Gestein, das wahrscheinlich der Kruste zugerechnet werden muß, im Durchschnitt ungefähr 1 Meter pro Jahr wandert und einige 100 000 Jahre benötigt, um von seinem Entstehungsort im Mantel die Oberfläche zu erreichen. Dies geschieht nur in eine Richtung, weil das geschmolzene Material weniger dicht ist als das feste Mantelmaterial. Langsam – in geologischen Zeiträumen gesehen – bildet es die kontinentale Kruste. Manche Geologen glauben, daß bereits vor etwa 2,5 Milliarden Jahren mindestens die Hälfte der heutigen kontinentalen Kruste existierte. Schätzungen über das Volumen des vulkanischen Gesteins in den bolivianischen Anden ergeben, daß die Kruste unterhalb der Vulkanbögen in den letzten 50 Millionen Jahren durch die Akkumulation von geschmolzenem Gestein etwa eineinhalb mal dicker wurde. Die Schlußfolgerung liegt nahe: Auch heute noch bilden sich Kontinente.

Kontinente entstehen nicht nur aus geschmolzenem Gesteinsmaterial; auch in Tiefseerinnen werden sie zum Leben erweckt. Wenn der Meeresboden unterhalb der Ränder der angrenzenden Kruste dahingleitet, werden Splitter des ozeanischen Gesteinsmaterials abgeschürft. Diese Splitter stapeln sich an einer Seite des Grabens auf (siehe Seiten 76 bis 77). Normalerweise wird ein vulkanischer Inselbogen in den Graben hineingezogen. Dieser akkumuliert ebenfalls an der Grabenwand Material alter Ozeane und erodierte Sedimente der benachbarten Landmassen. Dabei werden leichtere oder höher gelegene Teile der ozeanischen Platte in den Ozeangraben gezogen, abgeschürft und miteinander verschmolzen. Diese Formationen werden dann zu den Wurzeln für die neuen Kontinente. Große Teile der Kontinente, die an den Pazifik angrenzen, entstanden auf diese Weise.

Manchmal erfolgt entlang der vulkanischen Bögen ein kurioser Prozeß. Die Kruste reißt auf und bildet ein Rift, eine Spalte in der Erdoberfläche (siehe Seiten 76 bis 77). Wenn dieser Prozeß anhält, wird ein enges Ozeanbecken zusammen mit einem eigenen mittelozeanischen Rücken geschaffen. Die Spuren dieser sogenannten Randbecken *(back-arc basins)* sind vor allem am westlichen Rand des Pazifischen Ozeans auszumachen; sie erstrecken sich von der Nordinsel von Neuseeland bis zu den Fidschi-Inseln. Komplizierte Muster von Inselbögen und Randbecken bilden ein Mosaik von kleinen ozeanischen Becken zwischen den Salomonen-Inseln und Neuguinea sowie den indonesischen Gewürzinseln. Das Japanische Meer, das Japan vom asiatischen Kontinent trennt, gehört ebenfalls dazu. Geologen datierten den Ozeanboden in den Randbecken, indem sie die charakteristischen Merkmale der magnetischen Anomalien oder das Alter fossilen Planktons bestimmten, das im Meeresboden erhalten blieb. Die Untersuchungen zeigten, daß sich die meisten Randbecken in den vergangenen 10 Millionen Jahren gebildet haben und junge Erscheinungen der Erde sind. Ihre Entstehung basiert auf dem Umstand, daß der Bereich, in dem der Meeresboden zurück ins Erdinnere taucht, über die Erdoberfläche wandert. Wenn sich ein Graben von der überschiebenden Platte wegbewegt, entsteht dahinter ein neues Ozeanbecken.

Subduktion ist ein erstaunlicher Prozeß. Wenn Ozeanboden verschwindet, wird neue kontinentale Kruste gebildet. Während Geologen die großen Vulkane in den Vulkanbögen der Erde untersuchen, erfolgt der Vorgang der Subduktion unter ihren Füßen.

Wertvolle Mineralansammlungen

Zur Erläuterung der Subduktion sei abschließend noch einmal auf den Mineralreichtum verwiesen: Kupfer, Zinn, Blei, Silber und Gold zogen zahlreiche Forschungsreisende ins Gebiet des *Ring of Fire*. Heute ist klar, daß sich die Reichtümer sowohl im Erdmantel als auch in der sinkenden Ozeankruste befinden. Tatsächlich liegen reiche Mineralansammlungen auf dem Meeresboden, auch am Fuße der *black smokers* (siehe Kapitel 2). Die Metalle werden mit dem geschmolzenen Gesteinsmaterial, das die Vulkane in den Vulkanbögen versorgt, nach oben transportiert. Aber sie müssen zuerst die Gelegenheit haben, sich anzusammeln, um so reiche Vorkommen zu bilden, daß sich ein Abbau lohnt. Wie das vor sich geht, wurde anschaulich demonstriert, als ein Wasserkraftwerk in Neuseeland regelrecht verstopfte.

In den 1970er Jahren, in einer Zeit sehr hoher Ölpreise, investierte die Regierung Neuseelands sehr viel Geld in Wasserkraftwerke. Eine Anlage baute sie in Wairakei, im Gebiet der aktiven Vulkane der Nordinsel. Diese Vulkane, wie auch die übrigen Vulkane am Rand des Pazifischen Ozeans, liegen direkt – ungefähr 100 Kilometer – über der sinkenden pazifischen Ozeankruste. Das Kraftwerk nutzte das reichlich vorhandene heiße Wasser, das in diesem Gebiet in Geysiren oder blubbernden Schlammlöchern austritt. Die Ingenieure bohrten tiefe Löcher in den heißen Untergrund und pumpten das heiße Wasser in Hitzewandler, die große Dampfturbinen antrieben. Der Durchfluß in jedem Rohr wurde von hochsensiblen Absperrhähnen kontrolliert, die mit der Zeit zu verstopfen begannen. Schließlich montierten die Aufseher des Kraftwerks die Absperrhähne ab und stellten zu ihrer Überraschung fest, daß alle Hähne an der Innenseite mit Gold- und Silberlegierungen verkrustet waren.

Man fand heraus, daß das extrem heiße Wasser in den Rohren kochte und gasförmige Schwefelverbindungen freisetzte, die den typischen Geruch von faulen Eiern aufwiesen. Die kostbaren Metalle wurden zusammen mit dem Schwefel als Molekülkomplexe im Wasser transportiert. Die freigesetzten Schwefelverbindungen zerlegten die Moleküle, und Gold und Silber wurden ausgefällt. Nachdem schließlich große Mengen von Wasser durch die Absperrhähne geflossen waren, hatte sich genügend Material angelagert, und die Absperrhähne verstopften. Als diese Entdeckung veröffentlicht wurde, war das Interesse von Bergbaugesellschaften naturgemäß groß. Die Forschung hatte deutlich ergeben, daß an Stellen, wo es heiße Quellen und Geysire gibt, die nach Schwefelverbindungen riechen, die Anlagerung von wertvollen Mineralen wahrscheinlich ist.

Eine viel bedeutendere Entdeckung war jedoch, daß das relativ geringe Wasservolumen, das ein Wasserkraftwerk in einem Vulkanbogen fördert, soviel Metall mit sich führen kann, daß eine Lagerstätte entsteht. Auf diese Weise können sich in einem geologischen Zeitraum sehr reiche Lagerstätten bilden.

Hier liegt der Grund für die reichen Silbervorkommen etwa des Cerro Rico in Bolivien. Der Vulkan war vor ungefähr 16 Millionen Jahren aktiv. Durch ihn sprudelten große Mengen an kochendem Wasser, angetrieben durch die Hitze des geschmolzenen Gesteins. Zu dieser Zeit befand sich der Vulkan über einer Subduktionszone, wo ein viel älteres Stück ozeanischer Kruste in das Erdinnere absank. Sein Mineralreichtum basiert auf dem Prozeß, der die kontinentale Kruste bildet Vielleicht haben die Einheimischen, die immer noch in den Silberminen des Cerro Rico arbeiten, im nachhinein also doch mit ihrer Glaubensvorstellung Recht, daß es ein Geschenk von Pachamama, dem indianischen Gott des Erdinneren, sei.

KAPITEL 4

VULKANISMUS

Was treibt die tektonischen Platten an, wenn sie über die Erdoberfläche gleiten? Um eine Antwort auf diese Frage zu finden, haben Wissenschaftler die Erde bis in den Kern hinein untersucht. Dort nimmt die Materie unter unvorstellbar hohem Druck und sehr heißen Temperaturen neue Formen an, so daß sich Festgestein wie eine Flüssigkeit verhält. Wenn große Gesteinsmassen langsam innerhalb der Erde fließen, beginnt sich die Oberfläche zu bewegen und zu verändern. Gigantische *plumes*, Diapire aus heißem Mantelmaterial, können aus der Tiefe emporquellen, große vulkanische Eruptionen auslösen und dadurch die Erdkruste krümmen und zerbrechen. Daraus kann die Abspaltung eines Kontinents und die Bildung eines neuen Ozeanbeckens resultieren.

Bei einem Vulkanausbruch auf Hawaii wird flüssiges Gestein in die Luft geschleudert, während ein Fluß von geschmolzenem Basalt mit hoher Geschwindigkeit in Richtung Meer fließt.

EIN ROTIERENDER WASSERTROPFEN

Das Innere der Erde gab seit jeher Anlaß zu Spekulationen. Wie in diesem Kapitel noch erläutert werden soll, ist aber praktisch jeder Aspekt der Erdoberfläche unabdingbar mit den Prozessen verbunden, die sich im Erdinneren abspielen. Trotz größter Anstrengungen stößt aber die Technik an ihre Grenzen, wenn man versucht, Bohrlöcher in die Erdkruste zu treiben: Dabei wurde die Oberfläche bestenfalls angekratzt; die Bohrungen drangen nur bis in eine Tiefe von maximal etwa 12 000 Metern vor.

Im Jahr 1864 schrieb Jules Verne seinen Klassiker »Reise zum Mittelpunkt der Erde«. Er regte die Phantasie vieler Menschen an, indem er seine Helden eine Reise ins Erdinnere unternehmen ließ. Gleich zu Beginn des Buches diskutieren seine Hauptfiguren – Professor Lidenbrock und sein Neffe Axel – die Durchführbarkeit einer solchen Reise. Sie streiten sich darüber, ob das Erdinnere flüssig, fest oder gasförmig ist.

Axel: »Es ist allgemein bekannt, daß die Temperaturen alle 7 Fuß unter der Oberfläche um ein Grad (Fahrenheit) ansteigen (das sind ungefähr 25 °C pro Kilometer); wenn du also annimmst, daß dieses Verhältnis konstant mit einem Erdradius von über 4000 Meilen zunimmt, dann muß die Temperatur im Zentrum der Erde über zwei Millionen Grad betragen (leider machte Axel einen kleinen mathematischen Fehler im Eifer des Gefechtes – er wollte 300 000 Grad sagen, was immer noch eine ziemlich hohe Temperatur ist). Konsequenterweise müssen alle Substanzen innerhalb der Erde in einem Zustand von weißglühendem Gas ...«
Prof. Lidenbrock: »Weder du noch irgend jemand anderes weiß sicher, was im Inneren der Erde passiert, wenn ich mir so ansehe, daß wir nur in einen 12 000sten Teil des Radius eingedrungen sind ... Laß mich dir eins sagen – einige wichtige Wissenschaftler, Poisson mit eingeschlossen, haben geprüft, daß, wenn es Temperaturen von zwei Millionen Grad im Inneren des Globus gibt, die glühenden Gase, die beim Schmelzvorgang abgegeben werden, eine solche Elastizität annehmen würden, daß die Erdkruste nicht imstande wäre, dieser zu widerstehen und sie zerbersten würde wie das Blech eines explodierenden Kessels.«
Axel: »Das ist Poissons Meinung, Onkel, nicht mehr.«
Prof. Lidenbrock: »Humphry, Davy und ich haben eine lange Zeit damit verbracht, um eine Hypothese über die flüssige Beschaffenheit des terrestrischen Kernes aufzustellen. Wir waren alle einer Meinung, daß es einen solchen flüssigen Zustand nicht geben kann ... Weil diese flüssige Masse wie das Meer Gegenstand der Anziehungskraft des Mondes wäre, und konsequenterweise gäbe es im Inneren zweimal am Tag Gezeiten, die die Erdkruste nach oben drücken und periodisch erscheinende Erdbeben hervorrufen würden.«

In diesem Abenteuerroman wird schön illustriert, welchen Weg Wissenschaftler zu gehen hatten, um das Erdinnere zu erforschen: Sie stellten Vermutungen und Extrapolationen darüber an, was sie an der Oberfläche sehen konnten. In gewisser Weise ähnelt dies dem Versuch, die Inhalte eines mysteriösen Pakets nur durch das Betrachten von außen zu erkennen, vielleicht durch Prüfen des Gewichts, Schütteln und die Interpretation der Details des Umschlagpapiers. Dieses Kapitel beschäftigt sich mit Hinweisen für die Vorgänge im Erdinneren. Die geologischen Aktivitäten an der Oberfläche, die sich als Bewegungen von tektonischen Platten und Vulkanen äußern, sollen ins Erdinnere verfolgt werden, wo ihr Ursprung liegt. Einen Einstieg in die Thematik sollen zwei Beobachtungen liefern.

Erste Beobachtung: Von einem Schiff aus, das mitten auf dem Meer schwimmt, sieht man bis zum Horizont ausschließlich Wasser. Die See-

Wenn die Sonne am Horizont untergeht, wird offensichtlich, daß die Erde nicht flach ist, sondern kugelförmig. Wegen der Krümmung der Erdoberfläche endet der Blick eines Betrachters am Horizont.

leute wissen schon lange, daß der Horizont etwa 25 Kilometer entfernt ist. Weiter kann man wegen der Erdkrümmung nicht sehen. Um 200 v. Chr. benutzten die Griechen das Wissen um die Erdkrümmung zur Berechnung elementarer Größen. Der sich drehende Ball, auf dem wir leben, mißt circa 12 700 Kilometer im Durchmesser und hat einen Umfang von ungefähr 40 000 Kilometern.

Zweite Beobachtung: Ein Objekt fällt, wenn es nicht gehalten wird, nach unten. Isaac Newton zeigte, daß dies aufgrund der Schwerkraft der Masse des Objektes und der Masse der Erde geschieht. Er entdeckte auch, daß man die Masse der Erde messen kann, indem man die Schwerkraft an der Erdoberfläche ermittelt. Die Masse der Erde beträgt etwa 6×10^{24} Kilogramm.

Die Bestimmung der Dichte der Erde, das Verhältnis ihrer Masse zu ihrem Volumen, ergab, daß sie das 5,5fache der Dichte von Wasser beträgt. Daraus geht hervor, daß das Erdinnere nicht aus demselben Material besteht wie die Oberfläche, weil die Dichte fast aller Oberflächengesteine weniger als dreimal so groß ist wie die Dichte von Wasser.

Zudem ist die Erde keine perfekte Kugel, sondern wölbt sich am Äquator, wodurch sie ein an den Polen leicht abgeflachtes Ellipsoid bildet (siehe Seite 102). Bereits Mitte des 18. Jahrhunderts wiesen Physiker nach, daß die Erde sich fast exakt wie ein rotierender Wassertropfen verhält. Die Gravitation hält die Flüssigkeitsmasse des Planeten zusammen. Die Flüssigkeit wird am Äquator aufgrund der Rotation der Erde leicht ausgedehnt und an den Polen leicht zusammengedrückt.

Ein Blick ins Innere

Um den Inhalt des mysteriösen Pakets zu erfahren, kann man es auch gegen das Ohr halten und mit dem Finger darauf klopfen – in der Hoffnung, daß durch den Tast- oder Gehörsinn alles enthüllt wird. Geologen haben versucht, diese Technik zur Untersuchung der Erde anzuwenden. Aber im Vergleich zu einem Paket ist die Erde groß. Das »Klopfen«, das eventuell Aufschluß über das Innere geben kann, ereignet sich dann, wenn ein Teil der Erdkruste bricht und dadurch ein Erdbeben ausgelöst wird. Ein großes Erdbeben setzt mehr Energie frei als eine 100 Megatonnen schwere Bombe. Die Erschütterungen bilden Wellen, die sich vom Erdbebenherd aus ähnlich ausbreiten wie kleine Wellen in einem Teich, nachdem man einen Stein ins Wasser geworfen hat.

Zum Verständnis dieses Zusammenhangs bedarf es einiger Erläuterungen zur allgemeinen Dynamik von Wellen oder Schwingungen. Jede Schwingung hat eine bestimmte Frequenz. Erdbebenschwingungen dauern gewöhnlich zwischen etwa einer Sekunde und mehreren Stunden, sind also überaus niedrig und können vom menschlichen Gehör nicht wahrgenommen werden. Ein Erdbeben versetzt die Erde in Schwingung. Wellen mit Perioden zwischen 10 und 100 Sekunden wandern entlang der Erdoberfläche und verursachen die charakteristischen Bodenerschütterungen (Oberflächenwellen). Kurze Schwingungen (etwa 1 Sekunde) wandern durch das Erdinnere und erzeugen Raumwellen. Gerade diese verraten viel über die innere Struktur der Erde. Sie können mit einem Seismometer gemessen werden, einem Gerät mit einem sorgfältig ausbalancierten Gewicht, das an einer Feder hängt. Das Gewicht und die Feder befinden sich in einem Kasten, der an einem festen Gestein montiert ist (siehe rechte Seite). Sobald die Erde von einem Erdbeben erschüttert wird, beginnt die Feder zu schwingen. Bei älteren Instrumenten ist ein Schreiber am Ende der Feder angebracht, der das Wellenmuster auf einer sich drehenden Papierrolle festhält und so ein Seismogramm erstellt. Moderne Instrumente nehmen die Schwingungen elektronisch auf und speichern sie digital in einem Computer.

Ein typisches Erdbebenseismogramm besteht aus einer Serie von Wellenlinien unterschiedlicher Amplituden (Schwingungsweiten). Die ersten Schwingungen, die von dem Gerät aufgezeichnet werden, sind die Primär- oder Transversalwellen, kurz P-Wellen. Die P-Wellen sind den Schallwellen sehr ähnlich; der Untergrund schwingt in der Richtung der Wellenausbreitung wie eine Feder hin und her. P-Wellen breiten sich von allen Wellen, die von einem Erdbeben ausgelöst werden, am schnellsten aus.

Die nächsten Wellen, die am Seismometer ankommen, sind die Sekundär- oder Longitudinalwellen, auch S-Wellen. Sie breiten sich langsamer aus als die P-Wellen und schwingen im rechten Winkel zu ihrer Ausbreitungsrichtung, etwa wie eine Schlange, die sich über den Boden dahinwindet. Nach einer kurzen Periode der Ausbreitung von P- und S-Wellen werden schließlich die langsameren Oberflächenwellen vom Seismometer aufgenommen. Sie erzeugen viel heftigere Erschütterungen als die P- und die S-Wellen.

Während eines Erdbebens bewegen sich P- und S-Wellen vom Erdbebenherd nach außen und dringen ins Erdinnere ein. Die Theorie dieser Strahlenausbreitung wurde von Seismologen sorgfältig ausgearbeitet. Die genaue Geschwindigkeit, mit der sich die Strahlen ausbreiten, hängt sowohl von der Härte als auch von der Dichte des Gesteins ab, das die Wellen durchziehen. Die Wellen werden gebeugt oder gebrochen, wenn sich die Härte oder die Dichte ändert. Wenn die vom Erdbebenherd ausgehenden Schwingungen in die Tiefe abstrahlen, können sie an einem anderen Punkt der Erde wieder an die Oberfläche treten. Seit Beginn des 20. Jahrhunderts werden an verschiedenen Meßpunkten auf der Erd-

Seismische Wellen

Erste S-Welle
Oberflächenwellen
Erste P-Welle

(c) Seismogramm *Zeit (in 5-Minuten-Intervallen)*

(b) Seismometer

Winkelabstand vom Epizentrum
105°
110°
P-Wellen-Schattenseite
140°
Mantel
Äußerer Kern
Innerer Kern
Epizentrum des Erdbebens (Peruanische Anden)
Schattenseite

(a)

Raumwellen (P&S)
Oberflächenwellen

Epizentrum des Erdbebens
Brennpunkt
Oberflächenwellen
Langsame Wellenausbreitung
Kontinentalkruste
30km
Moho
Schnelle Wellenausbreitung
Mantel

(e)

(d)

Anfangsbeben
Richtung der Wellenausbreitung
Oszillation im rechten Winkel zur Bewegung

Die Ausbreitung einer S-Welle, dargestellt an einem schwingenden Seil

Anfangsstoß
Kompression
Expansion → Ausbreitung

Die Ausbreitung einer P-Welle, dargestellt an einer schwingenden Metallfeder

Hochempfindliche, an einem plattenförmigen Gegenstand montierte Seismometer gehören zu einem globalen Netzwerk (Weltweites Standardisiertes Seismographisches Netzwerk), das 1960 zur Aufzeichnung von Erdbebenwellen angelegt wurde; hier in Eskdalemuir, Schottland.

Durch Erdbeben verursachte Schwingungen dienen zur Untersuchung des Erdinneren. Die Schwingungen strahlen vom Erdbebenherd aus durchs Erdinnere **(a)**, ehe sie die Oberfläche erreichen. Dort werden sie mit einem Seismometer aufgenommen **(b)**. Der Seismometer gibt die Schwingungen in einer Art Bündel als charakteristisches Muster wieder, dem Seismogramm **(c)**. Dieses zeigt, daß die P-Wellen, die sich durchs Erdinnere ausgebreitet haben, zuerst ankommen. Dann folgen die etwas langsameren S-Wellen. Im Anschluß daran werden die Oberflächenwellen aufgezeichnet. Die Schwingungen der P-Wellen ähneln den Oszillationen einer Metallfeder, während S-Wellen eine Querbewegung aufweisen **(d)**. Die Ankunftszeiten der Erdbebenwellen zeigen, daß im Erdinneren eine Schale **(e)** den Mantel und den Kern umschließt. Der äußere Kern ist flüssig – S-Wellen können diesen Bereich nicht durchdringen, P-Wellen werden gebrochen und breiten sich langsam aus. Daher erscheint auf der gegenüberliegenden Seite des Erdbebenzentrums eine Schattenzone der P-Wellen.

oberfläche bei Erdbeben die Ankunftszeiten der Wellen aufgezeichnet und in Tabellenform veröffentlicht. Diese Tabellen sind der Schlüssel für den Blick in das Erdinnere. Bei der Analyse wurde schon früh vorausgesetzt, daß die Erde aus mehreren kugelförmigen Schalen besteht, in der sich die Wellen mit unterschiedlicher Geschwindigkeit ausbreiten.

Die Erde hat eine zwiebelähnliche Struktur. Die äußerste Schicht, die Erdkruste, wurde bereits in den vorhergehenden Kapiteln besprochen. Verglichen mit dem Radius der Erde von ungefähr 6400 Kilometern entspricht diese Schicht nur der dünnen, papierähnlichen Schale der Zwiebel. Ihre Dicke beträgt unter den Ozeanen etwa 7 Kilometer und auf den Kontinenten bis zu 80 Kilometer. Die P- und S-Wellen breiten sich in der Erdkruste relativ langsam aus. Die Geschwindigkeit der P-Wellen beträgt etwa 6 Kilometer pro Sekunde. Die Untergrenze der Erdkruste wird nach einem kroatischen Seismologen, der im Jahr 1909 die Basis der Erdkruste ermittelte, Mohorovičić-Diskontinuität genannt, kurz Moho.

Unter der Erdkruste breiten sich die Wellen bis in eine Tiefe von etwa 2900 Kilometern zunehmend schneller aus. Dieser Bereich hoher Ausbreitungsgeschwindigkeiten in der Erde ist der Erdmantel; die Geschwindigkeit der P-Wellen erhöht sich von 8 Kilometern pro Sekunde an der Obergrenze auf 14 Kilometer pro Sekunde an der Basis des Erdmantels. Innerhalb dieser Zone gibt es jedoch eine gewisse Schichtung; so erstreckt sich zum Beispiel unterhalb der Ozeane ab einer Tiefe von einigen zig Kilometern ein Bereich mit geringeren Geschwindigkeiten, die Basis der Lithosphäre oder die Oberkante der Asthenosphäre, wie man annimmt. In Tiefen zwischen 400 und 700 Kilometern steigen die Geschwindigkeiten sowohl von P- als auch von S-Wellen rapide an. Diese Bereiche des abrupten Anstiegs gelten als Grenze zwischen dem oberen und dem unteren Erdmantel.

Es erscheint etwas seltsam, daß im Erdkern, der vom Erdmantel umschlossen wird, Erdbeben am einfachsten nachgewiesen werden können. Diese Entdeckung wurde 1897 gemacht. Stellen Sie sich ein Erdbeben als eine Glühbirne vor, die an einer Seite des Planeten positioniert ist und Strahlen von

Das Innere der Erde

Die zwiebelähnliche Struktur der Erde variiert in Zusammensetzung und Materialeigenschaften. Das beweist die Ausbreitung von Erdbebenwellen im Erdinneren. Seismische Wellen breiten sich im Mantel mit zunehmender Tiefe meist schneller aus. Unterhalb des Mantels befindet sich der Erdkern; man weiß, daß der äußere Kern flüssig ist, weil seismische Wellen ihn entweder nicht durchdringen können oder sich darin wesentlich langsamer ausbreiten als im Erdmantel. Der innere und der äußere Teil des Erdkerns sind aus Eisen und Nickel aufgebaut – Metalle mit einer höheren Dichte als das Gesteinsmaterial im Erdmantel.

Das komplexe Fließen im äußeren Erdkern erzeugt das Magnetfeld der Erde. Der überlagernde feste Erdmantel ist ebenfalls in konstanter Bewegung – sein äußerster Bereich bildet zusammen mit der Kruste starre Lithosphärenplatten, die über die unterlagernden schwächeren Mantelbereiche gleiten.

Die ozeanische Lithosphäre wird entlang der Achsen der mittelozeanischen Rücken gebildet, wo der Mantel nahe an die Oberfläche tritt. An Subduktionszonen sinken die Platten tief in den Mantel ab. Heiße Diapire steigen von der Mantelbasis nach oben und lösen an der Erdoberfläche vulkanische Aktivität aus. Die Prozesse des Ansteigens und des Sinkens verursachen Konvektionsströme, die die Hitze aus dem Erdinneren näher an die Oberfläche führen.

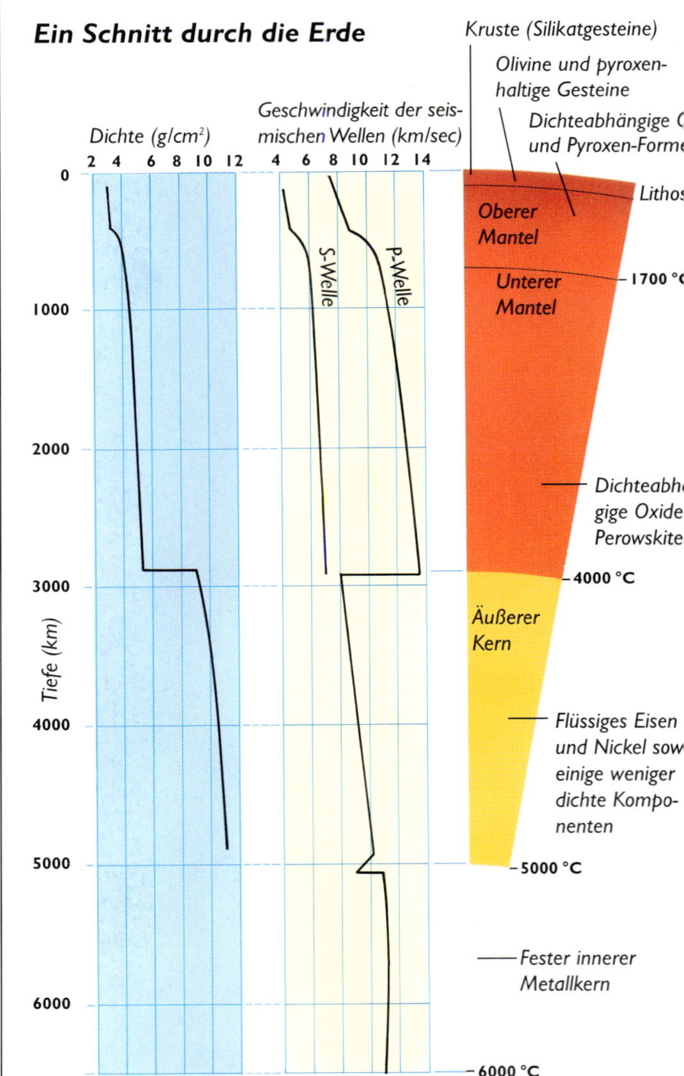

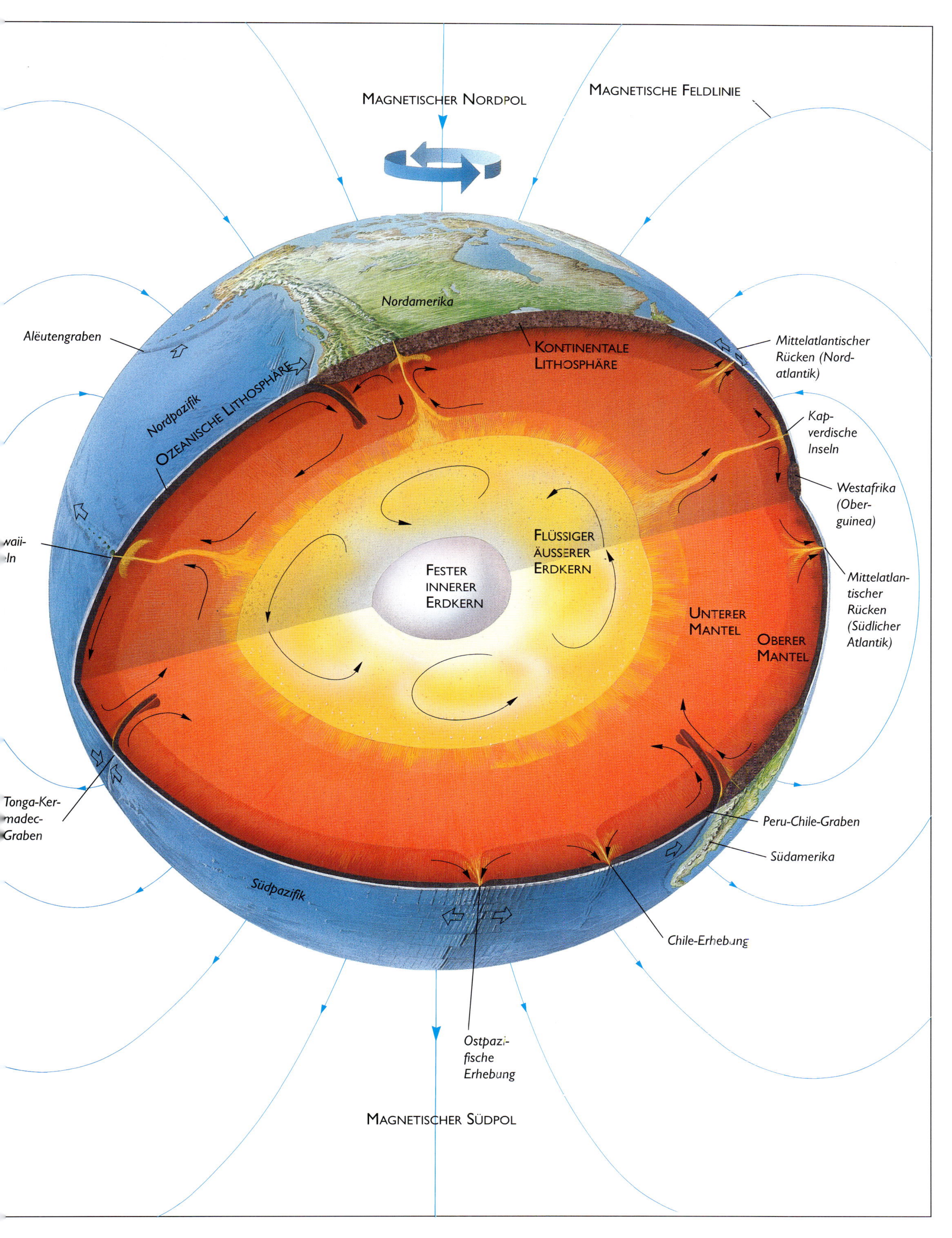
MAGNETISCHER NORDPOL
MAGNETISCHE FELDLINIE
Nordamerika
Aleütengraben
KONTINENTALE LITHOSPHÄRE
Mittelatlantischer Rücken (Nordatlantik)
Nordpazifik
OZEANISCHE LITHOSPHÄRE
Kapverdische Inseln
Westafrika (Oberguinea)
FLÜSSIGER ÄUSSERER ERDKERN
FESTER INNERER ERDKERN
Mittelatlantischer Rücken (Südlicher Atlantik)
UNTERER MANTEL
OBERER MANTEL
Tonga-Kermadec-Graben
Peru-Chile-Graben
Südamerika
Südpazifik
Chile-Erhebung
Ostpazifische Erhebung
MAGNETISCHER SÜDPOL

seismischem »Licht« aussendet, die sich durch das Erdinnere bewegen. Die P-Wellenstrahlung, die auf der anderen Seite der Erde in einem seismischen hellen Spot gebündelt wird, liegt diametral auf der gegenüberliegenden Seite des Erdbebens. Um dieses helle Lichtbündel liegt dann ein schwarzer Ring, an dem die erwarteten P-Wellen eben *nicht* ankommen: Der Erdkern lenkt die Energie des Erdbebens durch Reduzierung der Geschwindigkeit der P-Wellen ab.

Bis jetzt wurde der innere Aufbau der Erde nur anhand der Geschwindigkeit von Raumwellen erläutert. Darstellungen über das Erdinnere sind aber auch ohne eine allzu intensive Auseinandersetzung mit genau definierten Geschwindigkeiten möglich. Zum einen können S-Wellen nur den Erdmantel durchdringen. Somit ist die bloße Existenz von S-Wellen, die mit einer schlangenartigen Bewegung seitwärts durch die Erdkruste und den Erdmantel schwingen, ein Beweis dafür, daß dieser Bereich der Erde fest ist, auch wenn er kleinere Bereiche von geschmolzenem Gesteinsmaterial enthält. Tatsächlich muß der Erdmantel sehr hart sein, damit sich die S-Wellen mit solch hohen Geschwindigkeiten ausbreiten können. Dabei scheint es einen Widerspruch zu geben: Im Gegensatz zu der hohen Festigkeit der Erdkruste, die man aufgrund der Existenz von Erdbeben annimmt, verhält sich der Erdmantel wie eine Flüssigkeit – dies wurde bereits am Anfang dieses Kapitels erwähnt und wird im weiteren Verlauf noch einmal behandelt werden.

S-Wellen durchdringen den Erdkern nicht, und P-Wellen bewegen sich hier nur sehr langsam. Das zeigt, daß wenigstens ein Teil des Kerns flüssig ist. Eine detailliertere Analyse der Ausbreitungsgeschwindigkeit von P-Wellen deutet auf eine weitere Schicht innerhalb des Kerns in einer Tiefe von etwa 5000 Kilometern hin, die tatsächlich fest ist. Durch die gesammelten Informationen über die Eigenschaften von P- und S-Wellen konnten Seismologen also Aussagen über Eigenschaften der verschiedenen Schichten treffen. So ist zum Beispiel der Kern viel dichter als die anderen Teile der Erde. Dies ist eine wichtige Erkenntnis, um die Zusammensetzung des Erdinneren zu bestimmen.

Woraus besteht die Erde?

Bezogen auf die Erdoberfläche als Teil der Erdkruste ist dies eine einfache Frage: Die Zusammensetzung der kontinentalen und der ozeanischen Kruste wurde bereits in den Kapiteln 2 und 3 erläutert. Aber was liegt darunter, woraus besteht der Erdmantel?

Gelegentlich bewegen Vulkanausbrüche tiefere Teile der Erde. Solche Eruptionen sind nicht nur von geologischem Interesse; ein wichtiger Aspekt sind die im Erdinneren vorkommenden Diamanten. Sie liefern Hinweise über die Tiefenbereiche, in denen die Eruptionen stattfinden. Dies liegt daran, daß Diamanten Kohlenstoffverbindungen sind, die nur unter sehr hohem Druck entstehen können. Der Druck steigt innerhalb der Erde mit zunehmender Tiefe durch die wachsende Auflast der Gesteine an. Schätzungen zufolge stammen einige der diamanthaltigen Eruptionen aus einer Tiefe zwischen 150 und 300 Kilometern.

Die Masse, in der sich die Diamanten befinden, besteht häufig aus den Mineralen Olivin, Granat und Pyroxen. Gesteine mit dieser Zusammensetzung produzieren beim Schmelzen eine basaltische Lava. Sie tritt am Meeresboden aus den mittelozeanischen Rücken und auf dem Festland aus vielen Vulkanen aus. Dies deutet darauf hin, daß der Erdmantel in Tiefen bis zu einigen hundert Kilometern hauptsächlich aus Olivin, Granat und Pyroxen besteht, eine Zusammensetzung, die sich deutlich vom Mineralbestand der Erdkruste unterscheidet.

Aus Tiefen von einigen hundert Kilometern konnten bisher noch keine Gesteinsproben entnommen werden. Deshalb werden bekannte Phänomene extrapoliert, um die Zusammensetzung der Erde in diesen Tiefen zu bestimmen. Kennt man die ur-

Rechts: Der oberste Teil des Erdmantels wird als Peridotitschicht bezeichnet. Unter dem Mikroskop erscheinen einzelne Olivinkristalle in den Farben Gelb, Rosa, Grün und Blau. Das abgebildete Stück mißt in Wirklichkeit etwa 3 mm.

sprünglichen Bestandteile der Erde, kann man durch die Zusammensetzung der oberflächennahen Schichten auf die fehlenden Bestandteile schließen.

Die nicht von der Erdoberfläche bekannten Minerale müssen sich im Erdinneren befinden. Viele Geologen vermuten, daß Gesteinsfragmente, die sich im Weltraum bewegen und gelegentlich als Meteoritenschauer auf die Erde niederfallen, Teile des Materials sind, aus dem sich die Erde während der Entstehung des Sonnensystems bildete. Diese Annahme basiert auf einer ganzen Reihe von Gründen (siehe Kapitel 8). Die am häufigsten auftretenden, als Chondrite bezeichneten Meteoriten setzen sich vor allem aus vier Elementen zusammen: Eisen, Sauerstoff, Magnesium und Silizium. Eine weitere häufig auftretende Meteoritenart besteht aus einer Eisen-Nickelverbindung. Ein chondritischer Meteorit hat – das Eisen ausgenommen – eine ähnliche Zusammensetzung wie die Mineralen Olivin und Pyroxen, die nachweisbar im oberen Teil des Erdmantels existieren.

Der Gehalt an Eisen, das in metallischer Form zurückbleibt, wird vollständig im Kern angereichert. Außerdem ist die Dichte des Erdkerns so hoch – ungefähr zwölfmal so hoch wie die Dichte von Wasser –, daß dies schwer zu erklären ist, es sei denn, der Kern besteht hauptsächlich aus Eisen. Daraus folgt die Möglichkeit – so überraschend es klingen mag –, die anhand von Erdbeben ermittelte Struktur der Erde mit der bekannten Zusammensetzung der Meteoriten zu kombinieren, um auf die Zusammensetzung des Erdinneren zu schließen. Eine der wichtigsten Schlußfolgerungen ist, daß der innerste Teil der Erde hauptsächlich aus Eisen besteht; ein Teil dieses Eisens liegt in flüssiger Form vor.

Es ist nicht unbedingt notwendig, die Zusammensetzung eines Materials zu kennen, um es zu bestimmen. Unter dem gewaltigen Druck und den extremen Temperaturen, die im Inneren unseres Planeten herrschen, können Minerale in neue Formen umgewandelt werden. So besteht Kohle hauptsächlich aus Kohlenstoff. Aber Kohlenstoff wird, wenn er den tief in der Erde herrschenden Bedingungen ausgesetzt ist, in Diamant umgewandelt, und Diamanten haben andere Eigenschaften als Kohle. Für den Nachweis des Verhaltens der Minerale, die den Erdmantel und den Erdkern aufbauen, mußten die Bedingungen dieser Teile der Erde im Labor simuliert werden.

AN DER SPITZE EINES DIAMANTEN

In Andrew Jephcoats Labor an der Universität von Oxford versucht man, die Bedingungen, die tief in der Erde herrschen, zu reproduzieren. Dafür fährt er gelegentlich nach Amsterdam, um reine Diamanten zu kaufen. Diese Diamanten sind der Schlüssel zu seiner Arbeitsmethode. Diamanten sind extrem hart und haben die Fähigkeit, enormem Druck standzuhalten, ohne zu brechen; außerdem sind sie transparent. Die Methode, die Jephcoat anwendet, ist im Prinzip sehr einfach, obwohl in der Praxis viele technische Probleme gelöst werden müssen.

Die Diamanten werden in Kegel geschnitten und so angeordnet, daß zwei immer mit der Spitze zueinander liegen. Anschließend werden sie in einen schweren Stahlzylinder gebracht. Tauchkolben an beiden Enden des Zylinders drücken die Diamanten zusammen, und der ganze Apparat wird in eine hydraulische Presse gesetzt. Das Experiment findet an den Spitzen der Diamanten statt und kann durch ein Mikroskop entlang der transparenten Kegelachse beobachtet werden. Während eines Versuchsdurchlaufs wird ein Stück des Erdmantels zwischen den Spitzen der Diamantenkegel angebracht und in der hydraulischen Presse zusammengedrückt. Die Diamantspitzen leiten die durch das Pressen verursachte Kraft weiter. Dies spielt sich im mikroskopischen Bereich ab. Der Druck ist enorm; er erreicht Werte, wie sie zwischen 100 und 1000 Kilometer unterhalb der Erdoberfläche herrschen. Um Temperaturen wie in dieser Tiefe zu erreichen, werden die Diamantenspitzen mittels eines Laserstrahls auf Temperaturen von einigen tausend Grad erhitzt. Wenn die Probe den angestrebten Zustand erreicht hat, werden verschiedene physikalische Eigenschaften gemessen, wie zum Beispiel die Geschwindigkeit, mit der seismische Schwingungen die Proben durchlaufen, oder auch der elektrische Widerstand und die Wärmeleitfähigkeit.

Der hohe Druck bestimmt die Kristallstruktur der Materialien im Erdinneren. Die Experimente zeigen, daß sich Olivin und Pyroxen, die beide im oberen Teil des Erdmantels existieren, in größeren Tiefen in kompaktere und dichtere Minerale umwandeln. In Tiefen von über 700 Kilometern, also im unteren Erdmantel, nehmen die Minerale eine überaus dichte Struktur an; sie wandeln sich in Perowskite um – dies ist wahrscheinlich eines der am weitesten verbreiteten Minerale in der Erde. An der Erdoberfläche kommt es jedoch nur in winzigen Mengen vor.

In Laborexperimenten wurde auch die Temperatur nahe dem Zentrum des Erdkerns simuliert. Seismische Untersuchungen bestätigen, daß der äußere Kern flüssig ist und fast ausschließlich aus geschmolzenem Nickel und Eisen besteht. Der innere Erdkern wird bei ähnlichem Mineralbestand als fest angenommen. Somit entspricht die Temperatur an der Grenzschicht zwischen dem flüssigen äußeren und dem festen inneren Kern dem Schmelzpunkt von Eisen und Nickel. Dieser Schmelzpunkt allerdings unterscheidet sich von dem Wert, der an der Erdoberfläche gemessen werden würde; er ist aufgrund des gewaltigen Drucks im Erdkern viel höher. Durch Ermittlung der Temperatur, bei der Eisen und Nickel bei dem im Labor erzeugten Druck schmelzen, ist es möglich, auf die Temperatur in der Nähe des Erdmittelpunktes zu schließen, nämlich um 5000 °C – dies entspricht fast der Oberflächentemperatur der Sonne.

Ein geschmolzener äußerer Kern, der hauptsächlich aus Eisen und Nickel besteht, könnte als Dynamo fungieren, der das Magnetfeld der Erde erzeugt (siehe Kapitel 2). Dieser Dynamo kann aber nicht einfach strukturiert sein, weil Eisen bei Temperaturen wie im Erdkern keine magnetischen Eigenschaften aufweist. Aber Eisen ist ein guter elektrischer Leiter. Physiker fanden heraus, wie das komplizierte Fließmuster im Kern, das elektrische Strömungen erzeugt, ein magnetisches Feld aufbauen kann. Dieser Dynamo scheint von Natur aus instabil zu sein – das magnetische Feld ändert sich nicht nur im jährlichen Turnus, sondern es dreht sich auch nach einigen Millionen Jahren vollständig um. Eine vorher zum Nordpol weisende Kompaßnadel würde danach statt dessen in Richtung Südpol zeigen (siehe Kapitel 2).

Das Fliessverhalten der Erde

Die Erforschung des Erdinneren lieferte Erkenntnisse über das Material, aus dem der Erdkern besteht. Bisher blieb die Frage der Stabilität der einzelnen Komponenten unerwähnt. Erdbebenschwingungen legen nahe, daß der Erdmantel so hart wie Stahl ist. Die Gestalt der Erde läßt den Schluß zu, daß sie sich wie ein rotierender Flüssigkeitstropfen verhält und keine dauerhafte Stabilität aufweist. Bei genauerer Betrachtung der Gestalt gibt es weitere Anhaltspunkte für ihr Fließen.

In Skandinavien und Nordkanada erscheinen an der Erdoberfläche Vertiefungen und Wölbungen. Hier, an den Rändern der Ostsee und der Hudson Bay, gibt es Hinweise für ehemalige Küstenbereiche, die jetzt Hunderte von Metern über dem Meeresspiegel liegen. Anfang des 18. Jahrhunderts stellte der schwedische Wissenschaftler Anders Celsius die Überlegung an, daß die trockengefallenen Strände Küstenlinien aus einer Zeit nachzeichnen, in der der Meeresspiegel viel höher lag als heute. Celsius ging sogar noch weiter und setzte eine Marke an einen Felsen und überwachte in den folgenden Jahren die alljährliche Absenkung des Meeresspiegels. Er ermittelte eine jährliche Veränderung von ungefähr 3 Zentimetern. Aber Celsius konnte nicht sicher sein, ob der Meeresspiegel gesunken war oder ob sich das Land gehoben hatte.

Änderungen des Meeresspiegels haben weitreichende Auswirkungen: Sie verursachen Probleme für Häfen, die eine bestimmte Tiefe haben müssen, um schiffbar zu sein. In fast allen Häfen der Erde wird der Meeresspiegel routinemäßig mit Gezeitenmessern überwacht. Die Geräte haben die Gestalt eines Schwimmers, der sich während der Gezeiten hebt und senkt. Die vertikale Bewegung des Schwim-

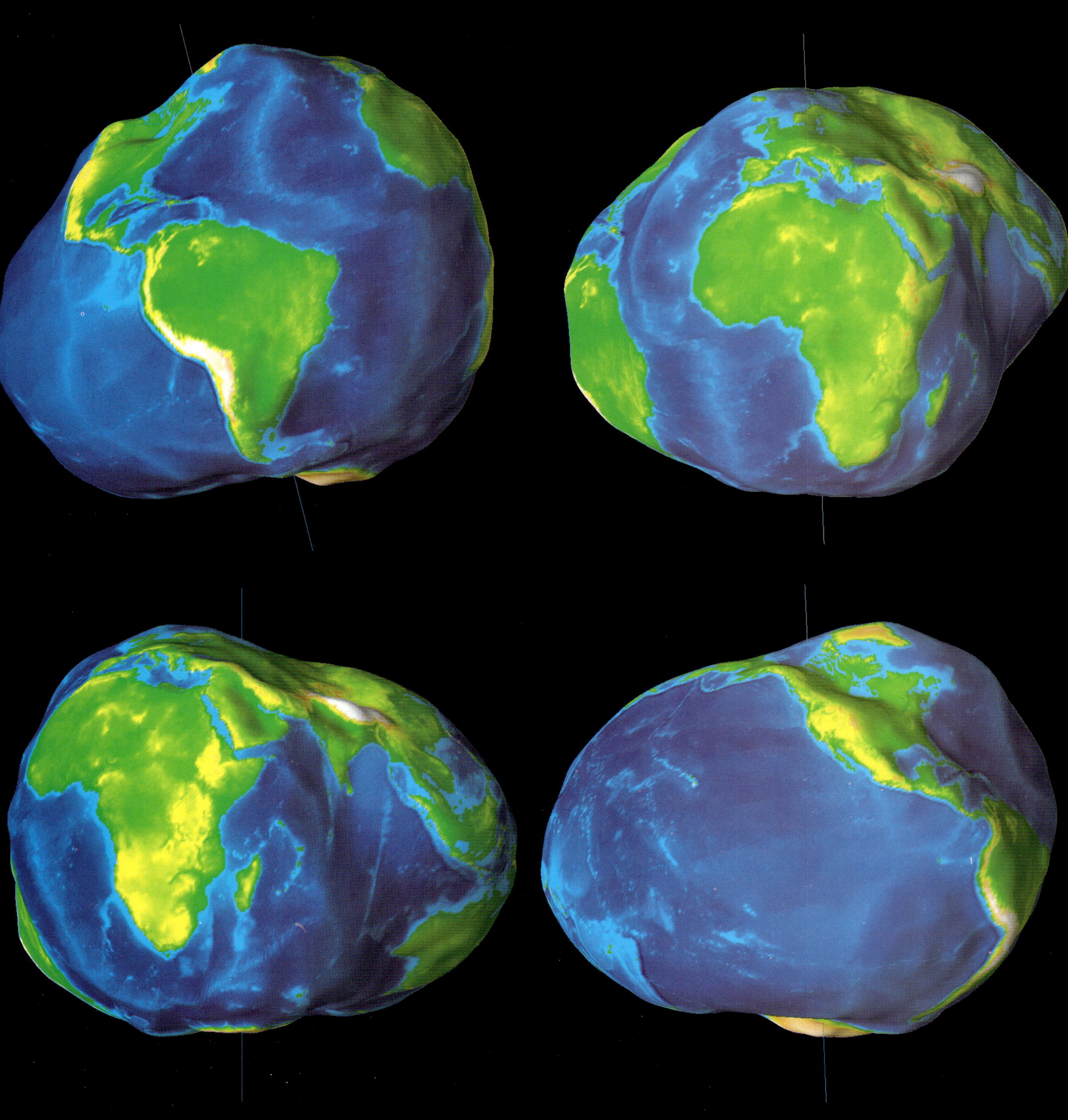

Die Gestalt der Erde

Diese vier Computermodelle simulieren Ansichten der Erde, wenn sie vollständig von Wasser bedeckt wäre. Geophysiker bezeichnen die Form als Geoid – in den Ozeanen ist das Geoid deckungsgleich mit der heutigen Meeresoberfläche. Der Durchmesser der Erde ist am Äquator etwas größer als an den Polen, so daß der Planet eine leicht ellipsoide Form hat. In diesem Ellipsoid gibt es jedoch eine große Anzahl von Vertiefungen und Erhebungen. Stark vergrößert, ergibt sich ein recht verzerrtes Bild der Erde. In Wirklichkeit sind diese Vertiefungen nicht mehr als einige zig Meter tief.

Das Elastizitätsverhalten während des Postglazials

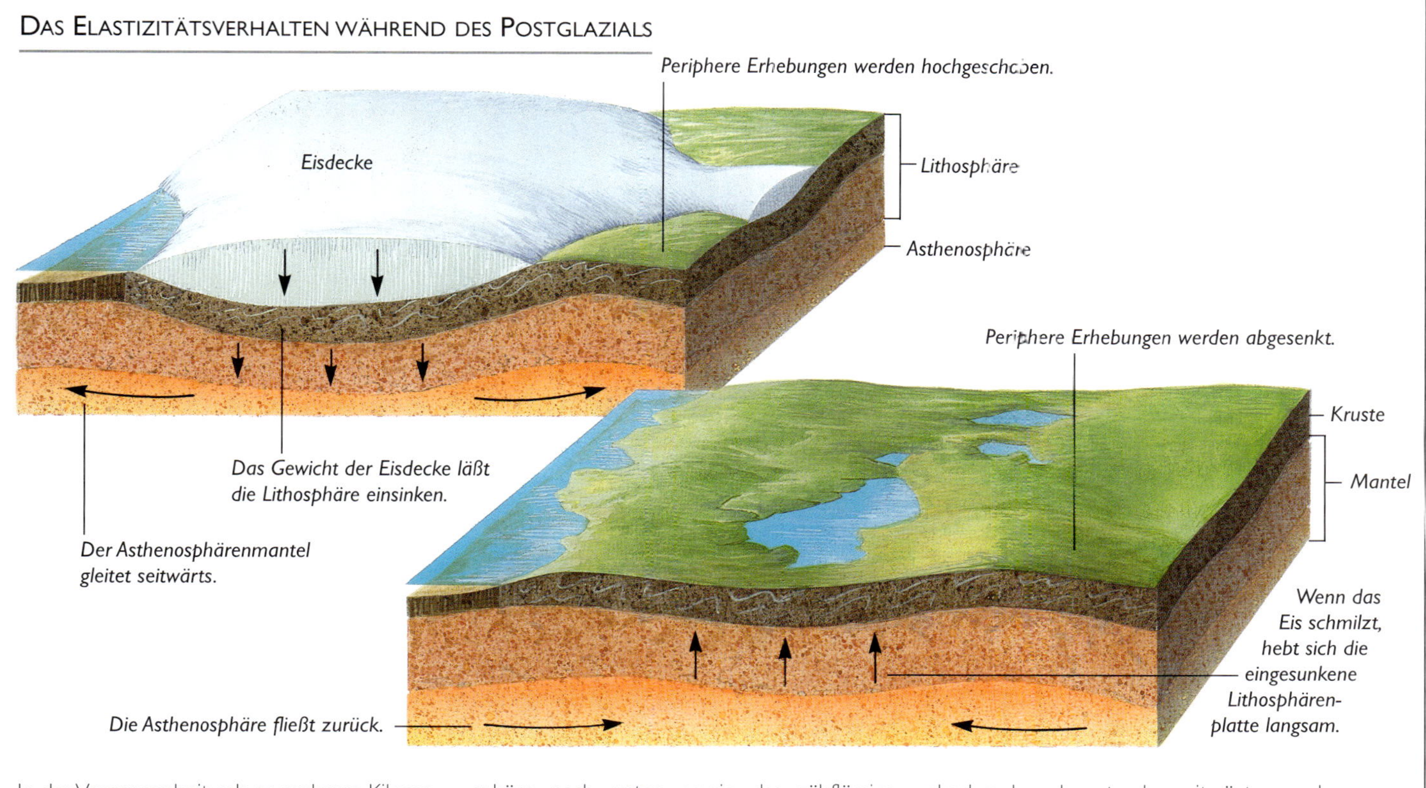

In der Vergangenheit gab es mehrere Kilometer mächtige Eisdecken. Das Gewicht des Eises drückte die Erdoberfläche und die Lithosphäre nach unten sowie das zähflüssige Mantelgestein in die Asthenosphäre, wo es zur Seite verdrängt wurde. Als die Eisdecken abschmolzen, konnte der seitwärts verschobene Mantel wieder zurückfließen, und die vertiefte Oberfläche hob sich wieder.

mers wird von einem Registriergerät aufgezeichnet. Über einen Zeitraum von einigen Monaten oder Jahren entsteht ein wellenförmiges Diagramm der gezeitenabhängigen Hebung und Senkung. Bei konstantem Meeresspiegel wird die Mittelwasserlinie über einen Zeitraum von mehreren Jahren als horizontale Linie registriert. Wenn sich der Meeresspiegel dagegen ändert, weist die Linie eine Neigung auf.

Die Gezeitenmeßgeräte verzeichnen in fast allen Teilen der Erde meist nur geringe Meeresspiegelschwankungen, während in Skandinavien und in der Hudson Bay jedes Jahr eine Veränderung aufgezeigt wird, deren Ausmaß den Beobachtungen von Celsius entspricht. Die einzig mögliche Erklärung ist, daß der globale Meeresspiegel mehr oder weniger konstant ist, sich das Land in Skandinavien und um die Hudson Bay aber hebt.

Wenn man davon ausgeht, daß das Innerste der der Erde fließen kann, dann gibt es für diese vertikalen Bewegungen eine einfache Erklärung: das postglaziale Elastizitätsverhalten. Dieses Phänomen geht darauf zurück, daß während der letzten Eiszeit große Teile Nordeuropas und Kanadas von mehrere Kilometer mächtigen Gletschern bedeckt waren, die vor ungefähr 18 000 Jahren abzuschmelzen begannen. Das Gewicht dieser Eisdecken hatte die Erdoberfläche buchstäblich nach unten gedrückt (es gibt auch eine Randzone, wo sich die Oberfläche lokal nach oben gewölbt hat, weil der zähflüssige Mantel unterhalb der Eisdecke zur Seite und nach oben gedrückt wurde). Als das Eis schmolz, hob sich die Landoberfläche aufgrund der Druckentlastung wieder. Die Gezeitenmesser in den Häfen ermittelten, daß sich die Erdoberfläche in diesen Gebieten immer noch hebt. Für die vergangenen 7000 Jahre beträgt das Ausmaß der Hebung etwa 120 Meter. Schätzungen zufolge müssen sich diese Regionen noch einmal um etwa 200

weitere Meter heben, bis die Erde wieder in ihre stabile Lage zurückkehrt.

Die Vorstellung, daß sich der Erdmantel wie eine Flüssigkeit verhalten kann, ist wesentlich für das Verständnis der im Erdinneren herrschenden Kräfte, die zu Aktivitäten an der Oberfläche führen. Die vollständige Auswirkung dieses Fließens wurde klar, als sich die Geophysiker mit den Temperaturen innerhalb der Erde beschäftigten.

Postglaziales Elastizitätsverhalten in Nordamerika und Europa

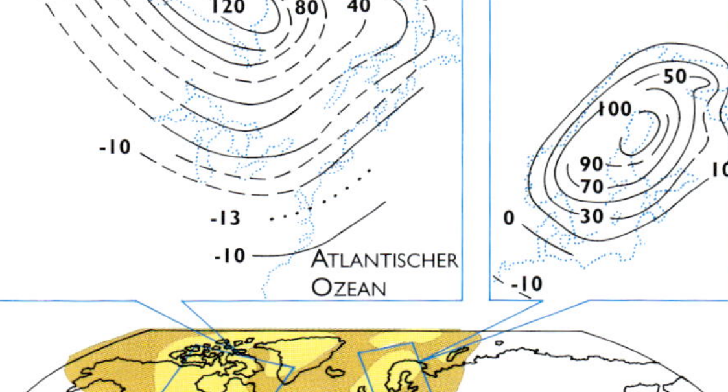

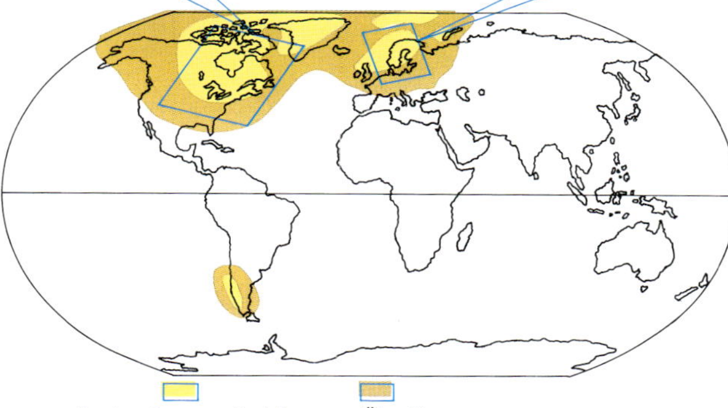

Vor 18 000 Jahren gab es auf der nördlichen Hemisphäre riesige Eisdecken. Das Gewicht des Eises drückte die Erdoberfläche nach unten und verschob den unterlagernden Mantel. Als das Eis schmolz, floß der Erdmantel zurück, und die Oberfläche nahm ihre ursprüngliche Form an. Während dieses Prozesses wurden alte Küstenlinien angehoben oder überflutet – die Zentren der Hebung sind in den vergangenen 7000 Jahren um etwa 120 Meter angehoben worden, während die Aufwölbungen über 10 Meter gesunken sind. Aus diesen Bewegungen läßt sich der Flüssigkeitsgrad (Viskosität) des Mantels berechnen.

Das innere Inferno

Wir haben das Kapitel mit zwei einfachen Beobachtungen der Erde begonnen. Diesen soll nur eine weitere angeschlossen werden.

> *Dritte Beobachtung:* Im Erdinneren steigt die Temperatur mit zunehmender Tiefe. Dies zeigt sich auf spektakuläre Weise in den Goldminen Südafrikas, die über 5 Kilometer tief in die Kruste gegraben wurden. Hier steigt die Temperatur um ungefähr 10 bis 15 °C pro Kilometer Tiefe an. In Jules Vernes »Reise zum Mittelpunkt der Erde« weist Professor Lidenbrocks Neffe Axel darauf hin, daß es im Zentrum der Erde unvorstellbar heiß wäre, wenn die Temperatur nach unten kontinuierlich steigen würde. Experimente zeigen, daß die Temperatur im Zentrum der Erde nur etwa 5000 °C anstatt der errechneten 80 000 °C beträgt. Die einzige Erklärung dafür ist, daß das Ausmaß des Temperaturanstiegs mit der Tiefe zurückgeht, der Temperaturgradient tief in der Erde somit kleiner als an der Oberfläche ist.

Es gibt eine einfache Erklärung für die Verringerung des Temperaturgradienten tief in der Erde. Zum besseren Verständnis sei wieder auf die Vorstellung der zwiebelähnlichen Struktur unseres Planeten verwiesen: Der feste Mantel bildet eine Schale zwischen der Kruste und dem flüssigen äußeren Kern. Man kann sich den Mantel als einen riesigen Körper mit heißer Flüssigkeit vorstellen, der unten vom heißen Kern angeheizt und oben von der Kruste gekühlt wird. Geophysiker stellten dies in Labor-Experimenten fest. Sie fanden heraus, daß die Flüssigkeit in bestimmten Situationen zu fließen beginnt, so daß heißes Material nach oben steigt, abkühlt und dann nach dem Schema der Konvektion absinkt. Dieses Fließen erfolgt in sogenannten Konvektionszellen, wobei ein kälterer, absteigender Fluß die Aufwärtsbewegung der heißeren Flüssigkeit ausgleicht. Konvektion ist für einen großen Flüssigkeitskörper ein sehr wirksamer Weg, Wärme abzugeben und abzukühlen. Die Temperatur steigt in der obersten dünnen Schicht mit der Tiefe an, von dort aus bis zur Mitte des Gefäßes ist sie eher konstant. Deshalb steigt die Temperatur bei konvektiven Prozessen nahe der Oberfläche mit zunehmender Tiefe rasch an, wird dann jedoch schwächer.

Konvektion tritt auf, weil die Dichte einer Flüssigkeit mit ihrer Temperatur zusammenhängt – die heißeren Stellen der Flüssigkeit dehnen sich aus, und ihre Dichte nimmt ab, während die kühleren Stellen sich zusammenziehen und dichter werden. Ein mit Flüssigkeit gefülltes Gefäß, das man von unten aufheizt, wird in der Nähe des Bodens heißer und weniger dicht, im oberen Teil dagegen kälter und dichter. Aufgrund der Schwerkraft sinken die dichteren Bestandteile ab, die weniger dichten steigen dagegen auf. Zudem hängt jede Bewegung der Flüssigkeit von ihrer Zähigkeit ab. Eine sehr zähflüssige Masse ist für die Konvektion zu hart.

Es gibt noch weitere Faktoren, die bestimmen, ob eine Flüssigkeit von der Konvektion erfaßt wird; dazu gehören unter anderem die Temperaturdifferenz zwischen dem oberen und unteren Teil des Gefäßes, dessen Tiefe, das Ausmaß der Schwerkraft und die thermischen Eigenschaften der Flüssigkeit (zum Beispiel Wärmeleitung und Wärmeausdehnung). Diese Faktoren wurden erstmals gegen Ende des 19. Jahrhunderts von dem Physiker Lord Rayleigh erforscht. Er kombinierte die Faktoren und ermittelte für sie die nach ihm benannten Rayleigh-Zahlen. Er legte fest, daß in einem mit Flüssigkeit gefüllten Gefäß die Konvektion bei einer Rayleigh-Zahl von 1000 beginnt.

Wenn der Erdmantel fließt, dann sollte es durch die Berechnung der Rayleigh-Zahl möglich sein, zu ermitteln, ob er zur Konvektion neigt. Dafür müssen alle relevanten Faktoren quantifiziert werden. Einige davon, zum Beispiel die Materialeigenschaften und die Temperaturen, können in Laborexperimenten an Mantelmaterial gemessen werden. Das Ausmaß des Mantels ist aus der Erdbebenforschung bekannt. Aber ein entscheidender Faktor, der schwer auf direktem Wege zu messen ist, ist die Zähigkeit oder Viskosität des Mantels. Die Analyse der bereits erläuterten postglazialen Elastizität in Skandinavien und Nordkanada eignet sich zur Abschätzung. Die Hebungsrate des Landes steht mit der Viskosität des unterliegenden flüssigkeitsähnlichen Mantels in Zusammenhang.

KONVEKTION

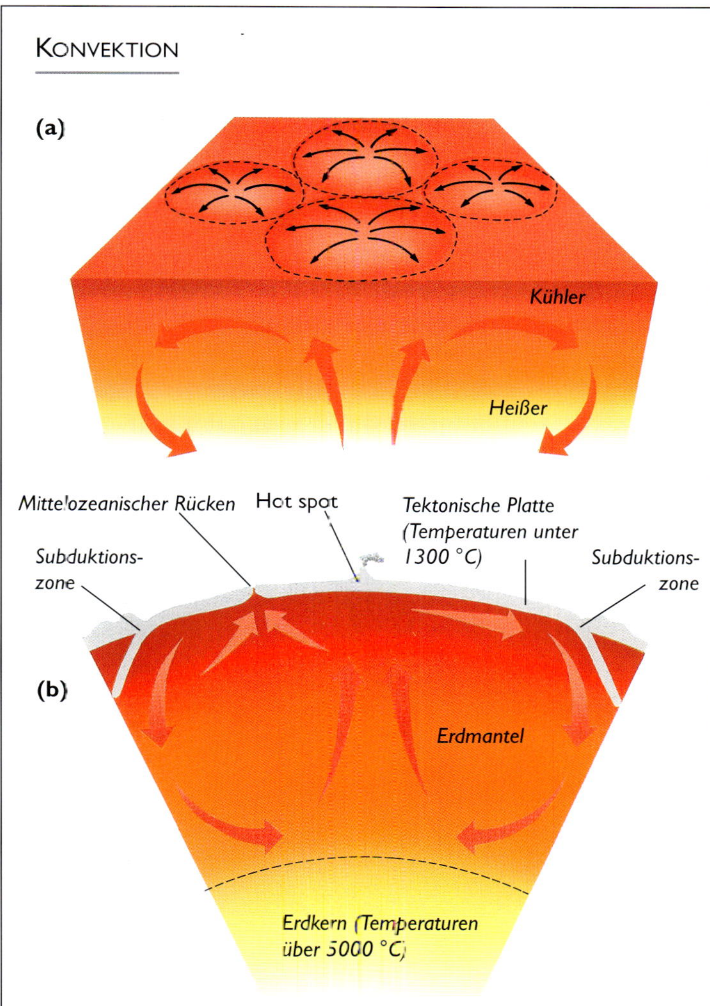

Erhitzt man Flüssigkeit von unten wird sie in einem Konvektionsschema fließen. Heiße Strömungen steigen vom Boden des Gefäßes nach oben, breiten sich dann seitwärts aus und kühlen sich ab, ehe sie wieder nach unten sinken (a). Der Erdmantel zwischen zwei tektonischen Platten zeigt ein ähnliches Verhalten – die ansteigenden Bereiche bilden unterhalb der mittelozeanischen Rücken Manteldiapire und Wölbungen *(upwellings)*, die Vertiefungen *(downwellings)* treten mit den sinkenden Platten an Subduktionszonen auf.

Um die beobachtete Hebungsrate in Regionen von einigen tausend Kilometern Durchmesser zu erklären, muß der darunterliegende Mantel eine Viskosität von ungefähr 1021 Poise haben (Poise ist die Einheit der Viskosität). Im Vergleich dazu hat Wasser eine Viskosität von etwa einem Hundertstel Poise. Der Erdmantel ist also sehr zäh. Trotzdem ist er groß und heiß genug, um eine Rayleigh-Zahl zu erreichen, die mindestens tausendmal größer ist, als für die Konvektion erforderlich wäre. Mit anderen Worten: Rayleighs Theorie besagt nicht nur, daß der Mantel von Konvektion erfaßt wird, sondern auch, daß dieser Vorgang unter großem Energieeinsatz erfolgt.

EINE ERKLÄRUNG FÜR DIE PLATTENTEKTONIK

Das Innere der Erde liefert also die fundamentalen Kräfte der Plattentektonik. Tatsächlich ähneln die Bewegungen der Platten selbst einer Form der Konvektion. Heißes Material steigt an den mittelozeanischen Rücken auf und schafft neuen Ozeanboden. Dieser schiebt sich zur Seite und kühlt ab, bevor er wieder an Subduktionszonen ins Erdinnere sinkt. Die Platten existieren, weil sie kälter und dichter als der darunterliegende Mantel sind. Die Analyse der Plattentektonik läßt den Schluß zu, daß es ein einfacher Mechanismus ist, bei dem die Erde langsam ihre Hitze verliert.

Geophysiker können den Mantel heute beobachten, während die Konvektion stattfindet. Dank eines dichten Netzwerks an Beobachtungsstationen für Erdbeben und dank moderner EDV-Anlagen ist es möglich, seismische Schwingungen zu untersuchen und aufzuzeichnen. Die produzierten Bilder werden als tomographische Karten bezeichnet; sie sind dreidimensionale Darstellungen der unterschiedlichen Ausbreitungsgeschwindigkeit seismischer Wellen in der Erde.

Die Geschwindigkeit von Raumwellen resultiert aus Härte und Dichte des Gesteins. Es gibt eine Beziehung zwischen der Temperatur und der Härte,

TOMOGRAPHISCHE KARTEN

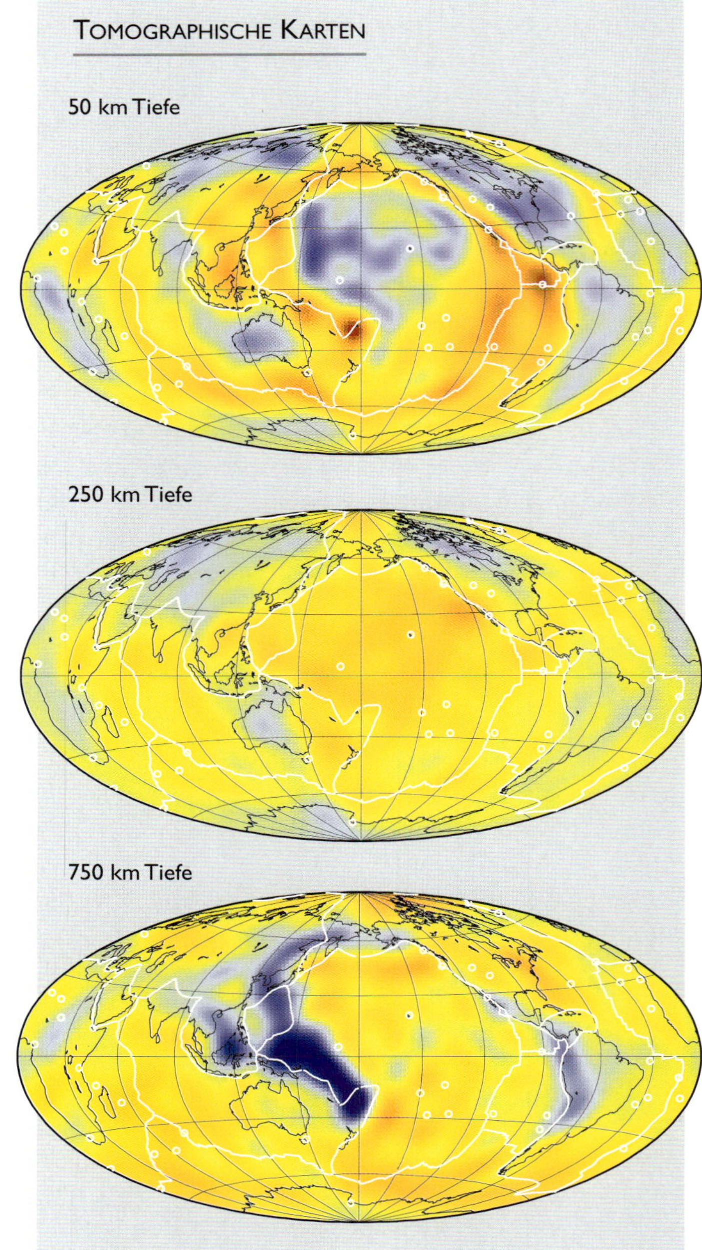

Diese tomographischen Karten zeigen die unterschiedliche Ausbreitungsgeschwindigkeit seismischer Schwingungen innerhalb der Erde (die roten Bereiche zeigen Regionen geringer, die gelben Regionen normaler und die violetten Regionen hoher Geschwindigkeiten). Im allgemeinen zeigen langsame Geschwindigkeiten, daß das Gestein relativ labil und vielleicht heiß ist, während schnelle Ausbreitungen festeres und kälteres Gestein induzieren. In einer Tiefe von etwa 50 Kilometern wurden langsame Ausbreitungsgeschwindigkeiten unterhalb der mittelozeanischen Rücken entdeckt, wo heißes Mantelmaterial nach oben dringt. Bereiche hoher Geschwindigkeiten fallen mit Subduktionszonen zusammen, in denen die kalten Lithosphärenplatten in den Mantel zurücksinken.

und deshalb werden die Temperaturunterschiede, die als kleine Geschwindigkeitsänderungen in den tomographischen Karten erscheinen, oft als Anzeichen für die Temperaturschwankungen im Mantel interpretiert.

Die tomographischen Karten geben Hinweise auf die Mantelkonvektion, die zeigt, daß das Fließen im tiefen Mantel nicht immer den Bewegungen der Platten an der Oberfläche entspricht. Die sinkenden Platten erscheinen als kalte Zungen, die sich bis in Tiefen von mindestens 1000 Kilometern ausdehnen und die absteigenden kalten Bereiche von riesigen Konvektionszellen bilden. An den Achsen der mittelozeanischen Rücken stehen sie jedoch nicht in Verbindung mit den korrespondierenden aufsteigenden heißen Bereichen. Statt dessen scheinen sie mit Wölbungen *(upwellings)* assoziiert zu sein, die auf den Bereich des oberen Mantels beschränkt sind. Die viel tieferen heißen Flecken auf den tomographischen Karten bilden keine langen Wälle heißen Mantelmaterials, die parallel zu den linear geformten mittelozeanischen Rücken verlaufen; sie erscheinen vielmehr als isolierte Bereiche, die sich diesen Rücken offensichtlich nicht anschließen.

Es ist möglich, daß die Schichtung innerhalb des Mantels – speziell der Bereich zwischen dem oberen und dem unteren Mantel, in dem sich die Mineralstruktur ändert – dazu beiträgt, einfache Konvektionszellen brechen zu lassen. Damit sich tektonische Platten relativ zueinander bewegen können, ohne zu brechen, müssen sie leicht aneinander vorbeigleiten. Auch große Platten vermögen sich in einer Art zu bewegen, die teilweise von den Strudeln des tiefen Mantels darunter unabhängig ist. Sie gleiten über einige heiße aufsteigende Diapire, ehe sie wieder in den kalten, absteigenden Ast der Konvektionszelle zurücksinken.

Unter den Platten befindet sich der Mantel sehr nahe am Schmelzpunkt. Es ist in der Tat wahrscheinlich, daß an der Basis der Platte mikroskopisch kleine Taschen aus geschmolzenen Gestein sitzen, die aus heißem Mantelmaterial bestehen.

Wasser spielt bei diesen Prozessen eine Schlüsselfunktion. Seine Anwesenheit schwächt das Gestein sowohl im Mantel als auch in der Kruste; au-

Eine Lavafontäne des Vulkans Kilauea auf Hawaii. Die Lava besteht aus geschmolzenem Basalt, der einen Fluß von Gesteinsmaterial bildet und die Flanken des Vulkans hinabfließt. Fortwährende Eruptionen wie diese haben die Insel entstehen lassen.

ßerdem fördert es lokale Schmelzvorgänge. In der Kruste dringt es in Klüfte ein, die durch das Aneinandergleiten zweier Platten entstanden. Zusätzlich reagiert es mit dem Gestein, indem es neu gebildete Minerale an den Bruchflächen auskristallisieren läßt. Diese Minerale sind schwächer als das umgebende Gestein und verhalten sich wie ein Schmiermittel.

Die Rolle des Wassers in der Plattentektonik birgt eine interessante Frage. Würde es auf der Erde das heute bekannte Muster von Platten geben, wenn es an der Oberfläche kein Wasser gäbe? Mit hoher Wahrscheinlichkeit nicht (siehe Kapitel 8).

Aber was geschieht mit den Diapiren heißen Mantelgesteins, die tief aus dem Mantel nach oben steigen und eine andere Art von Konvektion zeigen? Haben sie für etwas Bedeutung, was wir an der Erdoberfläche beobachten können?

MANTELDIAPIRE

Schon lange werden Vulkane oder Vulkanketten untersucht, die scheinbar isoliert im Inneren von großen tektonischen Platten liegen. Ein treffendes Beispiel sind die Vulkane von Kilauea und Mauna Loa, die sich auf den Hawaii-Inseln inmitten der Pazifischen Platte befinden. Diese Vulkane bestehen aus Basalt – das Material entstammt Schmelzprozessen im Erdinneren. Ihre Erscheinung veranlaßte viele Geologen zu der Behauptung, daß es sich bei diesen Vulkanen um *hot spots* im unterliegenden Mantel handelt. Es scheint, daß ein *hot spot* mehr oder weniger örtlich fixiert ist und sich wie eine Lötlampe

SPUREN VON *HOT SPOTS* UND DIAPIREN

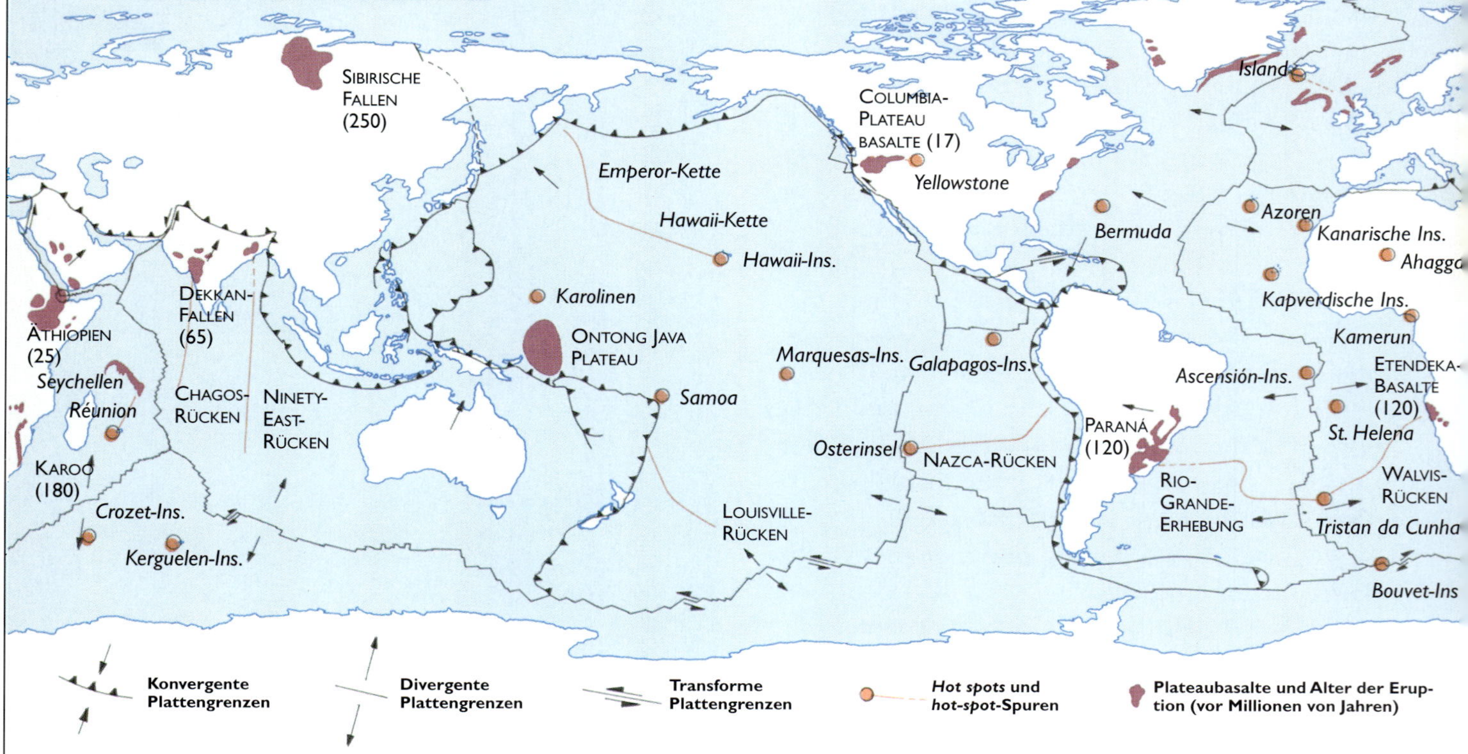

Konvergente Plattengrenzen

Divergente Plattengrenzen

Transforme Plattengrenzen

Hot spots und *hot-spot*-Spuren

Plateaubasalte und Alter der Eruption (vor Millionen von Jahren)

Manteldiapire kommen in periodischen Abständen tief aus dem Mantel an die Erdoberfläche und lösen dabei in den sogenannten *hot spots* vulkanische Aktivitäten aus. Während sich die Platten bewegen, hinterläßt ein *hot spot* seine Spuren als vulkanische Inselkette oder langer vulkanischer Rücken auf dem Meeresboden. Große *hot-spot*-Ausbrüche, wie zum Beispiel in Indien vor etwa 65 Millionen Jahren oder in Sibirien vor rund 250 Millionen Jahren, verursachten ein Massensterben.

Flüssige Basaltlava fließt kurz nach einem Ausbruch des Kilauea auf Hawaii über die Klippen aus vulkanischem Gestein ins Meer.

verhält, die Vulkane in die Oberfläche brannte, als die Pazifische Platte über ihn hinwegglitt.

Daraus läßt sich schließen, daß *hot spots* langlebige Erscheinungen des Mantels sind. Eine Biegung zwischen den Hawaii-Inseln und den Vulkanen der Emperor-Kette scheint auf einen Bewegungswechsel der Pazifischen Platte hinzuweisen. Die vulkanischen Inseln an der Biegung brachen vor 45 Millionen Jahren aus, als die driftende Pazifische Platte von einem nördlichen auf einen nordwestlichen Kurs drehte.

Beweise für die Existenz von Diapiren hat man inzwischen auf der ganzen Erde gefunden. Sie schieben die Erdoberfläche zu einem breiten Dom mit einem Durchmesser von mehr als 1000 Kilometern auf – der Ozeanboden im weiteren Umkreis von den Hawaii-Inseln ist ungefähr 1,5 Kilometer flacher als der sie umgebende tiefe Ozean. Die vulkanische Aktivität ist nur ein Nadelstich im Zentrum des anschwellenden Diapirs. Die Annahme, daß die Diapire ihren Ursprung in großen Tiefen haben, ist durch den Gehalt an Helium gesichert, das bei Eruptionen an die Atmosphäre abgegeben wird (siehe Kapitel 3). Wie bereits beschrieben, gibt es zwei Helium-Isotope, Helium-3 und Helium-4. Das Ver-

An den Iguazú-Fällen, im Grenzgebiet zwischen Paraguay, Argentinien und Brasilien, fließt der Paraná über basaltische Klippen. Sie sind ein Teil der verfestigten Lavamassen, die vor ungefähr 120 Millionen Jahren oberhalb eines aufsteigenden Diapirs ausgestoßen wurden, als sich Südamerika von Afrika abspaltete.

hältnis dieser Isotope liefert Hinweise dafür, welche ursprünglichen Gesteine schmolzen, um den Vulkan zu speisen. Das von den Vulkanen auf Hawaii freigesetzte Helium ist viel reicher an Helium-3 als das Helium, das an der Achse der mittelozeanischen Rücken freigesetzt wird. Die undichte Stelle, an der das Helium am Kamm der mittelozeanischen Rücken abgegeben wird, muß der obere Mantel sein. Der Unterschied zwischen dem Helium in einem Diapir und dem in einem mittelozeanischen Rücken besteht darin, daß der Mantel nicht gut durchmischt ist. Im Grenzbereich zwischen festem Mantel und flüssigem Kern gelangen gelegentlich heiße, mit Helium-3 angereicherte Gesteinstropfen an die Oberfläche.

Links: Die vulkanischen Hawaii-Inseln sind die jüngsten innerhalb des Vulkangürtels, der vor einigen zig Millionen Jahren über einem aufsteigenden Diapir entstand. Diese Space-Shuttle-Aufnahme zeigt Hawaii mit einigen älteren vulkanischen Inseln im Vordergrund.

Die Stirnseite des Diapirs muß wahrscheinlich schmelzen, um die vulkanische Aktivität auf Hawaii und anderen isolierten Vulkanen auszulösen. Wieviel geschmolzenes Gestein der Diapir produziert, hängt vom Druck und von der Temperatur ab – im allgemeinen wird mehr Schmelze produziert, wenn die Temperatur hoch und der Druck gering ist.

Die Schmelze beginnt, wenn der Diapir ein Stadium im Mantel erreicht, in dem der Druck gering genug ist und die Temperatur des Gesteins der des Diapirs entspricht. Gewöhnlich steigt die Stirn des

Bruchspaltenbildung, Vulkanismus und Diapire

Vor etwa 120 Millionen Jahren spalteten sich Amerika und Afrika über einem aufsteigenden Diapir voneinander ab; dadurch wurden Vulkanausbrüche ausgelöst **(a)**. Heute liegt das Zentrum des Diapirs unter der Insel Tristan da Cunha **(b)**. Der Diapir bildet einen pilzähnlichen Körper aus aufsteigendem heißen Mantelmaterial. Die vulkanische Aktivität ist heute auf das Zentrum der Stirnseite des Diapirs beschränkt, ein charakteristisches Kennzeichen für einen *hot spot* an der Oberfläche.

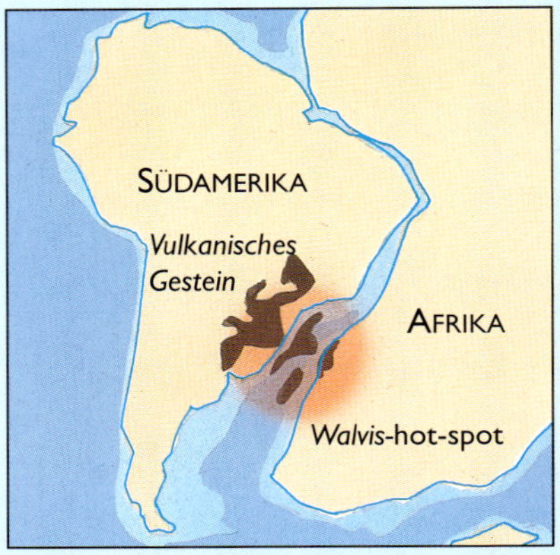

(a) vor 120 Mio. Jahren

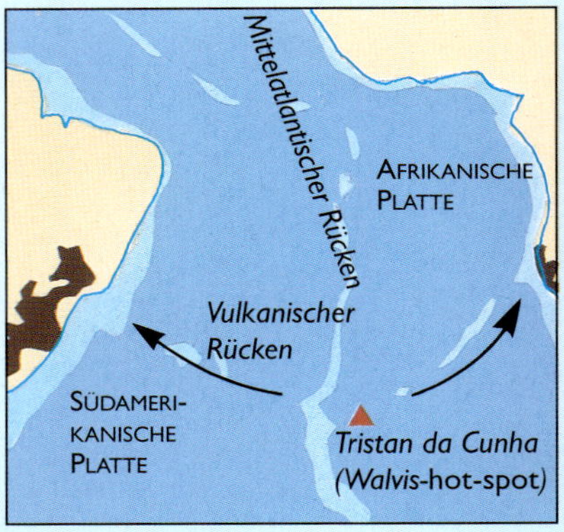

(b) Gegenwart

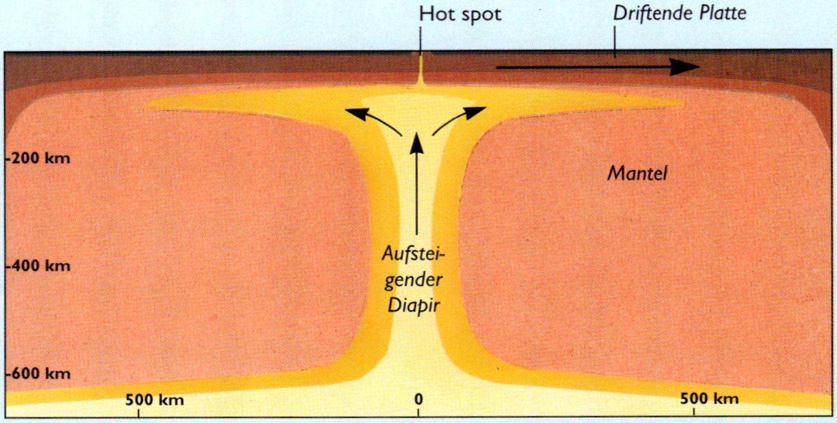

(c) Profilschnitt eines Diapirs

Diapirs nicht höher als bis zur Basis der Lithosphäre, also etwa bis in eine Tiefe von 100 Kilometern. Hier ist der Druck immer noch hoch, und nur ein kleiner Teil beginnt zu schmelzen. Wenn die Stirn des Diapirs außergewöhnlich heiß ist, wird die Masse an geschmolzenem Gestein größer. Könnte der Diapir jedoch die Oberfläche der Erde erreichen, würde er der Druckverminderung unterliegen. Dies würde reichen, um große Schmelzvorgänge auszulösen, etwa nahe der Kruste eines mittelozeanischen Rückens. In Island zum Beispiel liegt der mittelatlantische Rücken über einem Diapir: Das verstärkte Schmelzen des Mantels reichte aus, um den mittelozeanischen Rücken über den Meeresspiegel ragen zu lassen, so daß Island rund 2,5 Kilometer höher liegt als der mittelozeanische Rücken im Mittel.

Wenn ein Manteldiapir dort an die Oberfläche träte, wo sich zwei Kontinente voneinander abspalten, würde dies katastrophalen Vulkanismus auslösen. Genau dies scheint sich in der Erdgeschichte mehrmals ereignet zu haben. So bedeckt etwa eine Basaltmasse mit über 1 Kilometer Dicke im Hochland von Dekkan die westlichen Ränder Indiens. Heute weiß man, daß es vor ungefähr 65 Millionen Jahren zu etwa 1 Million Jahre dauernden Eruptionen kam, als sich die Seychellen von Indien abspalteten. Ein weiteres spektakuläres Beispiel fand sich an der Ostküste von Grönland, wo Laven, die sich über einige hundert Kilometer erstrecken, vor rund 60 Millionen Jahren ausgestoßen wurden, als Grönland sich von Nordeuropa abspaltete. Der Diapir, der dieses Schmelzen verursachte, existiert immer noch – es ist jener, der Island unterlagert.

Weltweit gibt es viele Beispiele. An der Ostseite von Südamerika, in Argentinien, Paraguay und Brasilien, wurden in der Region um den Fluß Paraná ausgedehnte Lavamassen ausgestoßen, als sich Südamerika vor 120 Millionen Jahren vom südlichen Afrika abspaltete. Dieselbe Art von Vulkanismus findet sich in der Region Etendeka in Angola, auf der anderen Seite des Südatlantiks. Die Spuren des Manteldiapirs, der diesen Vulkanismus verursachte und den untermeerischen Walvis-Rücken bildete, sind immer noch am Ozeanboden zu sehen.

Der französische Geophysiker Vincent Courtillot behauptete, daß sich die Kontinente ohne Manteldiapire längst zu einer einzigen Landmasse vereinigt hätten. Wenn zwei Kontinente kollidieren, entsteht ein noch größerer Erdteil. Die Erdgeschichte erlebte die Bildung von Superkontinenten. Warum sollten sie aber wieder auseinanderbrechen, wenn sie sich schon einmal gebildet hatten? Courtillot sah die Antwort in Manteldiapiren. Wenn sich ein Diapir der Oberfläche nähert, veranlaßt er die überlagernde Platte dazu, sich aufzuwölben. Aber kontinentale Platten sind viel schwächer als ozeanische (siehe Kapitel 5). Daher würde das Aufwölben kontinentaler Platten die Erdkruste bersten lassen.

Hinweise auf derartige Aufwölbungen existieren noch. Die Flußnetze weisen an den Rändern von Manteleruptionen in Indien, Südafrika und Südamerika ein strahlenförmiges Muster auf; die Flüsse strömen wie von einer Kuppel nach außen. Auch wenn diese Kuppel nicht mehr existiert, scheinen sich die Flüsse gleich nach den Manteleruptionen gebildet zu haben, als diese Aufwölbung noch vorhanden war. Eine von Aufwölbung begleitete dauerhafte Hebung führte beispielsweise zur Bildung des Hochlands im östlichen Südafrika. Es entstand durch die Tatsache, daß eine große Menge geschmolzenen Gesteins nie die Oberfläche erreichte, sondern an der Basis der Kontinente blieb. Berechnungen zufolge ist dieser Sockel viel mächtiger als die Lava an der Oberfläche. Daraus wird gefolgert, daß Manteldiapire kontinentale Kruste aufbauen können.

Courtillot glaubte auch, daß das Massensterben von Lebewesen mit den Vulkanausbrüchen, die von diesen Manteldiapiren ausgelöst wurden, zusammenhängt. Die Ausbrüche der Dekkan-Laven stehen mit dem Massensterben am Ende der Kreidezeit in Zusammenhang, als unter anderem die Dinosaurier ausstarben. Es ist verlockend, diese beiden Ereignisse miteinander in Verbindung zu bringen. Der enorme Gehalt an Asche und Rauch, die während der Dekkan-Eruptionen an die Atmosphäre abgegeben wurden, dürfte das globale Klima verändert, den Himmel verdunkelt, sauren Regen hervorgebracht und das massenhafte Aussterben verursacht haben.

Courtillot verfolgte diese Idee noch weiter, indem er davon ausging, daß die Manteldiapire auch die Evolution durch periodisches Massensterben und wechselnde Anordnung der Kontinente antreiben (siehe Kapitel 7). Dies würde neue Lebensräume eröffnen und dem Leben helfen, die gegenwärtige Vielfalt zu erhalten und auszuweiten. Ob diese Überlegungen richtig sind oder nicht – die Manteldiapire sind sicher eine wichtige Erscheinung unseres Planeten.

Wir sind nun auf unserer langen Reise ins Erdinnere sehr weit gekommen. Ausgehend von einigen spekulativen Ideen an der Oberfläche, haben wir vielleicht nicht unbedingt die treibende Kraft der Plattentektonik gefunden, dafür aber die Ursache für riesige Vulkanausbrüche, Massensterben und das Zerbrechen und Wachsen von Kontinenten. Und unsere Reise endete wieder an der Oberfläche.

Aber was haben Professor Lidenbrock und sein Neffe Axel in Jules Vernes Abenteuerroman auf ihrer Reise zum Mittelpunkt der Erde gefunden? Sie begannen sie auf einem Manteldiapir in Island und stiegen in einen Vulkankrater hinab. Ihre Entdekkungen würden allen modernen wissenschaftlichen Erwartungen widersprechen. Nach vielen Abenteuern sind sie wieder an die Oberfläche zurückgekehrt. Das Innere der Erde ist nach Jules Vernes Vorstellungen ein altertümlicher und unangenehm feuchter Ort, mehr ein Netzwerk von unterirdischen Höhlen. Geologen haben gezeigt, daß es ein dynamischer Ort ist, der permanent in Bewegung ist. Aber Professor Lidenbrock wäre nicht entmutigt von der Diskrepanz zwischen seinen Entdeckungen und den Erkenntnissen der modernen Wissenschaft. Immerhin sagte er: »Wissenschaft ist ausgesprochen perfektionierbar, aber jede neue Theorie wird bald durch eine neue ersetzt.«

Im nächsten Kapitel wird die Funktionsweise des Erdinneren im Zusammenhang mit einer weiteren ausgeprägten Erscheinung auf diesem Planeten erkundet – die großen Gebirgszüge auf den Kontinenten.

KAPITEL 5

FLIESSENDE KONTINENTE

Der größte Teil des Festlands auf der Erde liegt kaum höher als einige hundert Meter. In manchen Regionen aber erheben sich Gebirgsketten in eine Höhe von mehreren Kilometern. Dort finden häufig verheerende Erderschütterungen statt. Wie entstehen Berge, und worin besteht ihre Verbindung zu Erdbeben? Die Antwort könnte in den flüssigkeitsähnlichen Eigenschaften der äußeren Schichten der Erde liegen. Einer Theorie zufolge können Berge bei der Kollision von Kontinenten hinauf- oder hinunterfließen. Dabei beeinträchtigen sie die Zirkulation der Atmosphäre und das Klima.

Die schneebedeckten Gipfel an der Westküste der neuseeländischen Südinsel sind einige tausend Meter hoch. Die sogenannte »alpine Verwerfung« verläuft entlang des Randgebirges. Die Berge werden weiter nach oben gedrückt und seitlich entlang der Verwerfung verschoben.

MIT ANDEREN AUGEN

Während der Großen Depression in den 1930er Jahren wußte der siebzehnjährige Harold Wellman nichts mit sich anzufangen. Als einer der jüngsten englischen Auswanderer in Neuseeland verbrachte er seine Zeit bei den vielen Goldsuchern, die sich in den Wilden Westen der Südinsel aufmachten; dort war an den Rändern des Pazifischen Ozeans ein Goldrausch in vollem Gange.

Mit Sand vermischtes Gold wurde an vielen Stränden entlang der Küste gefunden. Nach jedem Sturm machten sich die Goldsucher auf die Suche nach einem »Schnitt« – einem neuen Abschnitt am Strand, der von den Wellen ausgehöhlt worden war und mit Gold angereicherten schwarzen Sand zum Vorschein brachte. Harold blieb sechs Wochen hier und verdiente sich mit dem Goldwaschen täglich etwa 1 englisches Pfund. Zwar wurde er dabei nicht reich, doch weckte diese Erfahrung in ihm eine Liebe zur Natur, die er sein Leben lang pflegte. Nach seiner Zeit als Goldwäscher erwarb Harold Wellman einen Abschluß in Geologie und arbeitete am New Zealand Geological Survey.

Während des Zweiten Weltkriegs schickte die für geologische Forschung zuständige Institution Wellman wieder an die Westküste der Südinsel, wo er Glimmer suchen sollte, ein nur begrenzt vorrätiges Mineral. Er machte sich zu Fuß auf den Weg an die Küste. An einem klaren Tag beherrschen die schneebedeckten Gipfel der Südalpen die Szenerie; sie erheben sich im Mount Cook bis zu einer Höhe von nahezu 4000 Metern. Die steilen Vorgebirge bilden nicht nur für Bergsteiger, sondern auch für die vom Tasmanischen Meer herkommenden großen Regenwolken eine fast unpassierbare Barriere. Die Küstenregion verzeichnet Jahresniederschläge von nahezu 8000 Milimetern und zählt damit zu den regenreichsten Gebieten der Erde.

Harold Wellmans Aufgabe war, die verschiedenen Gesteinstypen unterhalb der üppigen Landschaft zu kartieren. Das war nicht einfach, weil das Gestein von der dichten Vegetation völlig überdeckt wurde. Aber die zahlreichen Flüsse, die von den Südalpen über die Küstenebene zum Meer fließen, waren reich an mitgeführtem Geröll. Wellman bemerkte zwei verschiedene Arten – kristalline Schiefer und Granite. Die Adern im Schiefer und im Granit waren womöglich die Quelle des Glimmers, den er suchen sollte. Schiefer sind auffällig gebänderte Gesteine – es sind Sedimente, die tief begraben, komprimiert und aufgeheizt wurden. Das Vorgebirge der Südalpen ist fast ausschließlich aus diesem Gestein aufgebaut. Der Granit ist dagegen hell mit einem typischen gepunkteten Erscheinungsbild. Er besteht aus Quarz, Feldspat und Flecken von schwarzem Glimmer und entstand durch Auskristallisation dieser Minerale. Die Granitgerölle stammten von kleinen kegelförmigen Hügeln am Fuß der Südalpen. Als Wellman anfing, den Ursprungsort des Granits näher zu untersuchen, hatte er eine Idee. Er glaubte, daß die Grenze zwischen dem Granit und dem Schiefer entlang einer Linie verläuft, die sich über Hunderte von Kilometern vom Randgebirge der Südalpen bis zur Küste erstreckt.

Auf seiner nächsten Reise untersuchte Wellman auf der Suche nach dem Kontaktbereich der beiden Gesteinsschichten einen geröllführenden Bach. Die Kontaktfläche der beiden Gesteinsschichten schien tatsächlich einer geraden Linie zu entsprechen. Wo immer er sich dieser Linie näherte, fand er am Ufer grünen Ton, den er mit bloßen Händen ausgraben konnte. Im Norden entdeckte er ein auffälliges Band von vulkanischem Gestein, das abrupt an der Linie endete. Viel weiter im Süden stieß er auf ein sehr ähnliches Band vulkanischen Gesteins, das ebenfalls an der Linie endete – dieses Mal aber an der Ostseite. Daraus ging hervor, daß es sich um eine Verwerfung handeln könnte. Allerdings war diese größer als irgendeine Verwerfung, die man bis dahin kannte, und erstreckte sich über rund 700 Kilometer. Der Granit und der Schiefer verschoben sich gegeneinander, und das Gestein an der Verwerfung pulverisierte. So entstand der weiche grüne Ton. Wellman nahm an, daß die auffälligen Bänder des vulkanischen Gesteins einst ein einziges geschlossenes Band gebildet hatten, das etwa 500 Kilometer seitlich verlagert wurde. 1942 veröffentlichte er seine Entdeckungen und bezeichnete das Phänomen als »alpine Verwerfung«, weil sie sich am Fuße der Südalpen entlangzog.

Wellman erkannte, daß die Bewegung der »alpinen Verwerfung« nicht nur seitwärts stattfand; es schien, daß die Berge an der Verwerfungslinie auch angehoben wurden. Eine seitliche und vertikale Verlagerung quer durch Verwerfungslinien waren in Neuseeland mehrere Male nach großen Erdbeben entdeckt worden. 1855 erlitt die aufstrebende Stadt Wellington an der südlichen Spitze der Nordinsel bei einem Erdbeben schwere Schäden. Dabei gab es im Osten von Wellington entlang der Hauptverwerfungslinie Bewegungen, die die Küstenlinie anhoben und eine Küstenplattform entstehen ließen. Die Küste lag jetzt außer Reichweite von Sturmwellen, und Viehzüchter trieben hier ihre Schafherden entlang. 1922 wurde bei einem Erdbeben im Norden der Südinsel ein Bachbett zerstört, das im Bereich der Verwerfungslinie lag. Eine Seite wurde über 3 Meter angehoben und 1 Meter seitwärts verschoben, so daß das Wasser nicht mehr in der alten Richtung fließen konnte.

Je mehr sich Wellman mit der Landschaft von Neuseeland auseinandersetzte, desto mehr Beweise für Verwerfungslinien und vergangene Erdbeben fand er. Seine scharfen Augen bemerkten Erscheinungen, die bisher ignoriert worden waren: auffällige Schluchten, die sich entlang der Berge hinzogen, langgestreckte Bergrücken, die in Überflutungsebenen übergingen, abrupte Flußbiegungen, überflutete Wälder und Sumpfland. Dies waren Anzeichen für unterlagernde Kräfte, die die Landschaft in Stücke zerteilten. Er fing an, einen neuen Bereich in der Geologie zu entwickeln: die Untersuchung jüngster Erdbewegungen. Sein Forschungsgebiet war eine Landschaft, die buchstäblich aufgespalten, versetzt und entlang den Verwerfungslinien in der Kruste angehoben worden war.

Praktisch kein Teil von Neuseeland war starr, die gesamte Oberfläche war in Bewegung. Wellman entdeckte in den Bewegungen eine Struktur. Neuseeland wurde seitwärts abgeschert und komprimiert, und während dieses Prozesses wurden die Südalpen und ihre Fortsetzung auf der Nordinsel angehoben. Wellman erkannte, daß während eines einzigen Erdbebens an den Verwerfungslinien Bewegungen von ungefähr 1 Meter auftreten können. Bei der in Neuseeland bekannt hohen Erdbebenfrequenz könnten die Berge in einem relativ kurzen geologischen Zeitraum angehoben worden sein – wahrscheinlich sogar innerhalb von wenigen Millionen Jahren.

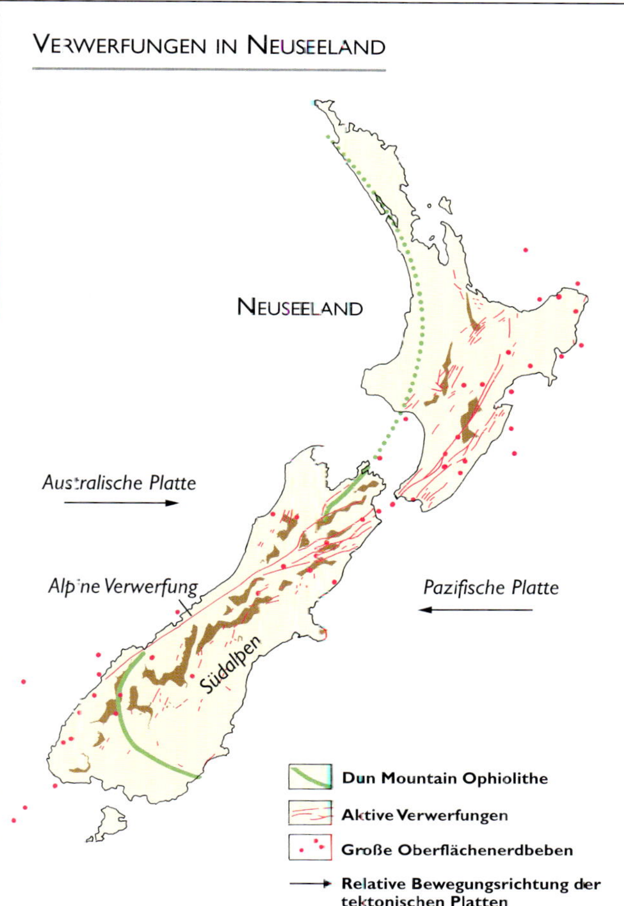

Neuseeland liegt an der Grenze zwischen der Pazifischen und der Australischen Platte. Hier ist die Kruste entlang einer Verwerfungslinie aufgebrochen. Die »alpine Verwerfung« erstreckt sich über einige hundert Kilometer entlang der Westseite der Südinsel. Die Südalpen werden an dieser Verwerfung nach oben gedrückt, aber die Kruste gleitet auch seitwärts. Ein auffälliges Band aus vulkanischem Gestein im nördlichen Teil der Südinsel, die Dun Mountain Ophiolithe, trat früher in ähnlicher Weise viel weiter im Süden auf und wurde fast 500 Kilometer versetzt. Solche Erscheinungen resultieren aus Plattenbewegungen.

Wellman publizierte 1955 seine Arbeiten über aktive Bewegungen in Neuseeland, wurde aber ignoriert, weil niemand verstand, wodurch die von ihm beobachteten Bewegungen entstanden waren. Als in den 1960er Jahren die Theorie der Plattentektonik entwickelt wurde, sahen die Geologen die Oberfläche der Erde als eine Anzahl fester Platten an, die sich relativ zueinander bewegen (siehe Kapitel 2 und 3). Neuseeland liegt an der Grenze zwischen zwei großen Platten: der Australischen und der Pazifischen. Die Bewegungen in der Kruste entstehen durch die Bewegung dieser beiden Platten. In den Ozeanen ist der Bereich dazwischen nur etwa 10 Kilometer breit, aber in Neuseeland umfaßt die Bewegungszone rund 250 Kilometer und damit etwa die Breite der Inseln. Damals wurde diese Diskrepanz von den meisten Geologen ignoriert.

Im Jahr 1965 nahm Harold Wellman Forschungsurlaub und bereiste die westlichen Regionen Asiens. Mit seiner Frau fuhr er durch die Bergregionen von Pakistan, Afghanistan und Iran. In den vergangenen Jahren hatte er in Neuseeland gelernt, die Landschaft mit anderen Augen zu sehen. Außerdem konnte er Luftbilder verwenden, die aus dem letzten Weltkrieg stammten. An vielen Stellen gab es deutliche Hinweise auf Verwerfungslinien, an denen die Landschaft versetzt worden war. Verwerfungslinien schnitten Berge ab und versetzten diese seitwärts; sie lenkten Flüsse ab und stauten Seen auf. Insgesamt kartierte Wellman für einen Bereich von etwa 1500 Kilometern ein Netzwerk von Verwerfungen. Er veröffentlichte seine Arbeit 1966, aber auch diese Publikation wurde von der Fachwelt ignoriert.

Wellmans Entdeckungen zeigten, daß tiefgreifende Änderungen der Landschaft wie die Hebung großer Gebirgszüge relativ rasch ablaufen und durch Verwerfungen und Erdbeben ausgelöst werden. In den 1970er Jahren untersuchten Geologen im Labor Erdbeben mit modernster Technik. Sie wußten die Arbeiten von Wellman zu schätzen.

Links: Die Wairarapa-Verwerfung auf der Nordinsel bildet einen steilen Rücken, der von links unten nach rechts oben verläuft. Die Verwerfung bewegte sich letztmals bei einem Erdbeben 1855 und versetzte junge Flußbetten mehr als 10 Meter seitwärts.

Erdbeben überall

In den frühen 1960er Jahren begrenzten die USA und die UdSSR die Zahl ihrer Atombombentests. Die Kontrolle vor allem der unterirdischen Tests erwies sich aber als schwierig. Daher entwickelten die USA ein weltweites Netz von Stationen, die die Erschütterungen der Detonationen nachweisen sollten. Das WSSN (Worldwide Standardized Seismic Network) zeichnet alle seismischen Erschütterungen auf, und alle Meßwerte werden an einer zentralen Aufnahmestelle in den USA analysiert. Das System registrierte naturgemäß alle Erschütterungen – auch die der unzähligen Erdbeben auf der Erde.

Nun galt es, die Quelle der Erschütterungen zu lokalisieren und Erdbeben von nuklearen Detonationen zu unterscheiden. Der Ursprung ließ sich exakt lokalisieren, indem man die Zeit maß, in der die ersten Schwingungen die über die ganze Welt verteilten Seismometer erreichten. Doch um eine Explosion von einem Erdbeben zu unterscheiden, bedarf es einer genauen Analyse der Schwingungen.

Ein Seismometer besteht im Prinzip aus einem frei schwingenden Arm, der sich in eine oder zwei Richtungen bewegen kann. Die Bewegung in eine Richtung zeigt eine Kompression der unterlagernden Gesteinsschichten an, eine Bewegung in die andere Richtung momentane Extension. Während einer Explosion wird in den umliegenden Gesteinsschichten eine Druckwelle ausgelöst, die sich in alle Richtungen gleichzeitig ausbreitet. Diese Wellen bewegen sich durch die Erde und werden von den Seismometern aufgespürt. Wenn die Wellenfront das Seismometer erreicht, wird der freie Arm in eine bestimmte Richtung abgelenkt. Die Explosion zieht eine konzentrische äußere Kompression im Gestein nach sich – diese entspricht der P-Welle, deren Entstehung und Ausbreitung in Kapitel 4 beschrieben wurde. Wenn alle Seismometer identisch sind, werden sie bei der Ankunft der ersten Wellenfront alle gleichermaßen abgelenkt und zeigen daher dieselbe erste Bewegung. Dank des »standardisierenden«

EXPLOSIONEN UND ERDBEBEN

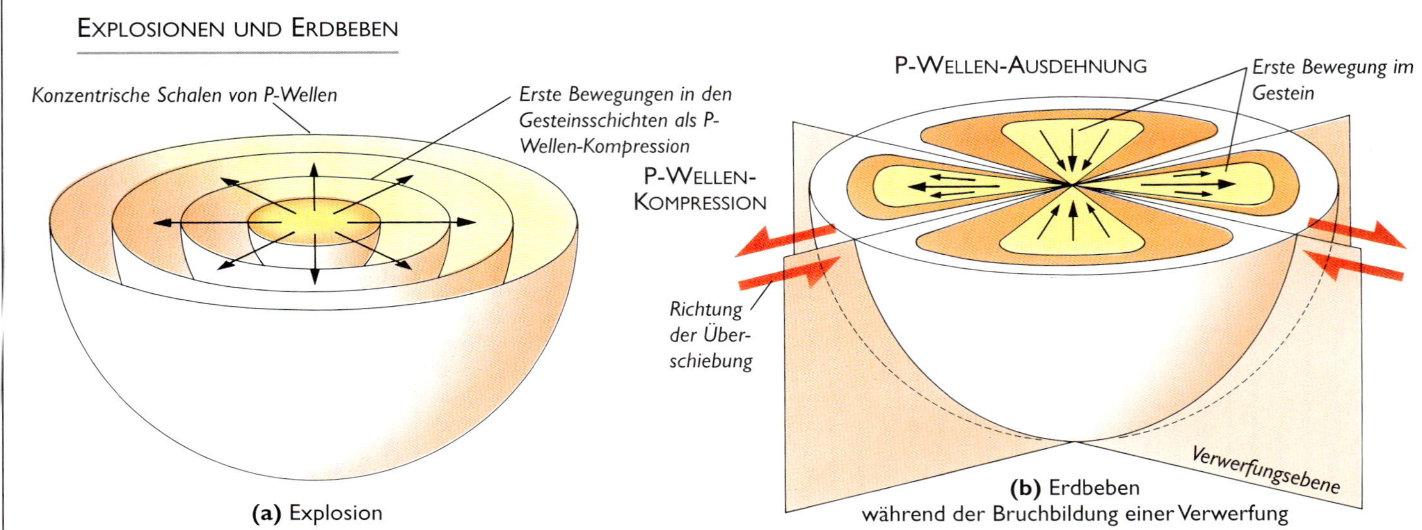

(a) Explosion

(b) Erdbeben während der Bruchbildung einer Verwerfung

Eine nukleare Explosion verursacht eine Kompression der Gesteine in alle Richtungen, die von der Quelle der Explosion als Welle (P-Welle) ausgestrahlt wird. Ein Erdbeben wird von plötzlichen Bewegungen an Verwerfungen in der Erdkruste ausgelöst. P-Wellen bewirken in einer Richtung eine Ausdehnung der Gesteine, in der anderen Richtung eine Kompression. Seismologen können anhand der Struktur der Wellen die Richtung der Bewegung entlang einer Verwerfung bestimmen.

Aspekts des WSSN ist es möglich, alle auf der Welt installierten Detektoren für die Untersuchung von seismischen Wellen einzusetzen.

Bei fast allen natürlichen Erdbeben werden die Erschütterungen in den umliegenden Gesteinen von plötzlichen Bewegungen an einer Verwerfung ausgelöst. In diesem Fall ist die Anordnung der P-Wellen anders als bei einer nuklearen Explosion. Dadurch, daß es im Zuge einer Verwerfung keinen einheitlichen Schub von außen gibt, ist die erste Beeinträchtigung der Gesteine in einigen Richtungen vom Epizentrum weg eine Kompression, in anderen Richtungen eine Ausdehnung der Gesteinsschichten. Manche der Seismometer zeichnen eine erste Bewegung auf, die an anderen Stellen aufgestellten eine entgegengesetzte erste Bewegung. Anhand der Position jedes Seismometers, das die erste Bewegung aufzeichnete, läßt sich die Verwerfung, die sich während eines Erdbebens ereignete, lokalisieren. Geologen kennen drei Verwerfungstypen (siehe Seite 122/123). Entlang einfacher Verwerfungen wird die Kruste gezerrt – die beiden Seiten der Verwerfung entfernen sich voneinander, wobei häufig Spalten an der Erdoberfläche entstehen. Bei antithetischen Verwerfungen wird die Kruste zusammengedrückt – so entstehen Gebirge. Schließlich gleitet die Kruste horizontal an Transversalverschiebungen entlang – so entstand die von Harold Wellman in Neuseeland entdeckte »alpine Verwerfung«.

Der wissenschaftliche Nutzen des WSSN war enorm. Zum ersten Mal war es möglich, die zu Erdbeben neigenden Bereiche der Erde präzise zu lokalisieren. In den Ozeanen wurden schmale Bänder von Oberflächenbeben nachgewiesen, die den mittelozeanischen Rücken wie auch den Transformstörungen folgen. Auf allen Kontinenten wurden breite Erdbebenzonen aufgezeichnet. So erstreckt sich ein ausgedehnter Erdbebengürtel von Marokko über die Alpen, Südosteuropa, die Türkei und den Iran bis in die Bergketten von Zentral- und Südostasien. Ein weiterer Gürtel folgt den Gebirgen am westlichen Rand des amerikanischen Kontinents. Kurz: Wo sich große Bergketten erheben, gibt es auch Erdbeben. Jedes Erdbeben ist das Ergebnis einer Bewegung an einer Verwerfung. Die weiten Zonen von Verwerfungen, die Harold Wellman in Neuseeland und Teilen Asiens ermittelte, sind in der Tat nur kleine Bereiche einer globalen Erdbebenzone.

Die Anordnung der Erdbeben läßt ein Bild der Kontinente entstehen, das die Theorie der Plattentektonik nicht erwarten läßt. Starre Bereiche gibt es in Teilen mancher Kontinente – in Nordeuropa und Afrika, im Osten Nord- und Südamerikas und in Südindien. Weite Bereiche der Kontinente sind aber nicht starr. Um das zu erklären, bedarf es einer Theorie über das Wesen der Kontinente, die auch der Schlüssel zum Verständnis der Entstehung der Gebirge ist.

FLIESSENDE BERGE

In den 1970er Jahren beschäftigten sich Geophysiker wie Dan McKenzie und Peter Molnar mit der Bedeutung von Erdbeben auf den Kontinenten. Damals war die Theorie der Plattentektonik noch jung. Sie versuchten, die Erdbeben hinsichtlich der relativen Bewegungen zwischen sehr kleinen Platten – soge-

ERDBEBEN AUF DEN KONTINENTEN

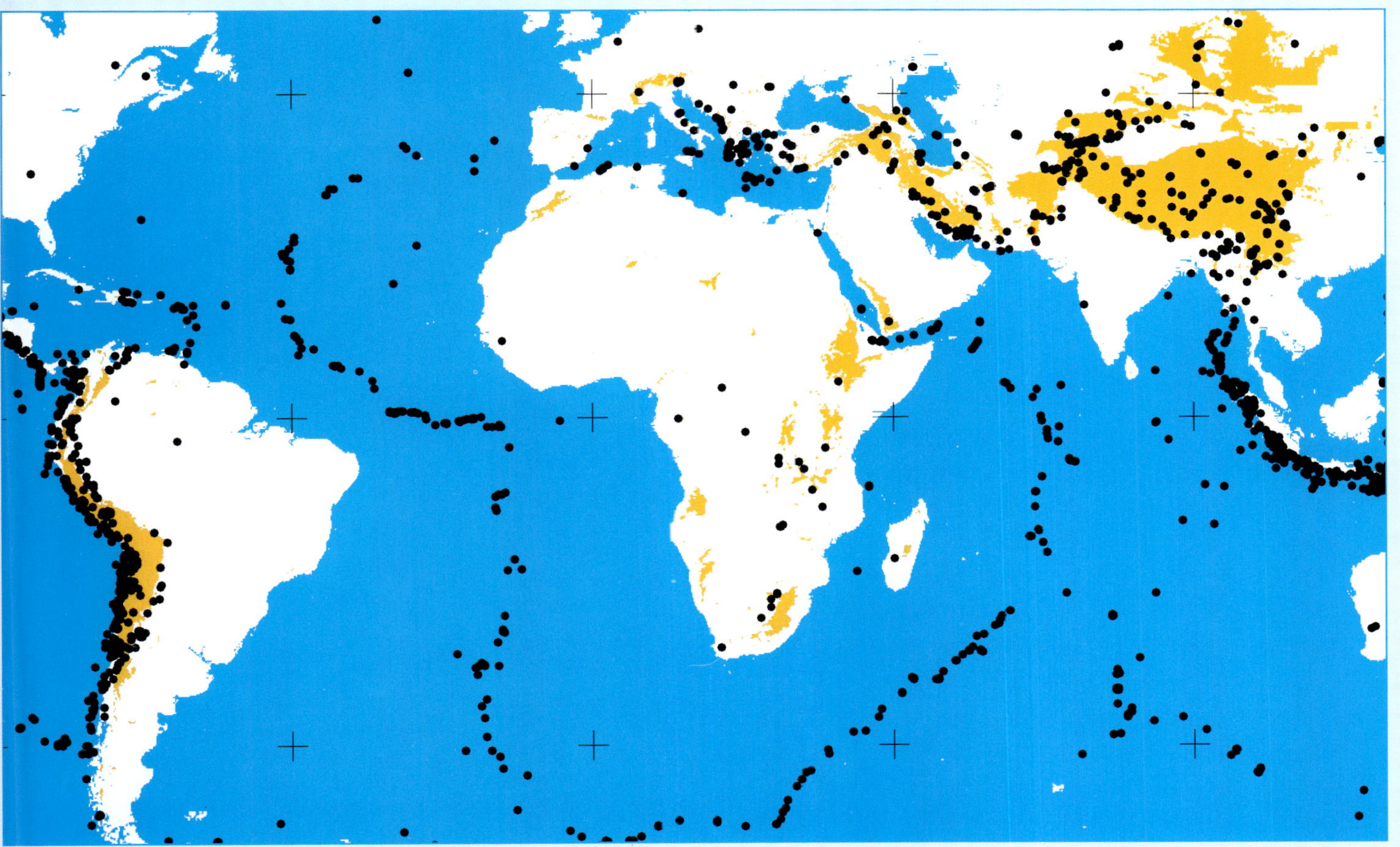

In den letzten 30 Jahren wurden auf der ganzen Welt Erdbeben aufgezeichnet (erkennbar an den schwarzen Punkten auf der Computerkarte). In den Ozeanen erscheinen sie in schmalen Bändern, die im wesentlichen den mittelozeanischen Rücken folgen. In den hohen Gebirgen gibt es ausgedehnte erdbebengefährdete Regionen (gelb schattiert). So wurden etwa im Hochgebirgsgürtel zwischen Alpen und Himalaya, der sich vom Mittelmeerraum über mehrere tausend Kilometer bis hin nach Asien erstreckt, unzählige Erdbeben festgestellt. Eine weitere markante Erdbebenzone verläuft an den westlichen Rändern von Amerika.

nannten Mikroplatten – zu erklären, die sich gegenseitig »anschieben«. Aber die Erdbeben traten so nahe beieinander auf, daß die auslösenden Mikroplatten nur einige zig Kilometer groß gewesen wären, also winzig im Vergleich zu den ozeanischen Platten mit ihren Tausenden von Kilometern. In den frühen 1980er Jahren entwickelten einige Geophysiker eine neue Denkweise über die Kontinente. Zu jener Zeit arbeitete Dan McKenzie an der Cambridge University mit dem jungen Geophysiker Philip England zusammen. Sie vermuteten, daß die Bewegungen auf den Kontinenten so durchdringend waren, daß man sie als Fließschema betrachten konnte. Vielleicht verhielten sich die Kontinente ja mehr wie eine Flüssigkeit als wie feste Platten. Diese Überlegung erscheint im ersten Moment absurd. Jeder weiß, daß die festländische Oberfläche aus Gestein aufgebaut ist. Aber oft können feste Materialien ein flüssigkeitsähnliches Verhalten zeigen: Es ist eine Frage des Maßstabs, den man anlegt. So besteht Zucker aus vielen festen Kristallen, die man jedoch aus der Packung schütten kann. Mit anderen Worten: Er verhält sich weitgehend flüssigkeitsähnlich, auch wenn die einzelnen Körner fest sind.

Alles auf der Erde unterliegt der Gravitation – Dinge, die man nicht festhält, fallen hinunter. Daher wird jede Flüssigkeit auf der Erde von der Anziehungskraft nach unten gezogen und fließt abwärts. Erst auf einem bestimmten Niveau hört eine Flüssigkeit auf zu fließen, etwa wenn sie einen See oder Meer erreicht. Stellen Sie sich vor, Sie füllen Honig in ein Gefäß. Zunächst bildet der Honig einen kleinen Hügel. Aber dieser Zustand hält nicht lange an, weil der Honig zu fließen beginnt, bis er eine flache Oberfläche gebildet hat.

Die Oberfläche eines Gebirge umfassenden Kontinents ist natürlich nicht eben. Verhält sie sich jedoch wie eine Flüssigkeit, dann muß sie fließen, auch wenn sie sehr zäh oder starr ist (das heißt, eine hohe Viskosität hat) – viel starrer als jede Flüssigkeit, die wir im täglichen Leben kennen. Das bedeutet wiederum, daß Berge nicht statisch und fest sein können. Die Gebirge Neuseelands, der Gebirgsgürtel zwischen Alpen und Himalaya oder die Hohen Anden Südamerikas entsprechen den Berei-

Verwerfungen an einer Landoberfläche

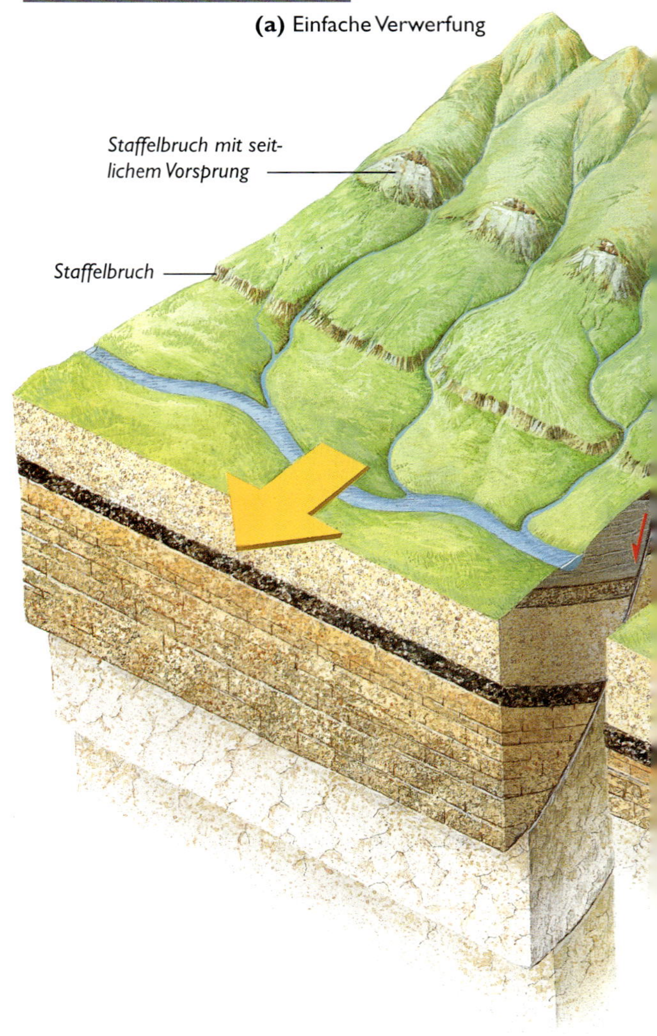

Die Erdkruste ist entlang von Verwerfungen, an denen die Erdoberfläche verschoben wird, gebrochen, und die Kruste wird durch Bewegungen an den Verwerfungen gedehnt **(a)**. Durch Bewegungen an diesen einfachen Verwerfungen entstehen Depressionen (Mulden oder Senken), die von Hügelketten mit steilen Rändern begrenzt werden. Entlang antithetischer (gegensinniger) Verwerfungen wird die Kruste zusammengedrückt **(b)**. Bewegungen drücken Hügelketten nach oben, die dann lokal das Flußsystem blockieren oder umleiten. Entlang von Blatt- oder Transversalverschiebungen gleitet die Kruste seitwärts **(c)**. Die Landschaft kann durch diese Bewegungen verschoben werden. Lokal können kleine Seen entstehen, sogenannte *sag ponds* (abgesackte Teiche), die sich in den Senken der Verwerfungslinie bilden.

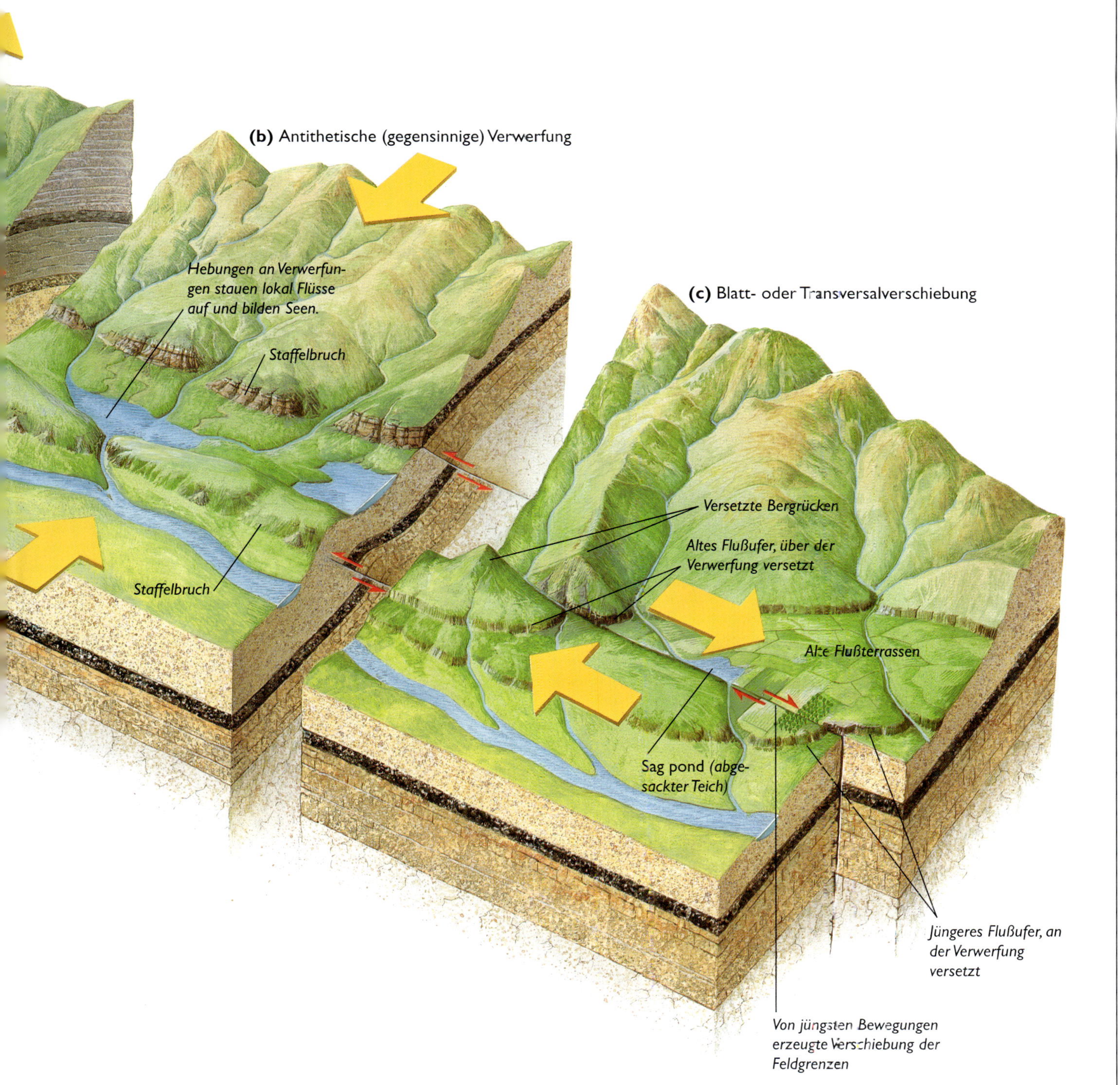

(b) Antithetische (gegensinnige) Verwerfung

Hebungen an Verwerfungen stauen lokal Flüsse auf und bilden Seen.

Staffelbruch

Staffelbruch

(c) Blatt- oder Transversalverschiebung

Versetzte Bergrücken

Altes Flußufer, über der Verwerfung versetzt

Alte Flußterrassen

Sag pond (abgesackter Teich)

Jüngeres Flußufer, an der Verwerfung versetzt

Von jüngsten Bewegungen erzeugte Verschiebung der Feldgrenzen

chen der Erdbeben und der jungen Verwerfungslinien in der Erdkruste. Wie Harold Wellman vor über vierzig Jahren entdeckte, zeigen diese Erscheinungen, daß sich die Erdoberfläche bewegt.

Reise über das Dach der Welt

Ein wichtiger Test für die Flüssigkeitstheorie ist die Überprüfung, ob sie auch bei der größten Gebirgskette der Erde in Zentralasien funktioniert. Wenn man im Norden über die Gangesebene in Nordindien fährt, durchquert man eine über 200 Kilometer breite Ebene, die einige hundert Meter hoch liegt und von zahlreichen Flüssen durchzogen wird. Schließlich erreicht man einen langgestreckten Bergrücken, die südlichste Spitze des Himalaya. Dahinter liegt das Königreich Nepal; Bergkette reiht sich an Bergkette, jede höher als die andere. In einiger Entfernung sieht man die schneebedeckten, mehr als 8000 Meter hohen Gipfel des Hohen Himalaya. Hier erblickt man das höchste Bergmassiv der Welt. Die Höhe dieser Berge wird erst deutlich, wenn man aus dem Fenster eines Flugzeugs blickt. Bei normaler Reiseflughöhe von etwa 10 000 Metern ist der Gipfel des Mount Everest sehr nah.

Am Fuß des Gebirges am nördlichen Rand der Gangesebene verläuft eine Verwerfungslinie in einem weiten Bogen am südlichen Rand des Himalaya entlang. In einiger Entfernung von dieser Verwerfungslinie strömen Flüsse aus dem Himalaya, die tiefe Schluchten ins Gebirgsmassiv geschnitten haben. Der französische Geophysiker Jean-Phillippe Avouac fand heraus, daß sich hoch oben an den Seiten der Schluchten, etwa 10 Meter über den jetzigen Flußläufen, die Reste alter Flußbetten befinden. Aber diese Flußbetten schlängeln sich nicht in Richtung Ganges, sondern krümmen sich in großen Bögen. Holzstücke in den Flußbetten, die nach der Kohlenstoff-14-Methode datiert wurden, waren nur einige hunderttausend Jahre alt. Avouac nahm an, daß die Krümmung und das Heben im Zuge von Erdbeben auftraten, wenn es in der Hauptverwerfungslinie am Fuße des Vorgebirges Bewegungen gab. Er schätzt, daß sich der Himalaya entlang dieser Verwerfungslinie jährlich etwa 2 Zentimeter über die Gangesebene hebt, also weniger als die halbe Bewegungsrate zwischen Indien und Sibirien, die durch die Theorie der Plattentektonik angenommen wird. Die verbleibende Bewegung muß in den Regionen weiter im Norden vonstatten gehen.

Nördlich der Vorgebirge sind die Bergrücken dicht mit subtropischer Vegetation bewachsen. Die steilen Hänge Nepals werden intensiv im Terrassenfeldbau kultiviert. Der jährliche Niederschlag beträgt hier mehrere Meter, und jedes Jahr während des indischen Monsuns wird die Landschaft von heftigen Regenschauern überschwemmt. Die Wassermassen fallen in Kaskaden von den Hügeln und verwandeln die Flüsse in reißende Ströme. Diese fließen in Tälern parallel zu den Berghängen, ehe sie sich in das Vorgebirge einschneiden und gewaltige Mengen an Schwemmstoffen in die Ebene eintragen.

Wenn man nördlich von Kathmandu, der Hauptstadt von Nepal, einem der vielen großen Flüsse flußaufwärts folgt, erreicht man schließlich eine tiefe Schlucht zwischen den Gipfeln des Himalaya. Das Gestein besteht hier aus Schiefer, Granit oder gefalteten und verschobenen marinen Sedimenten, die vor über 60 Millionen Jahren an den Rändern eines riesigen Ozeans – der Tethys –, der sich einst zwischen Indien und dem restlichen Asien erstreckte, abgelagert wurden. Von diesem Gestein bieben die Gipfel von Annapurna, Manaslu, Shishapagma, Cho Oyu, Mount Everest, Lhotse und Makalu zurück, die alle über 8000 Meter hoch sind. Der Granit ist der verfestigte Überrest der Kruste, die vor ungefähr 20 Millionen Jahren in Tiefen von einigen zig Kilometern geschmolzen war. Sie wurde entlang riesiger Hauptverwerfungen, die unter den Himalaya abtauchen, nach oben geschoben. Die Flußtäler schneiden sich tief in das Gestein ein und bringen eine Schichtung zum Vorschein, wie sie auch im Norden entwickelt ist. Die Böschungen der Schluchten sind von dichter Vegetation überdeckt. In einer Höhe von über etwa 3000 Metern wird die Vegetationsdecke jedoch spärlicher. Noch weiter oben sind die Hänge von Gestrüpp und schließlich nur noch von Geröll

Die schneebedeckten Gipfel des Himalaya, aufgenommen in Zanskar. Die Bergmassive erreichen hier Höhen von mehr als 8000 Metern. Die Gletscher haben tiefe Täler herausgearbeitet. Die Berge wurden aufgefaltet, als sich Indien nach Norden bewegte.

Diese von einem Space Shuttle aus gemachte Aufnahme zeigt im Westen den Himalaya und das Hochland von Tibet. Während im Himalaya hohe Jahresniederschläge erreicht werden, ist das Hochland von Tibet wüstenhaft. In Vertiefungen, wo die Erdkruste brach, bildeten sich Seen. Die vorherrschende West-Ost-Streichrichtung der Verwerfungen und der gehobenen Bergketten ist auch im Hochland zu erkennen.

bedeckt, bis schließlich das blanke, unbedeckte Gestein erscheint. Die Vegetationsgrenzen markieren die Höhen, bis zu denen bestimmte Pflanzen noch geeignete Lebensbedingungen finden.

Flußaufwärts verengt sich der Strom und führt weniger Wasser. Ab einer bestimmten Höhe sind die Flüsse nur noch Rinnsale, die Landschaft karg und vegetationslos. Nördlich davon erreicht man eine hochgelegene Wüste mit felsigen Hügeln und vereinzelten Seen. Hier beginnt das Hochland von Tibet, das sich über mehrere tausend Kilometer nach Norden erstreckt. Um hierher zu gelangen, ist eine große topographische Barriere zu überwinden, die den Zustrom an feuchter Luft vom Indischen Ozean behindert. Die Wolken entladen ihre Feuchtigkeit im Vorgebirge des Hohen Himalaya. Weiter im Norden regnet es selten, und die Flüsse werden hauptsächlich durch das Schmelzwasser der hochgelegenen Gletscher gespeist. Hier und noch weiter im Norden, in Zentral- und Nordtibet, werden Teile des Hoch-

Tibet ist eine hochgelegene Wüste, die mittlere Höhe beträgt etwa 5000 Meter über dem Meeresspiegel. Ausgedehnte Seen liegen in Vertiefungen, wo sich die Kruste in West-Ost-Richtung aufspaltet.

lands von Hügelland mit einer mittleren Höhe von etwa 5000 Metern eingenommen.

Das Reisen in Tibet ist beschwerlich. Es gibt wenige Straßen, kaum Tankstellen und auch keine Zug- oder Flugverbindung von Lhasa aus. Um in die umliegenden Regionen zu gelangen, muß man die gesamten Vorräte an Proviant und Benzin in Lhasa kaufen. Die meisten Reisenden bewegen sich in einem Konvoi mit zwei oder drei Jeeps und einem Lastwagen, in dem das ganze Gepäck und die Ausrüstung verstaut werden. Oft ist man einige tausend Kilometer unterwegs, ohne nur auf eine einzige Siedlung zu treffen. Die Straßen sind schlecht, manchmal kaum mehr als ausgefahrene Sandspuren, deren Verlauf sich jedes Jahr verändert. Die Luft ist so dünn, daß man nachts schlecht schläft. Hier befindet man sich in einer der letzten ursprünglichen Landschaften der Erde. Der Wind ist nachts das einzige Geräusch; die Sterne sind unglaublich klar, und gelegentlich sieht man Sternschnuppen.

Fährt man aus Tibet in Richtung Norden entlang der alten Handelsroute nach Kashgar, kommt man durch das trockene Kunlun-Gebirge. Von dort aus überquert man eine weitere Hauptverwerfungslinie in der Erdkruste – die Altyn-Tagh-Verwerfung – und verläßt das Hochland. Man fährt in eine tiefe Senke, in das etwa 1500 Meter hoch gelegene Tarimbecken. Noch weiter im Norden erhebt sich das Tien-Shan-Gebirge, die Barriere zur Tiefebene der Mongolei und Sibiriens. Erst in der Mongolei hat man die größte und höchste Bergkette der Erde wirklich überquert.

DIE ENTSTEHUNG TIBETS AUS EINER FLÜSSIGKEIT

Hat man einmal die beschriebene Reise gemacht, vermag man kaum zu glauben, daß die massiven Bergketten aus einer Flüssigkeit entstanden sind. Philip England gehörte zu einer Gruppe von Geophysikern, die dies beweisen wollten. Er erkannte, daß die Topographie dieses Gebiets einfacher aufgebaut ist, als es auf den ersten Blick scheint. Er war nicht an den Details einzelner Bergkämme interessiert, sondern an der auffallenden Glätte der Bergketten. Das bemerkenswert flache Hochland von Tibet weist eine Breite von etwa 2000 Kilometern und eine durchschnittliche Höhe von etwa 5000 Metern auf.

Eine Berechnung des Fließwegs und der Oberflächenbeschaffenheit einer Flüssigkeit ist möglich, wenn man weiß, wie fließfähig sie ist und welche Kräfte sie zum Fließen veranlassen. Dies versuchte England in Zentralasien unter Berücksichtigung bekannter Eigenschaften von Flüssigkeiten und der Newtonschen Gesetze zu erarbeiten. England wollte sehen, ob eine Flüssigkeit soweit angehoben werden kann, daß sie einen Hügel formt und eine so glatte Oberfläche annimmt wie der Himalaya und das Hochland von Tibet. Als Anhaltspunkt diente ihm die Theorie der Plattentektonik. Studien über das Alter der ozeanischen Kruste im Indischen Ozean zeigen, daß Indien vor rund 84 Millionen Jahren weit südlich des heutigen Kontinents Asien lag. Zwischen beiden Landmassen erstreckte sich das Meer Thetys. Danach bewegte sich Indien etwa 10 Zentimeter im Jahr auf Asien zu; die Tethys begann sich zu schließen. Vor ungefähr 55 Millionen Jahren berührte Indien die südlichen Ränder Asiens. Indien bewegte sich nun etwas langsamer, driftete aber weiterhin mit einer Geschwindigkeit von etwa 5 Zentimetern im Jahr nach Norden. Die marinen Sedimente, die in der Tethys abgelagert worden waren, wurden nach oben gedrückt, sie durchliefen Faltungen und Versetzungen und sind heute Teil des Himalaya und des südlichen Hochlands von Tibet. Das Alter der jüngsten marinen Sedimente markiert das Ende der Tethys.

In den letzten 55 Millionen Jahren wirkte Indien wie ein starrer Kolben, der sich einen Weg nach Asien bahnt. Man kann sich diesen Vorgang so verdeutlichen: Asien verhielt sich in dieser Situation so, als ob man ein Paddel durch zähflüssigen Honig zieht. Man stelle sich Indien als Paddel und den Rest Asiens als Honig vor. Der Honig baut sich vor dem Paddel auf, und der Honigberg wird, wenn man weiter paddelt, breiter und höher und bildet schließlich eine kleine Bergkette. Die Höhe des Flüssigkeitshügels hängt von der Viskosität ab: je zäher die Flüssigkeit, desto höher der Hügel. Die Höhe des Flüssigkeitshügels ist ebenfalls von der Schwerkraft abhängig. Auf dem Mond etwa ist die Schwerkraft geringer als auf der Erde; deshalb darf man dort einen höheren Flüssigkeitsberg erwarten. Schließlich ist auch die Geschwindigkeit des Paddels von Bedeutung – je schneller das Paddel durch die Flüssigkeit gezogen wird, desto höher werden die Berge. In dem Moment, in dem man aufhört zu paddeln, fließt die Honigmasse auseinander und hinterläßt eine glatte Oberfläche vor dem Paddel.

Zur Erinnerung sei nochmals erwähnt, daß die Erdkruste auf dem Erdmantel aufliegt. Geologen ermittelten die Dicke der Erdkruste anhand der Auswertungen von Erdbeben; sie stellten auch Untersuchungen über das Erdinnere an (siehe Kapitel 4). Die kontinentale Kruste ist zwischen hohen Bergen besonders mächtig. Unterhalb des Hochlands von Tibet ist die Erdkruste zum Beispiel etwa 70 Kilometer dick, in der Gangesebene dagegen nur 35 Kilometer. Wenn man die Dicke der indischen Kruste als Standardwert betrachtet, entspricht die Dicke unterhalb von Bergketten etwa der siebenfachen Höhe des Gebirges. Dafür gibt es einen Grund. Die Kruste besitzt eine geringere Dichte (etwa das 2,8fache von Wasser) als der darunterliegende Mantel (etwa das 3,3fache). Außerdem schwimmt die Kruste mehr oder weniger auf der Oberfläche. Wie bei einem Eisberg im Wasser zeigt sich auf der Landoberfläche – oder über dem Meeresspiegel – nur ein kleiner Teil der darunterliegenden Masse. In gewisser Hinsicht entspricht die Gestalt des Krustenstammes einem reflektierten, aber übertrieben dargestellten Bild einer Bergkette in einem stillen See.

Wenn Berge aufsteigen, müssen sie so fließen, daß die Dicke der Kruste zunehmen kann. Wenn sie nach oben gedrückt werden, werden die Gesteine tiefer in der Kruste in heißere Bereiche des Erdinneren gepreßt. Schließlich wird dieses Gestein heiß genug, um zu schmelzen – viele der Granite, die heute im Himalaya gefunden werden, sind wahrscheinlich so entstanden. Ein Fließen, das die Dicke der Kruste verringert, läßt das Gegenteil von Bergketten entstehen – Depressionen oder Vertiefungen in der Erdkruste. Diese Prinzipien sind in Englands Analysen enthalten. Er fand heraus, daß sich eine Flüssigkeit, die die gleichen Eigenschaften wie Honig besitzt, deren Viskosität aber wesentlich höher ist, vor dem »Paddel« Indien

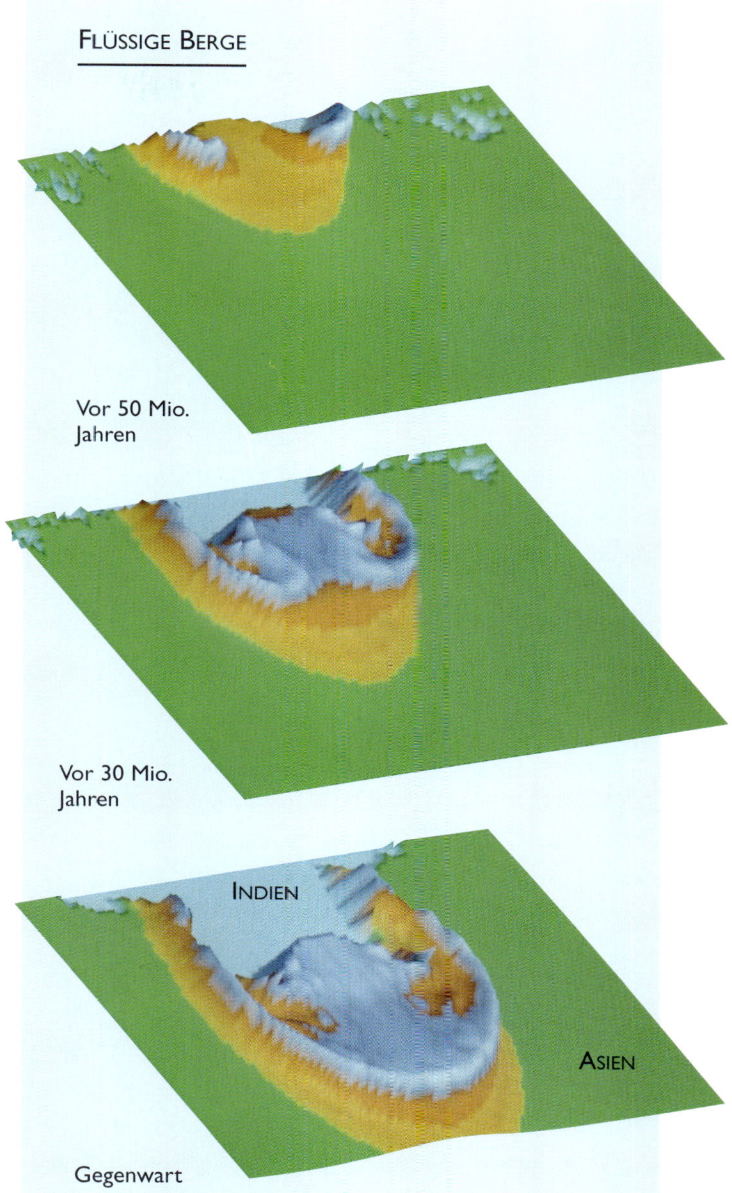

Computermodelle zur Gebirgsbildung simulieren die Hauptmerkmale der asiatischen Hochgebirge. Dieses Modell zeigt Asien als eine Flüssigkeit, die vom vordringenden Indien nach oben geschoben wurde (hellblau). Die Bilder illustrieren die Entwicklung Zentralasiens innerhalb der letzten 50 Millionen Jahre. Die verschiedenen Farben entsprechen den höchsten (weiß), mittleren (braun) und niedrigsten (grün) Höhenniveaus. In früheren Stadien bildete Asien schmale, niedrige Bergketten vor dem vorangleitenden Indien. Später erreichten die Berge maximale Höhen. Von da an dehnte sich die Region eher in die Breite als in die Höhe aus, und das Hochland von Tibet entstand.

auftürmt und ein Hochland entstehen läßt. Es entstünde eine Flüssigkeitssäule, die aufgrund der Größe Asiens zu breit wäre und vom Rand des Paddels wegrutschen würde, ohne ein Hochland zu bilden.

England mußte sich also Flüssigkeiten mit etwas anderen Fließeigenschaften zuwenden, um in seinen Computermodellen die breite, hohe und flache Oberfläche des Hochlands von Tibet zu simulieren. Diese Flüssigkeiten haben eine besondere Eigenschaft – je heftiger der Schub, desto schwächer werden sie.

Anhand von Computermodellen, die so ungewöhnliche Flüssigkeiten simulieren, kann die Geschichte der Ausdehnung der großen Regionen Zentralasiens nachgezeichnet werden. Als sich das starre Indien nordwärts bewegte und mit dem flüssigkeitsähnlichen Asien kollidierte, erhob sich eine Bergkette vor der vordringenden Masse. Zuerst waren die Berge relativ klein. Aber als die Bewegungen weiter anhielten, nahmen sie schnell an Höhe zu, bis sie schließlich die maximale Höhe erreichten, die durch das flüssigkeitsähnliche Asien gehalten werden konnte. Als Indien weiter vorrückte, wurden die bereits existierenden Berge breiter statt höher. Dadurch bildete sich das Hochland von Tibet. Aber um zu verstehen, weshalb sich Asien wie eine so ungewöhnliche Flüssigkeit verhielt, muß man das »Material«, aus dem Asien besteht, untersuchen.

Eine Platte aus Toffee

Ein wichtiger Bestandteil der Gesteinszusammensetzung der kontinentalen Kruste ist Quarz. Es ist das Mineral, aus dem die Sandkörner am Strand aufgebaut sind. Wenn man also verstehen möchte, wie Kontinente fließen können, muß man etwas über Quarz wissen. Wenn Quarz bei niedrigen Temperaturen in einer hydraulischen Presse zusammengedrückt wird, bricht er entlang seiner Klüfte. Ähnliches passiert bei Erdbeben in der Kruste. Aber die Temperatur in der Kruste steigt mit zunehmender Tiefe an. Bei höheren Temperaturen ändert Quarz sein Verhalten und beginnt zu fließen. Das entspricht der Erkenntnis, daß Erdbeben hauptsächlich an die oberen Bereiche der kontinentalen Kruste gebunden sind, in einer Schicht, die nur einige zig Kilometer dick ist. Die Basis der zu Erdbeben neigenden Schicht muß sich in der Tiefe, in der Quarz so heiß wird, daß er zu fließen beginnt, befinden. Die Temperatur liegt schätzungsweise bei etwa 350 °C. Unterhalb der kontinentalen Kruste, im Erdmantel, dominiert das Mineral Olivin (siehe Kapitel 4). Laborexperimente zeigen, daß dieses Mineral bei den im Mantel vorherrschenden hohen Temperaturen ebenso zu fließen beginnt; allerdings handelt es sich dabei um eine viel zähere Flüssigkeit als Quarz: Bei niedrigeren Temperaturen ist es fester als Quarz.

Die tiefen Bereiche der Kontinente sind demnach wirklich flüssig. Das Fließen erfolgt im festen Zustand: Die Quarz- oder Olivinkristalle ändern ihre Gestalt, behalten aber ihre spezielle Anordnung der Atome. Ein gutes Beispiel dafür liefert das häufig vorkommende Blei. Blei ist bei Raumtemperatur ein festes Metall mit gleichmäßigem Atomaufbau. Es läßt sich sogar biegen oder dehnen – je wärmer, desto leichter. Wird Blei gebogen, entspricht dies einem Fließen im festen Zustand. Die Fließfähigkeit von Quarz oder Olivin läßt sich wesentlich steigern, wenn mikroskopisch kleine Wassertropfen in die Kristalle eindringen. Und da an der Erdoberfläche reichlich Wasser vorhanden ist, wird fast jeder natürlich vorkommende Quarz so labil und ist damit eher fließfähig.

Tatsächlich verhalten sich die Kontinente etwa wie eine Platte aus weichem Toffee. Die Lithosphäre ist fest genug, um starre Platten zu bilden (siehe Kapitel 4), doch ist ein Großteil der kontinentalen Lithosphäre auch fähig, wie ein Toffee zu fließen. Aber es gibt eine dünne überdeckende Schicht, an der die spröde Kruste entlang von Verwerfungen bricht. Damit wird klar, daß das Fließen der Kontinente von den Fließeigenschaften des Toffee-Anteils kontrolliert werden muß. Die spröde Kruste bewegt sich lediglich an der Oberfläche. Olivin besitzt die Fließeigenschaften, die nötig sind, um etwa das Hochland von Tibet entstehen zu lassen: Es wird labiler, je größer der Schub ist.

Damit wissen wir, weshalb die Lithosphäre unterhalb der Kontinente flüssigkeitsähnlich ist, während sie in den Ozeanen starre Platten bildet: Der Grund ist, daß die Kontinente mit durchschnittlich etwa 35 Kilometern eine wesentlich dickere Kruste als die Ozeane

(rund 7 Kilometer) besitzen. Die kontinentalen Platten beinhalten labilere Minerale, wie etwa Quarz, und unterhalb davon Olivin. Gemeinsam bewirken diese Minerale einen so unstabilen Zustand, daß die gesamte Lithosphäre wie eine Flüssigkeit zu fließen beginnt, wenn sie zwischen zwei sich bewegende, feste Platten gerät. Anstelle von labilem Quarz befindet sich im oberen Teil der ozeanischen Platten – bei geringerer Tiefe und niedrigeren Temperaturen als in der kontinentalen Platte – hauptsächlich Olivin. Dieses ist fest genug, um die Starrheit der Platte aufrecht zu erhalten. Damit ist nicht der ganze Zusammenhang erklärt, denn der größte Teil des indischen Subkontinents blieb, wie bereits dargestellt, starr, als er nach Asien vordrang. Die Erklärung hierfür scheint zu sein, daß Indien ein sehr alter Kontinent ist, der wahrscheinlich seit einigen Milliarden Jahren existiert. Während des größten Teils dieser Zeit, kühlte er ab und wurde fester als Asien, denn niedrige Temperaturen bewirken hohe Stabilität.

Die dicke kontinentale Kruste hat eine weitere Auswirkung: Die gesamte kontinentale Lithosphäre hat eine geringere Dichte als die darunterliegenden tiefen Bereiche des Mantels in der Asthenosphäre. Dies liegt daran, daß die Minerale in der gesamten kontinentalen Kruste allgemein eine geringere Dichte aufweisen als Olivin im Mantel. Deshalb kann die kontinentale Lithosphäre im Gegensatz zur ozeanischen nicht ins Erdinnere absinken und subduziert werden (siehe Kapitel 3). Wenn also zwei Kontinente miteinander kollidieren, wird die Lithosphäre zusammengedrückt, verdickt sich und türmt sich zu hohen Bergen auf.

Alptraum eines Landvermessers

Harold Wellman, Pionier bei den Untersuchungen der sich bewegenden Kruste, entwickelte in Neuseeland eine Technik, die eine weitere Bestätigung der Fließtheorie liefern könnte. Bevor Wellman Geologe wurde, machte er eine Ausbildung als Landvermesser. Seine wenig übliche Annäherung an die Geologie rührt vielleicht daher. In den frühen 1950er Jahren

Wissenschaftler können heute die Bewegungen der Erdkruste messen. In Neuseeland wurden Satellitenempfänger (im Bild links) dazu verwendet, um genaue Positionen von Dreieckspunkten auf den Berggipfeln zu finden – diese Punkte haben ihre Position mit der Zeit verändert, weil sie einige Zentimeter im Jahr wandern.

hörte er davon, daß ein Landvermesser ein Areal vermaß, das bereits vierzig Jahre zuvor kartiert worden war. Er hatte systematische Differenzen zwischen beiden Vermessungen herausgefunden, die er Ungenauigkeiten der zuerst erfolgten zuschrieb. Harold Wellman kam auf die Idee, daß die Differenzen auf Bewegungen der Kruste zurückzuführen sind.

Neuseeland war vom British Survey of India bereits Ende des 19. Jahrhunderts sehr genau vermessen worden. Die viktorianischen Vermesser waren dazu angehalten, die Landschaft der jungen Kolonie mit größtmöglicher Präzision festzuhalten. Die Vermesser arbeiteten, indem sie auf den höchsten Gipfel kletterten und von einem Berg zum anderen peilten. Dadurch konnten sie den horizontalen Winkel zwischen den Peillinien bestimmen und erhielten eine Winkelvermessung in einem Netzwerk von Dreiecken, die durch die Peilungslinien zwischen vielen Gipfeln definiert waren. Der Vermesser konnte die Genauigkeit überprüfen, indem er die Winkel in einem Dreieck addierte; die Summe mußte 180° betragen. Diese frühen Winkelmessungen waren bemerkenswert präzise. Wenn es nun in dem vermessenen Gebiet eine

Das Fliessen der Kontinente

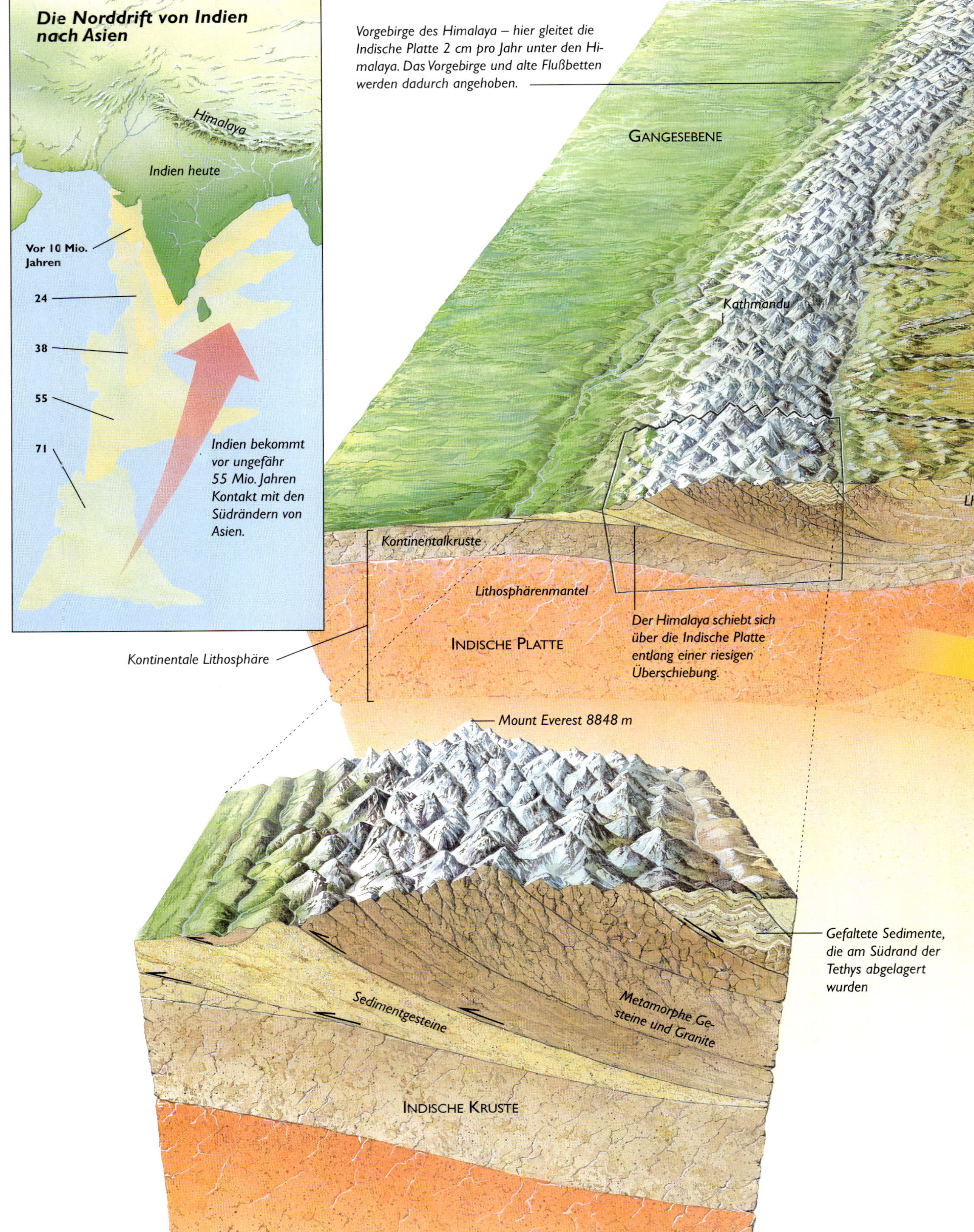

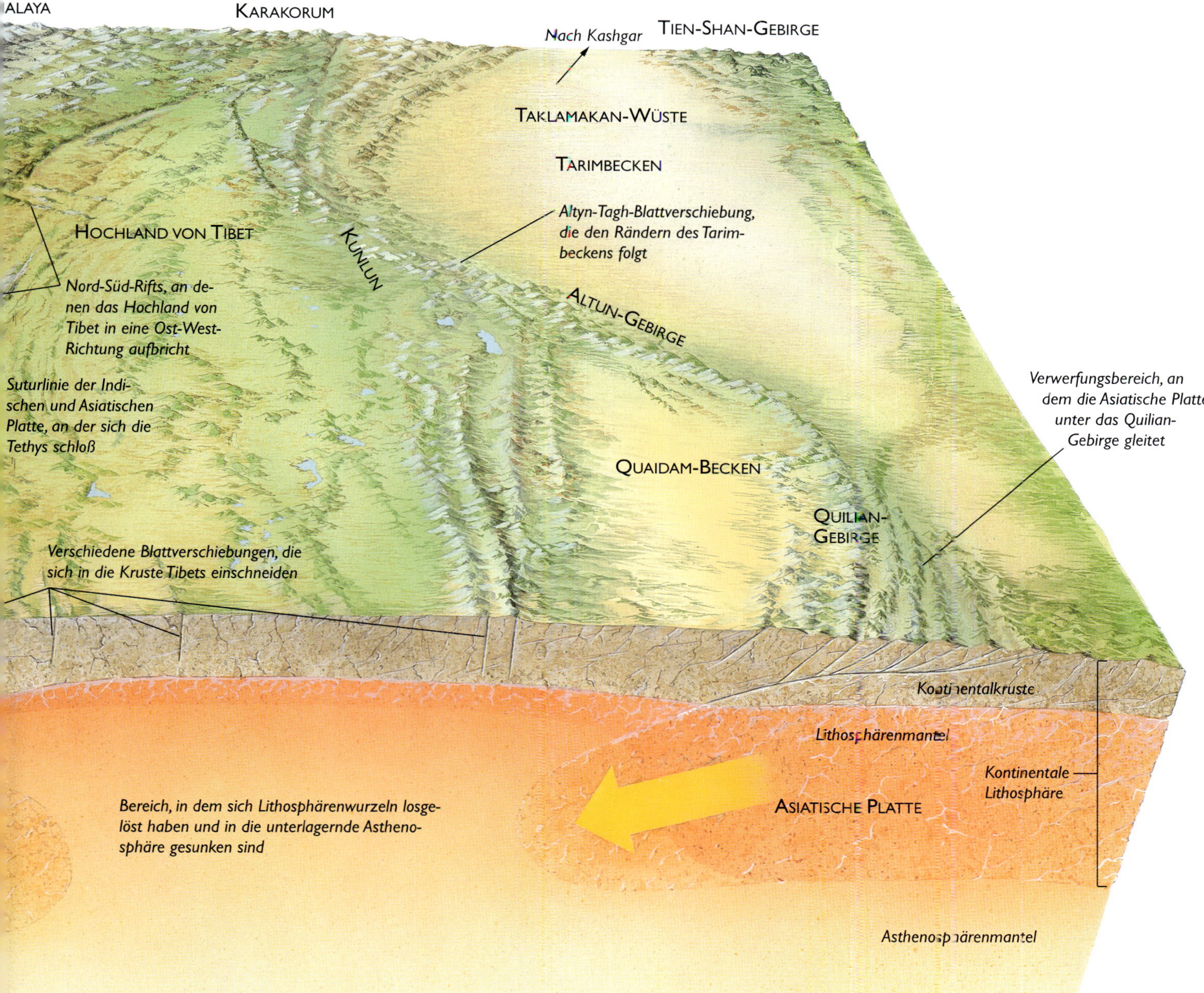

Der Aufstieg der Hochgebirge Zentralasiens

Als Indien an Asien herandriftete, wurden weite Gebiete Zentralasiens emporgeschoben. Indien hatte ersten Kontakt mit dem Südrand Asiens vor etwa 55 Millionen Jahren, seitdem ist es weitere 2000 Kilometer vorgedrungen, wobei die kontinentale Kruste zusammengedrückt und die Berge aufgefaltet wurden. Die gesamte Region ist einige tausend Kilometer breit. Die Bewegungen bilden ein Fließmuster; teilweise fanden sie in der Kruste durch Bewegung an vielen Verwerfungen statt.

Heute tauchen die indischen Tiefebenen an einer riesigen Verwerfungslinie, die am südlichsten Rand des Gebirges verläuft, unter den Himalaya ab. Die Verwerfung neigt sich unterhalb des Himalaya sanft in Richtung Norden. Metamorphe Gesteine und Granite tieferer Teile der Kruste wurden an vielen anderen Verwerfungen hochgeschoben, als der Himalaya und das Hochland von Tibet zu ihrer höchsten Erhebung von über 5000 Metern aufstiegen.

Auch die Kruste unterhalb des Hochlands von Tibet bricht an Nord-Süd-Rifts auseinander. Hier ist vielleicht die Lithosphäre etwas dünner, weil der untere Teil sich von selbst löst und in die unterlagernde Asthenosphäre sinkt. Zahlreiche Blattverschiebungen, an denen die Kruste seitwärts entlanggleitet, begrenzen die Gebirge – die Altyn-Tagh-Blattverschiebung bildet den südlichen Rand des großen Tarimbeckens. Nördlich des Hochlands von Tibet sind die Berge niedriger – das Tien-Shan-Gebirge zählt zu den nördlichsten Gebirgen Zentralasiens.

Bewegung in der Erdkruste gegeben hatte, dann mußten sich die Winkel in den Dreiecken verändert haben. Wellman erkannte, daß, bei ausreichend langer Zeit zwischen den Vermessungen, Änderungen in der Gestalt der Landschaft durch einen Vergleich der Winkel in den Dreiecken zu ermitteln sind.

Mit dieser Methode kann man auf direktem Wege das Fließen der Kontinente messen. Die frühen Vermessungen wurden mit denen, die hundert Jahre später gemacht wurden, verglichen. Das Ergebnis ist eine Darstellung der Bewegung der Landschaft von Neuseeland, das sich von Punkt zu Punkt leicht verändert, wie das Fließen einer Flüssigkeit.

Viele weitere Bergregionen wurden vermessen – in Griechenland, der Türkei, Kalifornien und den Anden; dabei kam mit der Satellitenvermessung modernste Technik zum Einsatz. Diese Studien bestätigten ein generelles Schema des Fließens, das bereits von den Flüssigkeitsmodellen der Kontinente bekannt war. Vor allem zeigten sie, daß das Fließen stark durch hohe Bergketten oder Depressionen beeinflußt wird. Sie tendieren dazu, die Fließrichtung zu lenken, wie man es von einer Flüssigkeit erwartet: vom höheren zum niedrigeren Punkt. Es ist der umgebende Druck, der die Berge oben hält und der Tendenz entgegenwirkt, daß sie nach unten fließen. Wenn dieser Druck nachläßt, fließen die Berge wie eine normale Flüssigkeit davon. Es gibt Gegenden auf der Erde, wo dies geschieht. Dazu gehören Teile der griechischen Ägäis und andere Regionen im Mittelmeer sowie bestimmte Zonen im westlichen Nordamerika. In der Basin- and Range-Provinz haben Verwerfungslinien die Landschaft in tiefe Täler mit dazwischenliegenden Bergrücken zerfurcht. Hier wird die Erdkruste gedehnt und eingeengt. Folglich legt die Theorie über den Kontinentalfluß nahe, daß Berge kurzlebig sind.

Letztlich ist es die Plattenbewegung, die den Druck auf die Berge aufrecht erhält. Wenn sich die Bewegung der Platten verändert, verändern sich auch die Berge; die heutigen Berge werden wegfließen und anderswo neue entstehen. Es ist das Zusammenspiel der Plattentektonik mit dem flüssigkeitsähnlichem Verhalten der Kontinente, die solche auffälligen Gebirgsrücken auf der Welt entstehen läßt – jeden mit seiner eigenen, besonderen Geschichte.

Die Hebung Tibets

Die Flüssigkeitstheorie der Berge kann viele Erscheinungen in Tibet erklären. Aber es war eine Herausforderung, als westliche Geologen in den frühen 1980er Jahren erstmals dorthin reisen durften. Neben der extremen Höhe kennzeichnen die vielen Seen das Land. Viele davon erstrecken sich in Nord-Süd-Richtung und bedecken tiefe Täler. Die Talseiten sind sehr steil und weisen die verräterischen Merkmale von Verwerfungslinien auf. Geologen, die diese Verwerfungslinien erstmals untersuchten, entdeckten, daß sich diese Verwerfungen dort bilden, wo die Kruste aufspringt – sie bemerkten große Rift- oder Spaltenbildungen in der Erdkruste. Einige dieser Verwerfungslinien sahen so aus, als ob sie in jüngster geologischer Zeit entstanden wären. Sie versetzten Flußbetten und lagerten Geröll ab, das die Gletscher vor einigen zehntausend Jahren hinter sich gelassen hatten. Seismologen berichteten von Erdbeben, die anzeigten, daß die Kruste auseinanderbricht. Aber es gab noch weitere Überraschungen. Geologen hatten Vulkane in Zentral- und Nordtibet entdeckt, deren Lavaergüsse zum Teil sehr frisch aussahen. Probleme bei der Einreise nach Tibet erschwerten jedoch die Untersuchung dieser Vulkane; einige wenige Proben zeigten allerdings, daß das vulkanische Gestein aus dem Erdmantel stammte.

Die Vulkane wie auch die Riftbildungen waren mit dem Flüssigkeitsmodell nicht vorhersagbar. Philip England versuchte daher, mit jeder denkbaren Situation zu experimentieren. Er veränderte die Eigenschaften der Flüssigkeit und die Bewegungen Indiens, konnte aber kein flüssigkeitsähnliches Asien schaffen, das sich in Ost-West-Richtung ausbreitete, wie es in den Rifts von Tibet zu erkennen war. Er prüfte, ob es im Mantel heiß genug war, damit durch das Schmelzen Vulkane

Rechts: Geysire stoßen im Hochland von Tibet kochend heißes Wasser aus. Das heiße Wasser entspringt nahe aktiver Verwerfungen, wo die Kruste auseinanderbricht.

BERGWURZELN

Zur kontinentalen Lithosphäre gehören die Erdkruste wie auch der obere Teil des Erdmantels **(a)**. Berge werden nach oben geschoben, wenn die kontinentale Lithosphäre komprimiert wird; während dieses Prozesses werden Kruste und Teile des Mantels verdickt; sie bilden eine tiefe Wurzel unter den Bergen **(b)**.

Der Mantelanteil in der Wurzel ist dichter als die unterlagernde Asthenosphäre. Er fällt schließlich ab, wodurch die Berge höher aufsteigen. Heiße Asthenosphäre fließt nach und füllt die Hohlräume, die der sinkende Tropfen hinterlassen hat. Dabei wird vulkanische Aktivität ausgelöst. Die hohen Berge kollabieren, und es bilden sich Rifts in der Kruste **(d)**.

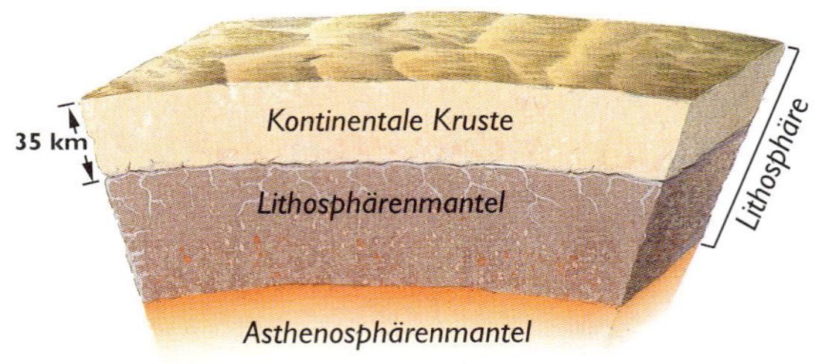

(a) Kontinentale Lithosphäre

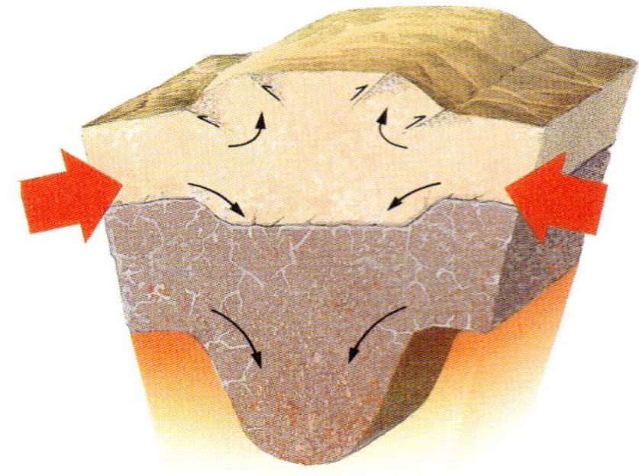

(b) Berge fließen nach oben, eine »Eisbergwurzel« wird gebildet.

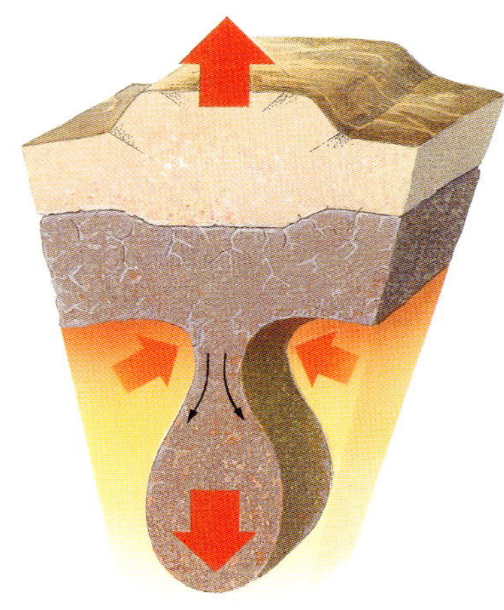

(c) Der Boden der Lithosphäre fällt auseinander, Berge steigen auf.

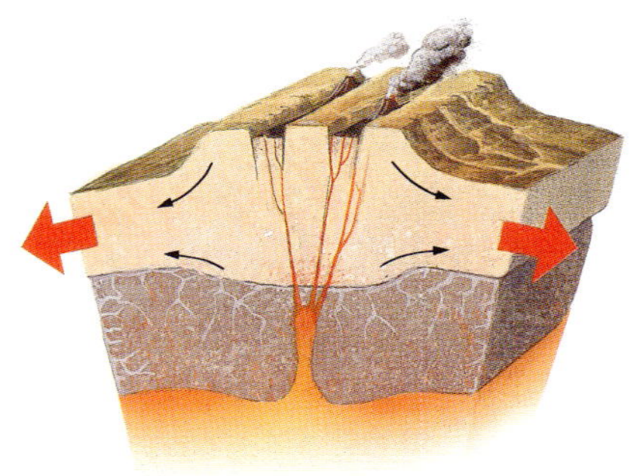

(d) Die Kruste dehnt sich, vulkanische Aktivität beginnt.

entstehen konnten. Es mußte also ein anderer Faktor eine Rolle spielen, der bis dahin ignoriert worden war.

In diesem Fall muß man sich mit einer möglicherweise komplizierten Überlegung auseinandersetzen. Die Lithosphäre, in der das Fließen stattfindet, um Berge zu bilden, ist nicht durch ihre Zusammensetzung definiert, sondern durch mechanische Eigenschaften. Sie setzt sich aus Krusten- und Mantelmaterial zusammen und überlagert einen schwächeren Bereich der Erde, die Asthenosphäre (siehe Kapitel 4), die ebenfalls aus Mantelanteilen besteht. Mit anderen Worten: Die Basis der Lithosphäre liegt innerhalb des Mantels. Da die Temperaturen in der Erde mit der Tiefe zunehmen, ist der Lithosphärenmantel kälter und dichter als der heißere Asthenosphärenmantel darunter. Dieser Sachverhalt wird als Dichteinversion bezeichnet und markiert eine gravitationsbedingte instabile Situation. Wenn das Material in einem flüssigkeitsähnlichen Kontinent hochgedrückt wird, um Berge zu bilden, wird die Lithosphäre mit ihrer Kruste dicker. Die allgegenwärtige Instabilität der Dichteinversion zwischen den beiden Arten von Mantel ist ansteigend. Schließlich »tropft« der Boden der Lithosphäre buchstäblich nach unten und sinkt ins Erdinnere zurück. Dies veranlaßt den überlagernden Kontinent zum Aufsteigen.

Philip England berechnete, daß dieser Effekt aus einer plötzlichen geologischen Hebung des Hochlands von Tibet um 1 bis 3 Kilometer resultiert. Wenn die aufliegenden Kontinente einmal aufgestiegen sind, tendieren sie dazu, auseinanderzubrechen. Dieser Effekt könnte die Erklärung für die Riftbildung in Tibet sein. Ein Absinken hätte eine andere Konsequenz. Es würde eine neue Basis der Lithosphäre Asiens zum heißeren Asthenosphärenmantel darunter freilegen. Diese wäre heiß genug, um den Bereich lokal zu schmelzen. Das geschmolzene Gestein würde an die Oberfläche aufsteigen und in Vulkanen ausgeworfen werden. Dies könnte die konischen Vulkanhügel im Hochland von Tibet erklären.

Manchem werden Englands Überlegungen ziemlich sonderbar und kompliziert erscheinen. Es sieht so aus, als ob wir uns von der Vorstellung von Kontinenten, die fließen, entfernt haben. Aber wenn man darüber nachdenkt, ist der Prozeß des »Abtauchens« nur ein weiterer Aspekt des Fließens. Anstatt die Berge als Erscheinungen der Erde zu sehen, die langsam auf- und abfließen, denken manche eher an eine plötzliche Entstehung. Berge entstehen und vergehen relativ schnell. Wie noch gezeigt wird, beeinflussen sie den Planeten in anderen Funktionsweisen.

DER WECHSEL DES WETTERS

Ein Hauptereignis des Klimas in Asien ist das Auftreten des jährlichen Monsunregens während des Sommers. In Nordindien beginnen die Monsunniederschläge meist Ende Juli. In den Wochen davor ist die Luft unerträglich heiß und stickig. Es verschafft Erleichterung, wenn der Regen sintflutartig herabprasselt und es über dem Himalaya wie aus Kübeln gießt. Im September wird der Regen schließlich leichter, und der Himmel klart wieder auf.

Die Meteorologen glauben, daß die Ausmaße des Monsunregens hauptsächlich auf die Existenz des Himalaya und des Hochlands von Tibet zurückzuführen sind. Während der Sommermonate wird die riesige Hochebene von der Sonne aufgeheizt. Ein

TIBET, DER MONSUN UND DIE BLÄTTER

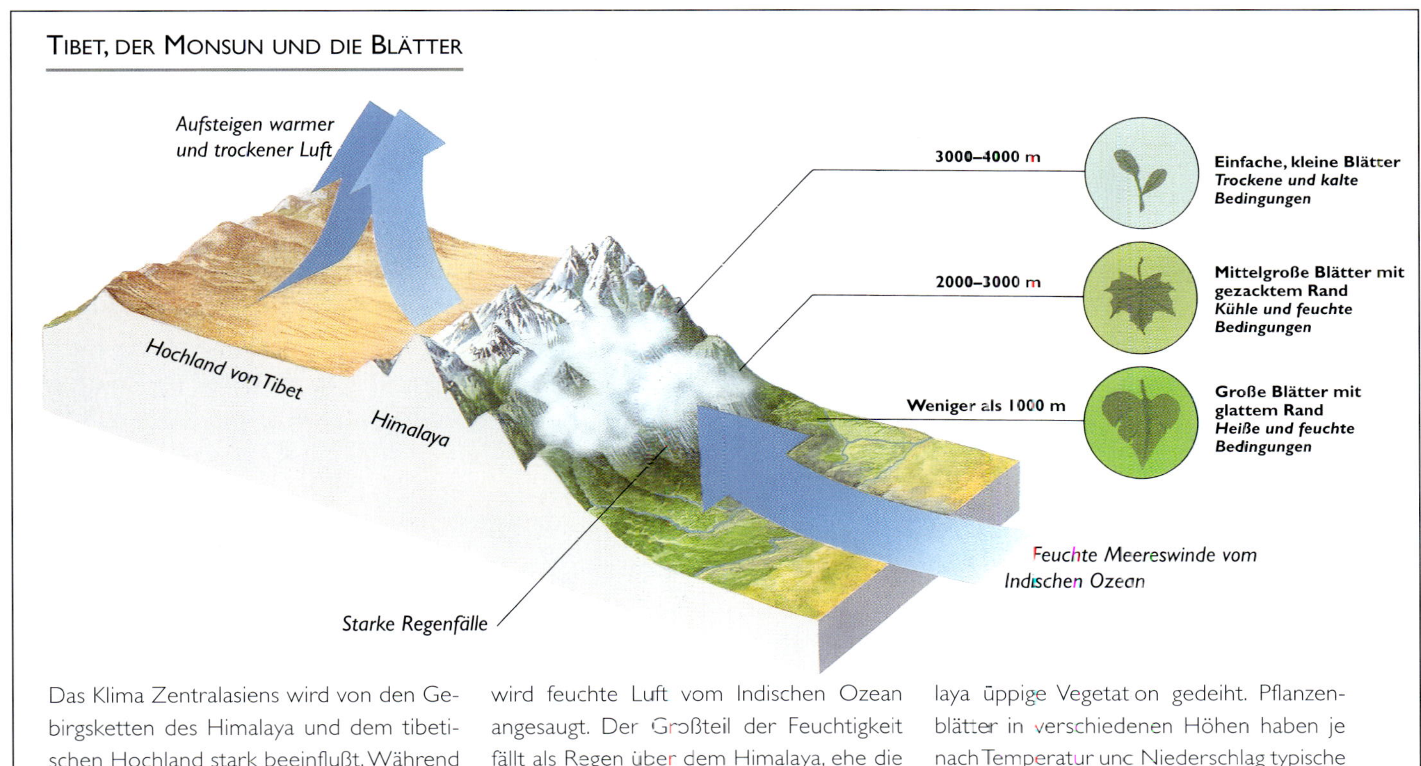

Das Klima Zentralasiens wird von den Gebirgsketten des Himalaya und dem tibetischen Hochland stark beeinflußt. Während des Sommermonsuns erwärmt sich das Hochland, und die Luft wird aufgeheizt. Wenn die heiße Luft nach oben steigt, wird feuchte Luft vom Indischen Ozean angesaugt. Der Großteil der Feuchtigkeit fällt als Regen über dem Himalaya, ehe die Luftmassen Tibet erreichen; deshalb herrschen hier weitgehend wüstenhafte Bedingungen, während im Gebiet um den Himalaya üppige Vegetation gedeiht. Pflanzenblätter in verschiedenen Höhen haben je nach Temperatur und Niederschlag typische Merkmale. Geologen können die Höhe ehemaliger Berge anhand von in Gesteinen erhaltenen fossilen Blättern berechnen.

Während eines Erdbebens gibt es Bewegungen an der Oberfläche. Beim Vergleich der Radaraufnahmen von Kalifornien vor und nach dem Erdbeben in Landers 1992 konnten Forscher die Bewegungen exakt bestimmen. Im gleichen Maß bewegte Bereiche werden in der Aufnahme jeweils in gleicher Farbe dargestellt. Jede vollständige Farbabfolge in der Streifenstruktur entspricht einer Bewegung von 2,8 Zentimetern. Zur Verwerfungslinie hin nimmt die Bewegung zu. Sie erscheint als Serie unterbrochener schwarzer Linien. Die Aufnahme entspricht einer Originalfläche von 80 Kilometern Länge.

Großteil der Sonnenenergie wird wieder abgestrahlt und heizt die Atmosphäre über Tibet auf. Sie wird hier wesentlich wärmer als ähnlich hohe Bereiche der Atmosphäre, die sich an Tibet anschließen.

Wenn die aufgeheizte Luft aufsteigt, wird feuchte Luft vom Indischen Ozean angesaugt. Aber die hohen Gipfel des Himalaya blockieren die feuchten Luftmassen. Diese bauen sich zu Wolken auf und regnen schließlich während des indischen Monsuns ab. Auch das Hochland von Tibet markiert eine Barriere für die Zirkulation der Luft. So beeinflußt es das klimatische Geschehen in einer ausgedehnten Region. Andere große Gebirgsketten der Erde wirken sich ebenfalls auf das Wetter aus. Die Hohen Anden am Westrand von Südamerika bilden eine Barriere, die großräumige Luftströmungen ablenkt. Sogar die relativ kleinen Gebiete der Südalpen in Neuseeland haben Einfluß auf das Klima; die Regenfälle konzentrieren sich hier auf die Westküste der Südinsel. Dies sind nicht die einzigen Aspekte, wie Gebirgsketten das Klima verändern; die Auswirkungen bieten Stoff für ein eigenes Kapitel (siehe Kapitel 6).

Wenn Berge kurzzeitig das Wetter beeinflussen können, stellt sich die Frage, wie sich das Klima ändert, wenn neue Berge wie das Hochland von Tibet dramatisch in die Höhe steigen. Wissenschaftler glauben, daß sich das monsungeprägte Klima, das heute in Indien vorherrscht, vor etwa 8 Millionen Jahren entwickelte. Es läßt sich so genau datieren, da der Ozean im Bereich des Golfs von Aden während des Monsuns besonders stürmisch ist und den Meeresboden aufwühlt. Dabei steigen Nährstoffe in Teilen des Ozeans an, was in einer jährlichen Blüte von mikroskopisch kleinen Organismen resultiert. Diese sterben und setzen sich schließlich auf dem Meeresboden ab, Jahr für Jahr, Schicht um Schicht. Wissenschaftler, die den Meeresboden in dieser Gegend untersuchten, entdeckten, daß dieses Phänomen seit rund 8 Millionen Jahren auftritt. Kann so auch ein rapider Anstieg von Tibet datiert werden, als sich die Lithosphäre löste und in den Erdmantel sank? Um das zu beweisen, muß man wissen, wie die Gebirgsketten im Laufe der Zeit gewachsen sind.

Die Höhe eines ehemaligen Berges zu bestimmen, ist schwierig. Geologen mußten Botaniker zu

Rate ziehen, und es entstand ein neues Forschungsfeld, die Paläo-Höhenvermessung. Sie basiert auf der Änderung der Vegetation mit der Höhe. Wenn man einen Berg besteigt, merkt man, wie sich die Vegetation allmählich verändert. Je höher man kommt, desto kleiner werden die Bäume, bis man schließlich die Baumgrenze erreicht. Auf den Berghängen wächst dann nur noch Gestrüpp und Gras; anschließend sieht man nur noch unbewachsene Felsen.

Botaniker entdeckten Merkmale an Blättern, die sich progressiv ändern. So werden sie in höheren Lagen immer kleiner und dicker und haben eine weniger komplexe Form, da es, je höher man kommt, um so kälter wird. Blattformen sind auch davon abhängig, wieviel Regen die Pflanze erhält.

Botaniker haben anhand der Vielzahl von Blattformen ein Blatt-Thermometer erstellt. Dieses Thermometer dient der Höhenschätzung und kann auch in Fossilfunden nachgewiesen werden. Am besten erhalten sich Blätter am Grund von Seen. Blätter der umstehenden Bäume fallen in den See und hinterlassen die Abdrücke ihrer feinen Struktur im Schlamm. Manchmal haben sich die zu Gestein gewordenen Überreste der Seen erhalten. Das Gestein läßt sich parallel zur Schichtung aufschlagen, und gelegentlich findet man ein perfekt erhaltenes Blatt.

Der Geologe und Botaniker Bob Spicer sammelte vor wenigen Jahren in Tibet fossile Blätter, die sich im Bett eines ehemaligen großen Sees erhalten haben, der vor etwa 10 Millionen Jahren existierte. Die Blätter lassen darauf schließen, daß sie unter viel wärmeren und feuchteren Bedingungen wuchsen, als heute hier herrschen. Spicer glaubt, daß die Blätter zu einer Zeit wuchsen, als Tibet viel tiefer lag, auf weniger als 4000 Metern anstelle der heutigen 5000 Meter. Das deutet darauf hin, daß Tibet sich in den letzten 10 Millionen Jahren dramatisch hob – wie es Philip England vermutet hatte.

Es scheint, daß ein Ereignis tief im Erdmantel die Hebung Tibets beschleunigte und auch eine Klimaveränderung auslöste. Der Himalaya wurde regenreicher, und die Flüsse transportierten riesige Mengen Gesteinsmaterial zum Golf von Bengalen. Das entspricht dem Gesteinszyklus, den James Hutton vor über 200 Jahren entdeckt hatte (siehe Kapitel 1).

Tibet ist heute eine trockene, sehr kalte Region. Aber ein fossiler Palmenstamm aus einem mehrere zig Millionen Jahre alten Gestein zeigt, daß dies nicht immer der Fall war. Die Veränderung des Klimas wird hauptsächlich der Hebung Tibets bis zu seiner jetzigen mittleren Höhe von etwa 5000 Metern über dem Meer zugeschrieben.

Doch die Auswirkungen der Hebung von Tibet müssen noch weiter entfernte Spuren hinterlassen haben. Feuchtere Bedingungen in Asien können mit trockeneren in Ostafrika einhergehen. Sie beschleunigten die Ausbreitung der Savannen und boten unseren fernen Vorfahren die Möglichkeit, die Wälder zu verlassen und auf zwei Beinen zu gehen. Dieser Aspekt wird in Kapitel 7 näher beleuchtet.

Seit den Goldwäschertagen Harold Wellmans an der Westküste der Südinsel Neuseelands vor 60 Jahren hat sich also viel verändert. Unsere Sicht der Kontinente hat sich geändert, Berge gelten nicht mehr als alt und unbeweglich, sondern wurden als junge, wachsende, sich wie eine Flüssigkeit verhaltende Erscheinung erkannt. Wir haben gesehen, daß vom Fließen tief im Erdinneren bis zur atmosphärischen Zirkulation deutliche Verbindungen bestehen. Die flüssigkeitsähnliche Natur der Berge läßt darauf schließen, daß sie kurzlebige Erscheinungen sind. Im Laufe der Erdgeschichte entstanden und vergingen riesige Gebirgsketten und beeinflußten die atmosphärische Zirkulation. Aber wie wir im nächsten Kapitel sehen werden, ist das nur ein Faktor, der sich auf das Klima der Erde auswirkt.

KAPITEL 6

DAS EISZEITALTER

Im 19. Jahrhundert fanden Geologen Hinweise darauf, daß große Teile der nördlichen Hemisphäre früher von mächtigen Eismassen bedeckt waren. Heute wissen wir, daß das Vorrücken und Rückschmelzen der Gletscher nur ein Aspekt der globalen klimatischen Veränderungen ist. Der Planet war in der Vergangenheit manchmal heißer, manchmal kälter als heute. Das komplexe Wechselspiel zwischen den Schwankungen der Erdumlaufbahn um die Sonne, den Bewegungen tektonischer Platten, der Erdatmosphäre und den Meeresströmungen hat einen großen Einfluß auf das globale Klima.

Große Gletscher gibt es hauptsächlich in Gebirgen. Dieser mächtige Gletscher fließt in Alaska dem Meer zu. Der dunkle Streifen, der sich in der Mitte entlangzieht, ist die Mittelmoräne. Sie besteht aus Gesteinsmaterial, das vom Gletscher mitgeführt wird.

Etwa 50 Kilometer nördlich von London durchfließt der Fluß Lea die Landschaft von Hertfordshire. Er hat sich in das Gestein eingeschnitten und ein ausgedehntes Tal mit flachem Talboden geschaffen. Schmale Mulden an den Talseiten sind die Überreste von Steinbrüchen, in denen man einst Kalk und Feuerstein förderte. Die Seiten der alten Steinbrüche sind mit kleinen Löchern übersät – hier gruben Hasen Löcher in den Kreideboden. Ein merkwürdiges Durcheinander von etwa faustgroßen Gesteinsfragmenten liegt verstreut unterhalb der Baue: Ammoniten, fossile Dinosaurierknochen, Stücke von Feuerstein und seltsame Austernschalen, die Teufelskrallen genannt werden. Auch Brocken vulkanischen Gesteins und Granit findet man hier, die normalerweise viel weiter nördlich, im Lake District oder in Schottland, vorkommen. Selbst versteinerten Knochen von Elefanten, Nilpferden, Säbelzahntigern, Löwen und Mammuts begegnet man hier. Aber wie kommt das Durcheinander an Fossilien und Gesteinstypen nach Hertfordshire? Die Antwort liegt in den Veränderungen des Weltklimas, die bei London eine Landschaft entstehen ließen, die sich mehrmals vom tropischen Dschungel in eine gefrorene Eiswüste und wieder zurück verwandelt hat.

Eine Welt aus Eis

Noch vor 150 Jahren konnte sich kaum jemand vorstellen, daß das globale Klima einmal völlig anders war als heute. Doch selbst in historischer Zeit scheint es drastische Klimaveränderungen gegeben zu haben. Als Erich der Rote im 9. Jahrhundert von Island aus nach Westen segelte, entdeckte er fruchtbares Land, das er Grönland taufte. Er holte Siedler auf die Insel, die das Land agrarisch zu nutzen begannen. Doch nur wenige Jahrhunderte später waren die Winter so streng, daß die Bewohner ihre Dörfer und Landwirtschaften aufgeben mußten. Auch Europa erlebte zwischen 1450 und dem späten 18. Jahrhundert eine Klimaverschlechterung; sie äußerte sich darin, daß die Ostsee und einige große Flüsse, wie zum Beispiel die Themse in England und der Tajo in Spanien fast jeden Winter teilweise zufroren. In den vergangenen 200 Jahren beobachteten Dorfbewohner in den Schweizer Alpen, wie die alpinen Gletscher innerhalb kurzer Zeiträume vorrückten und wieder zurückwichen.

Als vor rund 18 000 Jahren die Eisdecken im nördlichen Großbritannien zu schmelzen begannen, blieben große Felsbrocken zurück, die das Eis mitgeschleppt hatte. Dieser auf Kalkgestein in Yorkshire liegende Findling wurde aus weit entfernt gelegenem Gestein herausgerissen.

Die Basis einer Eisdecke ist voller Gesteinsfragmente. Wenn die Eisdecke vorrückt, schürfen diese Furchen und Schrammen in das anstehende Gestein. Diese Gletscherschrammen im Osten Grönlands beweisen, daß das Land einst unter einer Eisdecke lag.

Ungewöhnliche Ablagerungen an der Oberfläche wie in Hertfordshire gibt es in ganz Nordeuropa und im nördlichen Nordamerika. Als sie im 19. Jahrhundert bemerkt wurden, hatte man zunächst keine Erklärung für dieses Phänomen. Häufig bestanden die Ablagerungen aus einer über die Landschaft verstreuten losen Mischung aus Kies, Sand und Ton. Manchmal waren bis zu 1 Meter dicke Felsbrocken aus Granit oder anderen Gesteinen in die Ablagerungen eingebettet oder blieben auf der Oberfläche zurück, nachdem das umgebende Material erodiert war. Diese Brocken wiesen eine polierte Oberfläche auf oder waren durch Schrammen und Furchen gezeichnet. Die Geschiebe, wie man die Ablagerungen nannte, waren das Ergebnis geologisch jüngster Ereignisse, die sich über einige Zeit erstreckt hatten. Deren Bestimmung war im frühen 19. Jahrhundert Gegenstand heftiger Debatten. Der britische Geologe William Buckland hielt die Ablagerungen für Reste einer globalen Überflutung – vielleicht der Sintflut.

Während der letzten Jahrmillionen hat sich das globale Klima grundlegend geändert. Das obere Bild ist eine Rekonstruktion der Umgebung der Stadt Luzern in der Schweiz, als vor rund 20 Millionen Jahren tropisches Klima herrschte. 18 000 Jahre später war dieselbe Region eine Eiswüste (unteres Bild), die von Mammuts bevölkert wurde.

Das Lauterbrunnental in der Schweiz wurde während der letzten Eiszeit von einem Gletscher ausgeschabt, der vom Hochgebirge im Hintergrund herunterfloß. Nach dem Rückschmelzen des Gletschers blieb ein sogenanntes Trogtal mit nahezu senkrechten Felswänden zurück.

Einige Geologen, unter ihnen Jean de Charpentier und Jean Louis Agassiz, sahen dies anders. Als Agassiz 1830 in der Schweiz auf einem Gletscher stand, bemerkte er, daß die geröllführenden Ablagerungen in von Gletschern bedeckten Alpentälern genauso aussahen wie das Geschiebe. Einzelne Felsbrocken und das anstehende Gestein neben den Gletschern wiesen die gleichen Schrammen und Furchen auf. Allein die Beobachtung der Gletschertätigkeit machte deutlich, daß die Schrammen bei der Bewegung des Gletschers und der im Eis mitgeführten Gesteine entstanden. Aber um die weite Verbreitung des Geschiebes zu erklären, mußten zu einer bestimmten Zeit weite Teile Europas und Skandinaviens mit

Gesteine liefern Hinweise auf vergangene Eiszeiten. In der Nähe von Kimberley, Südafrika, finden sich in Felsen aus der Karbonzeit Gletscherschrammen, die rund 290 Millionen Jahre alt sind.

Eis bedeckt gewesen sein, das nach dem Abschmelzen das Geschiebe zurückließ. Die Untersuchung der Ablagerungen ergab, daß es sich nicht nur um eine, sondern um mehrere Schichten handelte. In den Überresten von Agassiz' Eiswelt waren Schichten mit Überresten von Löwen, Nilpferden und Elefanten – Tieren der afrikanischen Steppe – eingelagert. Daraus zog Agassiz den Schluß, daß sich das Klima grundlegend verändert haben mußte, und zwar nicht nur einmal, sondern mehrere Male. Phasen heißen Klimas wie in Afrika hatten mit kalten Bedingungen, wie sie in der Arktis herrschen, gewechselt.

Detaillierte Untersuchungen des Geschiebes ergaben, daß es sich an der Basis eines Gletschers akkumuliert, wenn sich das Eis über die Landschaft ausbreitet. Während dieses Prozesses werden Fragmente des unterlagernden Gesteins und das ältere Geschiebe vom Eis herausgerissen, zermahlen und in die Eisdecke integriert. Dabei entsteht ein Gesteinspulver, das als tonige Matrix im Geschiebe auftritt. Glaziologen haben das Vor- und Rückschmelzen großer Eisdecken in der Vergangenheit verfolgt und die Zusammensetzung des Geschiebes und damit verbundene Erscheinungen aufgenommen. Auch wenn das Geschiebe bereits erodiert war oder gar nicht abgelagert wurde, hat die felsige Landschaft die typischen Merkmale der Tätigkeit eines Gletschers: polierte und gestreifte Gesteinskörper, kleine Hügel, die vom vorrückenden Eis geformt wurden, oder Trogtäler, in denen sich der Gletscher seinen Weg zwischen den Bergen bahnte.

Heute bilden die großen Eisdecken der Antarktis und Grönlands riesige Landschaften aus Eis ohne besondere Merkmale. Die Entdeckung des Geschiebes zeigte, daß die Eisdecken einst noch größer waren. Auf der Nordhalbkugel bildeten sie eine riesige Eiskappe, die Nordeuropa, Sibirien und das nördliche Nordamerika bis zum heutigen New York bedeckte. Perioden, in denen solche Eisdecken existieren – die Eiszeiten –, sind allerdings selten. Vereinzelte Überreste des Geschiebes zeigen, daß die letzte Eiszeit vor ungefähr 280 Millionen Jahren begann und einige zig Millionen Jahre währte. Noch ältere Ablagerungen deuten auf längere Eiszeiten vor etwa 450 und 600 Millionen Jahren hin.

EINE GESCHICHTE DER ABKÜHLUNG

Die Belege für ehemalige Eiszeiten treten nur vereinzelt und bruchstückhaft auf. Inzwischen sind wir jedoch in der Lage, die Abfolge von Ereignissen zu rekonstruieren, die die jüngste Eiszeit einleiteten – die, in der wir selbst leben. Die dramatische Klimaverschiebung hatte Auswirkungen auf das Leben auf der ganzen Erde. Da sich Lebewesen ihrer Umwelt anpassen, haben Veränderungen der Umwelt gravierende Auswirkungen auf Tiere und Pflanzen. Wie bereits in Kapitel 5 erwähnt, wird etwa die Form der Blätter einer Pflanze zum Teil von der Temperatur bestimmt, der die Pflanze ausgesetzt ist – so konnten Geologen versteinerte Blätter zur Bestimmung der mittleren Jahrestemperatur vergangener Zeiten verwenden. Die in Sedimenten erhaltenen fossilisierten Samen oder Pollen zeigen die Art der Vegetation in einer bestimmten Gegend. Damit geben sie auch indirekt Hinweise auf die herrschenden klimatischen Bedingungen. So gut diese Indikatoren auch sind – sie haben sich leider nur in Ausnahmefällen gut erhalten. Wenn zum Beispiel ein Sumpf durch Materialeintrag verlandete, sind diese Indikatoren meist verschwunden.

Doch lebende Organismen liefern auch auf andere Weise erstaunlich detaillierte Informationen über die klimatischen Veränderungen der vergangenen etwa 100 Millionen Jahre – also die Zeit, in der die gegenwärtige Eiszeit begann. Der Schlüssel hierfür ist der Sauerstoff, der in Fossilien gebunden ist. Fossile Schalen bestehen häufig aus Kalziumkarbonat, dessen Moleküle auch Sauerstoff enthalten. Sauerstoff kommt in der Natur in mehreren Formen vor. Das häufigste Isotop ist Sauerstoff-16, das nächsthäufige der schwerere Sauerstoff-18. Im Laufe seines Lebens entzog das Lebewesen, das die Schale bewohnte, dem Wasser Sauerstoff, um seine Schale zu bilden. Experimente zeigten, daß das Verhältnis von Sauerstoff-16 zu Sauerstoff-18 in der Schale von der Temperatur abhängt – und damit auf die Wassertemperatur verweist, in der das Tier lebte.

Sedimente des Ozeanbodens beinhalten Anhaltspunkte über das Klima der letzten 100 Millionen Jahre. Mit Hilfe der hochentwickelten Tiefseebohrung erhält man Gesteinsproben aus dem Grund des Ozeans; diese Bodenproben liefern wertvolle Informationen über die einstigen Bedingungen im Ozean und in der Atmosphäre.

Globale Temperaturen im Lauf der Zeit

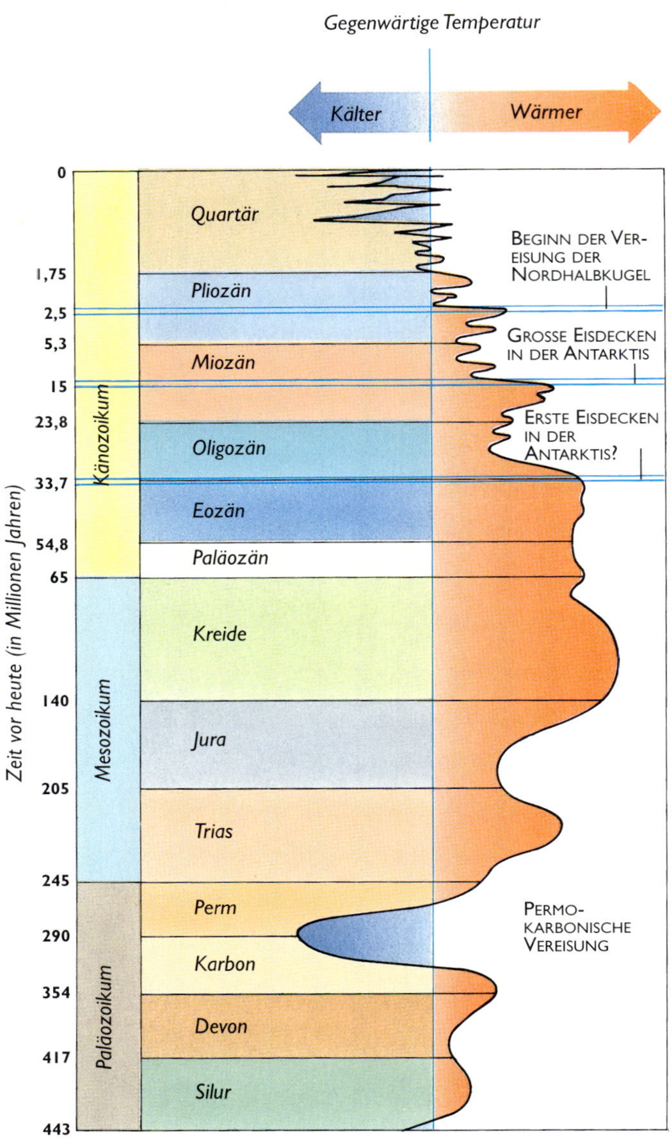

Gegenwärtige Temperatur
Kälter
Wärmer

Zeit vor heute (in Millionen Jahren)

0 – Quartär
1,75 – Pliozän
2,5
5,3 – Miozän
15
23,8 – Oligozän
33,7 – Eozän
54,8 – Paläozän
65 – Kreide
140 – Jura
205 – Trias
245 – Perm
290 – Karbon
354 – Devon
417 – Silur
443

Känozoikum
Mesozoikum
Paläozoikum

Beginn der Vereisung der Nordhalbkugel
Grosse Eisdecken in der Antarktis
Erste Eisdecken in der Antarktis?
Permokarbonische Vereisung

Die Temperaturen haben sich im Laufe der Zeit weltweit verändert, wie die Auswertung von Sauerstoffisotopen in Bohrkernen aus der Tiefsee sowie die Verteilung fossiler Pflanzen und anderer geologischer Anhaltspunkte ergab. In den letzten 100 Millionen Jahren hat sich die Erde trotz großer Temperaturschwankungen abgekühlt. In den letzten 35 Millionen Jahren wuchsen Eisdecken, wie es sie vor 290 Millionen Jahren zum letzten Mal gab.

Wissenschaftler können die Wassertemperaturen der einstigen Ozeane feststellen, indem sie das Verhältnis der Sauerstoffisotopen in den Schalen der Ozeanbewohner bestimmen. Die Methode ist in der Theorie einfach, in der Praxis aber sehr aufwendig. Die Schalen haben sich Schicht für Schicht und Jahr für Jahr auf dem Ozeanboden aufgebaut. Einige gehörten zu planktonischen Fossilien, die in den oberen 50 Metern des Ozeans lebten. Nach dem Absterben sanken die Lebewesen auf den Grund und wurden neben den sogenannten benthonischen Fossilien auf dem Ozeanboden abgelagert. Durch Bohrungen mit Zylindern erhält man Proben, die einen Ausschnitt dieser Ansammlung toter Lebewesen enthalten – Tausende solcher Proben wurden in der Zwischenzeit gesammelt. Danach beginnt die langwierige Arbeit der Bestimmung der Schichten und der Sortierung der verschiedenen planktonischen und benthonischen Arten. Die Schalen werden auf ihren Gehalt an Sauerstoffisotopen untersucht, und mit Hilfe des Verhältnisses von schwerem zu leichten Sauerstoff können konkrete Aussagen gemacht werden – die periodischen Umkehrungen des magnetischen Erdfeldes, die in der Magnetisierung der Sedimentschichten dokumentiert sind, helfen bei der Datierung (siehe Kapitel 2). Schließlich werden die Meßdaten statistisch erfaßt.

Auf diesem Wege konnte man die Meerestemperaturen der letzten mehreren zig Millionen Jahre errechnen. Die Temperaturen des Oberflächenwassers erwiesen sich dabei im allgemeinen als konstant, auch wenn sie von Ozean zu Ozean variieren – das oberflächennahe Wasser ist am Äquator wärmer als in polnäheren Breiten. Aber die Temperaturen der Tiefsee unterlagen einer bemerkenswerten Veränderung. Vor etwa 100 Millionen Jahren, als in der Kreidezeit Dinosaurier die Kontinente beherrschten, war das Wasser am Ozeanboden cirka 20 °C wärmer als heute. Derzeit liegt die Durchschnittstemperatur des Wassers am Ozeanboden bei fast 0 °C. Das Absinken der Temperaturen in den Ozeanen ist ein Anzeichen für eine Klimaveränderung.

Andere Indikatoren geben Aufschluß über die Temperaturen auf dem Festland. Aufgrund pflanzlicher Fossilien weiß man, daß zum Beispiel in der

Kreidezeit praktisch überall auf dem Festland wesentlich höhere Temperaturen herrschten als heute – weder Arktis noch Antarktis waren eisbedeckt, dafür gab es dort ausgedehnte Waldregionen.

Seither sind die Temperaturen überall schrittweise gesunken. Vor ungefähr 35 Millionen Jahren gab es eine deutliche Abkühlung des Tiefseewassers. Das geht einher mit den ersten Anzeichen glazialer Ablagerungen in den Tiefseesedimenten der Antarktis, die nahelegten, daß sich an Land eine Eisdecke auszubreiten begann. Diese Erscheinungen zeigen die frühen Anfänge der gegenwärtigen Eiszeit. Vor rund 15 Millionen Jahren gab es einen weiteren Abfall der Temperaturen des Tiefseewassers, während sich gleichzeitig die Eisdecke der Antarktis fast bis zu ihrer gegenwärtigen Größe aufbaute. Bis jetzt gibt es jedoch noch keine Hinweise für eine Eisdecke in der nördlichen Hemisphäre.

DER PULSSCHLAG DER VERÄNDERUNG

Die Auswertung der Sauerstoffisotope ergab, daß sich vor 15 Millionen Jahren etwas Seltsames ereignete. Bei Fossilien aus tiefen und seichten Regionen der Ozeane wurden starke Schwankungen im Verhältnis der Sauerstoffisotope festgestellt, die kaum mit der Veränderung der Wassertemperatur zu erklären sind, da Oberflächen- und Tiefseewasser ihre Temperatur gewöhnlich nicht gleichzeitig ändern. Die Lösung dieses Rätsels lieferte gleichzeitig eine neue Interpretation der Isotopenwerte, die von den Ozeanen auf die Eisdecken an Land schließen lassen. Um dies nachvollziehen zu können, muß man die Verteilung des Wassers auf der Erde kennen.

SAUERSTOFFISOTOPE, EISDECKEN UND MEERESSPIEGEL

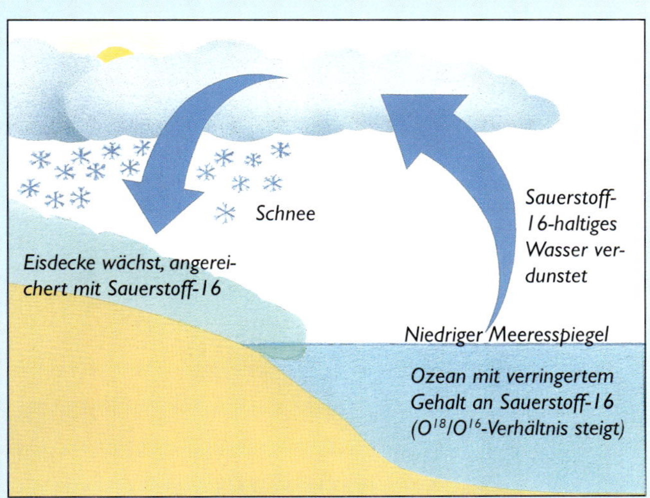

(a) Periode der Vereisung

(b) Interglazial

Die Bewegung großer Eisdecken an Land kann das Verhältnis von leichten zu schweren Sauerstoffisotopen im Meer beeinflussen. Wasser mit leichtem Sauerstoff (Sauerstoff-16) verdunstet leichter aus den Meeren. Ein Teil des Wasserdampfs gefriert zu Schnee und sammelt sich im Winter auf den Eisdecken. In einer Vereisungsperiode schmilzt der Schnee im Sommer kaum. Die Eisdecken wachsen und binden Wasser aus den Ozeanen, wodurch der Meeresspiegel sinkt **(a)**. Dabei ist das im Eis gebundene Wasser mit leichtem Sauerstoff angereichert, während es in den Ozeanen seltener auftritt. Während eines Interglazials schmelzen die Eisdecken. Das Schmelzwasser läßt den Meeresspiegel ansteigen und reichert die Ozeane mit Sauerstoff-16 an **(b)**.

Wasser gibt es in vielen Teilen der Erde: gebunden in Gesteinen in großen Tiefen, knapp unter und an der Oberfläche in flüssigem Zustand, gefroren als Eis und Schnee oder gasförmig in der Atmosphäre. Heute enthalten die Ozeane rund 97 % des Oberflächenwassers. Fast 3 % sind in Gletschern als Eis gebunden, und nur ein kleiner Bruchteil findet sich in Flüssen, Seen und Böden, in der Atmosphäre sowie in lebenden Organismen. Gegenwärtig wachsen die Eisdecken in Grönland und in der Antarktis durch die Akkumulation von Schnee in hohen Breiten. Schnee bildet sich während der Wintermonate, wenn die Feuchtigkeit in der Atmosphäre gefriert. Der größte Teil der Feuchtigkeit stammt aus der Verdunstung des Wassers in den Ozeanen. Das Anwachsen der Eisdecken und Gletscher basiert auf dem Übergang von Wasser aus den Ozeanen zum Land. Wenn mehr Wasser durch Verdunstung an die Atmosphäre abgegeben wird, als Flüsse und geschmolzenes Eis eintragen, nimmt das Volumen der Ozeane ab, der Meeresspiegel fällt, und die Eismassen an Land nehmen zu. Wenn, wie es heute der Fall zu sein scheint, mehr Wasser in die Ozeane fließt, als durch Verdunstung abgegeben wird, dann nimmt das Volumen der Ozeane zu, der Meeresspiegel steigt, und Eisdecken und Gletscher schrumpfen.

Wasser (H_2O) besteht aus Wasserstoff und Sauerstoff, und das Vorrücken und Rückschmelzen der Eisdecken beeinflußt das Verhältnis der Sauerstoffisotope in den Ozeanen. Dies liegt daran, daß aus leichtem Sauerstoff bestehende Wassermoleküle wesentlich leichter verdunsten als Wassermoleküle aus schwerem Sauerstoff. Deshalb nimmt der leichte Sauerstoff in den Ozeanen ab, wenn die Eisdecken an Land zunehmen. Schrumpfen die Eisdecken, gelangt das Schmelzwasser in die Ozeane, und der Ge-

INFORMATIONEN DER SAUERSOFF-ISOTOPE IN TIEFSEEKERNEN

Fossile Schalen, die im Meeresboden eingebettet sind, liefern Informationen über die einstigen Bedingungen in den Ozeanen. Durch das Messen des relativen Gehalts an leichten und schweren Isotopen des Sauerstoffs aus den Schalen lassen sich die Temperatur des Meerwassers und das Volumen der Eisdecken an Land berechnen. Die Auswertung von Tiefseebohrkernen aus dem Pazifik deutet darauf hin, daß sich die Erde vor 2,5 Millionen Jahren deutlich abzukühlen begann und sich in der nördlichen Hemisphäre Eisdecken ausbreiteten **(a)**. Aus den Werten der letzten 250 000 Jahre geht hervor, daß die Eisdecken sich mehrfach ausbreiteten und wieder zurückzogen, was mit den Schwankungen des Meeresspiegels korreliert **(b-c)**.

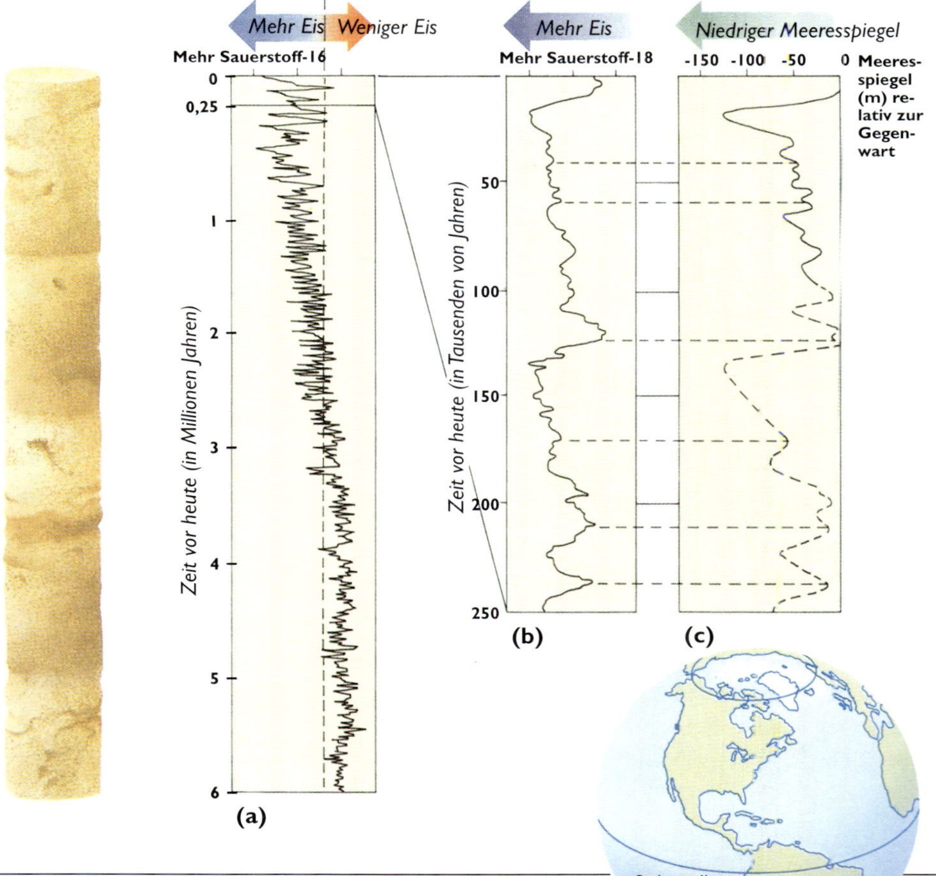

halt an leichtem Sauerstoff in den Weltmeeren steigt wieder an. Daher entsprechen die Volumenänderungen in den Eisdecken den Schwankungen im Verhältnis von leichtem und schwerem Sauerstoff des Meerwassers; dies zeigt sich im Verhältnis der Sauerstoffisotope in den fossilen Schalen der Organismen sowohl im tiefen als auch im seichten Wasser.

Ist die Erde nur von geringen Eismassen bedeckt, hat dies kaum Auswirkungen. Aber es scheint, daß die Eisdecken vor 15 Millionen Jahren groß genug waren, um die aus den Änderungen der Wassertemperaturen resultierenden Folgen zu übertreffen. Also weisen die Verhältnisse der Sauerstoffisotope innerhalb dieser Periode auf eine Veränderung des Eisvolumens, nicht der Temperatur hin. Dies ist vor allem für die letzten 6 Millionen Jahre gesichert – es gab Zeiträume, in denen viel mehr Wasser in Eis gebunden und der Meeresspiegel entsprechend niedrig war. Diese Phasen wechselten mit Zeiten, in denen das Eisvolumen gering und der Meeresspiegel hoch war.

Vor etwa 2,5 Millionen Jahren begann das Eisvolumen an Land stark zu wachsen. Tiefseesedimente im Nordatlantik enthielten erstmals Spuren von Eisdecken auf der Nordhalbkugel – isolierte Steine, die sich von Eisbergen gelöst hatten. Damit Eisberge Gestein mit sich führen können, müssen sie, bevor sie abbrechen und in das Meer hinaustreiben, Teil einer kontinentalen Eisdecke gewesen sein. Die sich damals ausdehnenden Eisdecken hinterließen das Geschiebe, die Art von Ablagerungen, durch die Geologen erstmals erkannten, daß es Eiszeiten gab. In den vergangenen Millionen Jahren traten auf der Nordhalbkugel einige Phasen wesentlicher Vergrößerung der Eisdecken auf, die von Zeiträumen der Schmelze abgelöst wurden; dieses Vorrücken und Rückschmelzen ist im Geschiebe dokumentiert.

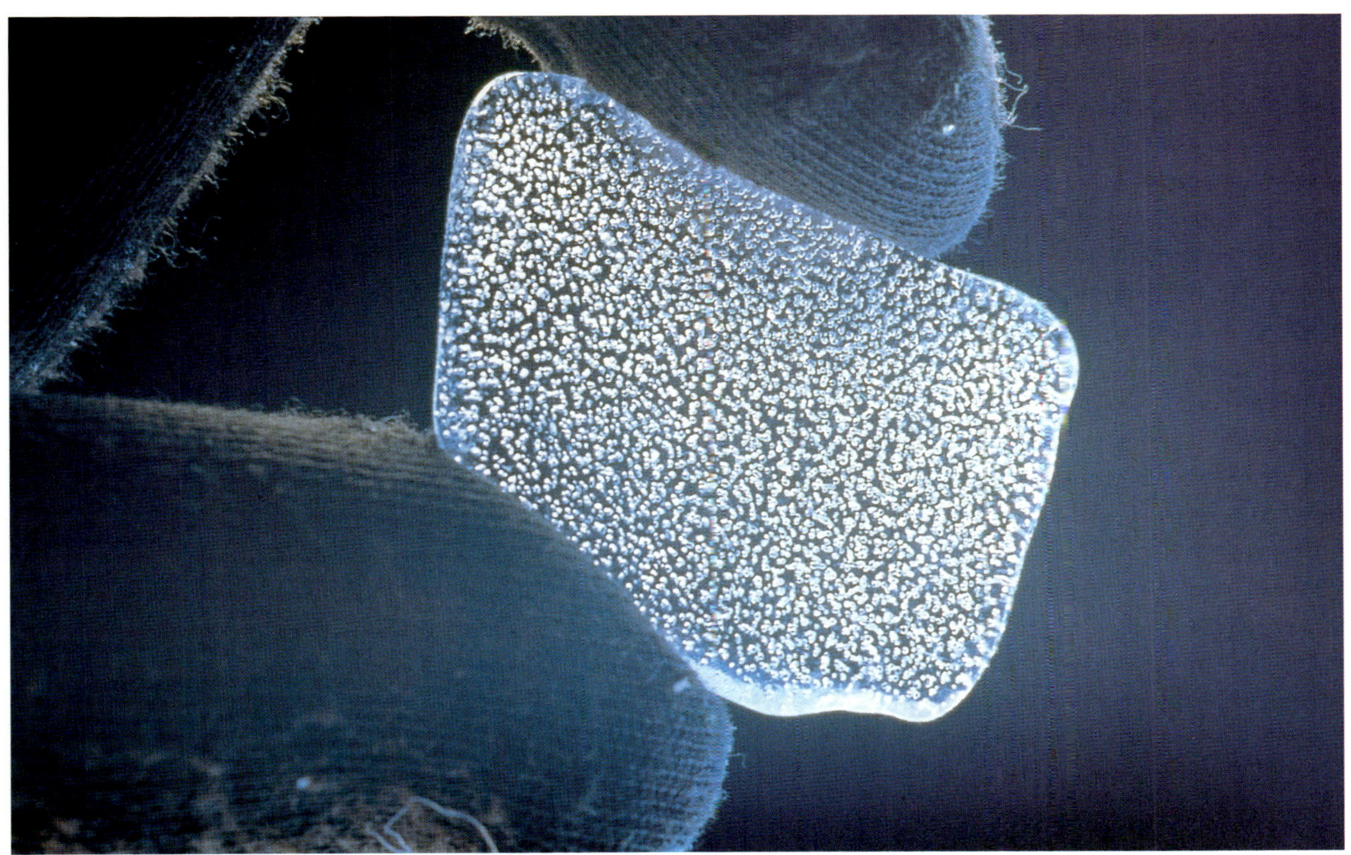

Dieses Stück Eis wurde vor fast 200 Jahren in der Antarktis gebildet. Natürliches Eis ist voller Gasblasen, welche die Atmosphäre zur Zeit der Eisbildung konservieren – so läßt sich durch Untersuchung der Gase die Zusammensetzung der Atmosphäre in früheren Zeiten bestimmen.

PORTRAIT EINER EISZEIT

Die Sedimentkerne geben sehr genaue Hinweise auf das periodische Vorrücken und Rückschmelzen der Eisdecken auf der ganzen Welt über einen Zeitraum von etwa 2,5 Millionen Jahren. Überraschenderweise entdeckten Wissenschaftler noch exaktere Belege für die klimatischen Veränderungen, die die Klimageschichte der vergangenen Jahrhunderttausende nahezu Jahr für Jahr rekonstruierbar machen.

Allsommerlich treffen sich Wissenschaftler aus der ganzen Welt auf der grönländischen Eiskappe. Hier, 3000 Meter über dem Meeresspiegel und Tausende von Kilometern von jedem bewohnten Ort entfernt, machen sie Bohrungen im Eis.

Das Verhältnis der leichten und schweren Sauerstoffisotope im Schnee spiegelt die Durchschnittstemperatur in der Atmosphäre wider, als die Schneekristalle sich bildeten. Also gibt das Verhältnis der Sauerstoffisotope auch Aufschluß über die einst herrschenden Lufttemperaturen. Jahr für Jahr sammeln sich frische Lagen von Schnee an und werden allmählich zu Eis. Wenn man nun die Bohrkerne untersucht, müssen die einzelnen Eisschichten ausgemacht werden. Danach ist es einfach, das Eis zu datieren, indem man die jährlichen Schichten zählt. Dabei wirken im Eis eingeschlossene Ablagerungen von Vulkanausbrüchen als Zeitmarken.

Die Eiskerne zeigen, daß die mittlere Jahrestemperatur in Grönland starken Schwankungen unterlag. Stellt man diese Temperaturunterschiede in einem Profil dar, erscheinen sie als Wellenlinien. Während der letzten 10 000 Jahre – diese Epoche bezeichnet man als Holozän – schwankte die Temperatur zwar häufig, änderte sich aber nicht wesentlich; die Wellenfrequenz ist entsprechend schwach. Aber vor dem Beginn des Holozäns zeigt sich ein

Die Ränder der gewaltigen Eisdecke der Ostantarktis. Das Eis am Horizont türmt sich bis über 3000 Meter über dem Meeresspiegel auf. Während der letzten maximalen Vereisung waren weite Teile des nördlichen Nordamerika und Nordeuropas von Eis bedeckt.

anderer Verlauf. Alle paar tausend Jahre gab es rasche, bis zu 10 °C starke Schwankungen im Temperaturverlauf. Die niedrigsten Temperaturen lagen weit unter den niedrigsten des Holozäns. Vor mehr als 100 000 Jahren entsprachen die Temperaturen denen des Holozäns oder waren sogar noch höher.

Nimmt man nun die Beweise von Tiefsee- und Eisbohrkernen zusammen, ergibt sich ein Bild des Wachstums und der Rückbildung gewaltiger Eisdecken. Die Messung der Sauerstoffisotope in der Tiefsee ergibt ein gezähntes Muster, das als glazialer Zyklus bezeichnet wird. Zum besseren Verständnis ist es hilfreich, von der heutigen Situation auszugehen. Derzeit befinden wir uns in einem sogenannten Interglazial; die Eisdecken der Nordhalbkugel nehmen nur verhältnismäßig kleine Flächen ein, der Meeresspiegel liegt hoch, und die Temperaturen in den Polargebieten sind relativ mild. Im vorangegangenen Interglazial herrschten zeitweise höhere Temperaturen als heute; das erklärt die Funde von Nilpferd- und Elefantenknochen in Hertfordshire. Diese Periode endete vor 115 000 Jahren, und es

Sauerstoffisotope in Grönland

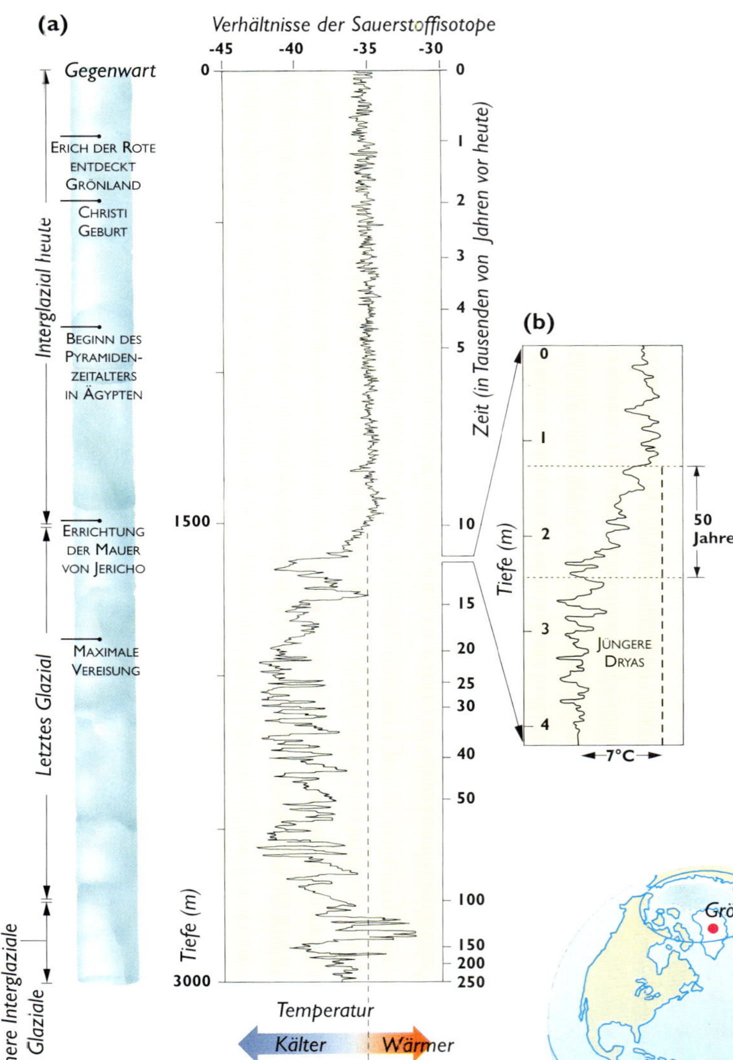

Das Eis der Antarktis und Grönlands wächst ständig. Durch Analyse der Eisschichten läßt sich das Erdklima der letzten Hunderttausende von Jahren beschreiben. Dies geschieht anhand der Bohrkerne, die den Eisdecken mit langen Bohrzylindern entnommen wurden.

Bohrkerne aus der Eisdecke Grönlands geben Informationen über das Klima der letzten 250 000 Jahre **(a)**. Das Eis hatte sich langsam angesammelt. Durch das Messen des Verhältnisses von leichten und schweren Sauerstoffisotopen in bestimmten Höhenniveaus im Bohrkern ist es möglich, die Temperaturen in der Atmosphäre der Zeit zu errechnen, als sich das Eis dieses Höhenniveaus bildete. Während der vergangenen 10 000 Jahre der gegenwärtigen interglazialen Periode waren die Temperaturen relativ konstant, in den vorangegangenen Glazialen lagen sie im allgemeinen tiefer, wiesen aber markante Schwankungen auf. Vor etwa 11 500 Jahren stiegen die Temperaturen am Ende der sogenannten Jüngeren Dryas extrem schnell an **(b)**.

Grönland

Eisdecken auf der Nordhalbkugel

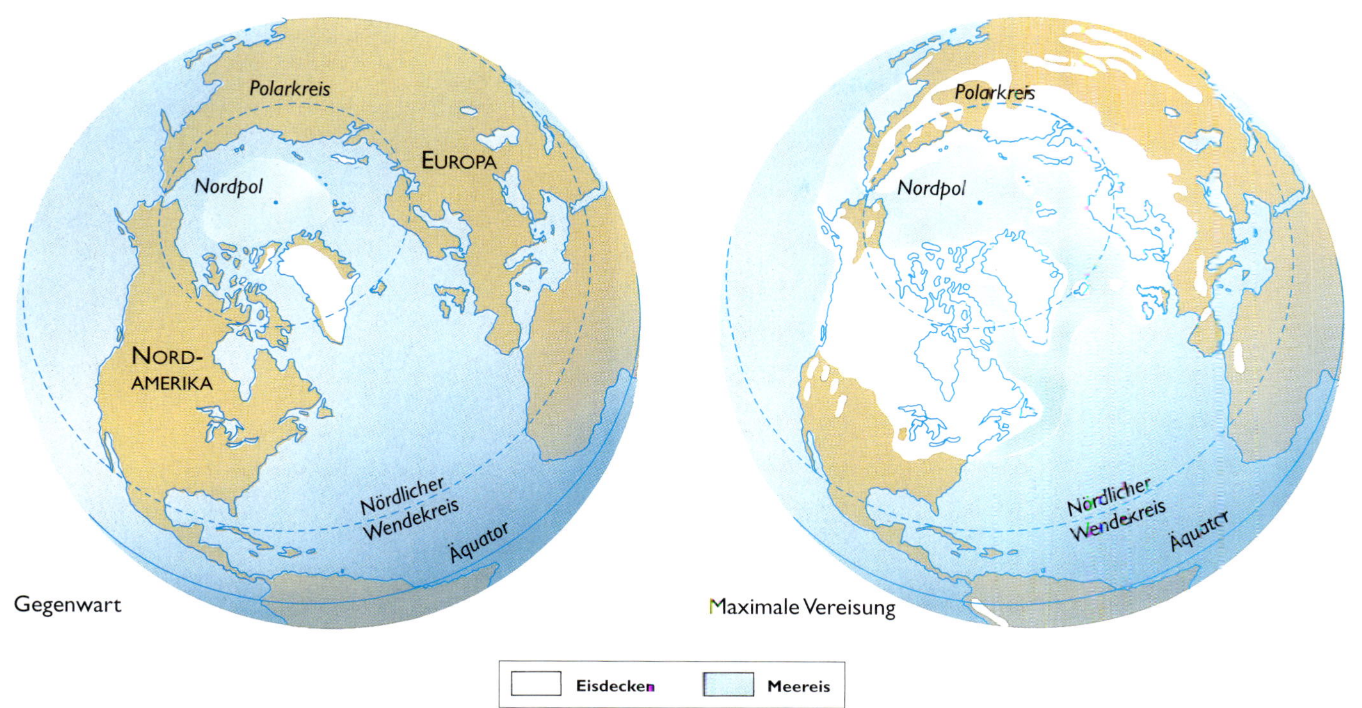

Heute gibt es nur zwei große Inlandeismassen – auf Grönland und in der Antarktis. In der geologisch jüngsten Zeit traten in Perioden starker Vereisung – zum Beispiel vor etwa 18 000 Jahren – ausgedehnte Eisdecken von einigen Kilometern Dicke auf, die einen Großteil des nördlichen Nordamerika, Nordeuropas und Nordsibiriens bedeckten. Meereis, das heute nur in den Polarregionen zu finden ist, breitete sich weit nach Süden bis zu den Britischen Inseln und zur Ostküste Nordamerikas aus.

folgte eine glaziale Periode. In den hohen Breiten sanken die Temperaturen, die Eisdecken auf der Nordhalbkugel und in Südamerika dehnten sich aus, und der Meeresspiegel sank. In der Antarktis hatte das Wachstum der Eisdecken früher begonnen. Diese allgemeine Tendenz wurde von einigen kurzen Phasen der Erwärmung in den sogenannten Interstadialen abgelöst, als sich die Eisdecken zurückzogen und der Meeresspiegel langsam anstieg.

Vor etwa 18 000 Jahren kam es zur maximalen Vereisung: Die Eisdecken hatten ihre größte Ausdehnung, und der Meeresspiegel war am niedrigsten. Bald danach, als das Klima sich wieder erwärmte, schrumpften die Eisdecken rasch, und der Meeresspiegel stieg auf seine ursprüngliche Höhe. Geht man vom bisherigen Rhythmus aus, liegt der Beginn der Abkühlung, der in die nächste glaziale Periode führt, nur einige 10 000 Jahre in der Zukunft.

Im Rahmen des internationalen Projekts CLIMAP wurden detaillierte Bilder der Erde aus dem Monat Juli während des letzten glazialen Maximums vor 18 000 Jahren publiziert; die Arbeit beinhaltete eine Vielfalt geologischer Informationen. Der Monat Juli wurde gewählt, da die Lebensdauer einer Eisdecke auf der Nordhalbkugel sehr empfindlich auf die Temperaturen in den Sommermonaten reagiert. Bei den heutigen Sommertemperaturen schmelzen die Schneeansammlungen des Winters weiträumig, das Eisvolumen bleibt entweder stabil oder schrumpft. Die Meßwerte der Sauerstoffisotope legen nahe, daß die mittleren Oberflächentemperaturen vor 18 000 Jahren überall niedriger waren, das heißt, die Temperaturen lagen weltweit um einige Grade unter den heutigen Werten. Vor allem über den gewaltigen Eisdecken, die einen großen Teil der Nordhalbkugel bedeckten, herrschten tiefe Temperaturen, und der im Winter gefallene Schnee schmolz während der kalten Sommermonate nicht ab. Im Gegensatz dazu lagen die Oberflächentemperaturen nahe des Äquators in Afrika nur geringfügig unter den heutigen (ungefähr 2 bis 3 °C), wie Studien an versteinerten Pflanzenpollen ergaben. Auch damals gab es nahe des Äquators tropische Regenwälder, doch die Bedingungen waren trockener. Die klimatischen Veränderungen zu Beginn und am Ende einer maximalen Vereisung verkleinern die Tropen oder dehnen sie aus, lassen sie aber offenbar nicht verschwinden.

Das ansteigende Meer

Wie bereits erläutert, wachsen die Eisdecken auf Kosten des Meeres. Die Konsequenzen des glazialen Zyklus sind periodische Veränderungen des Meeresspiegels auf der ganzen Welt. In Neuseeland und auf Neuguinea lassen sich diese Meeresspiegelschwankungen gut dokumentieren. Die Küstenlandschaft zeigt einen charakteristischen terrassenförmigen Aufbau. An manchen Stellen erscheinen die Terrassen so regelmäßig, daß die Landschaft wie eine riesige Treppe wirkt, die aus dem Meer aufsteigt. Jede Terrasse entspricht einer Stufe, und an der Rückseite jeder Stufe, wo sich die Klippen zur nächsten Stufe erheben, sind alte Strandlinien zu erkennen.

Der Neuseeländer Charles Cotton untersuchte an der Wende zum 20. Jahrhundert die Entstehung dieser Terrassen. Bei hohem Meeresspiegel schlagen große Wellen auf die exponierte neuseeländische Küste, höhlen Klippen aus und schaffen eine Abrasionsplattform (Schorre), die bei Ebbe frei liegt. Mit der Zeit wird diese Plattform immer größer, weil die Küstenerosion die Klippen zunehmend unterhöhlt. Wenn dann der Meeresspiegel sinkt, fällt die Plattform trocken und wird, wenn das Meer wieder an-

Die Küstenlinie der neuseeländischen Nordinsel hebt sich aufgrund von Plattenbewegungen allmählich immer höher aus dem Meer. Dabei entstanden durch globale Meeresspiegeländerungen einige Terrassen. Eine der Terrassen ist im Vordergrund deutlich zu erkennen, während die Küstenebene eine niedrigere bildet.

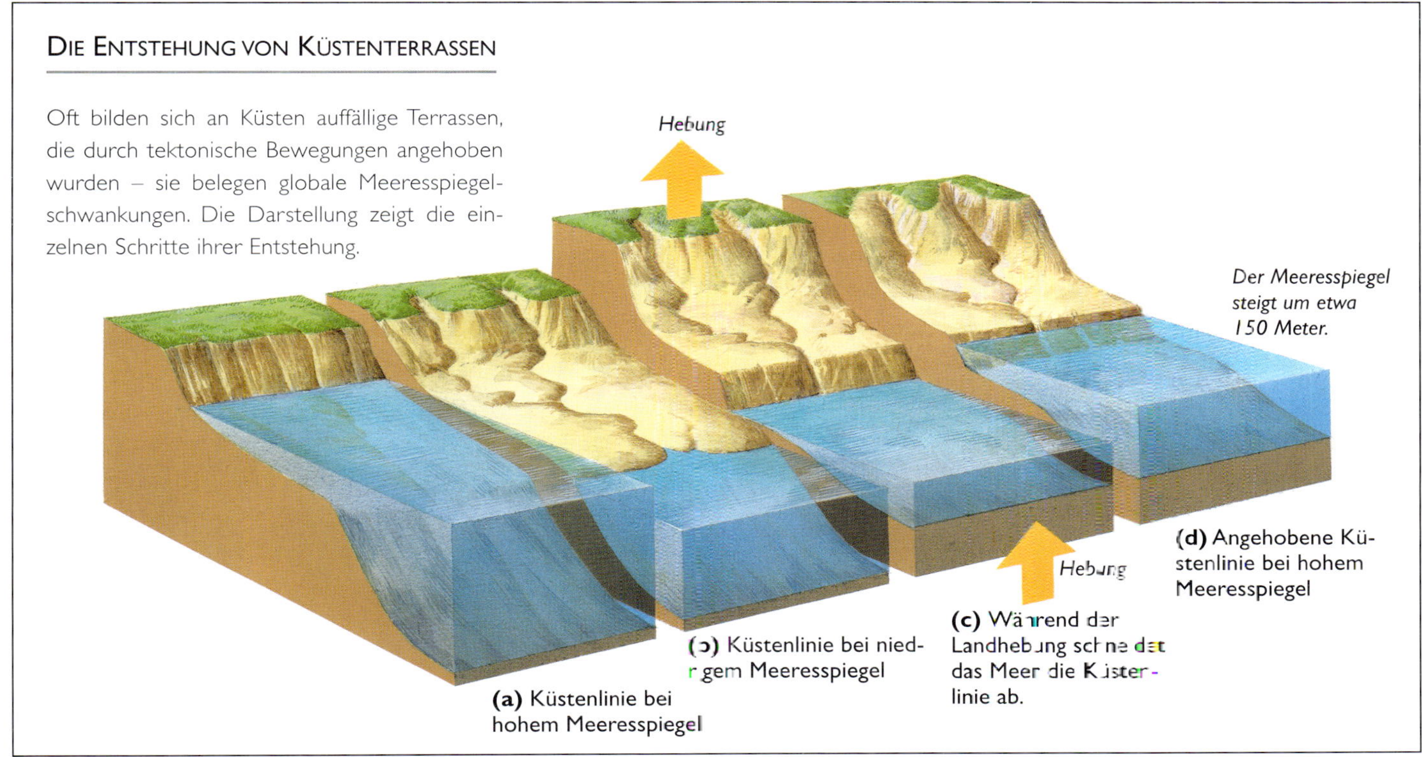

Die Entstehung von Küstenterrassen

Oft bilden sich an Küsten auffällige Terrassen, die durch tektonische Bewegungen angehoben wurden – sie belegen globale Meeresspiegelschwankungen. Die Darstellung zeigt die einzelnen Schritte ihrer Entstehung.

steigt, überflutet. Aber Neuseeland ist ein Land der Erdbeben und unterliegt aufgrund der Dynamik zwischen der Pazifischen und der Australischen Platte einer ständigen Hebung. Deshalb ragte die Küstenlinie immer weiter aus dem Meer, die Flut erreichte die alte Schorre nicht mehr, und sie blieb als Terrasse erhalten. Die Wellen schaffen nun eine neue Abrasionsplattform auf einem niedrigeren Niveau. Im Lauf der Zeit entsteht die beschriebene Treppe aus Terrassen (siehe Abbildung oben).

Abrasionsplattformen entstehen auch bei niedrigem Meeresspiegel, werden aber bei dessen Anstieg überschwemmt. Deshalb sind sie an Land nicht erhalten, finden sich jedoch unter der Meeresoberfläche. Auf Barbados etwa wurden Korallenbänke, die eigentlich nur wenige Meter unter der Oberfläche wachsen können, einige zig Meter unter dem Meeresspiegel gefunden. Die Datierung dieser Korallen bestätigt die Geschichte der jüngsten Anhebung des Meeresspiegels – die fast 18 000 Jahre alten Kalkgebilde befinden sich mehr als 100 Meter unter dem Meeresspiegel, die jüngeren in immer flacherem Wasser. Die vor 18 000 Jahren einsetzende Anhebung betrug fast überall 120 Meter, und in einigen Regionen rückte die Strandlinie mehr als 1 Kilometer im Jahr über die Küstenebenen vor.

Überall auf der Welt brachten detaillierte Vermessungen der seichten Kontinentalschelfs Spuren vieler alter Strandlinien zum Vorschein. Die Tiefe der Kontinentalschelfs ist weltweit auffällig einheitlich und liegt bei 100 bis 200 Metern unter dem heutigen Meeresspiegel. Diese Tiefe ist das Maß der Höhenunterschiede zwischen Niedrig- und Hochständen des Meeresspiegels; die Kontinentalschelfs bildeten weite Küstenebenen bei Niedrigständen und seichte Schelfregionen bei Hochständen wie heute.

Die weltweiten Überflutungen der Küstenregionen seit dem jüngsten Ansteigen des Meeresspiegels hinterließen bei den verschiedensten Kulturen Spuren in den Legenden. Solche Veränderungen führen zu weiträumigen Umsiedlungen von Menschen und werden kaum vergessen, auch wenn die Details verzerrt werden. Die Genesis und das assyrische Epos Gilgamesch berichten von katastrophalen globalen

Fluten. Auch die australischen Aborigines überliefern die Geschichte einer großen Flut, die vielleicht ein fernes Echo der Überspülung der Kontinentalschelfregion ist, die heute Australien von Neuguinea trennt.

Das Verständnis des Klimas

Es gibt also Beweise für die dramatischen klimatischen Veränderungen, die mit der Entwicklung der gegenwärtigen Eiszeit einhergingen. Diese Veränderungen geschahen offenbar häufig sehr rasch und wiederholten sich ständig. Warum aber gibt es Eiszeiten, und was bestimmt die Schwankungen innerhalb einer Eiszeit?

Klimatische Schwankungen resultieren aus einer Vielzahl komplexer Vorgänge und Ereignisse. Stark verkürzt läßt sich sagen, daß die Oberfläche der Erde kälter ist als zu anderen Zeiten. Wissenschaftler nahmen zahlreiche Messungen im Meer und auf dem Land vor, um die gegenwärtige durchschnittliche Oberflächentemperatur der Erde zu bestimmen – sie liegt bei ungefähr 15 °C.

In der Mitte der Kreidezeit, als keine Eiszeit herrschte, war die Temperatur um einige Grade höher. Aber es gibt einen Temperaturgradienten zwischen den Polen und dem Äquator; an den Polen ist es immer kälter als am Äquator, und Eisdecken bilden sich im allgemeinen an den Polen. Die Geschichte des Weltklimas zeigt, daß sich die mittlere Oberflächentemperatur und – wie das CLIMAP-Projekt bewies – der Temperaturgradient zwischen den Polen und dem Äquator mit der Zeit verändern.

Klimaschwankungen sind die Summe aus langfristigen Veränderungen in der Atmosphäre. Maßgeblich für das Klima ist die Troposphäre, die von der Erdoberfläche bis in eine Höhe von maximal 30 Kilometern reicht und in steter Bewegung ist. Die Energie dafür stammt von der Sonne und übertrifft die Hitze des Erdinneren um ein Tausendfaches. An den Polen ist die Einstrahlung nur schwach, am Äquator erreicht sie die Erde fast senkrecht; daraus resultiert der Temperaturgradient zwischen den Polen und dem Äquator. Außerdem bestehen Wechselwirkungen zwischen der Atmosphäre, den Ozeanen und der Erdoberfläche. Physiker bezeichnen die Atmosphäre als ein nicht-lineares System, weil eine kleine Veränderung eines Bestandteils eine Wirkung zeitigen kann, die in keinem Verhältnis zur ursprünglichen Veränderung steht und manchmal katastrophale Ereignisse auslöst. Sie berücksichtigen die Temperaturen und Drucke von Gasen. Selbst modernste Computer sind bislang nicht in der Lage, Modelle für kleinräumige Wetter- oder Klimastrukturen zu errechnen. Um solche Erscheinungen darzustellen, wären wesentlich leistungsfähigere Rechner nötig. Dennoch sind Computermodelle für das Studium klimatischer Veränderungen überaus hilfreich.

Nordamerika in der Eiszeit

Innerhalb der letzten Jahrmillionen lagen Eisdecken über weiten Teilen des nördlichen Nordamerika. Sie erstreckten sich an der Ostküste in Richtung Süden bis nach New York und an der Westküste bis nach Seattle. Südlich der Inlandeismassen gab es Talgletscher und große Seen.

DIE MILANKOVITCH-ZYKLEN

Das Verhalten der Atmosphäre wird zum größten Teil durch die Intensität der Sonneneinstrahlung, die auf die Erde trifft, bestimmt. Aber die Intensität der Strahlung variiert mit der Stellung der Erde bei ihrer Bewegung um die Sonne. 1920 bewies der jugoslawische Mathematiker Milutin Milankovitch, daß die Umlaufbahn drei Zyklen aufweist (siehe Seite 162).

Die Umlaufbahn der Erde um die Sonne beschreibt eine Ellipse. Die Gestalt dieser Umlaufbahn verändert sich mit der Zeit und variiert etwa alle 100 000 Jahre von einer elliptischen zu einer kreisförmigen Bahn und umgekehrt. Für einen kürzeren Zeitraum oszilliert die Neigung der Drehachse relativ zur Ebene der Umlaufbahn zwischen zwei extremen Positionen. Das geschieht schneller, als sich die elliptische Umlaufbahn ändert, nämlich innerhalb eines 41 000 Jahre dauernden Zeitraums. Schließlich bewegt sich die Drehachse wie ein Kreisel. Dieses »Eiern«, kombiniert mit einem langsamen Treiben der elliptischen Umlaufbahn der Erde, bedingt eine konstante Verschiebung des Zeitpunkts, an dem die Erde der Sonne am nächsten steht. Milankovitch erkannte, daß das unterschiedliche »Eiern« der Erdumlaufbahn die Verteilung und Intensität der einfallenden Sonnenstrahlung, die die Erdoberfläche erreicht, beeinflußt. Er vermutete, daß das globale Klima besonders empfindlich auf

ÜBERFLUTETE REGIONEN WÄHREND DER INTERGLAZIALE

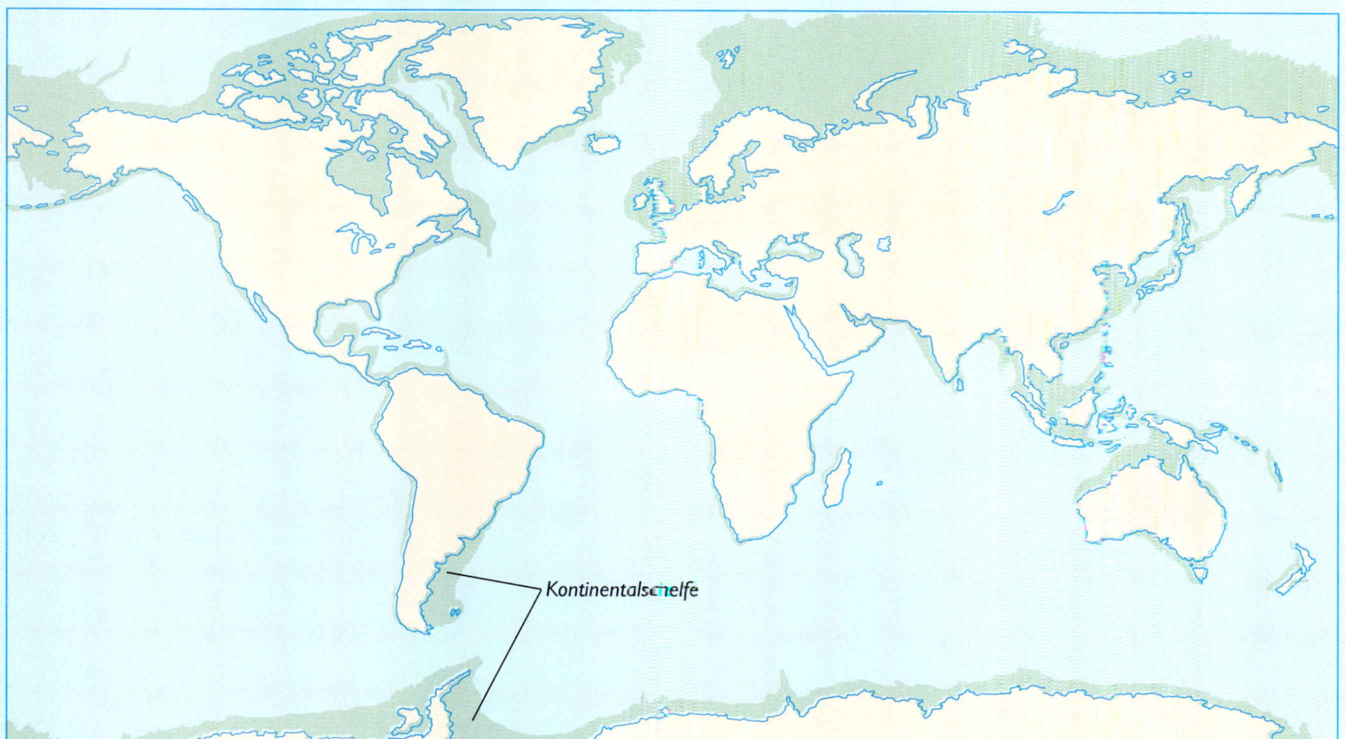

Während der letzten Jahrmillionen hat das Erdklima mehrfach zwischen glazialen und interglazialen Bedingungen geschwankt. Am Ende einer glazialen Periode – wie beispielsweise vor ungefähr 13 000 Jahren – begannen die Eisdecken zu schmelzen, und der Meeresspiegel stieg an. Die überfluteten Ebenen bilden heute die Kontinentalschelfs (in der Karte grün dargestellt), die in eine Tiefe bis etwa 200 Meter reichen – ihre Tiefe entspricht also dem Anstieg des Meeresspiegels.

Die Temperaturen der Erdoberfläche

Die mittleren Jahrestemperaturen variieren an der Erdoberfläche – am Äquator ist es viel heißer als an den Polen. Klimatologen rekonstruierten die Temperaturverteilung vergangener Zeiten (auf den Abbildungen in °C von warm/rot bis kalt/violett schattiert). Sie verwendeten eine Auswahl an Temperaturindikatoren, die in geologischen Formationen enthalten sind und mit Computermodellen der Erdatmosphäre kombiniert wurden. Diese Darstellungen zeigen, daß vor 100 Millionen Jahren, während der Kreidezeit, die Temperaturen auf der Erde überall höher waren als heute; in den Polargebieten wuchsen dichte Wälder. Während des letzten Höchststandes der Vereisung vor 18 000 Jahren lagen die Temperaturen auf der Erde überall um einige Grad unter den heutigen. Am Äquator war es nur wenig kühler, in den Polarregionen jedoch wesentlich kälter.

Gegenwart

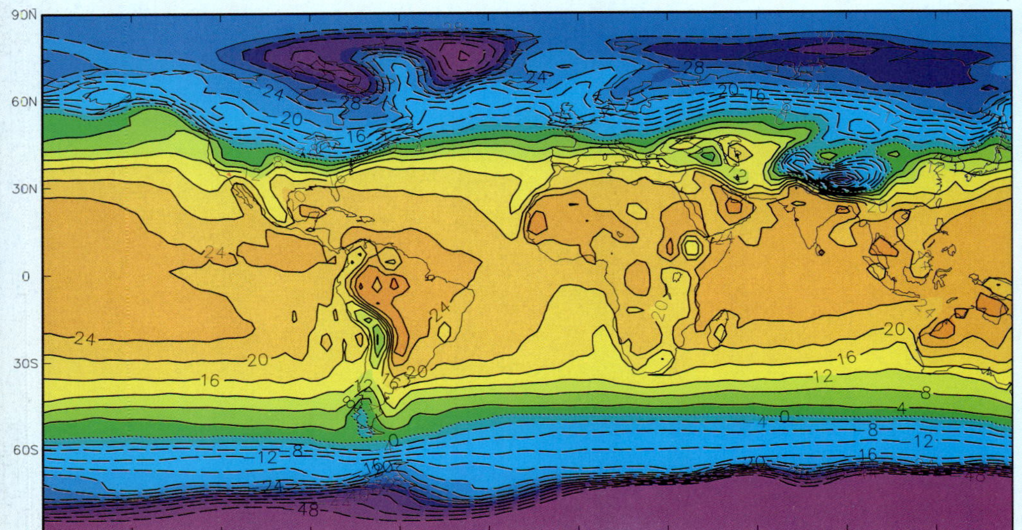

Letztes glaziales Maximum vor 18 000 Jahren

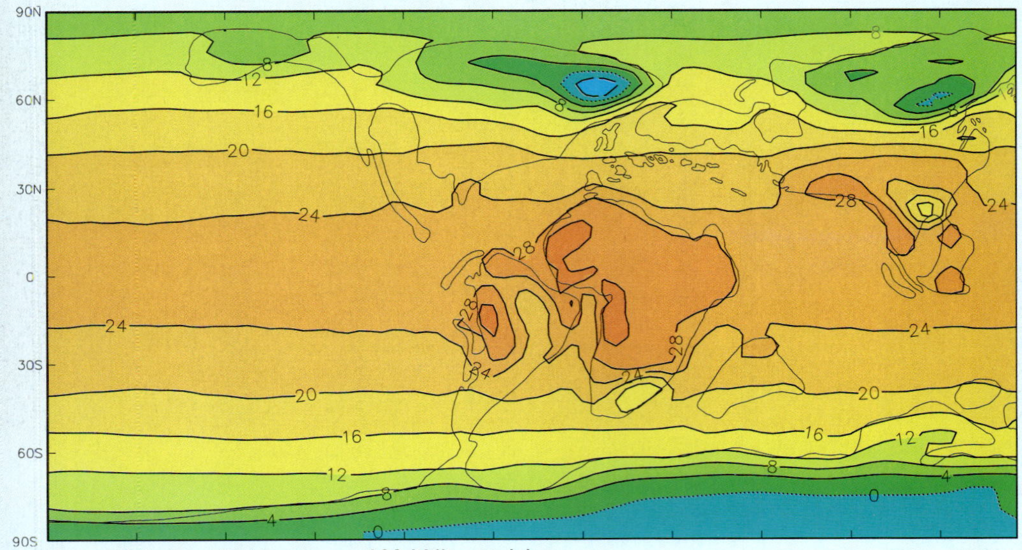

Mittlere Kreidezeit, vor 100 Millionen Jahren

Die Atmosphäre umgibt die Erde. Der größte Teil der Atmosphäre wird von einer dünnen Schicht gebildet, die nur ungefähr 30 Kilometer dick ist. Dieses Bild wurde von einem Space Shuttle aus aufgenommen.

Milankovitch-Zyklen

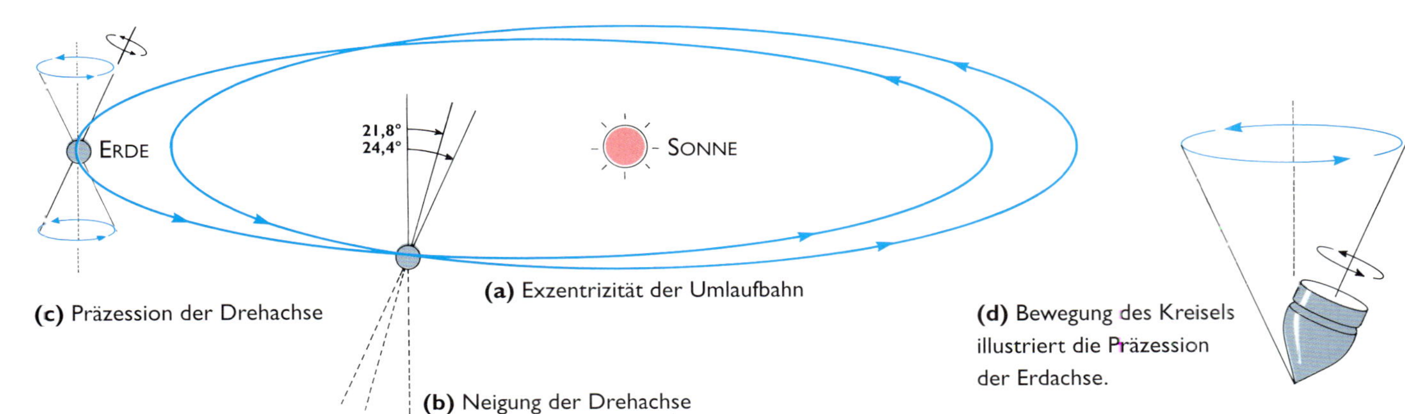

Die Umlaufbahn der Erde um die Sonne variiert mit der Zeit. Die Erde folgt einer elliptischen Umlaufbahn, aber die Form ändert sich von einer länglichen zu einer kreisförmigeren Umlaufbahn (a). Zusätzlich schwankt die Neigung der Erdachse relativ zur Ebene der Erdumlaufbahn (b). Schließlich verhält sich die Drehachse wie ein Kreisel (c–d). Jeder dieser Faktoren beeinflußt die Sonneneinstrahlung, die die Erdoberfläche erreicht und damit auch das Klima in den sogenannten Milankovitch-Zyklen.

die einfallende Strahlung reagiert, die die mittleren bis hohen Breiten erreicht.

Milankovitch berechnete die einfallende Sonnenstrahlung der letzten 100 000 Jahre und zeigte ihre Unterschiede auf. Als er seine Ergebnisse kurz vor dem Zweiten Weltkrieg zum ersten Mal veröffentlichte, wußte man zu wenig über Klimaveränderungen in der Vergangenheit. Klimatologen diskutierten damals darüber, ob die astronomischen Effekte groß genug waren, um signifikante Veränderungen des Klimas hervorzurufen.

In den 1970er Jahren war es möglich, die klimatischen Schwankungen, die durch das Verhältnis der Sauerstoffisotope in den Tiefseebohrkernen dokumentiert waren, direkt zu vergleichen. Diese setzte man nun mit den Schwankungen der Sonneneinstrahlung in Beziehung, wie sie von Milankovitch berechnet worden war. Es zeigte sich, daß die Milankovitch-Zyklen immerhin 60 % der festgestellten klimatischen Schwankungen erklärten, und die meisten Wissenschaftler sahen darin die Bestätigung für die astronomische Theorie, die Milankovitch entwickelt hatte; sie lieferte zudem eine Erklärung für die treibende Kraft hinter den meisten klimatischen Veränderungen der Erde über mehrere zigtausend bis hunderttausend Jahre.

Die Tiefseekerne belegen das Anwachsen und Rückschmelzen der Eisdecken. Deshalb müssen Milankovitch-Zyklen, die sich aus den Schwankungen der einfallenden Sonnenstrahlung ergeben, die Größe der Eisdecken beeinflussen. Heute können die Klimatologen mit Hilfe ihrer Computermodelle die Gründe dafür ausmachen. Die von Milankovitch berechnete Schwankung der einfallenden Sonnenstrahlung muß sich direkt auf die Temperaturunterschiede zwischen den Jahreszeiten auswirken. Nehmen die jahreszeitlichen Schwankungen ab, dann schmilzt in den mittleren und hohen Breiten während der dann kühleren Sommer weniger Eis – und damit wachsen die Eisdecken. Größere jahreszeitliche Veränderungen – vor allem heißere Sommermonate – führen entsprechend zu stärkerem Abschmelzen und einer Abnahme der Eisdecken.

Eine rätselhafte Erscheinung der Mylankovitch-Zyklen ist, daß die schwächste astronomische Kraft die größten klimatischen Änderungen der letzten Jahrmillionen auslöste: den Wechsel zwischen glazialen und interglazialen Perioden alle 100 000 Jahre. Die Intensität der Sonnenstrahlung ist umgekehrt proportional zum Quadrat der Entfernung zur Sonne; dies entspricht dem Leuchtkegel einer Taschenlampe, dessen Licht gedämpfter erscheint, wenn er

auf weiter entfernte Gegenstände trifft. Tatsächlich sind die Veränderungen der elliptischen Erdumlaufbahn um die Sonne sehr gering; ihre Fluktuation in der Intensität beträgt weniger als 0,3 %. Zum Verständnis des Wechsels zwischen Glazialen und Interglazialen hilft es, die nicht-lineare Natur der Atmosphäre vor Augen zu führen, in der kleine Effekte verstärkt werden und in großen Klimaveränderungen resultieren.

LEBEN IN EINEM TREIBHAUS

Milankovitch-Zyklen sind ein Beispiel für eine Kraft außerhalb der Erde, die das Klima verändern kann. Sie erklären die Klimaveränderungen innerhalb einer Eiszeit, aber nicht, warum Eiszeiten auftreten. Außerdem sind sie wichtig für das Verständnis von Klimaveränderungen innerhalb der Atmosphäre. Bestimmte Gase in der Atmosphäre haben eine tiefgreifende Wirkung auf die Temperatur der Erdoberfläche; die wichtigsten dieser Gase sind Wasserdampf, Kohlendioxid, Methan, Distickstoffoxid, Fluorchlorkohlenwasserstoffe (FCKW) und Ozon. Computergestützte Klimamodelle zeigten, daß die Durchschnittstemperatur der Erdoberfläche ohne diese Gase bei –6 °C läge statt bei den erwähnten 15 °C. Bei Ansteigen ihres Gehalts nimmt auch die Temperatur zu und umgekehrt. Dieser Vorgang wird als Treibhauseffekt bezeichnet, weil die Treibhausgase ähnlich wirken wie ein Treibhaus, in dem die Luft sehr warm ist, um den Pflanzen gute Wachstumsbedingungen zu bieten. Das Vorhandensein von Treibhausgasen in der Atmosphäre ermöglicht erst Leben auf der Erde. Trotzdem ist die in den vergangenen Jahren erfolgte Erwärmung ein besonderes Phänomen. Vor allem der massive Anstieg des Kohlendioxidgehalts in der Atmosphäre dürfte für die globale Erwärmung der letzten 150 Jahre verantwortlich sein. Tatsächlich ergaben Berechnungen, daß die erwartete Verdopplung der heutigen Konzentration an Treibhausgasen in den nächsten 50 Jahren die mittlere Oberflächentemperatur um etwa 2 °C steigen lassen wird.

Russische Forscher untersuchten die Änderung der Konzentration von Treibhausgasen wie Kohlendioxid und Methan in der Atmosphäre über der Antarktis während der letzten 150 000 Jahre (siehe Seite 164). Die dafür nötigen Informationen erhielten sie durch Bohrungen im Eis an der russischen Station Vostok. Sie analysierten die im Eis eingeschlossenen Gasblasen – wie schon beschrieben Proben der Luft aus der Zeit, als sich das Eis bildete – und bestimmten anhand der Sauerstoffisotope im Eis außerdem die jeweils herrschende Temperatur. Dabei fanden sie eine verblüffende Verbindung zwischen der Kohlendioxid- und Methankonzentration und der Temperatur. Ihre Ergebnisse führten zu der Theorie, daß der Anteil der Treibhausgase das globale Klima über Jahrmillionen reguliert. Die Erde durchläuft sogenannte Treib- und Kühlhausstadien, da die Atmosphäre entweder warm oder kalt ist. Aber die wenigen Eiszeiten der Erdgeschichte belegen, daß das Treibhausstadium »normal« ist, nur gelegentlich unterbrochen von Kühlhausbedingungen.

Robert Berner von der Yale University versuchte, die Theorie durch die Berechnung des Gehalts von Treibhausgasen in der Atmosphäre über längere Zeiträume zu erhärten. Leider gibt es keine direkten Messungen in geologischen Aufzeichnungen für die Zeit vor 150 000 Jahren. Bei Berners Untersuchungen stellte sich aber heraus, daß es nur wenige Möglichkeiten gibt, Kohlendioxid zwischen dem festen Teil der Erde und der Atmosphäre auszutauschen. Letztlich scheinen nur die biologische Aktivität und die Konvektion im Erdmantel – die sich an der Erdoberfläche durch die tektonische Plattenbewegung und den Vulkanismus bemerkbar macht – die Kohlendioxidkonzentration in der Atmosphäre zu kontrollieren.

Pflanzen entziehen der Atmosphäre Kohlendioxid. Sterben sie ab und werden sie schnell eingebettet, entsteht ein Verlust an Kohlendioxid in der Atmosphäre. Wenn die Überreste der Organismen dann aufgeheizt oder durch Erdbewegungen freigesetzt werden, gelangt das Kohlendioxid wieder in den Kreislauf. Ausbrechende Vulkane stoßen große Mengen Kohlendioxid aus, das letztlich aus dem Erdmantel stammt. Ein umkehrbarer Prozeß, die

Der Eisbohrkern aus Vostok in der Antarktis

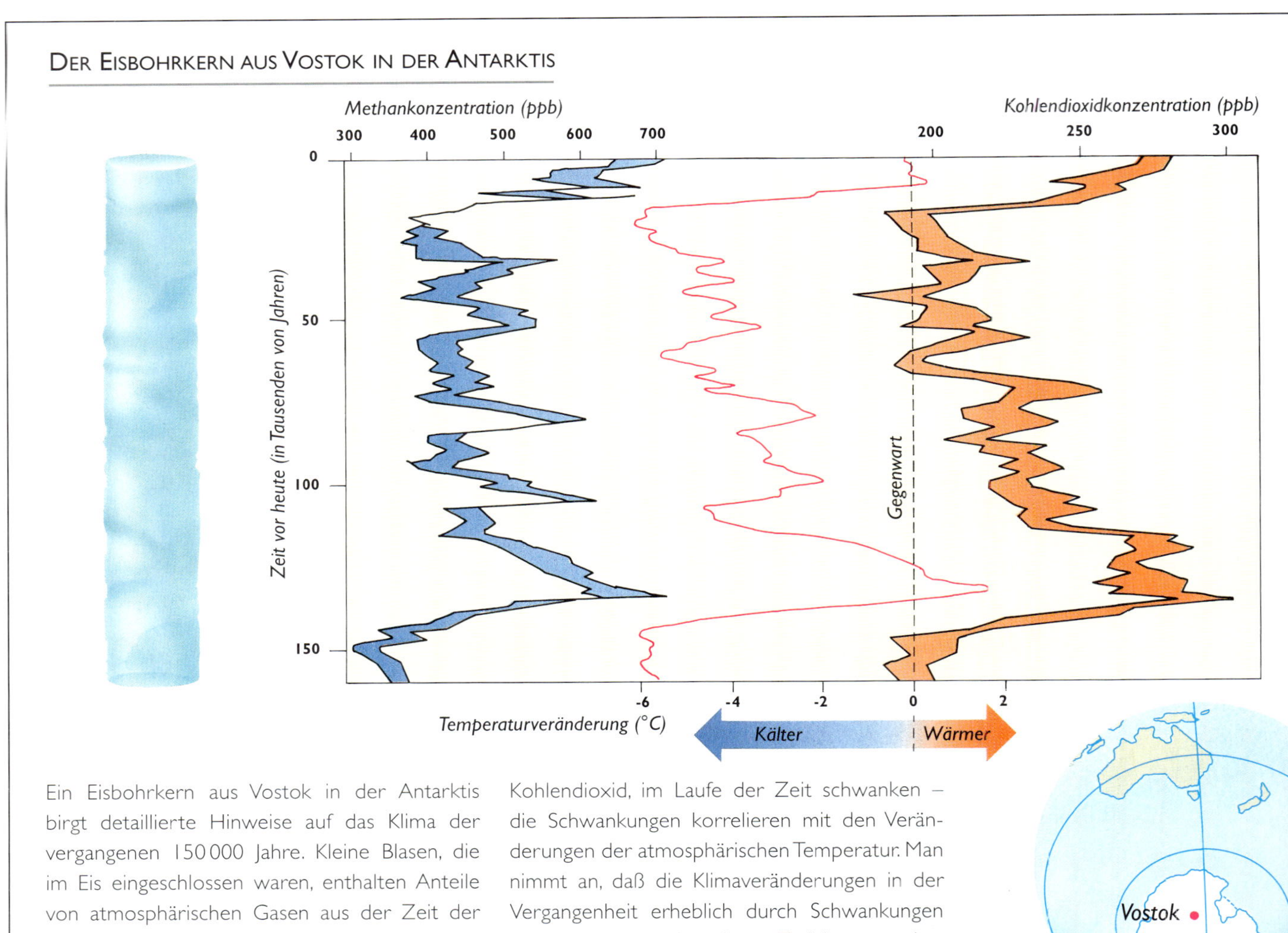

Ein Eisbohrkern aus Vostok in der Antarktis birgt detaillierte Hinweise auf das Klima der vergangenen 150 000 Jahre. Kleine Blasen, die im Eis eingeschlossen waren, enthalten Anteile von atmosphärischen Gasen aus der Zeit der Eisbildung. Das zeigt, daß die Konzentration der Treibhausgase, wie beispielsweise Methan und Kohlendioxid, im Laufe der Zeit schwanken – die Schwankungen korrelieren mit den Veränderungen der atmosphärischen Temperatur. Man nimmt an, daß die Klimaveränderungen in der Vergangenheit erheblich durch Schwankungen in der Konzentration dieser Treibhausgase beeinflußt wurden.

sogenannte Urey-Reaktion (benannt nach dem Wissenschaftler, der diese Reaktion zum ersten Mal beschrieb), hat einen wichtigen Einfluß auf die Anteile des Kohlendioxids in der Atmosphäre.

Im Niederschlagswasser gelöstes Kohlendioxid reagiert mit den Silikatgesteinen der Erdoberfläche. Endprodukte dieser Reaktionen sind Magnesium oder kalziumreiches Kalkgestein, zu deren Bestandteilen auch Kohlendioxid aus der Atmosphäre gehört. Wenn das Kalkgestein anschließend tief in die Erdkruste eingebettet und aufgeheizt wird, kehrt sich der Prozeß um, und das Kohlendioxid wird wieder an die Atmosphäre abgegeben.

Robert Berners Berechnungen zeigen überzeugende Zusammenhänge zwischen langfristigen Klimaveränderungen und dem Gehalt an atmosphärischem Kohlendioxid auf. So könnte die Eiszeit am Ende des Präkambriums (vor 700 bis 600 Millionen Jahren) auf eine globale Abkühlung zurückgehen, die durch einen massiven Niederschlag von Kohlendioxid verursacht wurde. Dies geschah zu einer Zeit, als Einzeller anfingen, sich im seichten Meerwasser anzusiedeln. Wenig später war die Konzentration an Kohlendioxid zehnmal höher als heute. Als sich bis vor rund 280 Millionen Jahren der Anteil wieder auf ein Maß reduziert hatte, das etwa dem heutigen Gehalt entspricht, bedeckten große Eisdecken Teile des Superkontinents Gondwana, der die kontinentalen Massen der südlichen Hemisphäre umfaßte.

Vor 100 Millionen Jahren war die Kohlendioxidkonzentration etwa fünfmal höher als heute. In dieser warmen Periode der Erdgeschichte lebten auf dem Festland Dinosaurier, und die Polargebiete waren bewaldet. Seither gab es lange Perioden starken

Abkühlens. Dies geht mit einem generellen Absinken des Kohlendioxidgehalts in der Atmosphäre einher – ein Rückgang der atmosphärischen Anteile dieses wichtigen Treibhausgases würde ein globales Abkühlen verursachen. Zur selben Zeit bildeten sich durch Plattenbewegungen in Asien der Himalaya und das Hochland von Tibet sowie in Südamerika die Anden (siehe Kapitel 5). Die amerikanischen Klimatologen Maureen Raymo und William Ruddiman glaubten nicht an einen Zufall – sie vermuteten, daß das Kohlendioxid aus der Atmosphäre stammte, als Folge der Urey-Reaktion, die während langfristiger Erosionsvorgänge und Verwitterung in diesen Gebirgen stattfindet. Der Prozeß setzt sich mit dem Anheben des Gesteins während der Gebirgsbildung fort; Kohlendioxid aus der Atmosphäre bindet sich mit den Verwitterungsprodukten des Gesteins. Diese werden dann ins Meer eingetragen, wo sie für mehrere Millionen Jahre bleiben. Seit Beginn der Industrialisierung gelangen große Mengen an Kohlendioxid wieder in die Atmosphäre, die ihr lebende Organismen vor 100 Millionen Jahren entzogen hatten. Dies ist ein wesentlicher Beitrag zur gegenwärtigen globalen Erwärmung.

EIN FEHLER IM SYSTEM

Viele Klimatologen sind davon überzeugt, daß Treibhauseffekt und Klimaveränderung so noch nicht ausreichend erklärt sind. Ein Problem ist, daß die Atmosphäre wie ein gekoppeltes System arbeitet, das so vielfältig mit der Erdoberfläche verbunden ist, daß Ursache und Wirkung nur schwer auseinanderzuhalten sind. In manchen Fällen ist es wahrscheinlich, daß die globale Abkühlung die Abnahme von Treibhausgasen wie Kohlendioxid auslöst und nicht umgekehrt. Dazu kann es kommen, weil

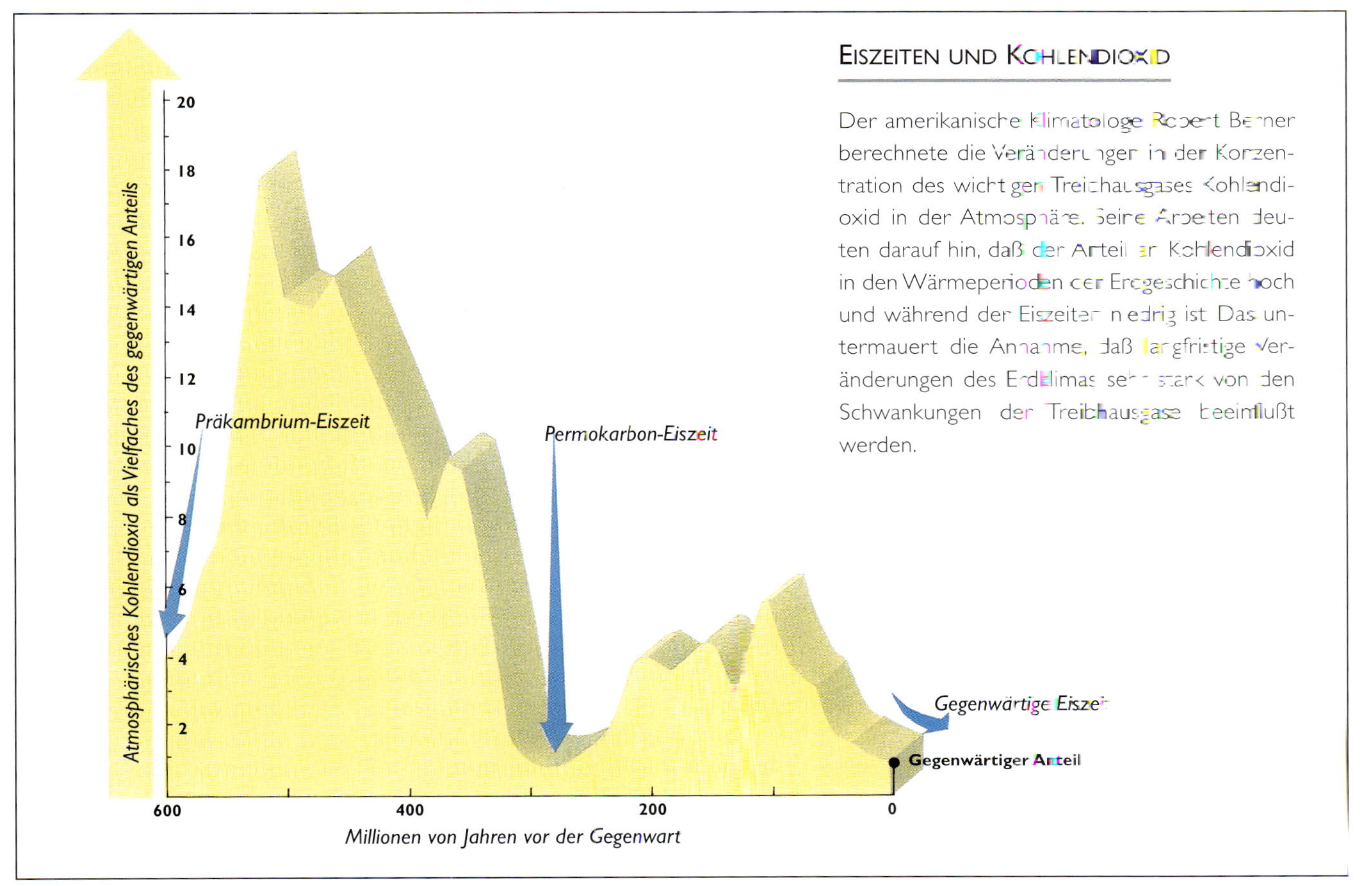

EISZEITEN UND KOHLENDIOXID

Der amerikanische Klimatologe Robert Berner berechnete die Veränderungen in der Konzentration des wichtigen Treibhausgases Kohlendioxid in der Atmosphäre. Seine Arbeiten deuten darauf hin, daß der Anteil an Kohlendioxid in den Wärmeperioden der Erdgeschichte hoch und während der Eiszeiten niedrig ist. Das untermauert die Annahme, daß langfristige Veränderungen des Erdklimas sehr stark von den Schwankungen der Treibhausgase beeinflußt werden.

das Abkühlen der Atmosphäre wesentlich schneller erfolgt als das der Ozeane: Die Abkühlung der Atmosphäre resultiert in einem Anstieg des Temperaturgradienten in den Oberflächenschichten der Meere, was wiederum heftige Meeresströmungen in den obersten Schichten der Ozeane bewirkt. Das aufgewühlte Meerwasser ist mit Sauerstoff angereichert, was zu einer besseren Nährstoffverteilung führt und die Vermehrung kleiner planktonischer Organismen fördert. Diese nehmen während ihres Wachstums viel Kohlendioxid auf und setzen somit eine biologische Pumpe in Bewegung, die der Atmosphäre Kohlendioxid entzieht und damit die globale Abkühlung beschleunigt.

Es gibt noch einige weitere kleine Schönheitsfehler in der Treibhaustheorie. Ein Problem etwa ergibt sich, wenn Computermodelle die Auswirkungen der Treibhausgase darstellen. Die Modelle tendieren dazu, eine generelle Erwärmung des Klimas in allen geographischen Breiten vorherzusagen, wenn die Konzentration der Treibhausgase ansteigt, während die vorhandenen klimatischen Indikatoren wie fossile Pflanzen und die Auswertung der Sauerstoffisotope auf eine wesentlich komplexere Situation schließen lassen. Hier zeigt sich nämlich einheitlich eine größere Erwärmung an den Polen, jedoch eine geringere in den äquatornahen Tropen. Das deutet darauf hin, daß in den klimatischen Veränderungen eine weitere Schlüsselfunktion wirksam ist – vielleicht das System der Meeresströmungen, die die Wärme so wirkungsvoll über die Erde verteilen.

Meeresströmungen können das Wachstum von Eisdecken beeinflussen, indem sie die Temperatur der Atmosphäre verändern. Es gibt eine Tendenz, daß äquatoriales warmes Oberflächenwasser durch Winde in polnähere Breiten transportiert wird. Mit dem Golfstrom gelangt oberflächennahes, warmes Wasser vom Äquator in die hohen Breiten des Nordatlantiks, weshalb an der Westseite Nordeuropas ein gemäßigtes Klima herrscht. Weltweit verteilt ein System von Meeresströmungen in den größeren Tiefen der Ozeane das Wasser in anderen Richtungen als das Oberflächenwasser. Diese Strömungen kommen durch die Dichteunterschiede im Wasser zustande und durchziehen die großen Ozeane. Im Nordatlantik, in der Nähe von Island, verdunstet das Oberflächenwasser unter sehr kalten Bedingungen, oder es gefriert. Beide Prozesse lassen den Salzgehalt im Oberflächenwasser lokal ansteigen, wodurch es ungewöhnlich dicht wird. Das dichte Wasser sinkt ab und strömt in Richtung Süden durch den Atlantik bis zur Antarktis, wo es mit einer tiefen Strömung kalten und salzigen Wassers zusammentrifft. Die kalten Strömungen fließen weiter, erwärmen sich leicht und steigen im Indischen oder Pazifischen Ozean schließlich auf ein seichteres Niveau. Dieser Prozeß wird auch thermohaline (an Temperatur und Salzgehalt gebundene) Zirkulation genannt.

Die globale Strömung des kalten und salzigen Tiefenwassers setzt Meeresströmungen aus mittleren Wassertiefen in Bewegung. Im Nordatlantik und im Meer um die Antarktis, wo das kalte und salzige Wasser zum Meeresboden hin absinkt, kommt warmes Wasser aus den mittleren Zonen an die Oberfläche, um dieses zu ersetzen. Dieses Emporsteigen wühlt nicht nur die Nährstoffe und den Sauerstoff in den Ozeanen auf, was reiche Fischgründe zur Folge hat, sondern erwärmt auch die Atmosphäre, wobei erstaunliche Mengen an Energie frei werden. Das ist besonders im Nordatlantik wichtig, wo das aufsteigende Wasser das nordeuropäische Klima erwärmt.

Klimatologen machten eine Folge von Ereignissen gegen Ende der letzten maximalen Vereisung aus, die die Bedeutung der thermohalinen Zirkulation für das Klima hervorheben. Die Auswertung der Sauerstoffisotope in Eisbohrkernen aus dem Zentrum der grönländischen Eisdecke zeigt eine stetige Erwärmung nach dem letzten glazialen Maximum vor ungefähr 13 000 Jahren. Danach wurde das Klima abrupt kälter. Dieser Zeitraum wird als Jüngere Dryas bezeichnet; der Name ist von der arktischen Pflanze *Dryas octopetala* abgeleitet. Vor etwa 11 500 Jahren begann ein rascher Anstieg der mittleren Lufttemperatur in Grönland; er betrug in den folgenden 50 Jahren insgesamt 7 °C, was global eine mittlere Erwärmung um 4 °C über die gesamte Periode bedeutet. Vergleicht man dies mit der heutigen globalen Erwärmung von etwa 0,1 °C pro Dekade, läßt sich erahnen, wie gewaltig die Temperaturänderungen vor 11 500 Jahren gewesen sein müssen.

Tiefe Ozeanströmungen im Atlantik

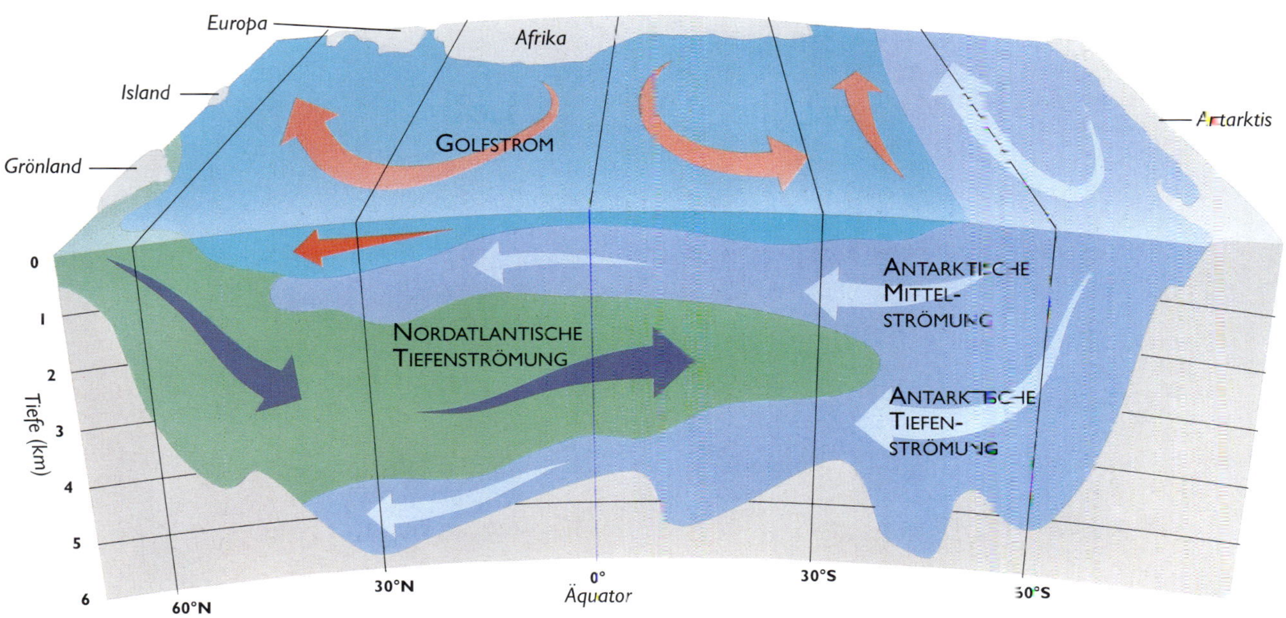

Das Wasser im Atlantik ist in ständiger Bewegung. Oberflächenströmungen wie zum Beispiel der Golfstrom legen lange kreisförmige Wege zurück. Aber das Wasser aus größeren Tiefen im Ozean hat andere Bewegungsmuster. Die antarktische und die nordatlantische Tiefenströmung bestehen aus sehr kaltem und salzreichem Wasser, das in den Polarregionen absinkt und in nördlicher oder südlicher Richtung weiterfließt. Ausgleichsströmungen in geringeren Tiefen fließen nordwärts.

Der Ozeanograph Wallace Broeker glaubt, daß das stückweise Vorwärtskommen der thermohalinen Zirkulation die Jüngere Dryas auslöste. Als die Eisdecken am Ende des letzten glazialen Maximums schmolzen, gelangte eine gewaltige Menge an kaltem Süßwasser ins Meer. Durch diese Zufuhr von Süßwasser wurde das Oberflächenwasser des Nordatlantiks vor 13 000 Jahren so verdünnt, daß es nicht mehr salzig genug war, um auf den Ozeanboden zu sinken. Das schränkte die globale thermohaline Zirkulation ein, bis sie zum Stillstand kam. In Nordeuropa fehlte die Erwärmung durch die aufsteigende thermohaline Zirkulation, und das Klima kühlte plötzlich ab. Als die Zufuhr an Schmelzwasser abklang, sammelte sich wieder genug Salz im Nordatlantik, um die thermohaline Zirkulation erneut in Gang zu setzen, was die starke Erwärmung zum Ende der Jüngeren Dryas vor 11 500 Jahren verursachte.

Wenn Veränderungen der Meeresströmungen kurzzeitige Veränderungen des globalen Klimas bewirken können, dann haben sie vielleicht auch einen Langzeiteffekt. Möglicherweise wurde beispielsweise die globale Abkühlung vor 15 Millionen Jahren dadurch ausgelöst, daß Plattenbewegungen die Antarktis von Südamerika trennten und es zur zirkum-antarktischen Meeresströmung kam. Diese Strömung blockiert die Zufuhr von warmen Wasser aus dem Süden in den Pazifischen und den Indischen Ozean und hält so die Sommertemperaturen in der Antarktis niedrig. Das Schließen des Isthmus von Panama als Folge der Plattenbewegungen in der Karibik bewirkte ebenfalls eine Barriere der äquatorialen Verbindung zwischen dem Pazifischen und dem Atlantischen Ozean, wodurch sich die Bewegungen der Meeresströmungen änderten. Dies löste vielleicht die Abkühlung vor 2,5 Millionen Jahren aus, die zur Vereisung weiter Teile der Nordhalbkugel führte.

Es gibt noch andere Faktoren, die sich tiefgreifend auf das globale Klima auswirken. Staubpartikel von Vulkanausbrüchen, die in die obere Atmosphäre gelangen, reflektieren Sonnenstrahlen stärker und können eine globale Abkühlung fördern. Hohe Ge-

Das Vorrücken und Rückschmelzen von Eisdecken

Glaziale Periode – Vorrücken der Eisdecken

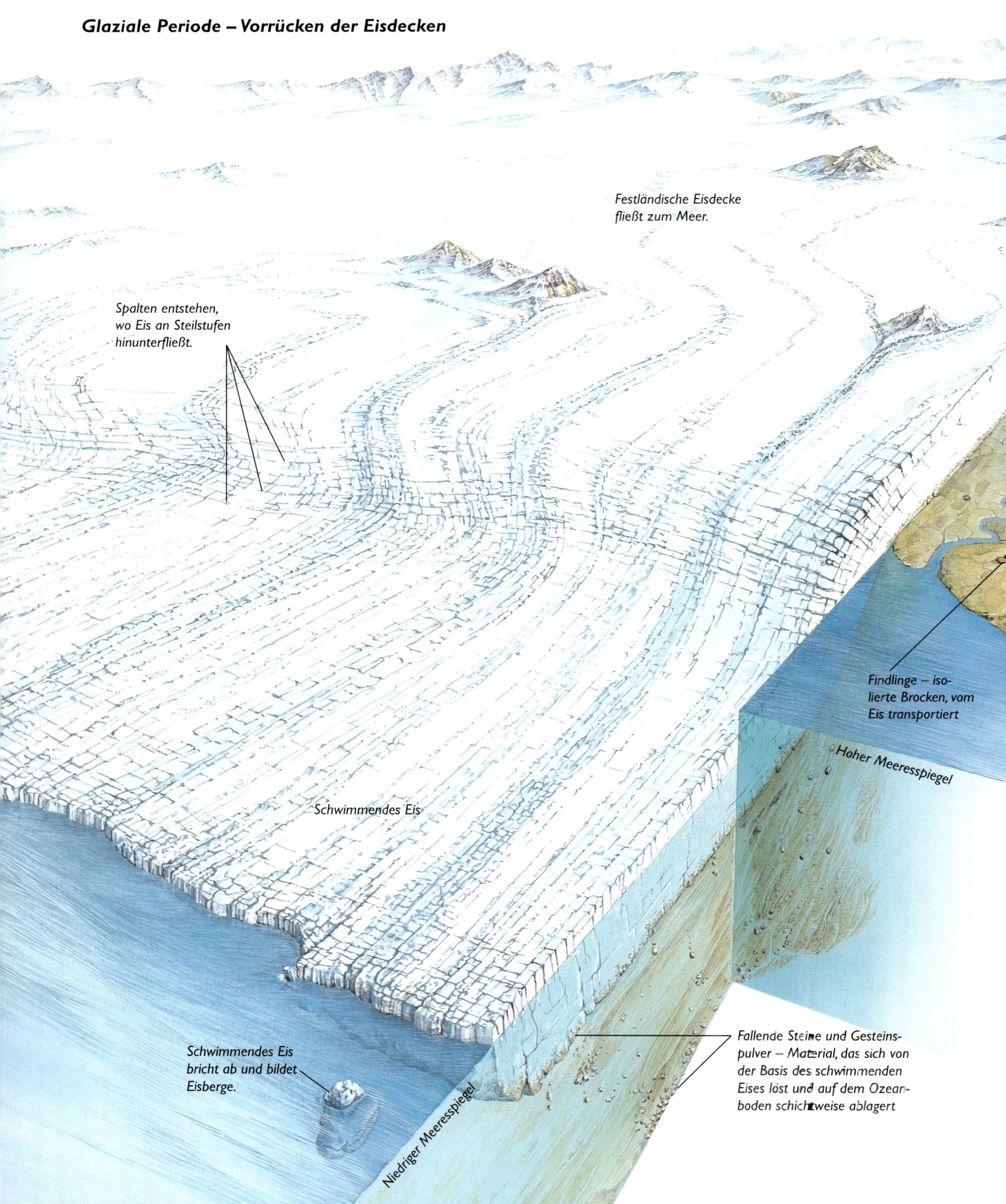

Interglaziale Periode – Rückschmelzen der Gletscher

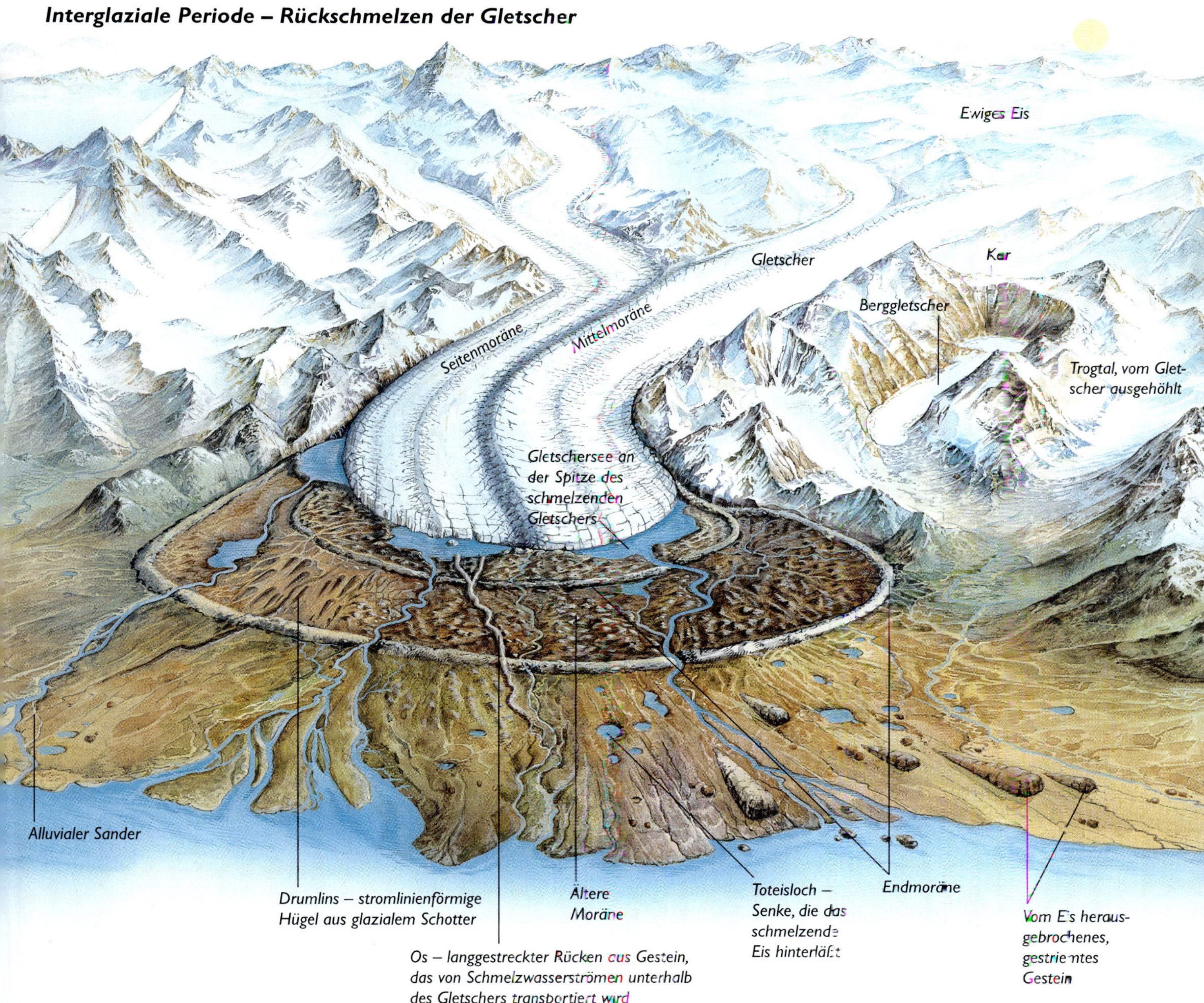

In den vergangenen Jahrmillionen war die Erde von Eiszeiten geprägt. In glazialen Perioden war das Klima außergewöhnlich kalt, und gewaltige, einige Kilometer dicke Eisdecken erstreckten sich über weite Teile der Kontinente aus **(links)**. Der Meeresspiegel war niedriger als heute. Die zunehmende Auflast brachte die Eisdecken zum Fließen, bis sie schließlich das Meer erreichten. Gesteinsfragmente wurden an der Basis des Eises mitgeschleppt und schürften das unterlagernde anstehende Gestein aus. Dabei wurde weiteres Gesteinsmaterial abgeschürft beziehungsweise herausgerissen, das von den Eisdecken mitgeführt und später abgelagert wurde.

Es gab während der Eiszeit auch wärmere, interglaziale Perioden, in denen der Meeresspiegel hoch war **(rechts)**. Wir befinden uns gegenwärtig in einem Interglazial. Es handelt sich dabei um Perioden, in denen die Eisdecken zurückgeschmolzen und Gletscher hauptsächlich auf Gebirge beschränkt sind. Doch sind Spuren der früheren Eisdecken und der großen Gebirgsgletscher auf geschrammtem und verformtem Gestein, in Trogtälern, in Karen und auf Hügeln aus ungeschichtetem Gesteinsschutt (Moränen) zu sehen. In der Nähe der Spitze eines Gletschers bilden Geschiebe eine unverkennbare Landschaft mit Endmoränen. Mittel- und Seitenmoränen liegen innerhalb und seitlich eines Gletschers.

birgsregionen können die Funktion der Atmosphäre beeinflussen, indem sie die Luft ableiten und höhere Bereiche der Troposphäre aufwärmen. Es scheint auch, daß die Anhebung des Hochlands von Tibet um mehr als 5000 Meter vor 8 Millionen Jahren den indischen Monsun beeinflußte (siehe Kapitel 5).

Die Plattentektonik übt einen weiteren interessanten Einfluß aus. Es gibt einen Zusammenhang zwischen den Eiszeiten und den Perioden der Erdgeschichte, als sich Kontinente an den Polen konzentrierten. So existierten während der frühen Eiszeiten (vor cirka 600 Millionen Jahren) und auch während der späteren (vor etwa 280 Millionen Jahren) am Südpol Superkontinente. Dies wirkte sich wahrscheinlich doppelt auf das Klima aus. Zum einen bieten Landmassen eine Oberfläche, auf der sich Schnee ansammeln kann. Der Schnee absorbiert das einfallende Sonnenlicht nicht wie die Ozeane, sondern reflektiert den größten Teil der Strahlung sofort zurück ins All. Eine höhere Kontinentalmasse an den Polen führt also dazu, daß es dort kälter ist als gewöhnlich. Zum anderen können sich Eisdecken an Land weiter ausbreiten. Heute entspricht die Grenze der großen antarktischen Eisdecke mehr oder weniger dem Rand des antarktischen Kontinents. Schwimmendes Eis, das sich darunter ausdehnt, bricht ab und schmilzt. Auf der Nordhalbkugel hingegen breiten sich Eisdecken während einer glazialen Periode über Tausende von Kilometern nach Süden aus.

Eine veränderliche Welt

Das globale Klima gründet sich also auf äußerst komplexen Zusammenhängen, die immer noch nicht bis ins letzte Detail erklärt sind. Das sollte nicht überraschen, denn wir haben es mit einem höchst komplizierten System zu tun, auf das die unterschiedlichen Faktoren wie das Verhalten der Atmosphäre, der Ozeane, des Landes und der Umlaufbahn unseres Planeten um die Sonne einwirken. Aufgrund der sich verdichtenden Anzeichen für eine globale Erwärmung beschäftigt sich die Forschung heute intensiver mit den Wechselwirkungen in diesem System. Sicher ist jedenfalls, daß die Klimaveränderung keine Anomalie und kein Defekt des Planeten ist; sie gehört zu seinem natürlichen Verhalten. Die Wikinger in Grönland wurden ebenso wie die Eisläufer auf der gefrorenen Themse zu Beginn des 19. Jahrhunderts Zeugen dieser natürlichen Veränderungen. Während der Übergangszeit, wenn ein Glazial endet und sich die Erde wieder erwärmt, wird die Landschaft durch geologische Aktivitäten neu belebt. Gletscher und Eisdecken schmelzen, und gewaltige Wassermassen fließen über die Oberfläche der Kontinente. Die dem Wasser innewohnende Kraft formt einen großen Teil der Landschaft auf dieser Welt und transportiert große Mengen an Gesteinsschutt. Dann ergießt sich das Wasser in die Ozeane und läßt den Meeresspiegel ansteigen. Im Laufe der Zeit zeigt sich das stetige Ansteigen und Abfallen des Meeresspiegels in der Anordnung der Sedimentschichten, die sich an den Rändern der Kontinente angesammelt haben.

Klimaschwankungen hatten die tiefgreifendsten Auswirkungen auf die Evolution des Lebens. Sehr langsame, über mehrere Millionen Jahre ablaufende Veränderungen bilden den Hintergrund für die Evolution der Arten. Schnell ablaufende Temperaturveränderungen, die sich über maximal ein paar tausend Jahre erstrecken, führen zum Aussterben der nicht anpassungsfähigen Gattungen. Die Temperaturveränderung in der Jüngeren Dryas (vor etwa 11 500 Jahren) war nur von kurzer Dauer, so daß sie keinen Schaden anrichtete. Aber seither scheint das Klima während des Holozäns ungewöhnlich stabil gewesen zu sein. Vielleicht war die Entwicklung der Menschheit nur aufgrund dieser kurzen Stabilität möglich. Sicher ist, daß es in der Zukunft ähnlich große Veränderung des globalen Klimas geben wird, wie sie in der Vergangenheit bereits erfolgten – unabhängig vom Einfluß des Menschen auf die Erde.

Links: Wenn ein Gebirgsgletscher einen See oder das Meer erreicht, schwimmt das Eis und bildet beim Abbruch vom Eiskörper Eisberge – dieser Gletscher in den Patagonischen Anden von Argentinien ist ein gutes Beispiel dafür.

KAPITEL 7

PLANET DES LEBENS

In den vergangenen 4 Milliarden Jahren hat sich das Leben von einfachen Einzellern bis zur heutigen Vielfalt an Pflanzen und Tieren entwickelt. Mit zunehmenden Erkenntnissen über die Erdgeschichte gelangten die Wissenschaftler auch zur Einsicht, daß die Kräfte, die den Planeten formten, sich zutiefst auf die Evolution auswirkten. Die tektonischen Plattenbewegungen führten zu wechselnden Anordnungen der Kontinente, der die Evolution durch das Hervorbringen neuer Lebensformen begegnete. Verheerende Vulkanausbrüche, Meteoriteneinschläge und drastische Klimaveränderungen lösten wiederholt Massensterben aus und verursachten Rückschläge für das Leben auf der Erde. Aber diese Ereignisse schufen auch neue Möglichkeiten für die überlebenden Organismen.

Diese kissenähnliche Struktur wird von Algen geschaffen, die in der intertidalen Zone gedeihen und Schicht für Schicht derartige Wälle bilden. Versteinerte Stromatolithen sind der Beweis frühen Lebens auf der Erde. Die Aufnahme stammt aus der Shark Bay in Westaustralien.

Die Vielfalt an lebenden Organismen ist wahrhaft erstaunlich. Millionen verschiedener Arten leben in jedem nur denkbaren Lebensraum auf unserem Planeten: im heißen Wasser eines *black smoker*, in den tiefsten Tiefen auf dem Ozeanboden und unter schwierigen Bedingungen auf riesigen Eisdecken. Im letzten Jahrhundert stellte Charles Darwin eine Frage, die damals blasphemisch anmutete: Gibt es einen Mechanismus, aus dem sich diese Vielfalt erklärt? 1859 veröffentlichte er seine Schlußfolgerungen in einem der einflußreichsten Bücher, die je geschrieben wurden: »Die Entstehung der Arten«.

Im ersten Kapitel geht es um die Zucht von Tieren. Darwin wuchs in einer Welt auf, in der Pferde, Kühe, Schweine, Schafe und Hunde gezüchtet wurden. Er selbst hatte eine Vorliebe für Tauben und widmete sich der Pflanzenzucht. Die eigenen Erfahrungen prägten Darwins Bewußtsein für etwas, das er als »Plastizität des Lebens« bezeichnete. Lebende Organismen können praktisch zu jeder Form von Größe, Aussehen und Charakter herangezüchtet werden. Dafür muß man aus der Nachkommenschaft einer Pflanze oder eines Tieres nur die Formen herauspicken, die Ähnlichkeiten mit dem gewünschten Ergebnis aufweisen. Wiederholt man diesen Prozeß über viele Generationen, entsteht nach und nach eine neue Züchtung, maßgeschneidert von menschlicher Hand für menschliche Zwecke. So war es kein großer Schritt zur Frage, ob, nachdem Menschen in der Lage sind, durch Selektion bestimmter Charakteristika die Evolution von Tieren und Pflanzen in relativ kurzer Zeit zu lenken, dies nicht auch auf natürlichem Wege geschehen konnte. Damit war die Idee der natürlichen Selektion geboren. Nach Darwins Auffassung treibt die Konkurrenz zwischen den Lebewesen die Evolution an. Mit der Zeit akkumulieren ausgewählte Eigenschaften, die jeweils einen leichten Vorteil über die Nahrungskonkurrenten bedeuten, und sammeln sich in einer neuen Art, die sich deutlich von den entfernten Vorfahren unterscheidet. Das führt zu einer großen Vielfalt an Lebensformen, vor allem, wenn der Prozeß in vielen verschiedenen Teilen der Erde stattfindet.

Seit der ersten Veröffentlichung von Darwins Konzept über die natürliche Selektion wuchs unser Verständnis für die Biologie enorm. Wir wissen jetzt, daß die Charaktereigenschaften der Organismen in Genen enthalten sind, die auf die Nachkommenschaft übergehen. Die Erkenntisse der Genetik haben entscheidend zum Verständnis des von Darwin erkannten Mechanismus der Evolution beigetragen.

Züchtungen schaffen eine Vielfalt an Erscheinungen, wobei der Nachwuchs mit besonders begehrten Charakteristika ausgewählt wird. Diese seltsamen exotischen Exemplare (Mitte und unten) sind über viele Generationen hinweg vom einfachen Kanarienvogel (oben) gezüchtet worden.

DIE ÜBERLIEFERUNG DURCH FOSSILIEN

Fossilien dienen Geologen schon lange dazu, bestimmte Gesteinsabfolgen zu charakterisieren (siehe Kapitel 1). Doch eigentlich ist die Existenz der Fossilien ein geologisches Wunder. Nach ihrem Absterben verschwinden viele Lebewesen sofort. Manchmal aber führt eine Kette von Ereignissen dazu, daß sie versteinert erhalten bleiben. Wenn zum Beispiel Organismen am Meeresboden oder am Grund eines Sees sterben, werden sie in Schlamm oder Sand eingebettet und mit der Zeit immer tiefer begraben, weil sich immer mehr Schlamm oder Sand über ihnen ablagert. Die organische Materie zerfällt sehr rasch wegen der Zersetzung durch Bakterien. Wenn das umgebende Sediment aber in Wasser schwimmt, treten langsam neue Minerale an die Stelle der sich zersetzenden Teile des Organismus – so werden etwa Knochen oder Schalenteile durch Kalzit, Silikate oder Eisensulfide ersetzt. Diese chemischen Vorgänge konservieren in der Regel die Gestalt des Lebewesens. Der Grad der Erhaltung kann erstaunlich gut sein, manchmal bis in die Form einzelner Zellen.

Im letzten Jahrhundert wurden zahllose Fossilien gesammelt und sorgfältig ausgewertet. Dabei wurde sehr schnell deutlich, daß die meisten dieser Lebensformen heute nicht mehr existieren. Aber es waren klare Entwicklungslinien durch die geologischen Zeitabschnitte nachweisbar – tatsächlich ist dies der wichtigste Beweis für die Evolution. Die Fossilien können zur Unterteilung der geologischen Zeit in

WIE FOSSILIEN ENTSTEHEN

Eine Serie von außergewöhnlichen Ereignissen kann zur Versteinerung eines Lebewesens führen. Stirbt zum Beispiel ein Baum neben einem See, wird der Stamm manchmal überflutet und eingebettet (a–c). Das Holz verrottet und wird schließlich durch neue Minerale ersetzt, die ursprüngliche Form bleibt dabei aber erhalten. Später wiederum erodieren die umgebenden Sedimente und hinterlassen einen versteinerten Baumstamm (d).

(a) Lebender Baum

(b) Überflutung und Einbettung

(c) Fossilisierung

Grundwasser befördert Minerale, die das Holz ersetzen

(d) Versteinertes Holz

bestimmte Einheiten verwendet werden. Früher unterteilte man die Erdgeschichte in die Zeit ohne die Existenz von Leben und die belebte Welt. Der als Phanerozoikum bezeichnete, von Leben geprägte Zeitraum wurde in drei Hauptperioden unterteilt: das Paläozoikum (Erdaltertum), das Mesozoikum (Erdmittelalter) und das Känozoikum (Erdneuzeit).

Die Diversifikation von Lebensformen

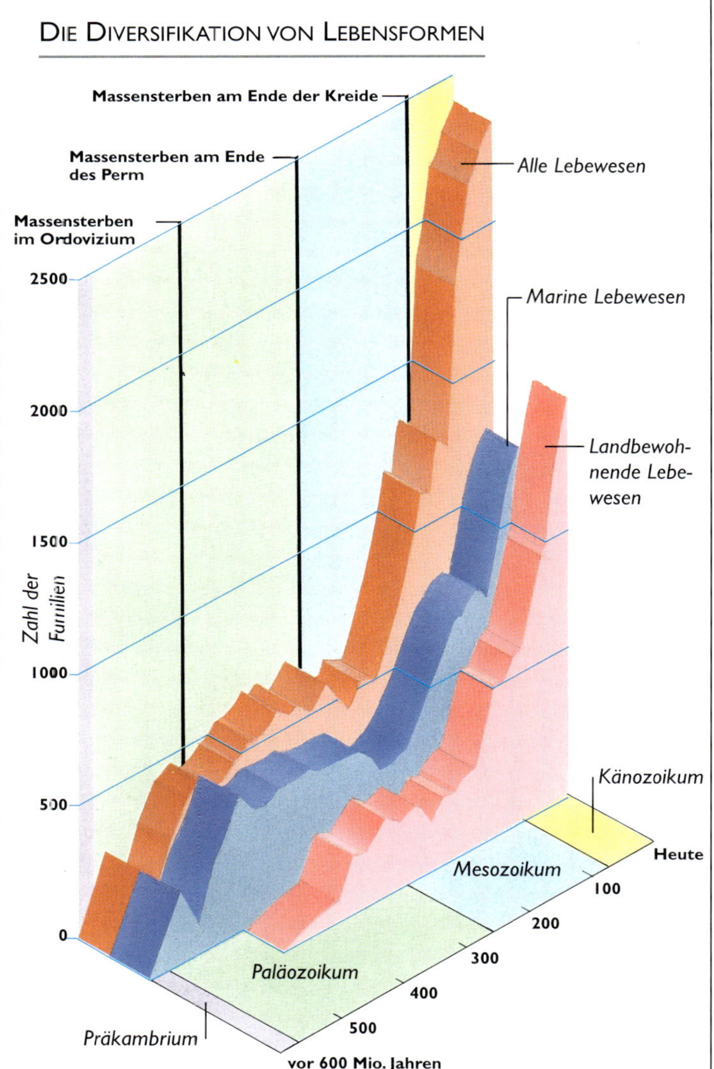

Alle Lebewesen werden verschiedenen Gruppen, den Familien, zugeordnet. Während der letzten 600 Millionen Jahre nahm die Zahl der Lebewesen stark zu, und auch die Anzahl von Familien mariner und kontinentaler Organismen wuchs, ausgehend von zunächst nur wenigen, im Lauf der Zeit gewaltig. Dieser Anstieg verlief allerdings nicht immer gleich schnell, und es gab eine Serie von Rückschlägen. Manche Massensterben reduzierten die Zahl der Familien abrupt, doch sie stieg danach wieder an. Große Massensterben gab es im Ordovizium, gegen Ende des Perm und am Ende der Kreide.

Diese Hauptperioden werden wiederum nach Gesteinsformationen oder unterschiedlichen Lebensformen unterteilt, die zur Gliederung geologischer Zeit herangezogen werden. Bis in die 1940er Jahre gab es praktisch keine Hinweise auf Leben vor dem Paläozoikum, in dem als Präkambrium bezeichneten, geologisch frühesten Zeitabschnitt. Heute können die Fossilien viel weiter zurück datiert werden, wie in diesem Kapitel noch erläutert wird.

In den letzten 20 Jahren haben Biologen einen neuen Weg gefunden, die Entwicklung des Lebens zu erforschen. Durch die Entzifferung genetischer Kodierungen kann man die »Baupläne« lebender Organismen lesen. Der Code ist in einer Sequenz von Molekülen festgeschrieben, sogenannten Nukleotiden, die zusammen die DNS (Desoxyribonucleinsäure) bilden – das genetische Material aller Lebewesen. Verschiedene Sequenzen resultieren in unterschiedlichen Merkmalen der Organismen. Erstaunlicherweise ist die Information der genetischen Codes unabhängig vom Organismus immer dieselbe; bestimmte Sequenzen von Verbindungen in der DNS haben stets dieselbe Bedeutung. Dies beweist, daß alles heute bekannte Leben auf einmal entstand und alle Organismen – so entfernt auch immer – miteinander verwandt sind. Der Vergleich der DNS-Sequenzen diverser Lebewesen hat es Forschern ermöglicht, evolutionäre Verbindungen herzustellen, die auf Lücken in der Dokumentation von Fossilien hinwiesen. Dadurch ließ sich der Stammbaum des Lebens rekonstruieren, der die gemeinsamen Vorfahren verschiedener Lebensformen aufzeigt und verschiedene evolutionäre Richtungen verdeutlicht. Der Stammbaum liefert den Biologen einen einzigartigen Weg, lebende Organismen zu klassifizieren. Wir Menschen etwa zählen zum Tierreich: Stamm der Wirbeltiere *(Vertebrata)*, Klasse der Säugetiere *(Mammalia)*, Ordnung der Menschenaffen *(Primates)*, Familie der Menschenartigen *(Hominidae)*, Gattung Mensch *(Homo)* und Spezies *sapiens*. Stamm und Klasse verweisen auf die ältesten Trennungen, die Spezies auf die jüngsten Zweigspitzen unseres Stammbaums.

Betrachtet man die Fossilien, die Teil eines bestimmten Stammbaums sind, erhält man einige in-

teressante Einblicke in das Wesen der Evolution. Zunächst fällt auf, daß die meisten Abzweigungen nicht mehr existieren. Tatsächlich sind zahlreiche Arten irgendwann ausgestorben. Dennoch hat die Zahl der Spezies, Gattungen und Familien im Verlauf der Evolution immer weiter zugenommen. Heute hat das Leben unterschiedlichere Formen als je zuvor. Allerdings verlief diese Diversifizierung alles andere als geradlinig. Es gab Zeiten in der Erdgeschichte, in denen die Zahl der verschiedenen Lebensformen sprunghaft anstieg, und Zeiten, in denen die Vielfalt an Lebewesen plötzlich zurückging. Manchmal war dieser Rückgang das Ergebnis eines großen Massensterbens. Allerdings hat sich jedes Massensterben als ein Wendepunkt in der Entwicklung des Lebens erwiesen. Starb eine Art aus, wurde sie von einer noch größeren Vielfalt an neuen Lebewesen ersetzt, die häufig plötzlich neuartige Charakteristika zeigten. Der langsame und stetige Fortschritt der Evolution, wie Darwin sie beschrieb, wurde also durch einige plötzliche Ereignisse unterbrochen. Heute versuchen die Geologen, diese Brüche in der Evolution mit größeren Veränderungen auf der Erde in Beziehung zu setzen. Dabei zeigen sich unerwartete Verbindungen zwischen den geologischen Aktivitäten und der Entwicklung des Lebens auf der Erde. Unsere Welt bringt nicht nur lebende Organismen hervor, sondern ist ein aktives Element der Evolution, das häufig den Verlauf der Ereignisse bestimmt und das Leben, wie wir es kennen, geformt hat.

Wir können diesen Verbindungen nachgehen, indem wir die Geschichte des Lebens von seinem Ursprung bis in die Gegenwart verfolgen. Dabei sind wir auf einige Anhaltspunkte angewiesen. Die Auswertung der Fossilien – kombiniert mit Studien über das genetische Material lebender Organismen – enthüllt die Hauptmerkmale des Stammbaums des Lebens. Die jeweiligen Gesteine geben uns Einblick in die Bedingungen, die auf jeder Stufe in der Entwicklung des Lebens auf der Erde herrschten. Wir können sogar die Bewegungen der Kontinente über die Erdoberfläche verfolgen (siehe Kapitel 2). Brechen kontinentale Fragmente auseinander oder kollidieren sie, hinterläßt das Spuren in den Gesteinen. Deren Datierung bietet uns also die Zeitskala.

Das Leben nimmt seinen Lauf

Den frühesten Hinweis auf Leben fand man in einer 3,8 Milliarden Jahre alten gebänderten Abfolge von silizium- und eisenreichen Gesteinen in Westgrönland; diese Abfolge wird als *Banded Iron Formation*, kurz BIF, bezeichnet. Die Gesteine treten in der Regel in den alten Grünsteingürteln (siehe Kapitel 1) auf. BIFs bestehen aus millimeter- bis zentimeterdicken Lagen von Eisenoxiden wie zum Beispiel Hämatit und Magnetit, die sich mit siliziumreichen Lagen abwechseln; von diesen nimmt man an, daß sie sich bei der Ausfällung von Meereswasser bildeten. Der Hinweis auf Leben in ihnen stammt nicht von versteinerten Überresten, sondern von einer bestimmten chemischen Signatur lebender Organismen. Es handelt sich dabei um das Verhältnis von zwei natürlich vorkommenden Kohlenstoffisotopen, Kohlenstoff-13 und Kohlenstoff-12. Lebende Organismen tendieren dazu, mehr Kohlenstoff-12 aus der Umwelt aufzunehmen. Daher ist das Verhältnis der Anzahl der Atome von Kohlenstoff-13 zu Kohlenstoff-12 in einem Lebewesen geringer als sonst auf der Erde. In den alten Grönland BIFs wurden Spuren von Kohlenstoff gefunden, die ein ähnliches Verhältnis der Kohlenstoffisotope aufweisen wie lebende Organismen. Dieser Kohlenstoff ist vielleicht alles, was von diesen ersten, 3,8 Milliarden Jahre alten Lebewesen blieb – auf dieses Alter wurden die ältesten Spuren des Lebens auf der Erde datiert. Das bedeutet, daß schon spätestens 750 Millionen Jahre nach der Entstehung der Erde, deren Alter auf 4,55 Milliarden Jahre geschätzt wird, Leben existierte.

Im Jahr 1996 machten Maarten de Wit, der an einigen der ältesten Gesteinsformationen (siehe Kapitel 1) arbeitete, und sein Kollege, der Paläobiologe Frances Westall, im Barberton Greenstone Belt Südafrika, eine bemerkenswerte Entdeckung. Sie fanden die ältesten fossilen Überreste irdischer Lebensformen: reiskornförmige Wesen mit einem Durchmesser von ein paar tausendstel Millimetern, perfekt in sogenanntem Kieselschiefer erhalten. Sie zeigten die

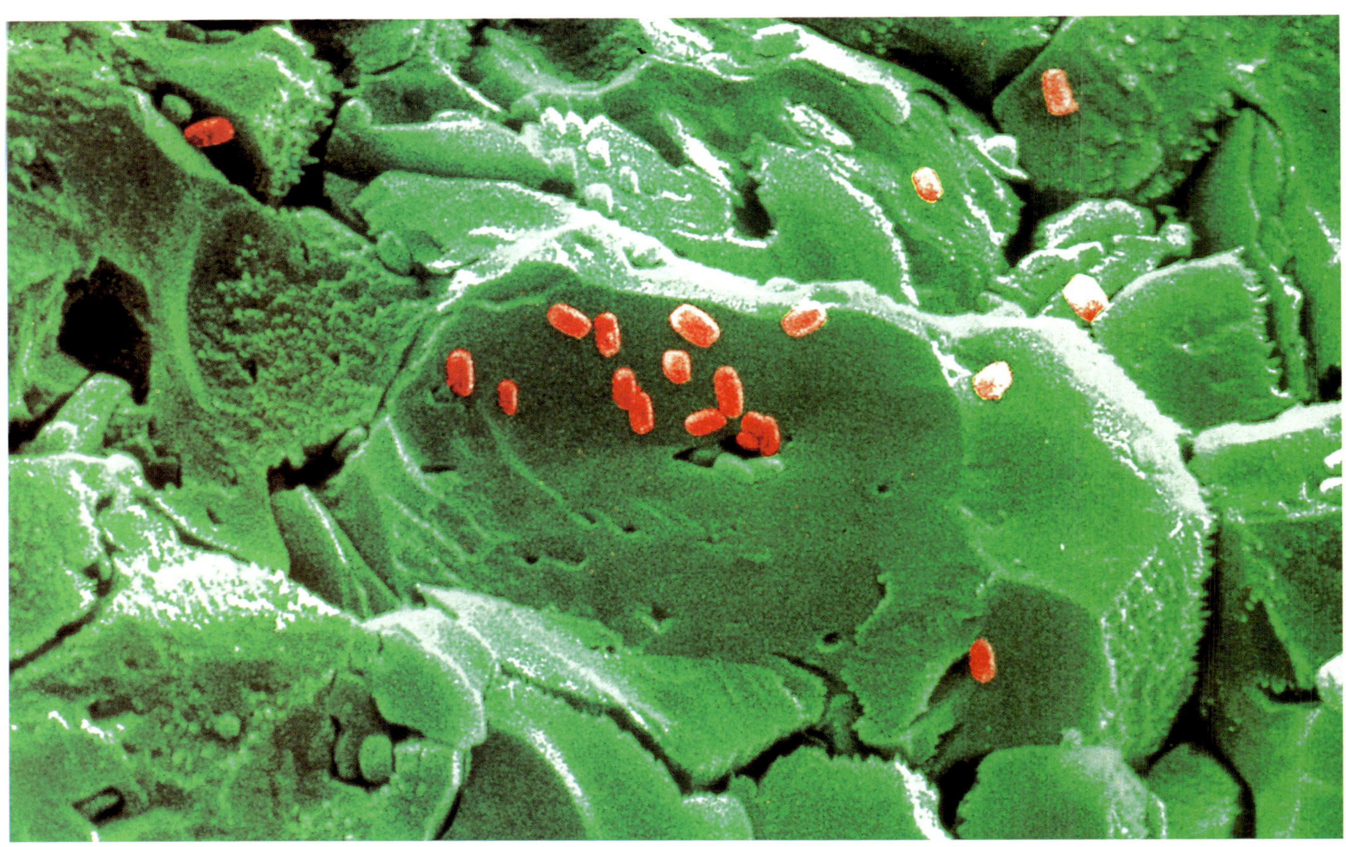

Beim Blick durch ein Elektronenmikroskop erkennt man in 3,5 Milliarden Jahre alten silikatreichen Gesteinen aus Südafrika stäbchenförmige Körper (rot), die wie Bakterien aussehen. Frances Westall, der sie fand, glaubt, daß es sich dabei um die ältesten bekannten Fossilien handelt.

gleiche Form wie heutige Bakterien. Der Kieselschiefer entstand in einer Region mit intensivem Vulkanismus, als sich Silizium aus heißen Quellen ansammelte. Hinweise dafür gibt es in den umliegenden Gesteinen – große Mengen an Pillow-Laven, die unter Wasser ausgeworfen wurden. Die Datierung der Lava ergab, daß die Zellen vor 3,5 Milliarden Jahren lebten. Dem Gestein verdanken wir auch eine Vorstellung des Lebens auf der frühen Erde. Sie war übersät mit hitzeliebenden, mikroskopischen Organismen, die in den zahlreichen heißen Quellen vulkanisch aktiver Gebiete lebten.

Bakterien sind eines der besten Beispiele für einen Typ von einzelligen Organismen, den Prokaryonten. Auf welche Weise entwickelten sich nun in einer toten Landschaft prokaryontische Zellen? Die Entwicklungsschritte müssen alle entscheidenden Merkmale der Zelle zur Folge haben: genetisches Material in Form von DNS, eine semipermeable Membran, die es den Zellen erlaubt, chemische Substanzen aufzunehmen, und eine organische Chemie, die den inneren Energietransport ermöglicht. Aufgrund der Nähe der primitiven Prokaryonten zu heißen Quellen vermutet man, daß das Leben dort entstand, wo thermische Energie aus dem Erdinneren genutzt werden konnte. Darauf deuten auch die Entdeckungen an den mittelozeanischen Rücken hin. Wie in Kapitel 2 beschrieben, wurden dort Prokaryonten gefunden, ziemlich primitive Organismen von den

Rechts: In Geysiren wie diesem im Yellowstone Park, USA, entwickelten sich vielleicht die ersten Lebensformen. Einige der primitivsten Organismen sind Bakterien. Sie gedeihen in heißem Milieu nicht nur an Land, sondern auch in heißen Quellen der Tiefsee.

Gefaltete rote Gesteinsschichten (obere Hälfte des Bildes) sind die Überreste mächtiger Ablagerungen von Eisenoxid (Banded Iron Formation)*, die vor 2,5 Milliarden Jahren in der Region von Hamersley in Westaustralien sedimentiert wurden. Sie konnten sich nur bilden, als es auf der Erde praktisch keinen Sauerstoff gab.*

niedrigsten Zweigen des Stammbaums, die sich um Öffnungen, aus denen sehr heißes Wasser aufsteigt *(black smokers)*, gruppieren. Diese Organismen ertragen Wassertemperaturen von über 100 °C und werden deshalb auch als Hyperthermophile bezeichnet. Die Hyperthermophilen nutzen die Energie des heißen Wassers, wenn es sich mit dem kalten Meerwasser vermischt, in der sogenannten Chemosynthese. Dabei schaffen sie eine Mischung aus Molekülen, die häufig in lebenden Organismen gefunden werden, insbesondere einfache Aminosäuren, ohne die es kein Leben gäbe.

Stellen Sie sich ein stabiles chemisches Milieu vor, das innerhalb der Begrenzungen einer anorganischen semipermeablen Membran erzeugt wurde. Möglicherweise waren die primitivsten dieser Membrane zellenartige Silizium- oder Metallkrusten. Solche natürlichen Blasen lassen sich noch heute oft an heißen Quellen finden. Das heiße Wasser in einer solchen vulkanischen Umgebung ist reich an chemischen Elementen, darunter auch Metallionen. Nukleotide und andere Moleküle können sich nun verbinden und einfache Makromoleküle bilden – hier liegt der Anfang der Gene. Wenn die Makromoleküle zur Vermehrung fähig wären, würde ihre Konzentration ansteigen. Die anorganischen Membrane könnten dann als eine Art Schablone für die organischen Membrankonstruktionen dienen; dabei würden die Membrane mit ihrem Inhalt zu freien Zellen. Zerplatzt nun durch Zufall eine dieser Membrane wie eine Seifenblase, hat sich die Zelle reproduziert. Diese Vorgänge sind sehr spekulativ, aber im Prinzip kann man sich vorstellen, wie es durch natürliche Selektion zur Reproduktion einer Zelle kommt.

Sind die eben angestellten Überlegungen korrekt, dann war das Leben in den ersten Stadien von der Erde abhängig wie ein Neugeborenes von seiner Mutter. Diese ersten Organismen erhielten Nahrung und Energie von der vulkanischen Aktivität unseres Planeten. Aber es gab noch eine weitere große Energiequelle: die Sonnenstrahlung. Wann lebende Organismen damit begannen, diese Energiequelle zu nutzen, ist unbekannt. Man nimmt an, daß sich aus der Fähigkeit, die Energie warmen Wassers zu nutzen, die Fähigkeit entwickelte, Sonnenlicht nutzbar zu machen. Folge dieser Enwicklung war, daß die Überlebenschancen der Prokaryonten wuchsen; sie waren nicht mehr auf die heißen Quellen angewiesen, sondern konnten das Sonnenlicht überall durch die Photosynthese verwerten. Somit waren diese ersten Organismen in der Lage, ihren vulkanischen Lebensraum zu verlassen und sich auf der gesamten Erde auszubreiten. Dies scheint den lebenden Organismen wirklich gelungen zu sein, und dabei veränderten sie – wie wir noch sehen werden – bis zu einem gewissen Grad auch den Planeten selbst.

Bei der Photosynthese werden Kohlendioxid und Wasser mittels Sonnenlicht in organisches Material und Sauerstoff umgewandelt. Sie ist eine der wichtigsten chemischen Reaktionen für die belebte Welt. Auf diesen wesentlichen Schritt für die Entstehung und das Wachstum der Pflanzen sind fast alle lebenden Organismen angewiesen: Die Photosynthese wurde zur Hauptquelle für freien Sauerstoff. Heute sind Photosynthese betreibende Cyanobakterien – ein Algentyp – dafür verantwortlich, daß eine als Stromatolith bezeichnete Struktur entsteht, die an verschiedenen Orten der Erde zu finden ist. Dabei fangen Algenmatten Suspensionsmaterial der Küstengewässer ein, integrieren es in ihren Stoffwechsel und fördern damit offenbar die Ausfällung von Kalziumkarbonat, das die Algen und das eingefangene Suspensionsmaterial überzieht. Die Algen wachsen durch den Überzug hindurch, fangen noch mehr Material ein, und der ganze Prozeß wird wiederholt. Schließlich bildet sich eine Struktur aus vielen feingeschichteten Lagen. Stromatolithen wurden in Gesteinen gefunden, die bis zu 3,5 Milliarden Jahre alt sind; deshalb nimmt man an, daß schon damals Photosynthese treibende Algen existierten. Vor 2,5 Milliarden Jahren gab es ganze kontinentale Bereiche, in denen sich Algenmatten gebildet hatten, die weite Bereiche mit stromatolithischen Hügeln überzogen.

Es dauerte über 1 Milliarde Jahre, bis die Photosynthese der Algen sich spürbar auf die Atmosphäre auswirkte; dies weiß man, weil in der Region von Hamersley in Westaustralien Tausende von Quadratkilometern große Ablagerungen von BIFs zu finden sind, die dort vor ungefähr 2,5 Milliarden Jahren sedimentiert wurden. Offenbar wurden große Mengen an Eisenablagerungen durch ein ausgedehntes Flußsystem in die Gegend eingetragen. Damit sich Eisen so konzentriert ablagert, muß es von Flüssen in gelöster Form mitgeführt worden sein. Wäre die Atmosphäre damals reich an Sauerstoff gewesen, dann wäre das Eisen oxidiert und in Böden und Flüssen ausgefällt worden. Es hätte das seichte Meerwasser nie erreicht, wo die Hamersley-BIFs entstanden. Der Gehalt an Sauerstoff in der Atmosphäre muß also sehr gering gewesen sein.

Das Leben wird komplex

Vor etwa 2,1 Milliarden Jahren zeichnete sich in der Atmosphäre ein deutlicher Anstieg von Sauerstoff ab. Der Beweis dafür liegt in den Gesteinen. Die weiten

Die Entwicklung des Lebens

Dieses Diagramm zeigt sowohl die Entwicklung des Lebens als auch größere Ereignisse in der Erdgeschichte. In den letzten 4 Milliarden Jahren hat sich das Leben von mikroskopisch kleinen Einzellern zur heutigen Vielfalt entwickelt. Aber unser Planet hat nicht nur lebende Organismen hervorgebracht, er nahm auch aktiv Einfluß auf die Evolution. In der Vergangenheit gab es Zeiten, in denen die geologische Aktivität der Erde – das Drif-

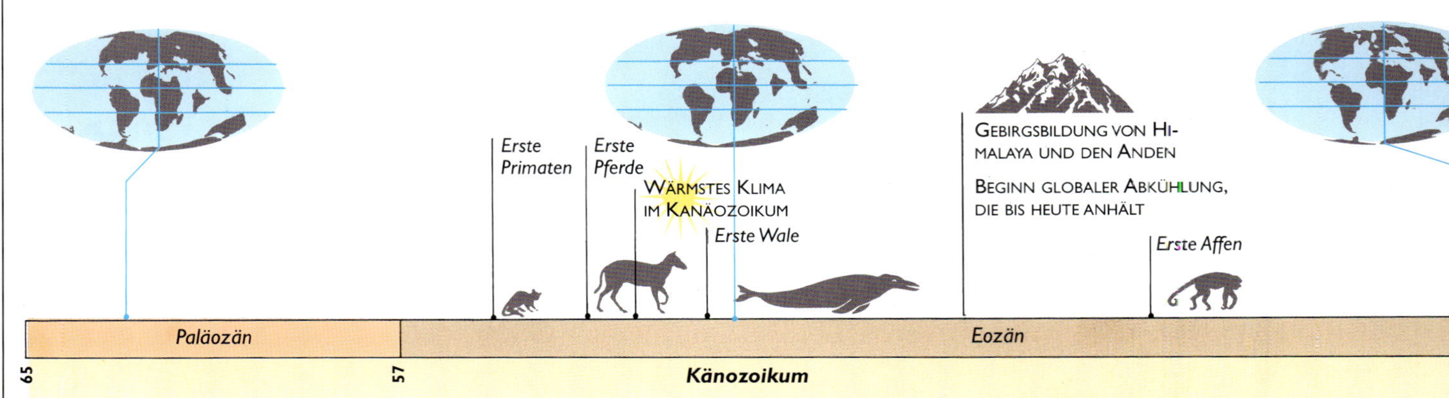

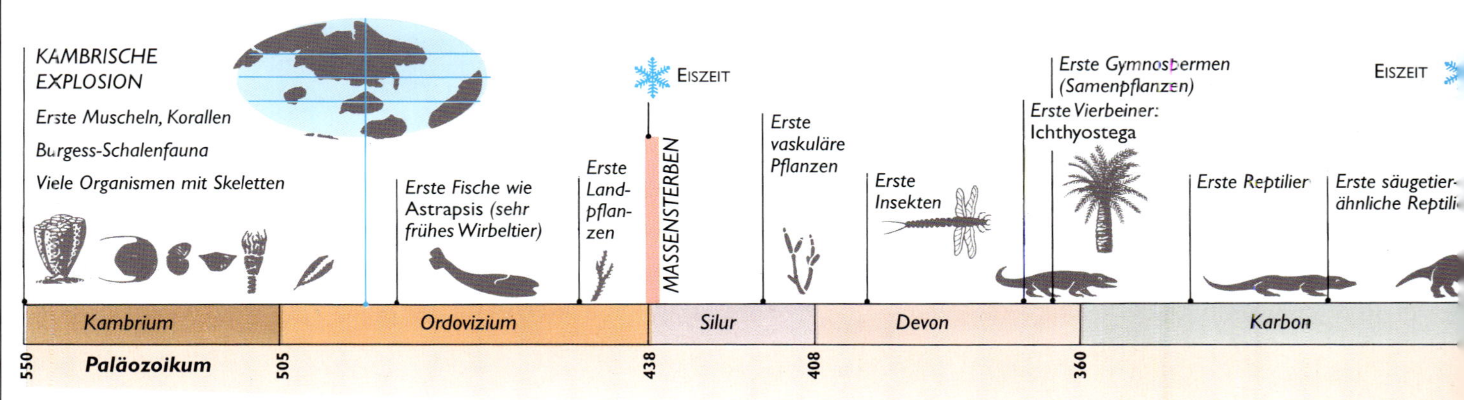

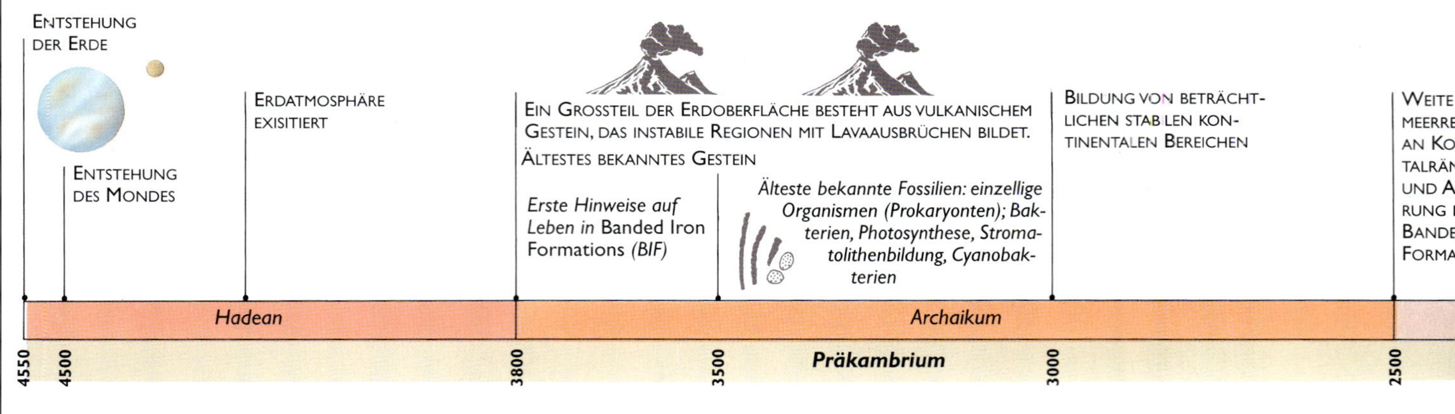

ten der Kontinente, intensiver Vulkanismus oder sogar Meteoriteneinschläge – eine tiefgreifende Wirkung auf die Entwicklung des Lebens nahm. Diese Ereignisse lösten drastische Veränderungen aus, zum Beispiel die Entstehung von Eiszeiten, die letztlich Massensterben verursachten. Nur Organismen, die flexibel genug waren, um diese Krisen zu überleben, konnten die Entwicklung des Lebens weiter vorantreiben.

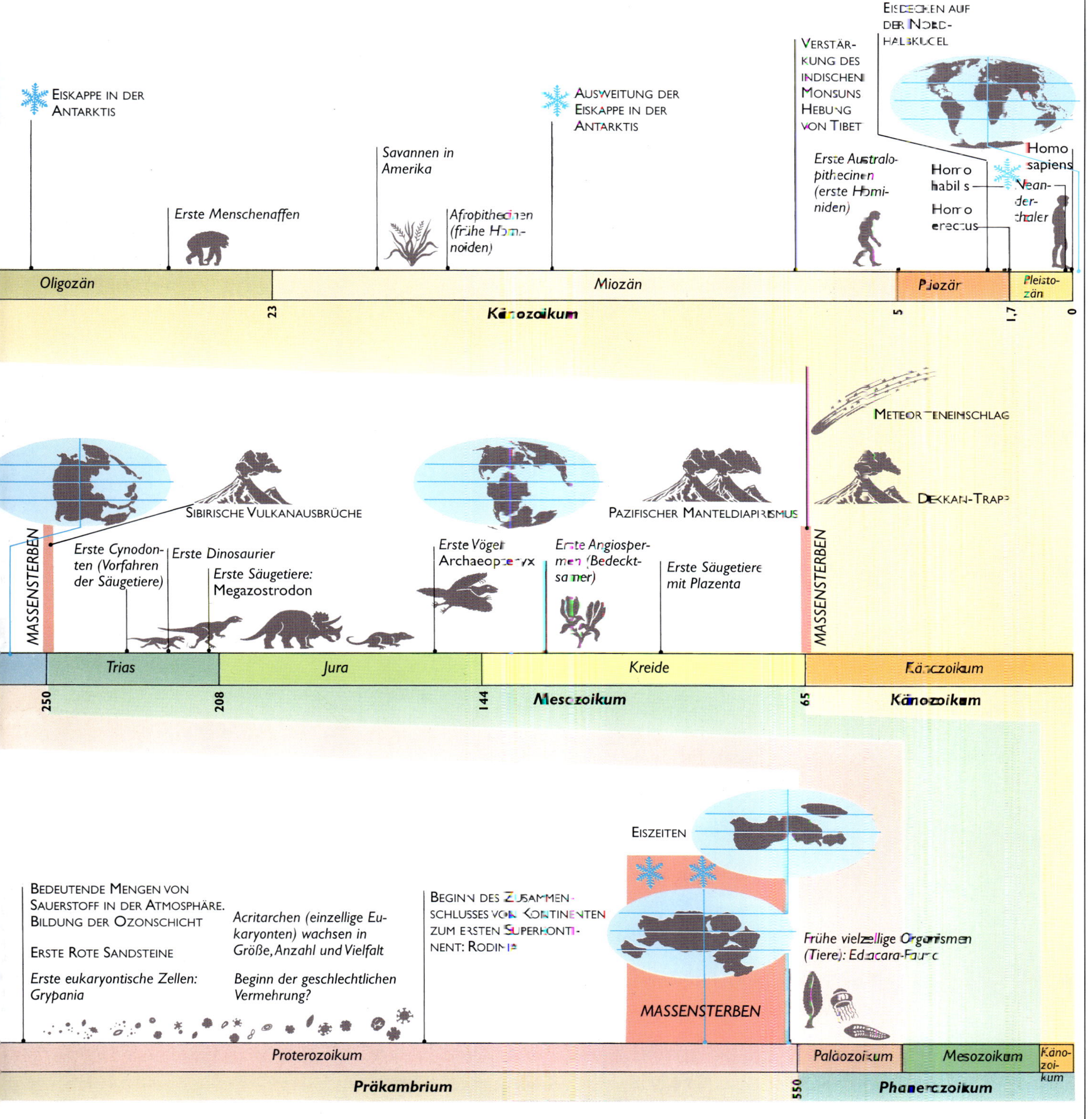

BIF-Ablagerungen bildeten sich nicht mehr in Seen und im Meer. An Pyritkörnern (Eisensulfid) und Uranmineralen reiche Konglomerate, die unter Anwesenheit von Sauerstoff instabil werden, sammelten sich nicht mehr an. Es scheint, daß die Prokaryonten erstmals mehr Sauerstoff bildeten, als durch chemische Reaktionen wie etwa die Oxidation von im Meerwasser gelöstem Eisen, Schwefel und toten Organismen verbraucht wurde. Dies geschah teilweise auch, da die Zufuhr von gelöstem Eisen aus vulkanischen Ressourcen in die Ozeane abnahm – vielleicht, weil der Vulkanismus mit der langsamen Abkühlung der Erde zurückgegangen war. Damit gelangte genug Sauerstoff in die Atmosphäre, daß Eisen an Land oxidierte und die Gesteine eine rote Farbe annahmen. Es bildeten sich Ablagerungen von eisengefärbten Sandsteinen, die Rotformationen. Wahrscheinlich war die Atmosphäre vor etwa 2,1 Milliarden Jahren so mit Sauerstoff gesättigt, daß in den oberen Schichten Ozon gebildet werden konnte. Ein Ozonmolekül entsteht durch die Verbindung dreier Sauerstoffatome mittels Sonnenenergie. Die sich in der oberen Atmosphäre bildende Ozonschicht schützt das Leben auf der Erde durch die Absorption von aggressiver Strahlung aus dem Weltall, etwa bestimmter Bereiche der ultravioletten Strahlung. Die Nachfahren der frühen Prokaryonten waren die widerstandfähigsten Organismen der Erde; sie überlebten praktisch in jedem Milieu. Diese Widerstandsfähigkeit spiegelt die Eigenschaften früher Prokaryonten wider; ohne sie war es unmöglich, auf der Erde zu überleben, bevor es eine Ozonschicht gab.

Der Sauerstoff in der Atmosphäre hatte einige bedeutsame Auswirkungen auf die Entwicklung des Lebens auf der Erde. Lebewesen nutzten die Energie, die bei Reaktionen des Sauerstoffs mit anderen Elementen frei wurde – ein Prozeß, der als Oxidation bezeichnet wird. Diese Reaktion ist potentiell tödlich für eine Zelle, da sie die gesamte Zellsubstanz buchstäblich verbrennen kann. Aber eine Zelle, die fähig ist, das Gas zu kontrollieren und die bei der Reaktion frei werdende Energie zu nutzen, kann sich stark vermehren. Wegen des schützenden Ozonschildes wurde es für komplexe organische Strukturen einfacher, in Flachwasserbereichen oder an Land zu existieren und die Sonneneinstrahlung zu nutzen. Zunächst lebten mehrere verschiedene prokaryontische Zellen zusammen wie unter einem Dach in einer größeren Zelle. Schließlich wurde das genetische Material jeder Zelle in einer speziellen »Abteilung« vereint, die einen Zellkern mit dem umfangreicheren genetischen Pool bildeten. Einzelne Mitglieder der prokaryontischen »Gemeinschaft« fingen an, sich zu spezialisieren und bestimmte Funktionen innerhalb der größeren Zelle zu übernehmen. Auf diesem Weg könnten die als Organellen bezeichneten »Abteilungen« mit bestimmten Funktionen entstanden sein. Auf diese Weise entwickelten sich Sauerstoff verwertende eukaryontische Zellen mit einer komplexeren inneren Struktur und einem Zellkern – ein weiterer Meilenstein in der Evolution. Das umfangreichere genetische Material ermöglichte es zum einen, daß mehr charakteristische Merkmale in Genen kodiert wurden, und bot zum anderen die Chance und das Risiko, daß es bei der Zellteilung und unter Einwirkung von Strahlung zu Fehlern wie auch zu Mutationen kam. Die eukaryontischen Zellen erlangten daher bald eine wesentlich größere Diversität, als es sie bei den prokaryontischen je gegeben hatte. Auch vergrößerte sich das Repertoire an Merkmalen, die der natürlichen Selektion unterlagen, als sich die Bedingungen änderten und neue evolutionäre Möglichkeiten auftraten. Kurz, das Leben wurde vielfältiger.

Wann sich die Eukaryonten entwickelten, ist unklar. Zellkern und Organellen sind in Fossilien nicht erhalten, und so entscheidet sich die Frage, ob eine Zelle eu- oder prokaryontisch ist, weitgehend durch ihre Größe. Eukaryonten sind viel größer als Prokaryonten. Vor kurzem wurde in einer 2,1 Milliarden Jahre alten Eisenformation im US-Bundesstaat Michigan ein wurmförmiges Fossil gefunden, *Grypania*. Es ist wesentlich größer als prokaryontische Zellen, weshalb man annimmt, daß eukaryontische Zellen entstanden, als der Sauerstoffgehalt der Atmosphäre stieg und die Ozonschicht entstand. Große einzellige Eukaryonten, die Acritarchen, lassen sich in zunehmend jüngeren Gesteinen häufiger und vielfältiger nachweisen. Vor ungefähr 900 Millionen Jahren gab es eine große Zahl der Organismen, die vereinzelt aus

Zellen mit einem Durchmesser von bis zu 75 tausendstel Millimetern bestanden. Damit waren die Acritarchen mehr als hundertmal größer als die Prokaryonten, aus denen sie sich entwickelt hatten.

Vor etwa 900 und 600 Millionen Jahren mußten die Acritarchen eine globale Änderung des Klimas überstehen. Wie Fossilfunde belegen, waren sie dieser Änderung nicht gewachsen. Der Rückgang der Acritarchen kann als erstes Massensterben der Erde angesehen werden. Aufgrund verschiedener Eiszeiten war dies die bislang kälteste Periode der Erdgeschichte. Während dieser Zeit rückten die Kontinente zum ersten Superkontinent Rodinia zusammen. Hinweise auf die frühen Stadien des Zusammenschlusses und die Verteilung der Kontinente, die Rodinia bildeten, wurden in den erodierten Stöcken alter Gebirgsgürtel in Nordamerika und Skandinavien gefunden. Sie sind die Überreste einer Periode kontinentaler Kollisionen von vor 1,3 bis 1,1 Millliarden Jahren. Vor 750 Millionen Jahren erstreckte sich Rodinia im Gebiet um den Äquator, aber Überreste glazialer Geschiebe und Gletscherschrammen an den Gesteinsoberflächen in Afrika, Australien, Südamerika, Nordeuropa und Nordamerika lassen vermuten, daß Rodinia Richtung Südpol wanderte und Eisdecken entstanden. Es kam zu einer gewaltigen Eiszeit, in der die Eisdecken bis zum Äquator reichten.

Die ersten Tiere

Die globale Abkühlung im Präkambrium kam offenbar vor 590 Millionen Jahren zum Stillstand. Als der Planet begann, sich wieder aufzuwärmen, entstand eine neue Lebensform: vielzellige Tiere. 1946 wurden in den Gesteinsformationen der Flinders Ranges in Südaustralien einige außergewöhnliche, mehrere Zentimeter große Fossilien aus dem Präkambrium entdeckt, die später auch in anderen gleichaltrigen Gesteinen auf der ganzen Welt gefunden wurden, so im Charnwood Forest in Leicestershire (England). Diese Fossilien werden nach der Mine, in der sie zuerst gefunden wurden, als Ediacara-Fauna bezeichnet (das heißt tierähnliche Lebewesen). Sie waren offenbar weich, länglich, blattähnlich und quallenförmig und haben sich in Sand- und Siltsteinen erhalten. Einige Forscher glauben, daß manche Arten der Ediacara-Fauna nahe mit den Quallen verwandt seien. Andere gehen davon aus, daß sie einen ganz eigenen Zweig des Lebensbaums bildeten, der durch ein geologisches Wunder erhalten blieb. Wie auch immer, ihre Existenz zeigt, daß damals komplexe Lebensformen entstanden.

Vor etwa 550 Millionen Jahren, im Phanerozoikum, kam es zu einer dramatischen Zunahme an Lebensformen, die sich in die unterschiedlichsten Richtungen entwickelten. Dieses Phänomen wurde im 19. Jahrhundert von Geologen nachgewiesen und als »Kambrische Explosion des Lebens« bezeichnet.

Dieser Abdruck eines quallenförmigen Organismus wurde in 550 bis 600 Millionen Jahre altem Gestein in Australien gefunden. Diese Fossilien erhielten die Sammelbezeichnung Ediacara-Fauna und sind wohl die Überreste eines der frühesten vielzelligen Tiere. Wahrscheinlich lebten sie auf dem Meeresboden in 100 Metern Tiefe.

Links: Fossilien von Trilobiten sind in marinen Gesteinen aus dem Paläozoikum (Erdaltertum) allgegenwärtig. Dieses Exemplar lebte vor etwa 475 Millionen Jahren und ähnelt einer großen Bohrassel. Das einige Zentimeter große Tier krabbelte auf dem sandigem Meeresboden umher.

Unten: Eine Gesteinsformation in den kanadischen Rocky Mountains, die sogenannte Burgess Shale, gibt Einblicke in die Lebenswelt von vor über 500 Millionen Jahren im Kambrium. Die fossilen Überreste der seltsam aussehenden Lebewesen, wie dieser Gliederfüßer, könnten ein frühes Beispiel für die Gemeinschaften sein, in denen Raubtiere und Beute nebeneinander überleben mußten.

Während dieser Periode verdoppelte sich die Zahl der Tierordnungen ungefähr alle 12 Mio. Jahre. Der Anstieg erfolgte exponentiell, und fast alle heutigen Tierstämme finden sich in den Fossilfunden dieser Zeit wieder. Damals lebten etwa Würmer, Krebse, Schalentiere, Brachiopoden, Seeigel, Schwämme, Manteltiere und Tausendfüßer. Viele dieser Lebewesen weisen ein wichtiges Merkmal auf: ein Skelett, das häufig aus einem Rückgrat, schuppigen Schilden, Wänden oder Schalen bestand. Ein solches Skelett entstand durch Ausfällung bestimmter Minerale – Silikate, Kalzit oder Kalziumphosphat – durch einen Stoffwechsel.

Für die »Kambrische Explosion« spielten viele Faktoren eine Rolle. Möglicherweise bewirkte das Auseinanderbrechen des Superkontinents Rodinia einen Schub für das Leben. Vielleicht kam es dabei zu einer optimalen Verteilung von Ozeanen und Landmassen, so daß ein System von Meeresströmungen entstand und Sauerstoff und andere Nährstoffe vom Grund aufgewirbelt wurden. Es scheint auch, daß die Kontinente zu jener Zeit bis zu 20 Zentimeter im Jahr auseinanderdrifteten. Damit entstanden in relativ kurzer Zeit ozeanische Becken, der Meeresspiegel stieg weltweit an, viele Küstenregionen wurden überflutet, und das Land nahm zugunsten der Meeresfläche ab. Wahrscheinlich gab es auch chemische Veränderungen des Meerwassers, da neues Wasser durch die ozeanische Kruste zu den mittelozeanischen Rücken gespült wurde. Dabei erodierten Gesteinsfragmente mit bestimmten chemischen Zusammensetzungen und gelangten in die Ozeane. Dies förderte vermutlich die Entwicklung der Skelette und Hartteile in lebenden Organismen.

Doch keine dieser Erklärungen ist wirklich befriedigend. Die »Kambrische Explosion« war wahr-

Der flache Meeresboden war während des Ordoviziums vor 470 Millionen Jahren von vielen Lebewesen bewohnt. Sie hatten Skelett- oder Schalenteile, wie diese tintenfischartigen Cephalopoden, die Brachiopoden, die Trilobiten und die Korallen.

scheinlich unweigerlich Folge der Existenz vielzelliger Organismen, aus denen sich noch vielfältigere und komplexere Lebewesen entwickelten. Mit anderen Worten: Der Grund für die Explosion liegt in dem Zeitraum unmittelbar nach der präkambrischen Eiszeit, als die Ediacara-Fauna erstmals auftrat. Als sich das Leben diversifizierte, entstanden die ersten Gemeinschaften, in denen die Organismen aufeinander einwirkten. Dieses komplexe Netzwerk war äußerst anfällig gegenüber Veränderungen in seiner Umgebung. Fossilien mit Löchern und anderen Anzeichen der Zerstörung zeigen, daß es in solchen Gemeinschaften nicht nur harmonisch zuging, sondern räuberische Arten ihr Unwesen trieben.

Der Rückgang von stromatolithischen Strukturen am Ende des Präkambriums läßt vermuten, daß es Tiere gab, die die Algenmatten »abgrasten«. Der Wettkampf zwischen den Organismen war ein wichtiger Antrieb für die natürliche Selektion, die die Evolution während der »Kambrischen Explosion« beschleunigte. Die frühen Skelette dienten als Rüstung und schützten ihre »Träger« vor Angriffen. Bei hohem Nahrungsdruck erwiesen sich Tiere mit Hartteilen in kürzester Zeit als am besten fürs Überleben gerüstet. Weitere Hinweise, daß dies zumindest Ansätze für eine Erklärung der »Kambrischen Explosion« sind, liegen in der außergewöhnlichen Vielfalt der Fossilien in der Burgess-Shale-Fauna aus dem Kambrium, die in der kanadischen Provinz British Columbia gefunden wurde. Viele dieser Lebewesen weisen ein Rückgrat, einen Panzer und Fangarme auf.

Die Entwicklung des Skeletts – ob es nun als Reaktion auf Räuber oder auf Veränderungen in der Umwelt entstand – hatte eine entscheidende Auswirkung. Es bot ein Gerüst für das Wachstum vielzelliger Organismen, das eine höhere Spezialisierung der einzelnen Organe erlaubte, ohne daß der Organismus zu unbeweglich wurde. Die Evolution von Vielzellern mit spezialisierten inneren Zellen machte die Lebewesen anpassungsfähiger und eröffnete ihnen dadurch neue Lebensräume. Die Diversifizierung der Organismen hielt bis zum Ende des Ordoviziums vor etwa 440 Millionen Jahren an, mit gelegentlichen Rückschlägen, bei denen einige Gruppen von Lebewesen ausstarben. Während des Ordoviziums verdreifachte sich die Zahl der Arten. Dazu mag die Gruppierung der Kontinente um den Äquator beigetragen haben; es gab ausgedehnte Schelfbereiche mit warmem Wasser. Im Ordovizium breiteten sich die Lebensgemeinschaften allmählich über die gesamte Breite dieser Schelfregionen aus. Silberfischähnliche Lebewesen tummelten sich im ordovizischen Meer, darunter auch die Gattung *Astrapsis*.

Am Ende des Ordoviziums hatten sich die Kontinente wieder umgruppiert, und eine große Landmasse, die die meisten der heutigen südlichen Kontinente umfaßte, driftete vom Äquator in Richtung Südpol. Dies scheint eine globale Abkühlung ausgelöst zu haben, und eine neue Eiszeit brach über die Erde herein, wie Geschiebe in Nordafrika, Brasilien und Arabien belegen. Vor etwa 440 Millionen Jahren lag das Gebiet des heutigen Nordafrika über dem Südpol. Als sich die Eisdecken vergrößerten, fiel der Meeresspiegel, und die Flachmeerbereiche trockneten aus; dabei wurden Lebensgemeinschaften vernichtet, die in diesen Regionen gelebt hatten. Das Vorrücken und Abschmelzen der Eisdecken während der Eiszeit verursachte neben Meeresspiegelschwankungen und rapiden Umweltveränderungen auch die Beanspruchung und Zerstörung von Lebensgemeinschaften, so daß zum Beispiel die an warmes Wasser gebundenen Korallen verschwanden. Dieses Sterben markiert die zweite große Krise im Lauf der Evolution. Fast drei Viertel aller im Meer lebenden Arten wurden innerhalb von weniger als 1 Million Jahre ausgelöscht.

Mit dem Klima Schritt halten

Schon mit den ersten Tieren im ausgehenden Präkambrium und während des Paläozoikums taucht in der Evolutionsgeschichte ein immer wiederkehrendes Thema auf. Lebende Organismen vermehren sich und breiten sich in neuen Lebenräumen aus, bis sie von neuen klimatischen Veränderungen betroffen werden – häufig von den periodisch auftretenden Eiszeiten. Viele Lebensformen fallen diesen zum Opfer, in Extremfällen kommt es gar zu einem Massensterben. Die überlebenden Arten, die mit den veränderten Lebensumständen besser zurechtkommen, verbreiten sich wieder über die Erde und entwickeln sich weiter. Dabei ist es gleichgültig, ob es sich um einen Rückgang der Temperaturen, um ein Absinken des Meeresspiegels oder um Veränderungen des Sauerstoffgehalts der Ozeane handelt. Letztlich sondern klimatische Veränderungen die weniger anpassungsfähigen Lebensformen aus und bewirken dadurch eine natürliche Selektion. So übt der Planet einen großen Einfluß auf die Entwicklung des Lebens aus – auch im Paläozoikum bereits mehrmals. Dieses Schema wiederholt sich im Lauf der Geschichte immer wieder, teils durch Klimaveränderungen, teils aber auch durch schwere Vulkanausbrüche und Meteoriteneinschläge.

Ein weiteres auffallendes Merkmal im Zyklus von Massensterben und Weiterentwicklung des Lebens ist das Entstehen immer größerer Organismen. Die ersten Lebewesen waren kleine Einzeller; am Ende des Präkambriums waren die größten Lebewesen bereits einige Zentimeter groß. Im Kambrium und im Ordovizium gab es Lebewesen von einigen Dezimetern Größe, und schon bald erreichten Tiere in der Tiefe der Ozeane Längen von einigen Metern.

Bei Pflanzen war es ähnlich. Aus den frühesten, nur millimetergroßen Landpflanzen im Ordovizium entwickelten sich allmählich Riesen von einigen zig Metern Höhe. Große Pflanzen und Tiere vermehrten sich bis zur nächsten größeren Klimaveränderung, erwiesen sich häufig als anfällig und starben aus.

Buchstäblich zu ihren Füßen aber überlebten die kleinen Lebensformen und wuchsen erneut – körperlich wie auch in der Artenvielfalt.

Offenbar gibt es also zwei Motoren der Evolution: Konkurrenz und Veränderungen der Lebensräume. Dabei dürfte der Wettbewerb in den langen Zeiträumen zwischen den großen Umweltveränderungen überwiegen; er ist für die zunehmende Größe der Organismen verantwortlich. Schnelle Klimawechsel unterbrechen den Zyklus des Wettbewerbs und zwingen die Evolution zu größerer Spezialisierung und zur Anpassung an außergewöhnliche Lebensräume – sogenannte Nischen. Gut angepaßte Arten überleben; das heißt, die natürliche Selektion favorisiert Spezialisten, die ihre Nischen am besten nutzen. Gravierende Klimaveränderungen schaffen freie Nischen, die von neuen Organismen besetzt werden können, die sich als anpassungsfähig genug erwiesen haben. So überleben also nicht nur robuste und hochspezialisierte Lebewesen, sondern auch solche mit einem vielseitigen Verhalten. Letztlich überleben nur jene Arten, die die klimatischen Hürden nehmen, die unser Planet von Zeit zu Zeit aufstellt.

Während des Devons vor 380 Millionen Jahren bedeckten Wälder mit großen Bäumen das Festland. Diese fossilisierten Baumstämme in Arizona, USA, sind Überreste von Bäumen, die während der Trias vor 230 Millionen Jahren lebten.

DAS LEBEN VERLÄSST DIE MEERE

Während des Paläozoikums (Erdaltertum) schlossen sich die Kontinente nach dem Auseinanderbrechen von Rodinia langsam wieder zusammen und bildeten den neuen Superkontinent Pangäa. Schon am Ende des Ordoviziums, als ein Großteil der Organismen ausgestorben war, entstand aus den südlichen Kontinenten der Großkontinent Gondwana, dem sich die nördlichen Kontinente im späteren Paläozoikum näherten. Während dieser Zeit eroberten einige Tiere aus dem Meer das trockene Land, was sich als ein Hauptereignis der Evolutionsgeschichte erwies. Dieser Entwicklungsschritt wurde offenbar erst durch ein besonderes Phänomen möglich: die Anziehungskraft des Mondes auf die Erde. Dadurch werden die Ozeane aufgewölbt, und aufgrund der Rotation der Erde entstehen Ebbe und Flut. Die intertidale Zone ist ein Übergangsraum zwischen Land

An den Kontinentalrändern erstreckten sich während des Karbon vor 320 Millionen Jahren weite Sümpfe. Sie ähnelten wohl der Landschaft der Everglades in Florida, USA (rechts). Tote Pflanzen vermoderten nicht, sondern versanken im Schlamm und wurden zu Kohle.

und Meer und diente als notwendiger Brückenkopf für aquatisches Leben an Land. Landpflanzen entwickelten sich wahrscheinlich aus verschiedenen Formen von Seegras und Algen, die in der intertidalen Zone wuchsen und allmählich einen längeren Aufenthalt an der Luft aushielten. Sie wanderten immer weiter den Strand hinauf, bis sie schließlich den Gezeitenbereich ganz verließen.

Im Ordovizium begannen Pflanzen, sumpfige Regionen und Teiche an Land zu bevölkern. Im Silur nahmen sie weitere Gebiete der Kontinente ein und entwickelten aus einfachen Oberflächen Bestandteile wie Stiele und Blätter. Zudem begannen sie, ihren Wasserhaushalt durch spezielle Poren *(Stomata)* zu regulieren. Das Land bot einen völlig neuen, stabilen Lebensraum, in dem es zunächst keinerlei Konkurrenz oder schwierige Bedingungen, wie stürmische Wasserbewegungen, gab. Die Pflanzen konnten die Sonneneinstrahlung direkt für die Photosynthese nutzen, was eine effektivere Energiegewinnung als bei der Verwertung der abgeschwächten Sonnenstrahlen unter Wasser ermöglichte. Die Auswertung von Fossilien zeigte, daß die in den Flußtälern wachsenden Wälder im späten Devon bis zu 10 Meter hohe Bäume umfaßten. Das Land wurde zu einer biologischen »Fabrik«, in der sich durch Aufnahme von Sonnenstrahlung Kohlendioxid und Wasser in die Grundbausteine des Lebens aufspalteten. Bei diesem Prozeß wurden große Mengen Energie gebunden, die sich andere Lebewesen zunutze machen konnten. Damit dies möglich wurde, galt es, zwei fundamentale Schwierigkeiten auszuräumen. Zunächst mußten die Organismen mit Sauerstoff als freiem Gas in der Atmosphäre zurechtkommen und zwar in wesentlich höheren Konzentrationen als im Wasser. Außerdem wirkte sich an Land die Schwerkraft dahingehend aus, daß die Tiere, anders als im Wasser, ihr ganzes Gewicht tragen mußten, wenn sie sich bewegten.

Im frühen Devon landeten Würmer, Schnecken, Myriapoden (Vorfahren der Hundert- und Tausendfüßler) und Skorpione auf dem trockenen Land. Aus den Myriapoden entwickelten sich später Insekten. Andere Tiere konnten erst an Land steigen, nachdem die Evolution der Fische einen bedeutenden Schritt weitergekommen war, mit dem Aufbau eines inneren Skeletts. Die frühen Fischfossilien zeigen keine Anhaltspunkte für Knochen – die Hartteile scheinen aus schuppigen Panzern und einem Rückgrat bestanden zu haben. Die inneren Stützwände waren wahrscheinlich eingelagerte Stäbchen, die für die Bedingungen unter Wasser ausreichten. Aus nicht ganz geklärten Gründen wurden sie mineralisiert, was zur Bildung der Fischknochen führte. Daher wurde das Rückgrat einiger devonischer Fische in eine Reihe von Rückenwirbeln umgestaltet, die durch das Gewebe zusammengehalten wurden und den Rest des Körpers stützten. Diese Fische entwickelten die Grundstruktur, die sich in der weiteren Evolution der Tiere nicht mehr änderte: ein Knochenskelett mit Rückgrat und Gliedmaßen.

Schuppenfische wie der in devonischen Sandsteinen Schottlands gut erhaltene Thursius pholidotus, *lebten vor rund 380 Millionen Jahren in Seen.*

Die Knochenstruktur der Vertebraten (Wirbeltiere) wurde zum Prototyp eines stützenden Skeletts. Es befähigte die Landtiere dazu, ihren Körper anzuheben und sich zu bewegen. Aus dem späten Devon stammen die Fossilien der ersten echten Amphibie, des Ichthyostega. Dieser ähnelte einem Fisch mit Füßen und bewegte sich an Land mit einer deutlichen Seitwärtsbewegung fort, konnte sich aber nur im Wasser fortpflanzen. Erst die Entwicklung amniotischer Eier machte eine permanente Ansiedlung an Land möglich. In den Eiern bestand ein feuchtes Milieu, in dem die Brut die ersten Stufen der Entwicklung wie im Wasser durchmachte. Die Jungen konnten erst schlüpfen, wenn ihre Entwicklung so weit fortgeschritten war, daß sie dem Leben an Land gewachsen waren.

Die neuen Landtiere fanden Pflanzen vor. In den ausgedehnten tropischen Wäldern sanken die abgestorbenen Bäume auf den Grund sauerstoffarmer subtropischer Sümpfe. Statt zu vermodern, wurden sie dort eingebettet, verdichtet und erwärmt. Dabei entstand zunächst Torf, später Kohle. Am Ende des Karbon, vor etwa 300 Millionen Jahren, gab es bereits alle großen Pflanzenfamilien, außer Angiospermen, eine Unterabteilung der Blütenpflanzen.

Das Ende des alten Lebens

Am Ende des Perm, vor rund 250 Millionen Jahren, gab es eine gigantische Landmasse auf der Erde – den Superkontinent Pangäa. Er erstreckte sich praktisch vom Südpol bis zum Nordpol. Die restliche Oberfläche der Erde bestand aus einem einzigen riesigen Ozean. Zu jener Zeit stieg ein ungewöhnlich heißer Manteldiapir aus der Tiefe der Erde auf. Die gelegentliche Erscheinung solcher Diapire ist Teil eines Zyklus tiefer Konvektion und eine natürliche Konsequenz des Verhaltens des Erdmantels (siehe Kapitel 4). Als der Diapir die Basis des darüberliegenden Kontinents erreichte, begann er zu schmelzen. Innerhalb von weniger als 1 Million Jahre wurde eine gewaltige Menge basaltischer Lava auf der Erdoberfläche ausgestoßen; sie ist in Sibirien in der Nähe von Norilsk erhalten und bildet ein vulkanisches Gesteinspaket von über 3 Kilometern Dicke und einer Fläche von rund 2,5 Millionen Quadratkilometern. Während der Ausbrüche gelangten große Mengen an Staub, Kohlendioxid, Wasserdampf und Schwefeldioxid in die Atmosphäre. Der Staub in der oberen Atmosphäre blockte einen großen Teil der Sonneneinstrahlung ab, die Erde verdunkelte sich und kühlte ab. Das Schwefeldioxid reagierte mit dem Wasser und bildete Schwefelsäure, die wahrscheinlich als saurer Regen niederging. Dies löste wahrscheinlich die Katastrophe in den Ozeanen aus, die dazu führte, daß 90 % der marinen Lebewesen ausstarben. Korallen, Brachiopoden und Ammoniten verzeichneten schwere Verluste. Dem Massensterben fielen auch die Trilobiten zum Opfer, deren Fossilien in älteren marinen Gesteinen erscheinen. Doch auch das Leben an Land war von der Katastrophe betroffen. Man schätzt, daß 90 % der vierfüßigen Landtiere (Tetrapoden) zusammen mit vielen Ordnungen von Insekten ausstarben. Das Massensterben am Ende des Perm war eine der größten Katastrophen auf der Erde.

Einige Geologen glauben, daß das Aussterben zumindest einiger Arten auf langanhaltende Veränderungen der globalen Umweltbedingungen zurückging. Diese ließen den Meeresspiegel deutlich abfallen und trockneten die Kontinentalschelfe aus, was katastrophale Auswirkungen für das marine Leben hatte. Tatsächlich war der Meeresspiegel auf seinem niedrigsten Stand – der Grund hierfür ist jedoch nicht ersichtlich. Auch die Bildung eines einzigen Superkontinents hätte klimatische Konsequenzen gehabt und beispielsweise das System der Meeresströmungen drastisch verändert. Es könnte durchaus sein, daß solche anhaltenden Veränderungen das Massensterben auslösten, während die Vulkanausbrüche in Sibirien und China nur Einzelereignisse waren.

Leben im Erdmittelalter

Das Massensterben am Ende des Perm markiert einen bedeutenden Wendepunkt in der Entwicklung des Lebens wie auch des Planeten. Kräfte innerhalb der Erde drückten an die Ränder von Pangäa, als der Ozeanboden ins Erdinnere hinuntergezogen wurde. Große Kohleablagerungen, die sich in den vorangegangenen 10 Millionen Jahren entlang der Ränder des Superkontinents angesammelt hatten, wurden nach oben gedrückt und den Kräften der Atmosphäre ausgesetzt. Als diese Ablagerungen verwitterten, wurden riesige Mengen des Treibhausgases Kohlendioxid, das in der Kohle eingeschlossen war, an die Atmosphäre abgegeben. Die Folge war, daß sich das Klima erwärmte und der Meeresspiegel anstieg. Das Leben profitierte von den wärmeren Bedingungen, und es begann die Zeit der Dinosaurier auf der Erde.

Die Dinosaurier umfassen zwei Ordnungen der Reptilien mit einem bestimmten Knochenaufbau. Der Schädel hat zwei frontale Löcher, und die Gelenke und das Rückgrat weisen eine charakteristische Anordnung auf. Die nächsten Verwandten der Dinosaurier sind Vögel und Krokodile. Die Vielfalt der Dinosaurier erreichte vor 200 Millionen Jahren, im Jura, ihren Höhepunkt. Eine enorme Vielzahl von Dinosauriern war entstanden, von Giganten mit

10 Metern Länge bis zu kleinen Arten, die nur einige Dezimeter groß wurden. Manche waren ruhige Pflanzenfresser, andere aggressive Räuber. Die meisten Dinosaurier lebten ausschließlich an Land. Es gibt Anhaltspunkte, daß sie über ein komplexes soziales Verhalten verfügten. Die fossilen Überreste von Gelegen, die sorgfältig in Nestern angeordnet waren, lassen vermuten, daß viele Dinosaurier ihre Jungen aufzogen. Das Muster der fossilen Fußabdrücke, die in fluvialen Sandsteinablagerungen erhalten sind, zeigen, daß die Dinosaurier in organisierten Herden wanderten. Ein Fossil aus einem Kalkstein des späten Jura nahe Solnhofen in Bayern liefert Hinweise darauf, daß die Dinosaurier auch die Luft als Lebensraum erobert hatten. Dieses Fossil, ein Archaeopterix, hatte gefiederte Flügel und gilt als erster Vogel. Implizit bedeutet das, daß Vögel direkte Nachfahren der Dinosaurier sind, was die Vermutung nahelegt, daß die Saurier, wie die Vögel, Warmblüter waren. Die anderen Warmblüter dieser Zeit – die Säugetiere – hatten zumeist die Größe von Spitzmäusen und Ratten, die wie heutige kleine Nager in der Erde lebten. So manche haben wohl den fleischfressenden Dinosauriern mit ihren rasiermesserscharfen Zähnen und Klauen als Beute gedient.

Für die Annahme, daß Dinosaurier überwiegend Kaltblüter waren, sprechen die warmen klimatischen Bedingungen während des Jura und der darauffolgenden Kreidezeit. Als Kaltblüter konnten die Dinosaurier unter diesen Bedingungen die dominierende Lebensform an Land bleiben, da sie, anders als warmblütige Lebewesen wie die Säugetiere, zur Aufrechterhaltung ihrer Körpertemperatur keine allzu große Energiezufuhr durch Nahrung brauchten und deshalb weniger Zeit für die Nahrungsaufnahme verwenden mußten. Die extreme Größe vieler Dinosau-

In der Kreidezeit vor etwa 100 Millionen Jahren war die Erde viel wärmer als heute, und große Dinosaurier bevölkerten das Land. Diese Dinosaurierfußabdrücke sind in Kreidesandsteinen in Bolivien erhalten. Jeder Fußabdruck mißt etwa 20 Zentimeter im Durchmesser.

Die Tuatera, ein Reptil aus Neuseeland, ist ein echtes lebendes Fossil. Dieses Exemplar ist ungefähr 50 Zentimeter lang. Vor 225 Millionen Jahren lebten fast identische Reptilien auf dem Superkontinent Pangäa.

rierarten bedeutete einen weiteren Vorteil, da die Tiere eine geringe Körperoberfläche relativ zum Körpervolumen aufwiesen; daher stellte Wärmeverlust ein vergleichsweise kleines Problem dar. Im Gegensatz dazu litten die kleineren Säugetiere stark unter Wärmeverlust, da ihre Körperoberfläche im Verhältnis zum Volumen sehr groß war. Die Aufrechterhaltung einer konstanten Bluttemperatur bedarf einer großen Energiezufuhr. Dies ist der Grund für die Entwicklung des Fells.

Kleine Säugetiere sind höchst aktive Fresser. Daher war während der Kreide die Warmblütigkeit der Säugetiere nur in wenigen Lebensräumen ein Vorteil. Dies erklärt vielleicht den Erfolg der Dinosaurier. Aber der Preis, den diese dafür zahlen mußten, war, daß sie sehr vom Klima abhängig waren.

Die Existenz des Superkontinents Pangäa, der einen großen Teil des Erdmantels überlagerte, schirmte die Erdwärme aus dem Mantel von der Oberfläche ab. Der Mantel erhitzte sich allmählich, breitete sich aus und strömte nach oben. Dadurch wurde letztlich der Superkontinent auseinandergetrieben, und vor etwa 170 Millionen Jahren erfolgte die Trennung des nördlichen Teils von Pangäa (Nordamerika, Europa und Asien) vom südlichen (Gondwana). Wenig später begann auch Gondwana auseinanderzubrechen. In der frühen Kreide, vor etwa 120 Millionen Jahren, spaltete sich Afrika von Südamerika ab, und es kam zur Bildung des Südatlantiks.

Die Spaltenbildungen auf Pangäa führten zur Bildung ausgedehnter Ozeanböden. Die neu entstandenen Ozeanbecken waren im allgemeinen flacher als die älteren (siehe Kapitel 2). Außerdem führte das Emporströmen des Manteldiapirs unterhalb des heutigen Westpazifik vor 120 bis 80 Millionen Jahren zu intensivem Vulkanismus, der ebenfalls dazu beitrug, daß der Ozeanboden nach oben gedrückt wurde. Dabei wurden gewaltige Wassermassen umverteilt und bildeten ausgedehnte Flachmeere. In diesen entwickelten sich planktonische Lebewesen. Einige mit einer Schale aus Kalziumkarbonat ausgestattete Organismen *(Coccolithen)* akkumulierten nach dem Absterben auf dem Meeresboden und wurden durch Verfestigung nach langen Zeiträumen zu Kreide. Riesige Mengen organischen Materials wurden eingebettet, allmählich aufgeheizt und bildeten

ausgedehnte Ansammlungen von Erdöl, die heute weltweit auf dem Kontinentalschelf gefunden werden.

Die Aufspaltung von Pangäa und später von Gondwana hatten tiefgreifende Auswirkungen auf die weitere Entwicklung des Lebens, denn ganze Populationen von Lebewesen wurden isoliert. In Neuseeland hat bis heute ein sogenanntes »lebendes Fossil« überlebt – die Tuatera. Sie ist fast identisch mit einem im Mesozoikum (Erdmittelalter) auf Gondwana lebenden Reptil. Als sich die Kontinente voneinander trennten, nahmen sie ihre Fracht an Flora und Fauna in neue Klimazonen verschiedener geographischer Breite mit. Die Folge war das Aussterben unter anderem vieler Dinosaurierarten. Andererseits entwickelten sich viele neue, angepaßte Arten, so vor rund 130 Millionen Jahren die Bedecktsamer *(Angiospermen)*. Zusätzlich beeinflußten die Bewegungen der Kontinente das Weltklima. Die mittlere Kreide war eine besonders warme Zeit, Wälder gediehen bis nahe an den Nordpol. Vielleicht verhalfen neue Systeme von Meeresströmungen, die entstanden, als sich neue Seewege in den Bruchspalten der Kontinente eröffneten, zum Transport äquatorialer Wärme in die Polarregionen.

Der Tod von oben

Vor 65 Millionen Jahren endete der lange »Sommer« der Kreide abrupt. In mancherlei Hinsicht schienen sich die Ereignisse des ausgehenden Perm zu wiederholen. Aber dieses Mal traf ein doppelter Schlag die Erde. Unterhalb von Indien stieg ein Manteldiapir auf, und der Subkontinent spaltete sich von der Seychellenbank ab. Schmelzvorgänge im oberen Teil des Diapirs führten innerhalb von weniger als 1 Million Jahren zu einem gewaltigen Lavaausstoß in der Dekkan-Region. Wie am Ende des Perm wirkten sich die Vulkanausbrüche massiv auf das globale Klima aus. Noch während die Vulkanausbrüche anhielten, ereignete sich eine weitere Katastrophe.

Die Erde ist nicht der einzige Satellit der Sonne. Neben den anderen Planeten gibt es Tausende von Gesteinsfragmenten im Weltall, von denen einige auf die Erde stürzen (siehe Kapitel 8); auf dem Mond zeugen zahllose Krater von den Einschlägen. Vor rund 65 Millionen Jahren traf ein Meteorit mit etwa 10 Kilometern Durchmesser die Gegend des heutigen Mexiko. In der Nähe von Chicxulub auf der Halbinsel Yucatán sind Überreste des Einschlagkraters mit einem Durchmesser von etwa 180 Kilometern erhalten.

Man schätzt, daß die beim Einschlag freigesetzte Energie der Detonation einer Megatonnenbombe auf jedem Quadratkilometer der Erdoberfläche entsprach. Im Einschlagkrater wurde die Erdkruste bis in eine Tiefe von 30 Kilometern zertrümmert und lokal aufgeschmolzen, was die Datierung des Einschlags ermöglichte. Gewaltige Staubwolken gelangten in die Atmosphäre über der ganzen Erde und verminderten die Sonneneinstrahlung erheblich. Auf dem Ozeanboden setzte sich der Staub als dünne Tonlage ab, die in Sedimentschichten aus dieser Zeit erhalten blieb. Diese Tonschicht ist mit dem sehr seltenen Element Iridium angereichert, das in vielen Meteoriten gebunden ist. Außerdem enthält sie mikroskopisch kleine Tröpfchen von geschmolzenem Glas und Quarz mit einer bestimmten Klüftung, wie sie für Explosionen und Einschläge charakteristisch ist. Der Chicxulub-Meteorit schlug zufällig in eine Region ein, die von Gips unterlagert war. Der Gips verdampfte und gab riesige Schwefelmengen an die Atmosphäre ab. Die Wirkung in der Atmosphäre und den Ozeanen entsprach langfristigen Vulkanausbrüchen, trat aber in kürzester Zeit ein. Der Schwefel reagierte mit dem Wasserdampf und ging schließlich als saurer Regen nieder. Man schätzt, daß das Ereignis das Oberflächenwasser der Ozeane extrem übersäuerte; es unterschritt stellenweise den pH-Wert 3.

Die Fossilienfunde belegen, daß das Leben auf der Erde innerhalb von weniger als 1 Million Jahren zerstört war. Dies entspricht der Zeitspanne zwischen den Dekkan-Eruptionen in Indien und dem Meteoriteneinschlag in Chicxulub. Viele marine Lebewesen, wie Ammoniten und Belemniten, starben aus. Alle größeren Landtiere, darunter auch die Dinosaurier, wurden ausgelöscht. Es war das zweitgrößte Massensterben nach dem im ausgehenden Perm.

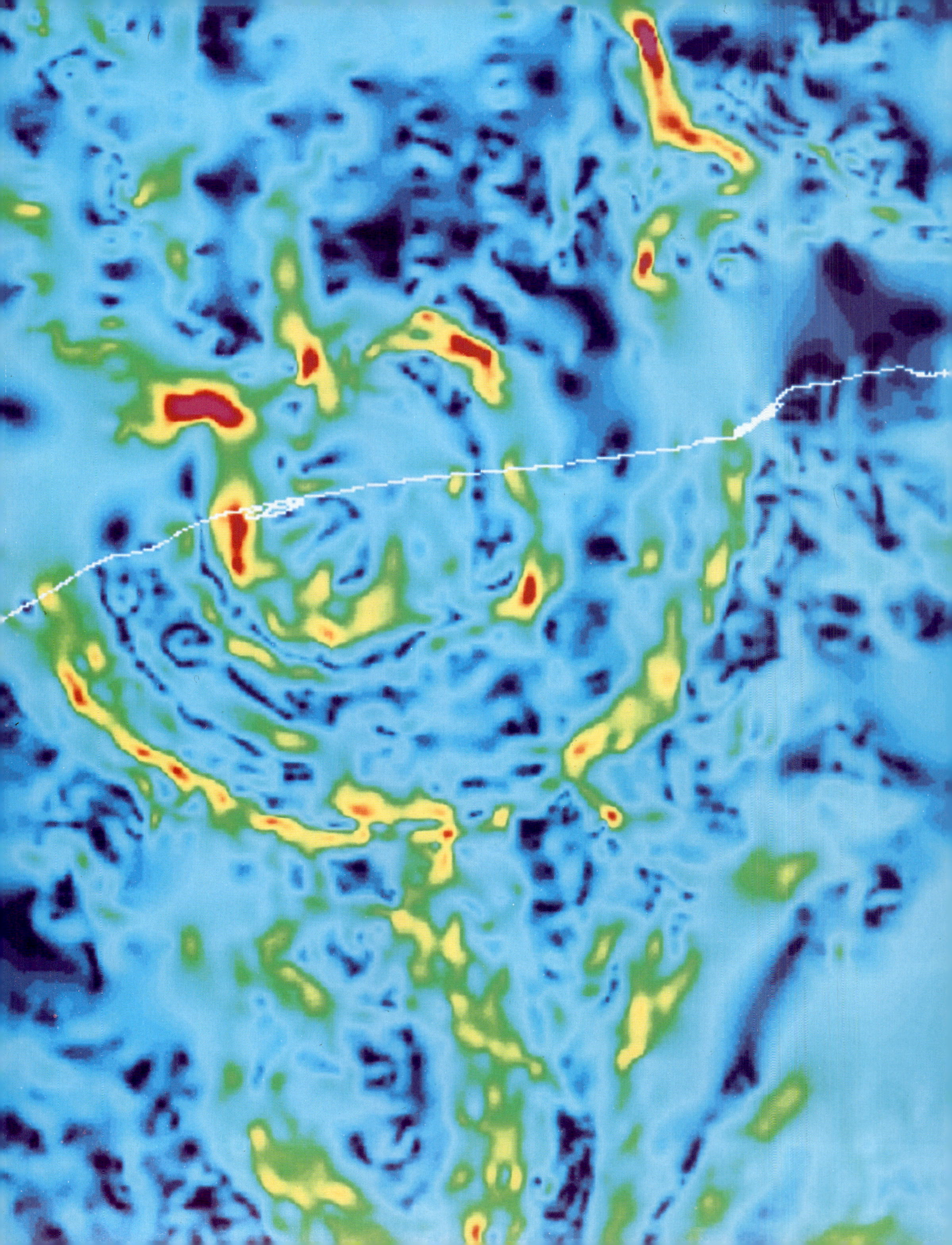

Die frühesten Primaten, von denen wir abstammen, lebten vor ungefähr 50 Millionen Jahren in Wäldern. Sie ähnelten diesem kleinen Halbaffen aus Indonesien. Mit ihren hervorgewölbten Augen und Fingern waren die frühen Primaten hervorragende Springer.

Gemessen an der Wirkung eines viel kleineren Meteoriteneinschlags in Sibirien 1908, muß die Explosion in Chicxulub Feuerstürme ausgelöst haben, die weite Regionen verwüsteten und Pflanzen und Tiere einäscherten. Doch für das weltweite Massensterben war diese Katastrophe nicht die alleinige Ursache.

Die Verteilung von Bäumen und anderen Pflanzen auf den Kontinenten legt nahe, daß das Abkühlen des gobalen Klimas schon einige Millionen Jahre zuvor angefangen hatte und viele Dinosaurier und andere Landtiere und -pflanzen bereits vor dem Ende der Kreide ausgestorben waren. Der Chicxulub-Meteorit wie auch die Dekkan-Eruptionen waren vermutlich nur letzte Schläge; viele Lebensformen hatten allmählich Schwierigkeiten, mit der langfristigen Abkühlung des Klimas zurechtzukommen. Das Aussterben der Dinosaurier war aus der Sicht des Menschen ein wichtiges Ereignis, da es den Weg für die Säugetiere und damit den Menschen freimachte.

Links: Vor 65 Millionen Jahren schlug ein etwa 10 Kilometer großer Asteroid auf die heutige Küste (weiße Linie) der Halbinsel Yucatán, in der Nähe von Chicxulub in Mexiko ein. Die Überreste des Einschlagkraters mit einem Durchmesser von 180 Kilometern lassen sich durch detaillierte Untersuchungen der Erdanziehungskraft in der Region ermitteln. Die Erdanziehung weist eine Serie von konzentrischen Ringen auf, die hier in Grün, Gelb und Rot erscheinen.

Das dritte Zeitalter des Lebens

Nach etwa 1 Million Jahre hatte sich das Leben von den Katastrophen am Ende der Kreide erholt. Die Tiefseesedimente über den iridiumreichen Tonhorizonten wiesen wieder einen wachsenden Reichtum an planktonischem Leben auf. Das globale Klima war wieder durch wärmere und gleichmäßigere Bedingungen geprägt, wenn auch wesentlich niederschlagsreicher als heute. Der tropische Regenwald breitete sich bis in die mittleren Breiten aus, und die Polargebiete waren bewaldet. Die Wälder wurden jetzt dichter, da sie nicht mehr von pflanzenfressenden Dinosaurieren abgeweidet wurden. Die kontinentalen Überreste der einst zusammengehörenden Landmassen von Pangäa und Gondwana lagen weit verstreut; jeder Teil hatte seinen eigenen Bestand an

Vor etwa 20 Millionen Jahren waren weite Gebiete in den niedrigen Breiten von Grasland bedeckt, da das Klima trockener wurde. Vor rund 10 Millionen Jahren sah es in Savannengebieten, die vielen Säugetieren Lebensraum boten, so aus wie in der Region Mara in Kenia.

Säugetieren. Bei diesen handelte es sich um die Nachkommen einer als *Cynodonten* bezeichneten Gruppe von Tieren, die sich in der Trias vor etwa 230 Millionen Jahren entwickelt hatten. Säugetiere zeichnen sich dadurch aus, daß sie ihre Körpertemperatur regulieren (Warmblüter), Milch produzieren, um ihre Jungen zu nähren, Körperhaare, ein gutes Gehör und eine Gebißstruktur zum Kauen besitzen. Die meisten Säuger entwickeln sich im Mutterleib, in dem sie über die Plazenta versorgt werden. In der Kreide lebten sie in den Randbereichen der Welt der Dinosaurier. Allmählich eroberten sie die Nischen, die diese hinterlassen hatten. Innerhalb von einigen Millionen Jahren entwickelten sie sich zu größeren, den Umweltbedingungen angepaßten Lebewesen.

Nach dem Auseinanderbrechen Gondwanas driftete Indien nach Norden. Vor 55 Millionen Jahren kollidierte es mit Asien, wodurch die großen Gebirgsketten des Himalaya und das Hochland von Tibet (siehe Kapitel 5) entstanden. Flachwassersedimente, die sich an den Meeresrändern von Indien ansammelten, hoben sich und waren der Einwirkung durch die Atmosphäre ausgesetzt. Die Sedimente enthielten viel organisches Material, und nach der Verwitterung wurde das Treibhausgas Kohlendioxid an die Atmosphäre abgegeben. Das Klima wurde wärmer, was mit einer Zunahme episodischer Regenfälle einherging. In den Wäldern gedieh eine Vielzahl von Sträuchern, die zahlreichen Tieren Nahrung boten.

In diesem neuen Lebensraum fingen die Säuger an, sich zu diversifizieren. Viele der heutigen Säugetierarten entwickelten sich, darunter Fledermäuse und Pferde. Wale begannen, das Meer zu bevölkern. Auch unsere eigenen entfernten Vorfahren erschienen in jener Zeit. Es waren frühe Primaten – rattengroße Springer, die in den tropischen und subtropischen Wäldern lebten. Aber mit ihren Greifhänden, den vorgewölbten Augen und verhältnismäßig großen Gehirnen hoben sie sich von den anderen Säugetieren ab. Vor rund 52 Millionen Jahren erreichte das Weltklima im mittleren Eozän seine wärmste Phase im Känozoikum. Die andauernde Kollision Indiens mit Asien löste nicht nur eine anhaltende Gebirgsbildung aus, sondern bewirkte, daß sich ein neues System von Plattenbewegungen etablierte. In diese Zeit reicht wohl auch der Beginn der Hebung der Anden am Westrand Südamerikas zurück.

Die intensive Gebirgsbildung trug wahrscheinlich dazu bei, daß sich das globale Klima auf eine neue Art veränderte. Die Flachwassersedimente waren verwittert, und Gestein aus größeren Tiefen der Erdkruste gelangte an die Oberfläche. Als auch dieses Material verwittert war, entzogen – entgegengesetzt zur Erosion – Flachwassersedimente der Atmosphäre Kohlendioxid, was zur Abnahme dieses wichtigen Treibhausgases führte. Unweigerliche Folge war eine weltweite Abkühlung, die bis heute andauert und in einem insgesamt trockeneren Klima resultierte.

Im Oligozän änderte sich vor 30 Millionen Jahren das Klima im Jahresverlauf stärker. Die Wälder an den Polen waren verschwunden, und in der Antarktis gab es eine Eisdecke. Die Regionen in den hohen Breiten entwickelten sich zu baumloser Tundra. In den niederen Breiten wurde das Klima noch trokkener, und vor etwa 20 Millionen Jahren, im Miozän, kennzeichneten savannenähnliche Grasländer den amerikanischen Kontinent. Ein Grashalm hat ein langes, schmales Blatt, das von der Wurzel nach oben wächst und außergewöhnlich resistent gegen Trokkenheit ist. Gras kann sich sehr schnell regenerieren und breitet sich über weite Flächen aus. Viele Säugetiere entdeckten diese neue Nahrungsquelle. Sie entwickelten spezielle Zähne und Gebißformen, um Gras zu kauen, und ein komplexes Verdauungssystem, um die Nährstoffe effizienter zu nutzen. Tiere, die sich auf Grasnahrung spezialisierten, machten sich dementsprechend von den Grasländern abhängig. Dies war der Schauplatz für das letzte Kapitel in der Geschichte – die Evolution der Affen.

Der Aufstieg der Affen

In der Taxonomie wird der Mensch als Primat der gleichen Ordnung wie die Affen und der gleichen Familie *(Hominidae)* wie Gorillas und Schimpansen zugerechnet. Wir sind etwas näher mit den Schimpansen verwandt als mit den Gorillas die DNS der ersteren stimmt zu 98 % mit der unseren überein. Anders gesagt, unterscheiden sich Menschen und Schimpansen in der DNS nur zu 2 %. In der Praxis sind die Unterschiede an Haltung, Körpergröße, Zahnschema, Lebensraum und Verhalten abzulesen. Die frühesten »Menschen«, die diese Merkmale mit uns teilten, entwickelten sich vor etwa 5 Millionen Jahren in Afrika, ausgehend von afrikanischen Affen. Aber der Weg des Menschen fing viel früher an.

Fossilienfunde in Kenia belegen, daß die ersten affenähnlichen Tiere vor ungefähr 26 Millionen Jahren auftraten; sie gelten als die ersten Mitglieder unserer Familie. Die älteste erforschte Spezies, *Proconsul*, wurde in Kenia gefunden und auf 20 Millionen Jahre datiert. *Proconsul* hatte Hände mit menschlichen Proportionen, ging aber auf vier Beinen und lebte im tropischen Regenwald. Aus der Zeit vor etwa 18 Millionen Jahren stammen die ersten ostafrikanischen Fossilien der *Afropithecinen*, die den heutigen Affen bereits sehr ähnelten. Die ersten affenähnlichen Fossilien Europas und Asiens werden auch in diese Zeit datiert. Die durch die Kollision des afrikanischen Kontinents mit dem europäischen entstandene Landmasse ließ offenbar eine Abwanderung aus Afrika zu. Die *Afropithecinen* hatten Zähne mit einem neuen Merkmal in der Evolution der Primaten: eine Verdickung des Zahnschmelzes der Backenzähne. Diese neue Gebißform signalisiert, daß neue Nahrung, harte Früchte und Nüsse, aufgenommen und die Nahrungsaufnahme vielleicht unregelmäßiger wurde, was auf einen zunehmend kälteren und trockeneren Lebensraum hinweist. Nüsse eignen sich gut zur Vorratshaltung für das Wiederfinden und Nutzen der Vorräte ist jedoch ein Gedächtnis notwendig. Doch es gibt noch tiefgrei-

Schimpansen sind unsere engsten lebenden Verwandten, mit denen wir 98 % unseres genetischen Materials gemein haben. Die Hominiden *entwickelten sich vor 5 Millionen Jahren aus den Vorfahren des heutigen Schimpansen.*

fendere evolutionäre Konsequenzen. Säugetiere können ihre Zähne nur einmal ersetzen und überleben nicht lange, nachdem sie die Zähne verloren haben. Ein härterer Zahnschmelz führte also zu einer Verlängerung der durchschnittlichen Lebensdauer.

Die Fossilfunde der Affen weisen in der Zeitspanne von 18 bis 5 Millionen Jahren eine große Lücke auf. Während dieser Periode erreichte das Hochland von Tibet, das eine Fläche von mehreren Millionen Quadratkilometern einnimmt, durch die Norddrift von Indien eine Höhe von mehreren Kilometern. Diese gewaltige Veränderung der Erdoberfläche hatte signifikante Auswirkungen auf das regionale Klima, verbunden mit starken Luftströmungen und einem Aufheizen der Atmosphäre in höheren Lagen. Manche Geologen glauben, daß dies vor etwa 8 Millionen Jahren zu einer Verstärkung der indischen Monsune führte, die das südasiatische Klima stark prägen (siehe Kapitel 5). Die Monsune erreichen das Festland als feuchte Luftmassen; ihre Feuchtigkeit erhalten sie während des Sommers vom Indischen Ozean. Während einiger Monate gehen starke Niederschläge auf einen relativ kleinen Teil der Erde nieder. Eine Auswirkung dieser Regenfälle ist die zunehmende Trockenheit in anderen Regionen.

Die Verstärkung der indischen Monsune beschleunigte den langsamen Rückzug des tropischen Regenwalds in Afrika und die damit verbundene Ausweitung des Graslands. Die heißen Savannen waren von großen Herden einer antilopenartigen Spezies bevölkert – eine fast unbegrenzte Beutequelle für räuberische Fleischfresser wie Wildkatzen. Für die Affen eröffnete sich eine Möglichkeit, das sich ausweitende Grasland zu nutzen. Vor etwa 5 Millionen Jahren verließen auf Bäumen lebende Affen ihren alten Lebensraum, lernten aufrecht zu gehen und eroberten sich einen anderen Lebensraum als die Schimpansen. Diese ersten menschenähnlichen Affen oder *Hominiden*, die sogenannten *Australopithecinen*, hatten im Vergleich zum modernen Menschen ein relativ kleines Gehirn, gingen aber bereits auf zwei Beinen. Das berühmte Fossil »Lucy« *(Australopithecus afarensis)*, das mit vielen weiteren hominiden Fossilien in der Region Hadar in Äthiopien gefunden wurde, umfaßt die Überreste eines ungefähr 1 Meter großen Lebewesens, dessen Hüftknochen den unseren sehr ähneln. Es lebte vor etwa 3 Millionen Jahren in einer großen Familie. In der vulkanischen Asche bei Laetoli in Tansania sind sogar die Fußabdrücke weiterer *Australopithecinen* erhalten. Diese Asche stammt vom Ausbruch eines nahegelegenen Vulkans, der sich vor etwa 3,7 Millionen Jahren ereignete. Nach einem Regenschauer verwandelte sich die Asche in eine Schlammschicht. Kurz danach überquerten ein Elefant, ein Nashorn, einige Perlhühner und zwei Hominiden diese Schicht und hinterließen ihre Fußabdrücke, die in der ausgehärteten Asche erhalten blieben und durch einen vulkanischen *fall-out* eingebettet wurden.

Die zweibeinigen Primaten bedeuteten einen großen Schritt auf dem Weg zum Menschen. Der aufrechte Gang hatte einen Effekt, der in keinem Verhältnis zu den anatomischen Veränderungen stand: Die Affen gewannen einen besseren Überblick über die weiten Savannen und konnten rasch den Schutz des nächsten Waldes erreichen, während Arme und Hände für andere Aufgaben frei waren. Der zweibeinige Gang hatte noch weitere Vorteile. Ein auf vier Beinen laufender Affe setzt einen Großteil seines Körpers der direkten Sonneneinstrahlung aus; dadurch überhitzt der Körper leicht, wenn das Tier viel Kraft aufwenden muß. Aufrecht gehende Hominiden waren einer viel geringeren Strahlung ausgesetzt – ein klarer Vorteil für die der intensiven Hitze offener Savannen ausgesetzten Zweibeiner. Schließlich befreite die Fähigkeit, auf zwei Beinen zu laufen, beide Arme für das Führen von Waffen. Es erstaunt also nicht, daß die Hominiden, sobald sie anfingen, auf zwei Beinen zu laufen, extrem von Fleisch abhängig wurden. Dessen hoher Nährwert ermöglichte erst die überproportionale Entwicklung des Gehirns. Aber um erfolgreich zu jagen, bedurfte es großer Geschicklichkeit. Einige Forscher nehmen an, daß dieser Weg der Evolution zu einer rückläufigen Entwicklung des Verhaltens und der Intelligenz führte.

Das größere Gehirn hatte ein breiteres Repertoire an Verhaltensweisen zur Folge. Den Schlüssel bietet die Anzahl und das Muster von Vernetzungen zwischen den Nervenzellen (Neuronen). Die Bewegung von Neuronen entlang einem bestimmten Pfad neuronaler Vernetzungen im Gehirn löst ein bestimmtes Verhaltensmuster aus, so etwa die Bewegung von Gliedmaßen. Einige Neurologen glauben, daß sich das Gehirn wie ein nicht-lineares System verhält: schon kleinste Veränderungen im Muster der neuronalen Vernetzung können ein stark erweitertes Repertoire an Verhaltensweisen nach sich ziehen. So könnte es in den Tälern zwischen den ostafrikanischen Vulkanen geschehen sein, die bei einer fehlgeschlagenen Spaltenbildung der afrikanischen Platte entlang einer Nord-Süd-Achse entstanden waren. Die tektonische Aktivität des Planeten schuf einen Lebensraum, in dem sich die Hominiden im Schutz von Felsen und Flüssen entwickeln konnten. Vor 2 Millionen Jahren begannen Hominiden in der Olduvai-Schlucht, Tansania, vulkanisches Gestein zu bearbeiten. In Äthiopien wurden sogar 2,5 Millionen Jahre alte Werkzeuge entdeckt. Die Olduvai-Hominiden, *Homo habilis*, waren Jäger und Sammler, die ihre Beute mit Obsidianen zerteilten. Ihre Schädel weisen Vergrößerungen im Bereich des Sprachzentrums auf, dem Broca-Zentrum, was darauf

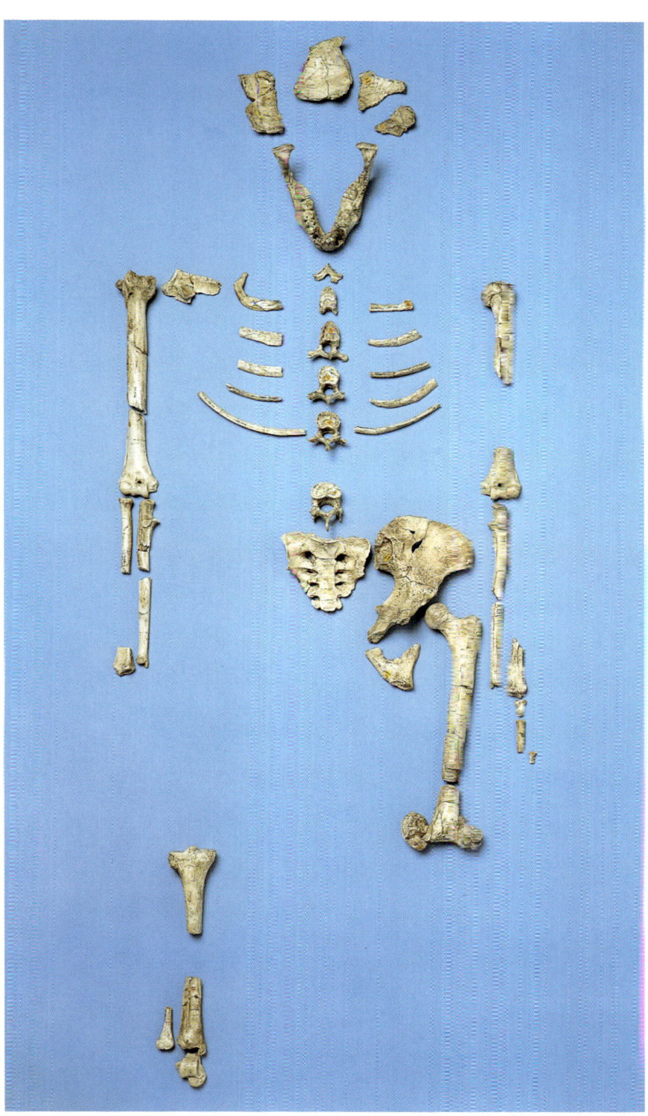

Das Fossil »Lucy« (Australopithecus afarensis) *stammt aus der Region Hadar in Äthiopien. Es handelt sich dabei um die Überreste eines ungefähr 1 Meter großen Wesens, das vor 3 Millionen Jahren lebte und eine schon sehr moderne Hüftstruktur zeigt.*

Das älteste Werkzeug aus Stein, das je gefunden wurde: Es wurde vor 2,5 Millionen Jahren von Hominiden in Ostafrika gefertigt. Andere Tiere benutzten Steine als Werkzeug, fertigten sie aber nicht eigens für ihre Zwecke an.

hindeutet, daß der *Homo habilis* über eine begrenzte Sprache verfügte. Eine neue Hominidenart, der 1,7 Millionen Jahre alte *Homo erectus*, ebenfalls aus der Olduvai-Schlucht, sah uns schon wesentlich ähnlicher und war rund 1,8 Meter. Diese Art wanderte von Afrika nach Norden, denn Überreste des *Homo erectus* finden sich in ganz Europa, Asien und China; die meisten Funde wurden auf ein Alter von einer halben bis zu einer Million Jahre datiert. Eines der besterhaltenen Beispiele stammt aus der Nähe des heutigen Peking und wird als Peking-Mensch bezeichnet. Eine der wichtigsten Fähigkeiten des *Homo erectus* war die Fertigung von Werkzeugen wie Äxten und Messern.

Während der letzten Jahrmillionen, als das Klima stark zwischen warmen und kalten Perioden schwankte, mußten die Hominiden ein immer detaillierteres Verhalten entwickeln, um überleben zu können. Vor 200 000 Jahren trat der Neandertaler auf – benannt nach dem Ort Neandertal bei Düsseldorf, wo fossile Reste gefunden wurden. Er war bestens angepaßt, um in einer Eiszeit zu leben; er war ein sehr erfolgreicher Jäger und Sammler mit einer komplexen Sozialstruktur, der Feuer nutzte und seine Toten bestattete. Wahrscheinlich konnte er auch sprechen. Aber vor 35 000 Jahren ging die Population plötzlich zurück, und schließlich starb die Art aus bislang ungeklärten Gründen aus. Eine Theorie besagt, daß die Neandertaler nicht fischten und daher nicht von dieser proteinreichen Nahrungsquelle profitieren konnten, als sich die letzte Eiszeit anbahnte. Die Gletscher breiteten sich wieder über Nordeuropa aus, und das Klima kühlte stark ab. Dafür fand man in den Höhlen einer neuen Spezies reiche Funde an Fischknochen – des *Homo sapiens sapiens*. Studien der DNS legen nahe, daß diese Art ebenfalls aus Afrika stammte. In den warmen, äquatornahen Breiten, weit entfernt von den Auswirkungen der pleistozänen Eiszeit, entwickelte sich der *Homo sapiens sapiens*, ehe er vor 100 000 Jahren aus Afrika abwanderte. In Europa nahm er den Platz des Neandertalers ein und war damit der einzig verbliebene Vertreter der Gattung *Homo* – des Menschen.

Links: Diese außergewöhnlichen Fußabdrücke, die in vulkanischer Asche in Laetoli, Tansania, gefunden wurden, lassen sich zwei zweibeinigen, erwachsenen Hominiden (Australopithecus afarensis) *vor 3,7 Millionen Jahren zuordnen. Die kleinen, runden Fußabdrücke auf der rechten Seite stammen von einem heute ausgestorbenen dreizehigen Pferd.*

KAPITEL 8

EINE ANDERE WELT

Ist die Erde einzigartig, und wenn ja, warum? Forscher mußten das Sonnensystem erkunden, um Hinweise auf die Entstehung unseres Planeten zu finden. Als einziger bekannter Planet hat die Erde an ihrer Oberfläche über 4 Milliarden Jahre flüssiges Wasser bewahrt, ungeachtet der ständigen Zunahme der Sonnenstrahlung. Das Wasser hat tiefgreifenden Einfluß auf die geologischen Aktivitäten der Erde und ist die Geburtsstätte des Lebens. Lebende Organismen haben für die Existenz von flüssigem Wasser auf der Erde wohl die entscheidende Rolle gespielt. Sie sind auch das Verbindungsstück, das Geologie und Biologie der Erde eng miteinander verknüpft.

Ein Blick tief ins All – der Bereich um den Horsehead-Nebel im Zeichen des Orion, fotografiert mit einem UK-Schmidt-Teleskop (Brennweite 1200 mm).

In den bisherigen Kapiteln erhielten Sie einen Überblick über die bemerkenswerte Geschichte der Geologie, was letztlich die Entdeckung der Funktionsweise der Erde bedeutet. In gewisser Weise ähnelt dieses Vorgehen dem Blick eines Uhrmachers in eine teure Armbanduhr. Wenn er das Gehäuse öffnet, kommt ein immens komplexer Mechanismus zum Vorschein – präzise gefertigte, ineinandergreifende Rädchen, angetrieben von einer Feder, deren Energie sie transportieren. Aber der herausragendste Aspekt dieser fabelhaften Maschinerie ist ihre Einfachheit: Die Zeiger bewegen sich gleichmäßig und passieren nach einheitlichen Intervallen die Minuten- und Stundenmarken. Genauso hat die komplexe Maschinerie unseres Planeten mit all den Beziehungen zwischen dem tiefen Erdinneren und der Oberfläche, den Bewegungen tektonischer Platten und den Wechselwirkungen zwischen Festland, Ozeanen und der Atmosphäre ein einfaches Ergebnis – unsere bewohnbare Erde, die schon über lange geologische Zeiträume existiert.

Angesichts dieser Erkenntnisse stellt sich die Frage, ob die Erde einzigartig ist, und wenn ja, warum? Um diese Frage zu beantworten, benötigt man einige Hinweise auf die wesentlichen Charakteristika der Erde. Die Geologen versuchten daher nicht nur, die Ursprünge der Erde zu entschlüsseln, sondern fragten nach denen des gesamten Sonnensystems, ja des Universums, was durch das Ergebnis der Erforschung der Atome, die die fundamentalen Komponenten unserer Welt sind, nahegelegt wurde. Ähnlich wie Geologen Steine »lesen« können, sehen Physiker in den Atomen des Universums dessen Geschichte.

Sieht man die Erde in einem größeren Zusammenhang, kann man sich fragen, warum sie sich auf ihren einzigartigen Kurs begeben hat. Mit dem Wissen um die wesentlichen Merkmale unseres Planeten kann man auch in anderen Welten danach suchen. In den vergangenen Jahrzehnten haben die Astronomen enorme Anstrengungen unternommen, die nächstgelegenen Planeten des Sonnensystems zu erreichen. Sie haben Raumsonden zu Mars, Venus, Merkur, Saturn und Jupiter und deren vielen Monden geschickt, um die Oberflächen detailliert aufzunehmen. Es gab Landungen auf dem Mond, dem einzigen Erdtrabanten, sowie dem Mars und der Venus. Keiner dieser Himmelskörper läßt sich mit der Erde vergleichen, aber es gibt Hinweise, daß einst Ähnlichkeiten bestanden.

In diesem Kapitel geht es in der Tat um die gemeinschaftlichen Forschungen von Astronomen, Kosmologen, Nuklearphysikern, Weltraumforschern und Geologen. Zu Beginn suchen wir nach dem gemeinsamen Ursprung der Planeten, von der Bildung des Universums nach dem Urknall bis zur frühen Geschichte des Sonnensystems. Im Anschluß daran untersuchen wir, warum sich die Erde auf ihre Weise entwickelte und Lebensraum bietet.

Ein expandierendes Universum der Elemente

Die Erfindung des Teleskops im 16. Jahrhundert ermöglichte es, viel genauere Informationen über das All zu erhalten. Die wichtigste Erkenntnis war, daß die Erde nur einer von vielen Planeten ist, die einen Fixstern umkreisen – die Sonne. Diese bildet zusammen mit den sie umkreisenden Planeten, Kometen und Asteroiden das Sonnensystem, das wiederum ein kleiner Teil einer Galaxie unter vielen ist, die mit eigenen Sternen und Sonnensystemen im Universum verstreut sind.

Vor über 300 Jahren entdeckte Isaac Newton eine Kraft, die das Universum zusammenhält und die Bewegungen reguliert: die Gravitation, die Anziehungskraft der Materie. Eine weitere wichtige Entdeckung war wegweisend, um die Materie zu untersuchen. Mit Hilfe eines Glasprismas gelang es ihm, das Sonnenlicht in ein vielfarbiges Spektrum zerlegen. Das gleiche Experiment läßt sich auf das Licht, das von anderen Sternen ausgesandt wird, anwenden. Physiker definieren Licht als Wellen mit bestimmten Wellenlängen – jede Farbe entspricht einer bestimmten Wellenlänge; weißes Licht enthält alle Wellenlängen. Wenn weißes Licht kühlere Gase durchdringt, die einen Stern umgeben oder Gasnebel bilden, dann werden manche Wellenlängen des Lichts von den Elementen in den Gasen absorbiert. Wenn die verbleibende Strahlung die Erde erreicht und zerlegt wird, erscheinen die absorbierten Wellenlängen schwarz; diese Bereiche werden als Absorptionsspektren bezeichnet. Astronomen stellten Absorptionsspektren für die verschiedenen Elemente auf. Durch Vergleich dieser Spektren mit denen des Lichts von hellen Objekten im All entwickelten sie eine Aufstellung der Anzahl der Elemente im Universum. Insgesamt sind es 92 Elemente, doch 99 % der sichtbaren Materie im Universum bestehen aus den zwei leichtesten Elementen Wasserstoff und Helium.

Woher stammen diese Elemente? Die Antwort liegt in einer weiteren Entdeckung, die Astronomen bei der Untersuchung der Absorptionsspektren machten. Die Lichtstrahlen, die von entfernten, glühenden Gasnebeln kommen, haben sehr ähnliche Absorptionsspektren, es gibt aber einen Unterschied: Auch wenn das Erscheinungsbild dasselbe bleibt, verschieben sie sich bei entfernten Lichtquellen zu längeren Wellenlängen. Diese sogenannte Rotverschiebung wurde Anfang des 20. Jahrhunderts entdeckt. Der einzig plausible Grund der Rotverschiebung ist der Doppler-Effekt, der bei Lichtquellen zu erwarten ist, die sich schnell von der Erde wegbewegen. Dies läßt darauf schließen, daß sich das Universum ausbreitet. Und wenn es schon immer auf diese Weise expandierte, dann hat es vor 7 bis 20 Milliarden Jahren als ein unendlicher kleiner und dichter Punkt aus Materie begonnen, der im sogenannten Urknall explodierte – aus ihm gingen das Weltall, die Zeit und die Materie hervor.

Die Geburtsstunde der Materie

Die Kosmologen postulieren, daß die Entstehung der Elemente durch die Energie, die während des Urknalls frei wurde, ausgelöst wurde. Dieser Prozeß wird als Nukleosynthese bezeichnet. Sie haben einige Theorien über den Ablauf der Geschehnisse entwickelt, nachdem Physiker Maschinen konstruiert hatten, um Materie zu bilden oder zu zerstören. Experimente haben gezeigt, daß die Atome eines jeden Elements schwere Kerne umfassen, die aus Neutronen und Protonen aufgebaut sind. Sie sind von umkreisenden Elektronen umgeben (siehe Kapitel 1): eine Art planetarisches System im Kleinformat. In Kernreaktoren werden Atome mit Elektronen, Protonen und Neutronen beschossen. Auf diese Weise können Atome gespalten werden, wobei Energie freigesetzt wird. Bei extrem hohen Temperaturen schließen sich die subatomaren Teilchen zusammen und bilden schwerere Elemente, was wiederum riesige Energiemengen freisetzt.

Die Urknall-Theorie setzt auch voraus, daß das Universum zunächst auf einen sehr kleinen Bereich beschränkt war. Während der anfänglichen Bedingungen extremer Kompression konnte die komplexe Struktur eines Atoms nicht existieren, und die Materie bestand aus einfachen Neutronen. Nur Momente nach dem Urknall wurde der Druck geringer, und die Neutronen spalteten sich sofort in Elektronen und Protonen. Physiker gehen davon aus, daß dieser Prozeß innerhalb weniger Minuten nach dem Urknall ungefähr eine gleiche Anzahl an Protonen und Neutronen hervorbrachte. Somit trat der Kern des leichtesten Elements Wasserstoff, der aus einem Proton (mit einem Atomgewicht von 1) besteht, in Erscheinung. Anschließende zufällige Kollisionen zwischen Protonen und Neutronen schufen das schwerere Heliumatom, das aus zwei Protonen und ein bis zwei Neutronen besteht.

Der Urknall bildete ein Universum aus Wasserstoff und Helium. Während das Universum sich weiter ausdehnte und Wasserstoff und Helium einen Nebel aus Gas bildeten, entwickelten sich nach und nach die übrigen Elemente. Aufgrund der Gravitationskraft gingen Bereiche in den Wirbeln und Spiralen der Gasnebel Verbindungen ein, aus denen sich die Sterne bildeten. Als sich diese Sterne anzusammeln begannen, entwickelten sich unvorstellbar hohe Temperaturen, und die Kerne von Wasserstoff- und Heliumatomen kollidierten und verschmolzen miteinander. Dieser Prozeß findet heute noch in den heißen Kernen von Sternen statt, die als Rote Riesen bezeichnet werden. Schritt für Schritt wurden so immer schwerere Elemente des Periodensystems gebildet. Eisen scheint mit einem Atomgewicht von 56 das schwerste Element zu sein, das auf diesem Weg entsteht. Schließlich ist die Konzentration von Wasserstoff und Helium so gering, daß die Kernfusion, der atomare Antrieb eines Sterns, aufhört und er in sich zusammenfällt. Dabei setzt er große Mengen an gravitativer Energie frei, vergleichbar mit einem Wasserfall, dessen Energie für die Gewinnung von Elektrizität genutzt werden kann. Bei dem nun auftretenden Bombardement durch Neutronen und Protonen, entstehen Elemente, die schwerer sind als Eisen. Die Schockwellen eines solchen Kollapses können sogenannte Supernova-Explosionen auslösen – spektakuläre Bilder solcher Explosionen wurden vom Hubble-Teleskop aufgenommen.

Dieses Teleskop ermöglichte es Astronomen, Ereignisse in entfernten Teilen der Galaxie zu beobachten, die jenen ähneln dürften, die bei der Bildung unseres Sonnensystems auftraten. Gasnebel, die während einer Supernova-Explosion aufgelöst werden, scheinen lokal aufgrund der gegenseitigen Anziehungskraft wieder zu kondensieren, sich abzusondern und zu rotieren. Schließlich bildet die Gaswolke einen hochkomprimierten heißen Ball, der von einer rotierenden Scheibe aus Gas umgeben wird. Es ist wahrscheinlich, daß dies die Ausgangsbedingungen unseres Sonnensystems waren und der zentrale Gasball unserer Sonne entspricht. Nachdem die Gasscheibe sich abgekühlt hatte, reagierten die Elemente miteinander, bildeten komplexere Minerale – und es entstanden Klumpen fester Materie.

Nach und nach kollidierten diese Klumpen, deren Umlaufbahnen nahe der Sonne lagen, und bildeten zunächst zahlreiche kleine Körper (Planetesimale), dann feste Protoplaneten, die ständig wuchsen, um schließlich zu festen (terrestrischen) Planeten zu werden. Allerdings ging nicht die gesamte Materie in Planeten auf; viele kleinere feste Körper wurden zu Monden, oder sie umkreisten als Asteroide die Sonne. Gase wie Wasserstoff, Helium, Kohlenstoff, Stickstoff und Wasserdampf gelangten in die äußeren Umlaufbahnen. Hier bildeten sich Planeten als Gasgiganten oder eisige Bälle, die hauptsächlich aus Wasserstoff, Helium und Eis bestanden.

DIE ERDGESCHICHTE BEGINNT

Über die ersten Stadien der Entstehung des Universums spekulieren Astronomen, Kosmologen und Atomphysiker noch heute. Aber die beschriebene Theorie würde einen Rahmen für die Evolution auf der Erde bieten – von dem Moment an, als sich Materie ansammelte, um feste Planeten zu bilden. Ein Schlüsseldatum ist das Alter der Erde: Es ist das Jahr Null unserer Geschichte. Um dieses Datum zu ermitteln, galt es, Objekte zu untersuchen, die von außerhalb der Erde stammten.

Regelmäßig fallen Steinfragmente des Sonnensystems auf die Erde. Im Laufe der Zeit wurden Tausende von Meteoriteneinschlägen auf der ganzen Welt nachgewiesen. Die Antarktis ist ein besonders guter Platz, um Meteoriten zu finden, weil diese dort im Eis erhalten bleiben. Wenn der Wind den Schnee wegbläst, sehen die Meteoriten aus wie Kieselsteine im Sand. Ihr Ursprung ist unterschiedlich. Bei einigen wird vermutet, daß es Fragmente des Mondes oder des Mars sind, die weggesplittert sind und als riesige Asteroiden auf die Planeten niedergingen. 86 % der Meteoriten sind sogenannte Chondriten, die eine charakteristische sphärische Struktur (Chondren) mit einem Durchmesser von 0,5 bis 1,5 Millimeter haben. Dabei handelt es sich wahrscheinlich um abgekühlte, geschmolzene Tropfen aus dem Weltall. Eine solche Struktur wurde in Gesteinen der Erde bislang nicht entdeckt.

Ein Typus des chondritischen Meteorits, der als kohlenstoffhaltiger Chondrit bezeichnet wird, beinhaltet unter anderem Kohlenstoff und über 15 Gewichtprozent Wasser. Wie sich herausstellte, sind dies wichtige Inhaltsstoffe für unseren Planeten und die darauf lebenden Organismen. Die Zusammensetzung der Meteorite ähnelt – abgesehen von den flüchtigen Gasen Wasserstoff und Helium – der Zusammensetzung der Sonnenoberfläche, die durch Absorptionsspektroskopie bestimmt wurde. Daher nimmt man an, daß die kohlenstoffhaltigen Chondrite aus dem kondensierten Nebel stammen, aus dem die

Dieses Gemälde der Sonnenoberfläche zeigt deutlich das rote Auflodern von heißem Wasserstoffplasma, das periodisch ausgeworfen wird.

Sonne und die Planeten – auch die Erde – gebildet wurden. Sie enthalten alle wesentlichen Komponenten dieser Planeten. Diese als chondritisches Erdmodell bezeichnete Vorstellung ist Grundstock vieler Überlegungen über die Frühgeschichte der Erde.

Radioaktive Elemente in den chondritischen Meteoriten, zum Beispiel Rubidium, Samarium und Kalium, zerfallen ständig in ihre Tochterelemente, seit die Materie in den chondritischen Meteoriten eine Verbindung einging; daher können die radioaktiven Zerfallsprodukte für die Datierung verwendet werden. Es zeigt sich, daß alle chondritischen Meteorite ein ähnliches Alter von etwa 4,55 Milliarden Jahren aufweisen. Es sind die ältesten Gesteine, die bisher in unserem Sonnensystem entdeckt wurden; sie stammen aus der Zeit, als die feste Materie anfing, im Solarnebel zu kristallisieren. Tatsächlich vermuten die Geologen, daß seither Fragmente miteinander kollidierten, sich verbanden und ständig wuchsen. Dieses Wachstum setzte sich fort, bis sich der größte Teil der Materie zu planetengroßen Klumpen zusammengelagert hatte. Daher entspricht das Alter der chondritischen Meteorite dem der Erde.

Die Gesteine der Erde selbst sind jedoch ungefähr 3,8 Milliarden Jahre alt. Zu jener Zeit grenzten Flachseebereiche an vulkanische Inseln, und es be-

Dieser Meteorit, ein kohlenstoffhaltiger Chondrit, ist ein kristallisiertes Fragment des Solarnebels, aus dem das Sonnensystem entstand. Unter dem Mikroskop (das abgebildete Stück mißt etwa 1 Millimeter im Durchmesser) sind Olivin- und Pyroxenkristalle deutlich erkennbar (rosa, gelb). Der Meteorit ist auch reich an Kohlenstoff und Wasser, wichtige Komponenten für das Leben.

gann die Ablagerung eisenreicher Sedimente, wie sie jüngst in der Gegend von Isua auf Grönland gefunden wurden (siehe Kapitel 1). Sie sind die ältesten bekannten Bestandteile der Erde – abgesehen von einzelnen 4 Milliarden Jahre alten Mineralen, die in jüngeren Gesteinen eingeschlossen sind. Zunächst lag über den ersten 500 Millionen Jahren der Geschichte unseres Planeten ein Schleier, der jedoch gelüftet wurde, als die Geologen ihre Aufmerksamkeit dem Mond zuwandten. Zwischen Erde und Mond gibt es zahlreiche Wechselwirkungen; so umkreist der Mond aufgrund der gegenseitigen Anziehungskraft die Erde kontinuierlich. Trotzdem ahnte vor den Mondmissionen niemand, daß diese bedeutende Erkenntnisse über die Frühgeschichte der Erde erbringen würden.

Ein Geologe auf dem Mond

Im Jahr 1964 arbeitete Harrison Schmitt im United States Geological Survey, wo er mit Eugene Shoemaker geologische Mondkarten erstellte. Sie benutzten Aufnahmen des Mondes, die mit hochauflösenden Teleskopen gemacht worden waren. Dabei ging es darum, eine Folge lunarer Ereignisse aufzuzeichnen, indem die Beziehungen zwischen den Erscheinungen an der Mondoberfläche studiert wurden. Wenn etwa ein kleiner Meteoriteneinschlagkrater innerhalb eines größeren gefunden wurde, mußte der kleinere jünger sein. Zur genaueren Datierung der Abfolge mußten Proben gesammelt werden. 1972 landete Schmitt mit der Apollo 17 auf dem Mond. Er verbrachte drei Tage auf dem Mond, wo er mit einem Mondfahrzeug mehrere Ausflüge unternahm. Wie ein Geologe auf der Erde nahm er mit einem Geologenhammer Gesteinsproben und brachte auch Bodenproben mit – insgesamt 110 Kilogramm Mondgestein.

Der Mond ist ein wenig dynamischer Planet. Er hat ein sehr schwaches magnetisches Feld und vermutlich nur einen sehr kleinen, flüssigen Eisenkern. Die mittlere Dichte entspricht der des Erdmantels. Die Mondoberfläche ist mit Kratern übersät, die entstehen, wenn Meteoriten – mit Durchmessern von wenigen Zentimetern bis zu Hunderten von Kilometern – einschlagen. Außer einigen kleinen Ansammlungen gefrorenen Wassers, die in den Tiefen der Meteoritenkrater eingeschlossen sind, ist der Mond trocken und hat praktisch keine Atmosphäre. Die Oberfläche wird in rauhes Hochland *(terrae*, Singular *terra)* und sanfte Tiefebenen *(maria*, Singular *mare)* unterteilt. Das Hochland besteht vor allem aus anorthositreichem Gestein. Es tritt auf der Erde da auf, wo geschmolzenes Gestein aus dem Mantel in der Kruste langsam abkühlte. In den *maria* gibt es vorwiegend Basalt; dieses vulkanische Gestein findet sich auf der Erde vornehmlich auf dem Ozeanboden.

Die entscheidenden Entdeckungen wurden aber gemacht, als man die auf dem Mond gesammelten

Harrison Schmitt ist der einzige Geologe, der je eine andere Welt besuchte. Er landete 1972 mit Apollo 17 auf dem Mond. Während des 75stündigen Aufenthalts sammelten Schmitt und Gene Cernan bei drei Exkursionen in einem Mondfahrzeug 110 Kilogramm Mondgestein.

Der Mond ist eine tote Welt mit einer kraterübersäten Oberfläche. Die maria *erscheinen als dunkle Flächen, umgeben vom hellen Hochland.*

Gesteine datierte. Als Zeitmesser verwendete man ein Spektrum verschiedener radioaktiver Zerfallsreihen. Dabei erwiesen sich die *terrae* als die ältesten Regionen des Mondes. 85 Proben aus dieser Gegend sind zwischen 3,8 und 4,5 Milliarden Jahre alt – und damit oft älter als die ältesten bekannten Erdgesteine. Diese ältesten Gesteine stammen fast durchgehend aus der Zeit der Entstehung der Erde. Schmitt war sehr erstaunt, als er die untypische grünliche Farbe der Gesteine sah. Die 52 Proben aus den *maria* weisen eine ziemlich gleichmäßige Altersverteilung auf. Es handelt sich um Laven, die vor etwa 3,8 bis 3,0 Milliarden Jahren ausgeworfen wurden.

Nach der Datierung der Mondgesteine war man rasch in der Lage, die frühe geologische Geschichte des Mondes zu rekonstruieren. Am Anfang war die Oberfläche des Mondes geschmolzen und bildete einen Magmenozean. Daraus auskristallisierter Feldspat gelangte an die Oberfläche und bildete eine Schicht, die später abkühlte; in ihr bildete sich Anorthosit. Auf der Oberfläche des Mondes schlugen riesige Meteoriten ein. Vor ungefähr 3,8 Milliarden Jahren, während der Endphase der größten Einschlagserien, entstanden Krater mit Durchmessern von bis zu 1000 Kilometern. Vor rund 3,8 bis 3,0 Milliarden Jahren wurden die Basalte der *maria* ausgestoßen und füllten die Meteoritenkrater mit Lavaströmen. Diese Eruptionen wurden wahrscheinlich durch weitere Meteoriteneinschläge ausgelöst, als das Innere des Mondes immer noch heiß genug war, um zu schmelzen. Schmitt fand den ersten greifbaren Anhaltspunkt für diese Ausbrüche – einen orangefarbenen Ring aus metamorphisiertem vulkanischem Glas, der vom Rand eines Kraters stammte. Es hatte den Anschein, als ob beim Meteoriteneinschlag eine Feuerfontäne geschmolzenen Gesteins ausgespuckt worden wäre. Aus geologischer Sicht endete die Geschichte des Mondes vor etwa 3,0 Milliarden Jahren. Der Mond hatte bis dahin so viel Hitze verloren, daß später durch Einschläge eingetragenes Material nicht mehr schmolz. Statt dessen wurde die feste Oberfläche von Einschlägen, die ihre Spuren auf der ganzen Mondoberfläche hinterließen, zu Staub pulverisiert.

Der Krater Kopernikus im Hintergrund und zwei weitere Krater im Vordergrund. Die Aufnahme stammt von der Apollo-12-Mission

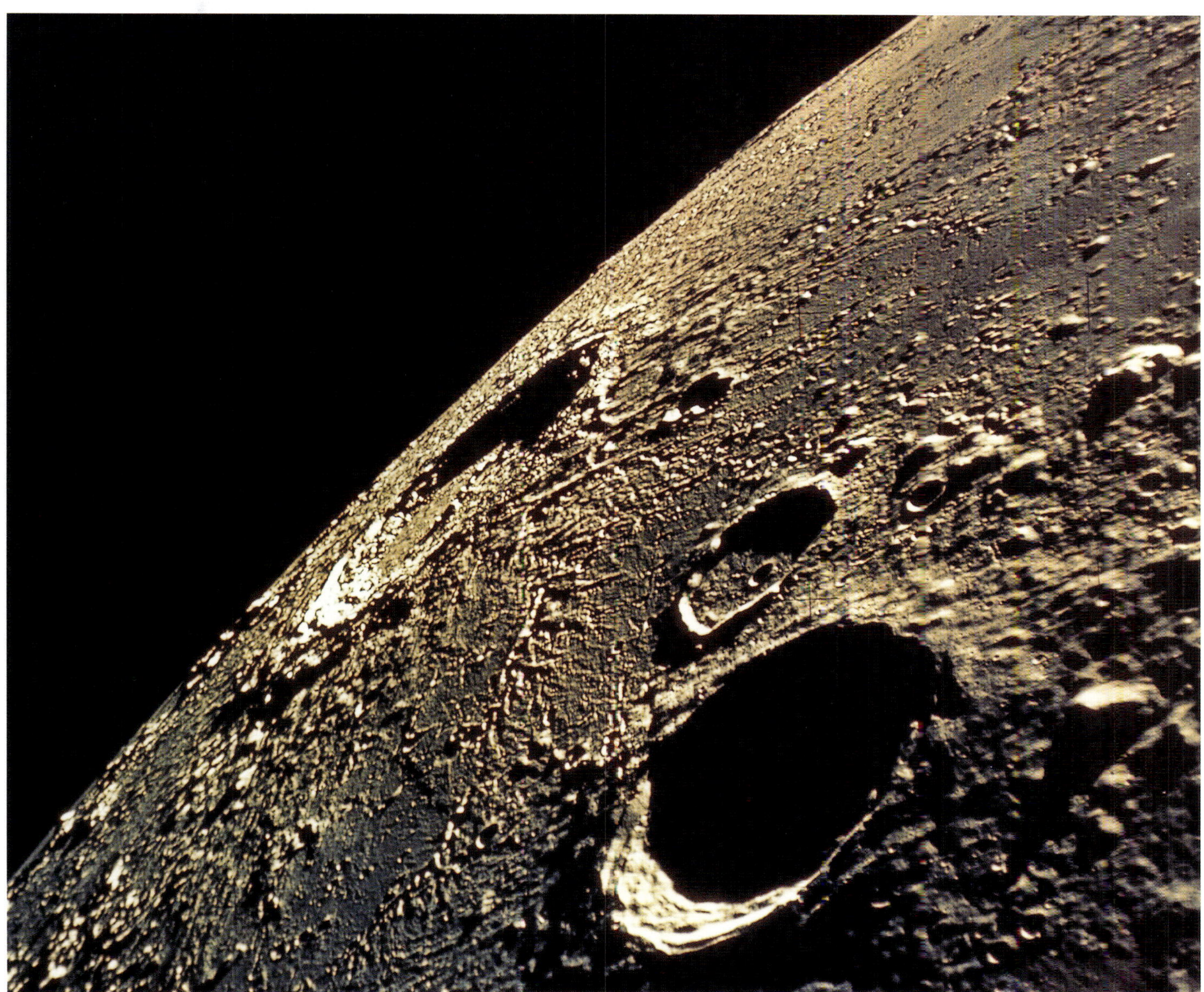

Betrachtet man die Frühgeschichte des Mondes, erkennt man viele Ähnlichkeiten zur Erdgeschichte. Am Anfang stand ein ursprünglich allumfassender Magmenozean; später erfolgten Meteoriteneinschläge, die die Oberfläche aufwühlten. In dieser frühen Phase spielte der Mond wahrscheinlich, wie einige Wissenschaftler heute glauben, bei der Entstehung der Erde eine aktive Rolle – und zwar bei der Bildung der Schalenstruktur der Erde mit Kern, Mantel und Kruste sowie der überlagernden Atmosphäre. Beweis dafür ist die Übereinstimmung zwischen dem Alter der ältesten Gesteine auf dem Mond und der Abfolge der Formationen im Erdinneren.

Ein Stundenplan früher Ereignisse

Die einfachste Theorie über die Entstehung der Erdschichten geht davon aus, daß sich in einem homogenen Materieball eine Reihe von Schalen bildeten, deren Dichte vom Zentrum nach außen progressiv abnimmt (siehe Kapitel 4): Der sehr dichte Kern, der hauptsächlich aus Nickel und Eisen besteht, ist von einem weniger dichten Mantel umgeben, dieser von einer noch weniger dichten Kruste, und darum liegt die Atmosphäre als die am wenigsten dichte, äußerste Schale. Was entstand, war ein Planet, dessen innere Unterteilung dank der Schwerkraft höchst stabil ist.

Inzwischen konnten die Geologen datieren, wann sich die Erde in einzelne Schichten aufteilte. Das geschah – mit Ausnahme der Kruste – schon sehr früh, kurz nach der Bildung des Planeten. Hinsichtlich der physikalischen Eigenschaften besteht der größte Unterschied zwischen Kern und Mantel – der Kern umfaßt ein Zehntel des Erdvolumens, aber ein Drittel der Masse. Die Bildung des Erdkerns setzte vor etwa 3,5 Milliarden Jahren ein. Das Magnetfeld der Erde entwickelte sich durch Bewegungen im äußeren flüssigen Kern. Studien des Magnetismus an 3,5 Milliarden Jahre alten vulkanischen Gesteinen aus Südafrika und Westaustralien belegen, daß sie magnetisiert wurden, als sie im geschmolzenem Zustand im Magnetfeld der Erde abkühlten.

Geologen können sogar noch genauere Aussagen über das Alter des Kerns treffen. Die Berechnungen basieren auf einer Studie seltener Isotope, die aufgrund ihres radioaktiven Zerfalls bisher nicht im Sonnensystem nachgewiesen wurden, da die Ausgangsisotope rasch zerfallen und eine kurze Halbwertzeit haben (siehe Kapitel 1). Die Halbwertzeit der wichtigsten Isotope beträgt weniger als 20 Millionen Jahre – mittlerweile sind praktisch alle zerfallen, wie man aus Untersuchungen mit Ausgangsisotopen in Atomreaktoren weiß. Die Zeit, in der alle Isotope völlig zerfallen, beträgt auch tatsächlich nur einige Halbwertzeiten – weniger als 200 Millionen Jahre. Wir geben diesen Sachverhalt hier, wenn auch sehr verkürzt, wieder, da die Aufteilung der Erde in einen Kern und einen Mantel eine ungleichmäßige Verteilung der Elemente beinhaltet: Manche Elemente kommen viel häufiger im Kern, andere im Mantel vor. Hat die Bildung des Kerns nun vor dem Zerfall der Isotope stattgefunden, dann müssen sie zusammen mit den anderen Elementen umverteilt worden sein. In diesem Fall müßte man Spuren in den Anreicherungen der Tochterprodukte finden, die stabil und auch heute noch vorhanden sind. Zwei Zerfallsreihen haben sich in diesem Fall als besonders nützlich erwiesen: die Isotopenzerfallsreihe von Hafnium in Wolfram und die von Jod in Xenon. Sie zeigen, daß sich der Kern während der Entstehung der Erde später herausgebildet hat, etwa 50 Millionen Jahre, nachdem sich zum ersten Mal feste Materie im Sonnensystem verdichtet hatte – das heißt vor ungefähr 4,5 Milliarden Jahren.

Überraschenderweise läßt sich die beschriebene Methode auch für die Datierung der Atmosphäre anwenden. Die Zusammensetzung der gegenwärtigen Atmosphäre unterscheidet sich grundlegend von den Gasnebeln, aus denen sich einst das Sonnensystem bildete. Läßt man den Sauerstoff außer acht, ähnelt ihre Zusammensetzung vielmehr den Gasen, die von Vulkanen oder heißen Quellen emittiert werden. Das ist ein deutlicher Hinweis darauf, daß die heutige Atmosphäre sich weitgehend aus Gasen aus dem Erdinneren zusammensetzt, die bei

Vulkanausbrüchen mit geschmolzenem Gestein ausgestoßen werden. Die Anreicherung von Xenon-129 in der Atmosphäre und im Mantel legt nahe, daß der größte Teil der Atmosphäre innerhalb von 200 Millionen Jahren nach der Entstehung der Erde entstand – also vor 4,35 Milliarden Jahren. Sauerstoff, der heute etwa ein Fünftel der Atmosphäre ausmacht, gab es zunächst allerdings nicht, da er zu leicht mit anderen Elementen in der Erde reagiert, um ein natürliches freies Gas zu bilden. Tatsächlich ist er ein Abfallprodukt lebender Organismen, und so hatten sich erst vor rund 2 Milliarden Jahren signifikante Mengen von Sauerstoff in der Atmosphäre angesammelt (siehe Kapitel 7).

Die Räder setzen sich in Bewegung

Der Zeitplan früher Ereignisse in der Erdgeschichte, wie er aus Tochterprodukten der radioaktiven Elemente erschlossen werden konnte, hat große Bedeutung, denn er läßt auf eine rasche Entwicklung des Planeten von sich verbindenden Klumpen über verdichtete Gasnebel bis hin zur heutigen geschichteten Struktur schließen. Doch in diesem Ablauf gab es eine kleine Verzögerung. Zwar begann die Materie vor 4,55 Milliarden Jahren anzuwachsen, die Schichtung setzte aber erst vor 4,5 Milliarden Jahren ein – also mit 50 Millionen Jahren Verzögerung. Es ist kaum vorstellbar, daß eine derartige Entwicklung im vorgegebenen Zeitraum vonstatten ging, ohne daß der Planet vollständig geschmolzen wurde. Was aber könnte ein solche Katastrophe ausgelöst haben? Hier nun kommt die Entstehung des Mondes ins Spiel.

Vermutlich haben in der frühen Erdgeschichte große Asteroidenkörper mit ähnlicher chemischer Zusammensetzung wie die Erde in erdnahen Umlaufbahnen die Sonne umkreist. Vor rund 4,5 Milliarden Jahren querte einer dieser Körper etwa von der Größe des Mars die Umlaufbahn der Erde und traf auf unseren Planeten. Die durch den Einschlag freigesetzte Energie ließ die Erde und den Asteroiden schmelzen. Dieser Schmelzvorgang und die Schockwellen halfen, die chemische Differentiation der Erde in Gang zu setzen. Flüchtige Gase, die jetzt den Hauptbestandteil der Atmosphäre ausmachen – Wasserdampf, Kohlendioxid, Stickstoff, Xenon, Argon und Helium – spalteten sich von der geschmolzenen Materie ab, während sich schwere Eisen-Nickel-Verbindungen im Kern ansammelten. Die flüchtigen Gase wurden vom Gravitationsfeld der Erde festgehalten und bildeten die Uratmosphäre. Schließlich kondensierte Wasserdampf zu einem Ozean. Ein Teil der geschmolzenen Materie, die eine ähnliche Zusammensetzung wie der Erdmantel hatte, aber ohne Komponenten von flüchtigen Gasen, fügte sich zu einem kleineren Körper zusammen, der im Gravitationsfeld der Erde gefangen blieb und diese umkreiste. So war das Erde-Mond-System entstanden. Seither wirkten vielleicht noch andere Kollisionen mit Asteroiden auf den Erdmantel ein, doch die Atmosphäre existiert seit etwa 4,35 Milliarden Jahren.

Neueste Theorien zur Entstehung der inneren Erdschichten, der Atmosphäre und des Mondes gehen davon aus, daß die Erdgeschichte in zwei Phasen verlief. In der früheren Phase heizte sich die Erde auf, nachdem sich Materie zu einem Planeten entwickelt hatte. Dieser Vorgang wiederholte sich durch Kollisionen mit riesigen Asteroiden, vergleichbar mit jener Kollision, die zur Entstehung des Mondes führte. Die während dieser frühen Phase entstandene Hitze läßt sich als eine Art Speicher von Urenergie interpretieren. Im Vergleich dazu ist die von der Sonne aufgenommene Hitze zu vernachlässigen. Diese ist zwar für die Temperatur der Atmosphäre entscheidend, wird aber zum größten Teil wieder ins Weltall reflektiert (siehe Kapitel 6).

Nachdem Kern, Mantel und Atmosphäre entstanden waren, entwickelte sich in der zweiten Phase die Mantelkonvektion. Heißere Bereiche kamen nahe an die Oberfläche und kühlten ab, ehe sie wieder abtauchten. Geophysiker berechneten, daß diese Abkühlung das Aufheizen im Erdinneren übertraf und es deshalb überall auf dem Planeten kälter wurde. Der Zerfall von radioaktiven Isotopen – Uran, Thorium, Kalium, um die wichtigsten zu nennen – bewirkte die gesamte Erdgeschichte hindurch eine weitere Erwärmung. Sie ließ jedoch immer mehr nach, da die Konzentration der Isotope stetig abnahm. Außerdem wirkte die langsame Auskristallisierung des festen inneren Kerns vom verbleibenden flüssigen Kern als Energiequelle, die wahrscheinlich der Dynamo für die Entstehung des Magnetfelds der Erde war.

Das stetige Abkühlen der Erde ist ein wichtiger Faktor. Der Mantel wäre bei höheren Temperaturen in den frühen Stufen der Erdgeschichte weniger zähflüssig, seine Viskosität also geringer gewesen. Diese Zähigkeit aber führt zum langsameren Fließen des Mantels, der, wenn er wärmer gewesen wäre, sich wesentlich dynamischer verhalten hätte. Wie in Kapitel 4 beschrieben, ist die Konvektion die fundamentale Antriebskraft der Platten sowie der vulkanischen Aktivität an der Erdoberfläche. Wenn es damals bereits Plattentektonik gab, wären raschere Plattenbewegungen, im Durchschnitt kleinere Platten und ausgedehnterer Vulkanismus die Folge. Der heißere Mantel wäre in größeren Mengen geschmolzen und hätte eine ozeanische Kruste hervorgebracht, die mächtiger wäre als 7 Kilometer. Mit einer dickeren Kruste wäre die Lithosphäre weniger dicht, und die Platten würden an Subduktionszonen nicht so leicht in den Mantel zurücksinken. All dies hätte eine Dynamik der Platten zur Folge, die nicht mit der gegenwärtigen vergleichbar ist.

Damit haben wir im wesentlichen die Geschichte der Erde von den Anfängen bis heute verfolgt. Trotz aller Schwierigkeiten, die ein so weiter Rückblick in die Geschichte mit sich bringt, haben wir eine überraschend genaue Vorstellung über die frühen Stadien unseres Planeten. Aber hilft uns dies bei der Frage nach der Einzigartigkeit der Erde, die wir uns am Anfang des Kapitels stellten? Nichts, was bisher beschrieben wurde, unterscheidet die Erde von ihren Nachbarplaneten. Sie entstanden vielleicht zur selben Zeit mit einer ähnlichen Zusammensetzung und erhielten ihre Gestalt wohl durch zufällige Asteroideneinschläge – doch hat keiner von ihnen einen Satelliten wie den Mond.

Wir haben immer noch nicht die schwer definierbaren Charakteristika der Erde ermittelt. Befanden sie sich etwa die ganze Zeit über vor unseren Augen? Bei Durchsicht der vorangegangenen Kapitel

DIE GEBURT DER ERDE IM SONNENSYSTEM

Unser Sonnensystem entstand wohl mit der Verdichtung der Nebel einer Supernova-Explosion **(a)** zu einer Gaswolke, die um einen zentralen gasförmigen Ball rotierte **(b–c)**. Vor etwa 4,55 Milliarden Jahren kristallisierte Materie aus und prallte aufeinander; dabei bildeten sich feste Körper, die um die Sonne kreisten **(d)**. Die innersten Bereiche entwikkelten sich zu den von Asteroidengürteln umgebenen Planeten Merkur, Venus, Erde und Mars. Anfangs war die Erde wahrscheinlich ein homogener Ball mit einer Oberfläche aus Magmenozeanen **(e)**.

Vor etwa 4,5 Milliarden Jahren entstand der Mond durch die Kollision mit einem marsgroßen Körper **(f)**. Dabei begann die Erde zu schmelzen, und ihre innere Struktur mit einem eisenreichen Kern, der von einem Mantel umgeben wird, entstand. Gleichzeitig entstanden die Hochländer des Mondes. Die Erde war noch von weiteren Meteoriteneinschlägen betroffen, aber seit etwa 4,35 Milliarden Jahren gibt es Atmosphäre und Ozeane. Große Teile der Erdoberfläche waren eine von Kratern übersäte, vulkanisch aktive Landschaft **(h)**.

Vor 3,8 Milliarden Jahren, am Ende der Phase intensiver Meteoriteneinschläge, kühlte die Erde aufgrund der Konvektionsströme im Erdmantel langsam ab. Diese Konvektionsströme waren auch die treibende Kraft für die Plattentektonik und verantwortlich für die Bildung der Kontinente **(i)**. Es gibt Hinweise darauf, daß es bereits damals Leben auf der Erde gab. Vor 3,8 bis 3,0 Milliarden Jahren wurde auf dem Mond Lava ausgestoßen, die die *maria* füllte – danach wurde der Mond inaktiv. Die Erde blieb dagegen geologisch wie biologisch sehr aktiv.

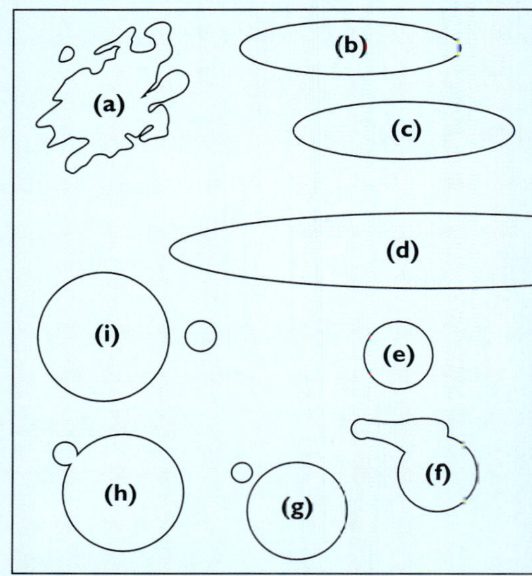

wird ersichtlich, daß es einen Bestandteil auf der Erde gibt, der anscheinend der maßgebende Faktor für viele Erscheinungen wie Kontinente, Plattentektonik, Gebirgsketten, Atmosphäre und Leben ist. Dieser Bestandteil ist das Wasser.

- In Kapitel 1 wurde die Rolle des Wassers bei der Bildung von Sedimentgesteinen aufgezeigt. Wasser bewirkt Erosion und transportiert Gesteinsmaterial aus höheren Lagen in die Tiefländer und ins Meer, wo es sich in Schichten sammelt und Sedimentgestein bildet.
- In Kapitel 2 wurde die Wechselwirkung von Meerwasser und ozeanischer Kruste beschrieben, die die Chemie der Ozeane wie auch der Gesteine beeinflußt. Die Zirkulation des kalten Meerwassers in der ozeanischen Kruste fördert die Abkühlung der Lithosphärenplatten, und es kommt zur Entstehung mittelozeanischer Rükken. In der Umgebung der *black smokers* bilden sich reichhaltige Mineralablagerungen.
- In Kapitel 3 wurde dargestellt, wie Wasser zur Bildung der Kontinente beiträgt, wenn es beim Abtauchen des Ozeanbodens in Subduktionszonen ins Erdinnere gelangt und als eine Art Kühlmittel im Erdmantel fungiert. Als Reaktion schmilzt der Mantel und bringt wasserreiche Magmen hervor, die schließlich als Andesit oder Granit auskristallisieren – Granit ist ein wichtiger Bestandteil der kontinentalen Kruste.
- In Kapitel 4 wurde beschrieben, welche profunden Einflüsse das Wasser auf die Plattentektonik hat. Es schwächt das unterlagernde Gestein und die Ränder der Platten, wobei diese leichter aneinander gleiten. Wäre dies nicht der Fall, würden sie sich bald blockieren. Als ein Ergebnis der Plattentektonik verändert sich die Erdoberfläche ständig.
- In Kapitel 5 wurde aufgezeigt, wie Wasser in Gestein eindringt, die Minerale schwächt und die Stabilität der kontinentalen Kruste drastisch reduziert. Die geschwächte kontinentale Kruste kann dadurch zusammengepreßt und nach oben gedrückt werden. Beim Zusammenstoß mächtiger Platten können große Gebirgsketten entstehen. Die Oberfläche der Kontinente wird zerfurcht, wenn das Wasser auf seinem Weg zum Meer die Berge hinabläuft.
- In Kapitel 6 wurde beschrieben, welche Bedeutung das Wasser in der Atmosphäre hat. Es speichert Sonnenenergie und verteilt sie durch die Meeresströmungen über die Erdoberfläche. Wasserdampf und Kohlendioxid sind »Treibhaus«-Gase. Aber die Reaktion zwischen silikathaltigen Gesteinen und Wasser entzieht der Atmosphäre Kohlendioxid. Somit wirkt sich Wasser in zweifacher Hinsicht auf die Temperatur der Atmosphäre aus.
- In Kapitel 7 wurde die Bedeutung des Wassers für lebende Organismen erläutert. Es ist der Stoff des Lebens – lebende Organismen bestehen zu über 80 Gewichtprozent aus Wasser, das aus der Chemie des Lebens nicht wegzudenken ist. Deshalb ermöglichten die Wechselwirkungen zwischen Oberflächenwasser und vulkanischen Aktivitäten in heißen Quellen erstes Leben. Erst im Wasser bildete sich das Leben heraus.

Das Wasser stammt aus den solaren Nebeln, aus denen sich die Erde bildete. Große Mengen Wasser waren während einer frühen Katastrophe der Entgasung des Planeten frei geworden. Tatsächlich war die Erde wahrscheinlich so reich an Wasser, daß nur ein kleiner Teil hätte schmelzen müssen, um das vorhandene Volumen der Ozeane freizusetzen. Einer von Geochemikern aufgestellten Theorie zufolge haben weitere Kollisionen mit Eiskörpern, wie zum Beispiel Kometen, weitere Wassermassen auf die Erde gebracht. Als sich die Atmosphäre etwa 150 Millionen Jahre nach der Entstehung des Mondes stabilisiert hatte, gab es auf der Erde wahrscheinlich Ozeane von beträchtlicher Größe. Angesichts der entscheidenden Rolle des Wassers ist die logische Folgerung, daß die Plattentektonik (eventuell mit kleineren Platten als heute), die Kontinente und sogar das Leben zu dieser Zeit entstanden. Direkte Hinweise auf die Anfänge all dessen gibt es auf der Erde nicht – vielleicht wurden sie durch die frühen intensiven Meteoriteneinschläge zerstört, wie sie auf

Ein toter Planet: der Merkur, 1974 vom Mariner 10 Spacecraft aus gesehen. Einschlagkrater sind deutlich erkennbar.

dem Mond nachgewiesen sind. Der früheste Hinweis auf Leben und Ozeane ist 3,8 Milliarden Jahren alt; die Plattentektonik tritt seit etwa 3,5 Milliarden Jahren auf, und Kontinente gibt es wohl seit 4,0, sicher aber seit 3,2 Milliarden Jahren.

Im Sonnensystem scheint Wasser nicht knapp zu sein. Das meiste Wasser ist in äußeren, eisigen Planeten eingeschlossen. Aber außer der Erde hat keiner der festen Planeten nahe der Sonne flüssiges Wasser auf seiner Oberfläche. Dies wissen wir von mehreren ins Weltall geschickten Raumflugkörpern.

Besuch anderer Planeten

Die uns nächstgelegenen festen Planeten sind – in der Reihenfolge zunehmender Entfernung von der Sonne – Merkur, Venus und Mars. Merkur und Venus stehen der Sonne näher als die Erde, der Mars ist weiter entfernt. Die Oberfläche der Venus ist hinter ihrer Atmosphäre versteckt, und Mars und Merkur sind zu weit entfernt, um sie klar zu erkennen. Un-

Die Venus, fotografiert von der Pioneer-Raumsonde. Die Venus ist der nächste Planet zur Erde und der zweitgrößte feste Planet im Sonnensystem. Die Oberfläche ist ständig von gelb-weißen Wolken verdeckt.

ser Wissen darüber verdanken wir daher weitestgehend verschiedenen russischen und amerikanischen unbemannten Missionen zu diesen Planeten.

Der Merkur ist nur etwas mehr als ein Drittel so weit von der Sonne entfernt wie die Erde. Er ist der kleinste feste Planet, mit einem Durchmesser von etwa einem Drittel der Erde. Kein Raumschiff ist je auf dem Merkur gelandet, aber 1973 und 1974 flog die Sonde Mariner 10 dreimal nahe daran vorbei und sendete Aufnahmen einer mondähnlichen Oberfläche. Die spärlichen Spektroskopiedaten legen nahe, daß der Merkur hauptsächlich aus Basalt besteht. Er hat praktisch keine Atmosphäre, und die Oberflächentemperaturen liegen zwischen 350 °C

Ein Blick auf die Oberfläche der Venus: der imposante Maat-Mons-Vulkan. Er erhebt sich etwa 8 Kilometer über seine Umgebung. Das Bild wurde nach den von der Raumsonde Magellan ermittelten Radardaten erstellt. Die Farben entsprechen denen, die die russischen Sonden Venera 13 und 14 aufgezeichnet hatten.

am Tag und –180 °C in der Nacht: also eine lebensfeindliche, unfruchtbare, mit Kratern übersäte Welt, die eine viel höhere mittlere Dichte aufweist, als alle anderen festen Planeten. Die hohe Dichte des Merkur läßt vermuten, daß er einen großen, dichten Eisenkern besitzt, vielleicht weil er durch einen gigantischen Einschlag einen Großteil seines weniger dichten Mantels verlor.

Venus und Erde ähneln sich in vielerlei Hinsicht. Sie sind annähernd gleich groß und ähnlich dicht, doch ist die Venus nur etwa drei Viertel so weit von der Sonne entfernt wie die Erde. In den späten

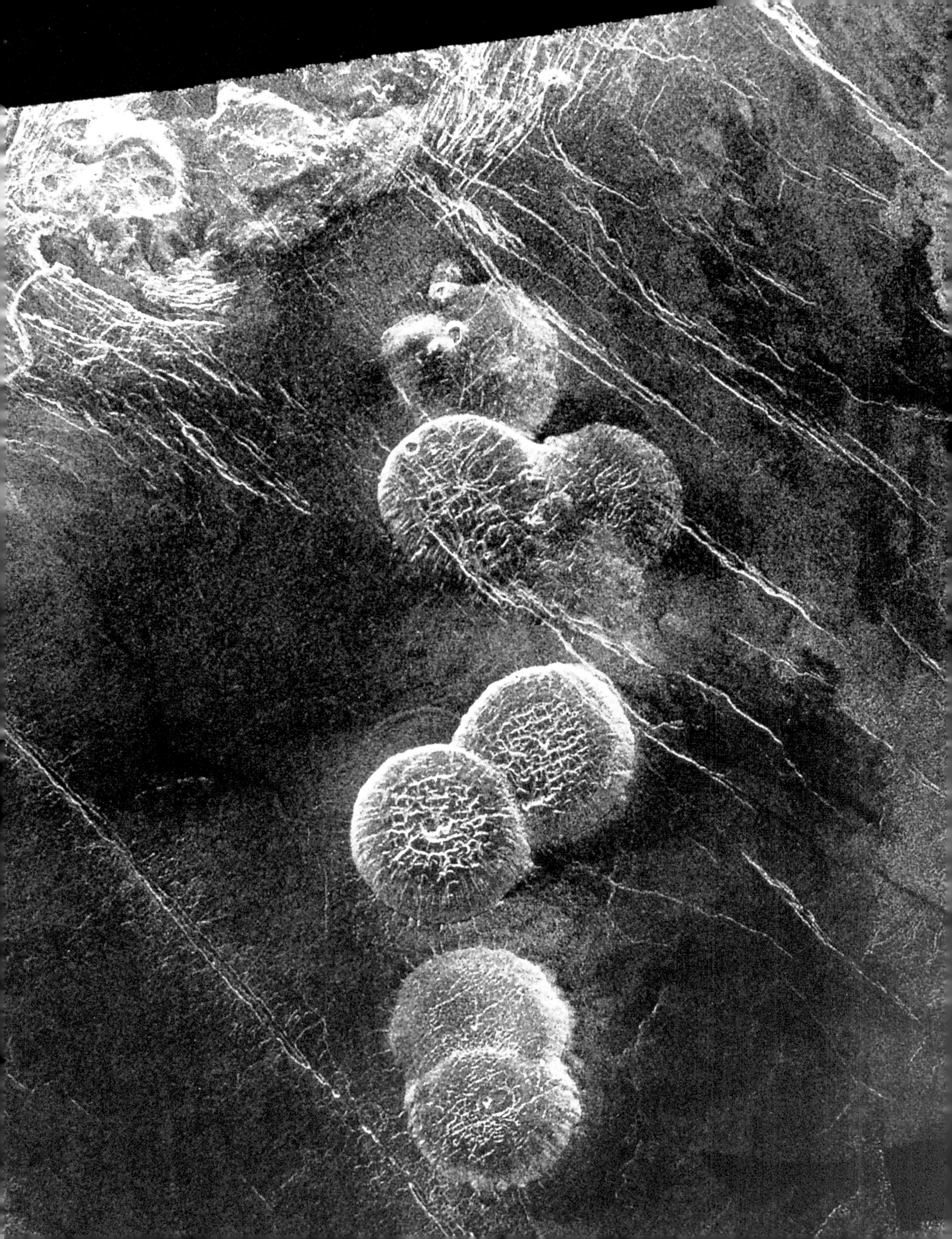

Diese Bilder von der Oberfläche der Venus wurden 1982 von der russischen Sonde Venera 13 aufgenommen (Teile der Sonde am unteren Bildrand). Sie zeigen eine Landschaft, auf der Fragmente vulkanischen Gesteins verstreut sind. Die Temperatur beträgt über 400 °C.

1970er und den frühen 1990er Jahren umkreisten die amerikanischen Raumsonden Pioneer und Magellan die Venus. Magellan vermaß die Oberflächenhöhen des Planeten und lieferte Radaraufnahmen, so daß eine genaue topographische Karte von annähernd der gesamten Oberfläche angefertigt werden konnten. Hier gibt es nun keinerlei Ähnlichkeiten mit der Erde; riesige Vulkane, Lavaströme und Gebiete mit seltsamen Strukturen prägen sie. An manchen Stellen ist die Venus gefaltet, als ob die Oberfläche durch die inneren Kräfte des Planeten zusammengedrückt worden wäre. An anderen Stellen erheben sich Rifts und lange, linear angeordnete Berge, die an die mittelozeanischen Rücken auf der Erde erinnern – und auf eine Dehnung und Spreizung der Oberfläche hinweisen. 1982 gelang den russischen Raumsonden Venera 13 und 14 die Landung auf der Venus. Sie sandten Bilder einer flachen, aus Basalt bestehenden Landschaft zur Erde und übermittelten, daß die Oberfläche mit durchschnittlich 465 °C heißer ist als geschmolzenes Blei und daß die Atmosphäre der Venus hauptsächlich aus Kohlen-

1990 übermittelte die Sonde Magellan diese Radaraufnahme der Venus. Die Vulkandome (Durchmesser um 25 Kilometer, Höhe etwa 750 Meter) entstanden durch Eruptionen zähflüssiger Lava. Rißbildungen, die während der Abkühlung der Lava entstanden, sind deutlich zu erkennen.

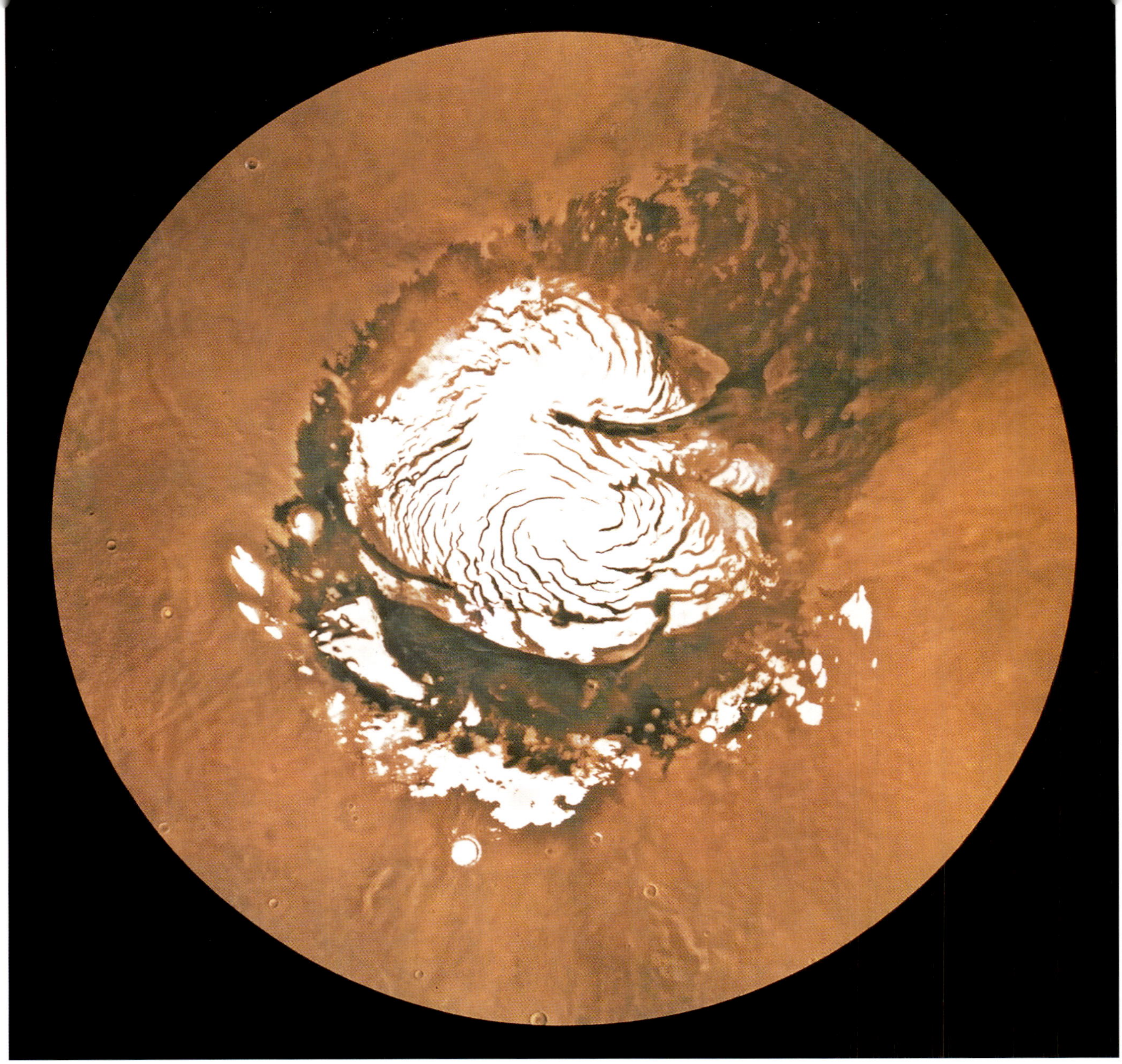

dioxid besteht und einen rund hundertmal höheren Druck als die der Erde aufweist.

Die Venus ist wohl immer noch vulkanisch aktiv. Es gibt Anzeichen von frischen Lavaströmen. Die 1990 gestartete Sonde Pioneer entdeckte im Vergleich zu den 1970 ermittelten Meßwerten eine höhere Konzentration von Schwefeldioxid in der Atmosphäre – Schwefeldioxid, das vermutlich während eines jüngeren Vulkanausbruches frei wurde. Praktisch überall sind Meteoriteneinschlagkrater zu finden, was den Schluß nahelegt, daß die gegenwärtige Oberfläche der Venus seit mindestens 300 Millionen Jahren exisistiert – rund zehnmal länger als die ausgedehnten Flächen der Meeresböden der Erde. Auch weisen keine Dehnungs- und Kompressionszonen auf große starre Platten hin, wie sie charakteristisch für die Erde sind. Also gibt es auf der Venus derzeit wohl keine Plattentektonik, zumindest nicht in der Art, wie sie auf der Erde nachgewiesen ist.

Links: Die Nordpolarregion des Mars, aufgenommen von der Viking-Raumsonde. Eine weiße Eiskappe aus gefrorenem Wasser und Kohlendioxid beherrscht das Zentrum der Landschaft.

Unten: Fotografie der Pathfinder von der Oberfläche des Mars, die einen Teil des Raumschiffs sowie eine mit Gesteinsbrocken übersäte Landschaft zeigt. Die Ähnlichkeit mit wüstenhaften Gebieten der Erde sind unverkennbar. Die mittlere Oberflächentemperatur des Mars beträgt jedoch –50 °C, und der atmosphärische Druck entspricht nur einem Bruchteil von dem auf der Erde.

Der Mars ist rund eineinhalb Mal so weit von der Sonne entfernt wie die Erde und hat einen etwa halb so großen Durchmesser wie unser Planet. 1976 landeten zwei Viking-Raumsonden auf zwei gegenüberliegenden Seiten des Planeten, 1997 eine weitere, Mars Pathfinder, die mit einem Roboter-Rover ausgestattet war. Der Mars hat eine Atmosphäre, die hundertmal dünner ist als die der Erde und hauptsächlich aus Kohlendioxid besteht. Die mittlere Oberflächentemperatur beträgt –50 °C – kalt genug, um Kohlendioxid an den Polen gefrieren zu lassen und weiße Polkappen zu bilden. Die Bilder der Pathfinder zeigen eine Oberfläche, die der Wüste Sahara ähnelt. Unzählige Gesteinsfragmente sind über eine sandigen Ebene verstreut. Sanddünen sind ebenso deutlich zu erkennen wie Stellen gefrorenen Kohlendioxids. Die Farben dieser Bilder zeigen, daß die Marsoberfläche tatsächlich rot ist, sehr wahrscheinlich aufgrund von Eisenoxiden. Gelegentlich auftretende heftige Sandstürme erklären, weshalb sich die Oberfläche des Mars häufig ändert.

Die vielleicht bemerkenswerteste Erscheinung ist das Netzwerk der sich dahinschlängelnden Kanäle, die Flußläufen ähneln. Stellenweise gibt es riesige ausgewaschene Ebenen; sie wirken, als ob die Landschaft von einer Flut überschwemmt worden wäre – in der frühen Geschichte des Mars müssen große Mengen Wasser über die Oberfläche gelaufen sein. Doch das einzige verbliebene Wasser auf dem Mars befindet sich jetzt in gefrorenem Zustand am Nord-

pol oder im Boden. Dies wird in Meteoritenkratern deutlich, wo die Energie des Einschlags das Wasser schmolz. Dadurch wurde der Boden aufgeweicht, und es bildeten sich charakteristische, von Flüssigkeit hervorgerufene Strukturen. So wurde ein alter Wasserkanal als Landebahn für Pathfinder gewählt. Wenn die hier gefundenen Gesteinsbrocken einst durch fließendes Wasser transportiert wurden, müßten die von Pathfinder gesammelten Proben eine deutliche Vielfalt aufweisen. Und tatsächlich erhielt man einige interessante Ergebnisse.

Das Gestein ist reich an Silikaten – auf der Erde ein typisches Merkmal der Gesteine, die einer Differentiation unterlagen. Auf dem Mars gibt es Anzeichen für Vulkane, die viel größer sind als die auf der Erde, und möglicherweise sind einige noch aktiv. Der gewaltige Olympus-Mons-Vulkan ragt etwa 26 Kilometer über die Oberfläche hinaus und hat an seiner Basis einen Durchmesser von rund 500 Kilometern. Sein Gipfel besteht aus einer Caldera, deren Durchmesser ungefähr 50 Kilometer beträgt.

EIN KOKON IM RAUM

Die Untersuchungen anderer fester Planeten haben deutlich gezeigt, daß keiner von ihnen geologisch so aktiv ist wie die Erde. Keiner zeigt Anzeichen von Plattentektonik oder von klaren Unterteilungen in zwei Krustentypen (ozeanische und kontinentale Kruste). Auf keinem gibt es flüssiges Wasser oder – vielleicht mit Ausnahme des Mars – lebende Organismen. Insofern ist die Erde einzigartig, zumindest in unserem Sonnensystem; daß es andere Sonnensysteme mit erdähnlichen Planeten gibt, ist wahrscheinlich, aber nicht erwiesen. Es scheint, daß die anderen festen Planeten wie die Erde entstanden, sich aber ganz anders weiterentwickelten. So gibt es keinen vernünftigen Grund, warum auf den anderen Planeten keine Plattentektonik auftrat. Auf dem Mars gab es einmal flüssiges Wasser, und es existieren geochemische Hinweise, daß die frühe Atmosphäre der Venus feucht war. Was ist also passiert? Wenn man die überragende Bedeutung von Wasser bedenkt, hängt die Entwicklung der anderen festen Planeten eng damit zusammen, daß sie keine Atmosphäre aufbauen konnten, die flüssiges Wasser enthält. Dabei scheinen ihre Größe und ihre Entfernung von der Sonne eine Rolle zu spielen.

Die durch eine Phase der Entgasung des Erdinneren entstandene Atmosphäre wurde seither konstant mit Gasen angereichert, die aus späteren Vulkanausbrüchen stammen. Das war möglich, weil das Erdinnere heiß genug war, um immer wieder zu schmelzen. Mars und Merkur, die sehr viel kleiner sind, haben sich so abgekühlt, daß vulkanische Aktivität kaum noch oder gar nicht mehr existiert. Damit kann ihre Atmosphäre auch nicht wieder aufgefüllt werden. Die Atmosphäre jedes Planeten nimmt stetig ab, da ständig Wasserstoff ins Weltall entweicht, wenn Wasserdampf in den oberen Atmosphäreschichten durch die ultraviolette Strahlung dissoziiert und freier Wasserstoff entsteht. Der leichte Wasserstoff wird durch die Sonnenenergie ausreichend beschleunigt, um die Gravitation des Planeten zu überwinden. Tatsächlich erreicht der Wasserstoff sogar Überschallgeschwindigkeit und erzeugt eine Luftbewegung, die auch andere atmosphärische Gase buchstäblich wegbläst. Wesentlich dafür ist die ultraviolette Strahlung und ein ausreichender Anteil an Wasserdampf in der Atmosphäre. Wahrscheinlich verlor der Merkur, der viel näher als die Erde an der Sonne ist, seine Atmosphäre so schon sehr früh.

Auch die Venus muß große Mengen Wasserstoff verloren haben, da sie starker ultravioletter Strahlung ausgesetzt ist. Gab es einmal Wasser auf der Venus, dann war die Atmosphäre warm und feucht, und aus den Vulkanausbrüchen kam Kohlendioxid hinzu. Diese Bedingungen enthalten die Keime zur Zerstörung der frühen Atmosphäre der Venus: Die feuchte Atmosphäre hatte wohl einen starken Treibhauseffekt – Wasserdampf ist ein wirksames Treibhausgas –, und an der Oberfläche der Venus kam es zu einer Spirale der Aufwärmung: Die Ozeane verdunsteten zunehmend, damit gelangte mehr Feuchtigkeit in die Atmosphäre, was zur weiteren Erwärmung führte usw. Gleichzeitig entwichen immer mehr Wasserstoff und andere Gase endgültig ins All. Schließ-

Die terrestrischen Planeten und der Mond

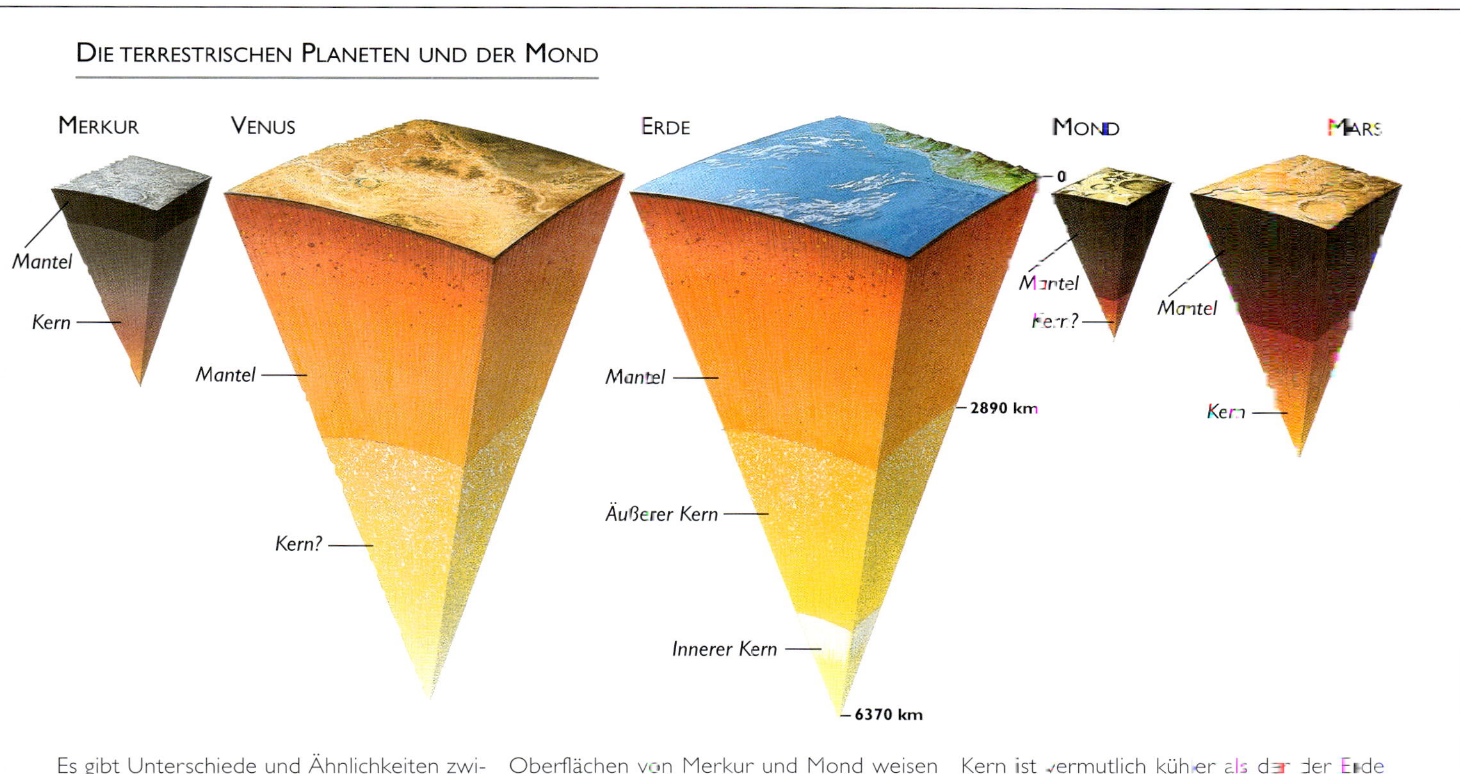

Es gibt Unterschiede und Ähnlichkeiten zwischen der Erde, anderen festen Planeten und dem Mond. Alle haben einen eisenreichen, von einem Mantel umgebenen Kern. Die Oberflächen von Merkur und Mond weisen Krater auf und sind inaktiv – ihr Innerstes ist wohl relativ kalt. Der Mars zeigt Krater und Spuren von früherem Vulkanismus – sein Kern ist vermutlich kühler als der der Erde. Die Oberfläche der Venus ist heiß – über 400 °C – und vulkanisch aktiv; die Venus ist im Inneren vielleicht so heiß wie die Erde.

lich waren die Ozeane verdampft, und die Oberfläche der Venus war trocken. Als es noch Oberflächenwasser gab, konnte atmosphärisches Kohlendioxid mit dem Silikatgestein (siehe Kapitel 6) reagieren und wurde in den Gesteinen oder Ozeanen gebunden. Aber als die Oberfläche der Venus austrocknete, hörte diese Reaktion auf. Die kohlendioxidhaltigen Gesteine der Venus, aufgeheizt durch geologische Aktivitäten, gaben permanent Kohlendioxid an die Atmosphäre ab und sorgten für einen dramatischen Anstieg. In der Tat befindet sich praktisch der gesamte Kohlendioxidgehalt mittlerweile in der Atmosphäre. Der resultierende Treibhauseffekt bewirkte die Erwärmung der Oberfläche auf heute über 400 °C.

Die Frühgeschichte der Atmosphäre des Mars ähnelte wahrscheinlich jener von Venus und Erde. Es gab Oberflächenwasser, das die Silikate verwittern ließ und dafür sorgte, daß durch die Urey-Reaktion Kohlendioxid eingeschlossen wurde. Doch aufgrund seiner im Vergleich zur Erde kleineren Masse kühlte das Marsinnere schneller ab. Damit ging der Oberflächenvulkanismus früh zurück, und weniger Kohlendioxid wurde freigesetzt. Auch die geringe Sonneneinstrahlung – der Mars ist wesentlich weiter von der Sonne entfernt als die Erde – hielt die Atmosphäre kalt und trocken. Ganz im Unterschied zur Venus förderte die geringe Konzentration von Treibhausgasen – Wasserdampf und Kohlendioxid – die Abkühlung. Schließlich fiel die Temperatur unter den Gefrierpunkt von Kohlendioxid, und das gesamte Oberflächenwasser und das verbliebene Kohlendioxid wurden im Eis eingeschlossen.

Ein natürlicher Thermostat

Offenbar wandelten sich die Bedingungen auf den festen Planeten außer auf der Erde sehr früh von feucht und gemäßigt zu weit extremeren Werten. Die Entfernung von der Sonne und die Intensität

Die Atmosphäre der Erde und ihr Kohlenstoffkreislauf

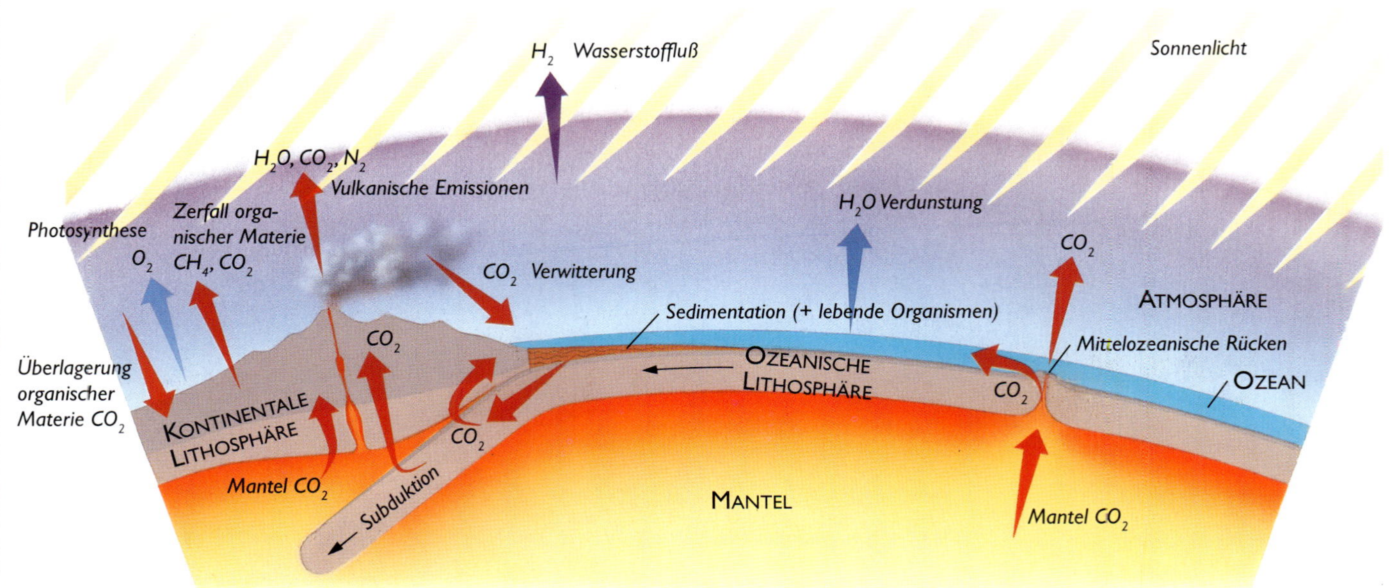

Kohlenstoff ist in lebenden oder toten und überlagerten Organismen, in der Atmosphäre (als Kohlendioxid), in der Kruste (vor allem als Karbonat) und im Mantel enthalten. Es gibt einen Kohlenstoffkreislauf zwischen verschiedenen Stellen der Erde. Geologische (Plattentektonik, aktiver Vulkanismus, Sedimentation, Verwitterung und Erosion) und biologische Prozesse (Wachsen und Zerfall von Organismen) steuern diesen Zyklus. Dabei steigt oder fällt der Gehalt an Kohlendioxid in der Atmosphäre. Dadurch wird wiederum das Klima beeinflußt, da Kohlendioxid ein wichtiges Treibhausgas ist.

des aktiven Vulkanismus müssen dabei eine Rolle gespielt haben. Als es auf den Oberflächen dieser Planeten kein flüssiges Wasser mehr gab, wurden sie wesentlich heißer oder kälter als die Erde. Die sehr heiße Venus besitzt zwar wohl die Kräfte für die innere Konvektion, die nötig ist, um Platten zu bewegen, doch es mangelt an der Gleitsubstanz, dem Wasser. Dieser Umstand und die hohe Oberflächentemperatur verhindern Plattentektonik. Auf dem Mars dagegen kühlte das Innere wegen der geringen Größe des Planeten schnell ab; dadurch wurde es zu kalt für Konvektion. Zum Teil liegt die Einzigartigkeit der Erde also darin, daß sie die richtige Größe und Distanz zur Sonne hat.

Aber es gibt noch einen weiteren Aspekt. Eine Analyse der Energie, die durch die Atomverschmelzung des Wasserstoffs eingebracht wird und so die Sonnenenergie liefert, legt nahe, daß die Intensität der Sonnenstrahlung seit der Bildung des Sonnensystems um 20 bis 30 % angestiegen ist. Änderungen dieser Größenordnung legen einen katastrophalen Einbruch in der Erdatmosphäre nahe, doch das scheint nie der Fall gewesen zu sein. Dies wird als Sonnenparadoxon bezeichnet. Die Bedingungen auf der Erde sind über geologische Zeitalter hinweg bemerkenswert stabil geblieben. Das flüssige Wasser, das es fast während der gesamten Erdgeschichte gab – es wurden Sedimente nachgewiesen, die vor mindestens 3,8 Milliarden Jahren im Wasser abgelagert wurden –, zeigt, daß sich ihre durchschnittliche Oberflächentemperatur zwischen 0 und 100 °C bewegte. Streng genommen gilt dies natürlich nur, wenn die Erde stets ihren gegenwärtigen atmosphärischen Druck hatte. Die größtmögliche Temperatur-

Der Mars, fotografiert von der Raumsonde Viking. Das Zentrum der Aufnahme zeigt das Valles-Mariners-Canyonsystem, das über 2000 Kilometer lang und mehr als 8 Kilometer tief ist. Auf der rechten Seite sind die über 25 Kilometer hohen Tharsis-Vulkane (dunkle Flecken) zu erkennen. Alte Flußsysteme bahnen sich ihren Weg in Richtung des oberen Bildrandes.

Der blaue Planet – diese Ansicht der Erde aus dem Weltall mit Afrika im Zentrum zeigt deutlich den Reichtum an Wasser auf der Oberfläche unseres Planeten, sei es flüssig oder gasförmig, eingeschlossen in den tiefen blauen Ozeanen oder frei in den weißen wirbelnden Wolken.

spanne ist jedoch im Vergleich zu den anderen Planeten ziemlich klein: Dort bewegen sich die Temperaturen zwischen –230 und über 400 °C.

Treibhausgase helfen, die Erdatmosphäre warm zu halten – höhere Konzentrationen erhöhen den wärmenden Effekt. Eine Erklärung für das Sonnenparadoxon ist, daß der Anteil der Gase im Lauf der Erdgeschichte progressiv sank, was das Anwachsen der Sonnenleistung ausglich und für die enge Temperaturspanne auf der Erdoberfläche verantwortlich war. Der Anteil des wichtigen Treibhausgases Kohlendioxid wird von einigen Faktoren bestimmt. Vulkanismus steigert den Kohlendioxidgehalt der Atmosphäre. Die Verwitterung von Silikatgesteinen durch die Urey-Reaktion verringert ihn dagegen. Diese Reaktion wird durch höhere atmosphärische Temperaturen und durch Pflanzen gefördert, die der Luft Kohlendioxid entnehmen und es als Kohlenstoff in ihre Körper oder Schalen einbauen. Die Menge an Kohlenstoff, der heute in lebenden Organismen gebunden ist, ist etwa viermal so hoch wie der in der Atmosphäre; die Menge an Kohlenstoff in Gesteinen, die aufgrund der Aktivität lebender Organismen darin enthalten ist, ist 100 000 Mal höher. Deshalb könnte ein Anstieg der Biomasse von nur 25 % oder eine kleine Veränderung der biologischen Aktivität die Atmosphäre mit Kohlendioxid vergiften. Die Subduktion, Teil des Mechanismus der Plattentektonik, nimmt Gesteine und Überreste von lebenden Organismen mit ins Erdinnere, wo sie aufgeheizt werden. Während dieses Prozesses löst sich der darin enthaltene Kohlenstoff und wird schließlich wieder als Kohlendioxid an die Atmosphäre abgegeben. Somit ergibt sich ein komplexes, aus temperaturabhängigen chemischen Reaktionen aufgebautes und ausbalanciertes System. Offenbar ist die Zu- und Abnahme des Kohlendioxids in der Atmosphäre ausgewogen genug, um eine annähernd konstante Oberflächentemperatur zu bewahren.

Das skizzierte System wirft aber eine Frage auf. Würde alles so funktionieren, wenn ein Teil fehlte? Wäre alles genauso, wenn es etwa keine lebenden Organismen gäbe? Die Antwort ist wahrscheinlich Nein. Lebende Organismen sind auf chemische Reaktionen angewiesen, die wiederum temperaturabhängig sind. Diese Sensibilität ist vielleicht der eigentliche Thermostat der Erde. Hier wurde die Beziehung zwischen geologischen und biologischen Aktivitäten beschrieben. Beide wirken zusammen und sind voneinander abhängig. Die faszinierende Schlußfolgerung ist, daß die Erde Leben ermöglicht, welches dem Planeten wiederum hilft, seine geologische Aktivität zu bewahren.

Die Antwort auf die Frage, die wir uns am Anfang dieses Kapitels stellten – ist die Erde einzigartig, und wenn ja, warum? –, liegt also in der Existenz von flüssigem Wasser, das bestimmendes Charakteristikum der irdischen Abläufe ist – und einzigartig im Sonnensystem. Daß flüssiges Wasser an der Erdoberfläche erhalten bleibt, geht auf viele Faktoren zurück: so die Entfernung zur Sonne und die Größe und Zusammensetzung des Planeten. Sie legen fest, wie sich die Erde abkühlt, was sich auf die Entwicklung der Atmosphäre und des Lebens auswirkte. Vielleicht spielte auch der pure Zufall eine Rolle: so hat die Erde zumindest in den bisherigen 4 Milliarden Jahren keinen Zusammenstoß mit einem gigantischen Meteoriten erfahren, der groß genug wäre, um die Atmosphäre und das Leben auszulöschen.

Vor kurzem erstellten Forscher der NASA und anderer Organisationen Theorien über Leben auf dem Mars in einer frühen Stufe der Geschichte des Planeten, die neue Perspektiven über die Rolle des Lebens auf der Erde eröffnen. Wenn es jemals Leben auf dem Mars gegeben hat, kann es nicht lange existiert haben. Die Entstehung von Leben mag gar kein so ungewöhnliches Ereignis sein. Aber ein Überleben über lange geologische Zeiträume ist mit Sicherheit außerordentlich selten. Es ist unwahrscheinlich, daß das Leben auf der Erde noch weitere Milliarden von Jahren bestehen wird. Bis dahin wird die Sonne soviel Sonnenstrahlung abgegeben haben, daß sogar der ausgeklügelte Thermostat der Erde zusammenbrechen wird.

Dieses Ende liegt dennoch sehr weit in der Zukunft. Daß die Erde über eine so lange Zeit geeignete Bedingungen für das Leben erhalten konnte, sollte uns nicht überheblich werden lassen. Die Menschheit hat sich mittlerweile zu einer mächtigen gestaltenden Kraft auf dem Planeten entwickelt. Wir sind durchaus in der Lage, einige geologisch relevante Aktivitäten zu beeinflussen, so zum Beispiel den Verlauf von Flüssen und die Erosion des Landes. Gleichermaßen können wir auf die Funktion der Atmosphäre und der Ozeane einwirken. Mit dieser Macht müssen wir klug umgehen, und das ist nur möglich, wenn wir verstehen, wie die Erde funktioniert. Dieses Buch beschrieb den Anfang unseres Strebens nach Verständnis. Obwohl wir große Fortschritte gemacht haben, gibt es noch viele Details zu entdecken; nur so können wir lernen, respektvoll mit der Erde umzugehen.

Auswahlbibliographie

Als dieses Werk entstand, zogen die Autoren zahlreiche Bücher, Artikel und Forschungsberichte zu Rate. In einer wissenschaftlichen Publikation wären diese an den entsprechenden Stellen erwähnt worden. Um jedoch das vorliegende Thema für ein allgemeines Publikum lesbar zu machen, haben wir darauf verzichtet, mit Fußnoten zu arbeiten. Das ändert jedoch nichts daran, daß wir den Autoren dieser Werke viel verdanken. Allen Lesern, die sich weiter über eines der behandelten Themen informieren möchten, seien die folgenden Werke empfohlen.

Allgemeines

Cloos, H.: *Einführung in die Geologie. Ein Lehrbuch der inneren Dynamik*, Berlin 1963

Eldredge, N.: *Wendezeiten des Lebens. Katastrophen in Erdgeschichte und Evolution*, Frankfurt am Main 1997

Schmidt, K. / Walter, R.: *Erdgeschichte*, Berlin 1990

Schumacher, E.: *Streifzug durch die Erdgeschichte. Das Leben – Vom Urknall bis zur Jetztzeit*, Essen 1991

Kapitel 1

Füchtbauer, H. / Müller, G.: *Sedimente und Sedimentgesteine*, Stuttgart 1977

Jung, M.: *Halbwertszeit*, Waldkirch 1989

Strathern, P.: *Curie & die Radioaktivität*, Frankfurt am Main 1999

Kapitel 2

Geruhn, S.: *Warum driften die Kontinente?* Hohenwestedt 1996

Jenny, M.: *Die Beschreibung der Tiefsee*, Zürich 1996

Schwarzbach, M.: *Alfred Wegener und die Drift der Kontinente*, Stuttgart 1980

Kapitel 3

Chowanetz, K.: *Kaliforniens Küste. San Francisco, Los Angeles, San Diego, Highway Nr. 1*, Eichenau 1996

Keppler, E.: *Die unruhige Erde. Klimaveränderungen, El Niño, Erdbeben, Vulkanausbrüche* … Steinfurt 1998

Reiter, M.: *Die Identifikation von tektonischen Störungen. Eine semiotische Analyse geologischer Arbeitsweisen*, Frankfurt am Main 1999

Kapitel 4

Nauheimer, G.: *Erdmantelkonvektion unter Berücksichtigung eines Stofftransportes vom Erdmantel in den Erdkern*, Bonn 1997

Pieper, C.: *Blick ins Erdinnere. Plattentektonik und Vulkanismus*, Essen 1991

Schmincke, H.: *Vulkanismus*, Darmstadt 1998

Kapitel 5

Fuchs, G.: *Zum Bau des Himalaya*, Wien 1967

Lessmann, K.: *Die Asiatische Sommermonsunzirkulation*, Hamburg 1997

Miyashiro, A. / Aki, K.: *Orogenese. Grundzüge der Gebirgsbildung*, Wien 1985

Kapitel 6

Klostermann, J.: *Das Klima im Eiszeitalter*, Stuttgart 1999

Küster, H.: *Geschichte der Landschaft in Mitteleuropa. Von der Eiszeit bis zur Gegenwart*, München 1999

Woldstedt, K.-H.: *Das Eiszeitalter*, Stuttgart 1965

Kapitel 7

Chaline, J.: *Paläontologie der Wirbeltiere*, Stuttgart 1999

Hungerbühler, A.: *Fossilien. Versteinerungen von Tieren und Pflanzen*, Stuttgart 1992

Keitel-Holz, K.: *Charles Darwin und sein Werk. Versuch einer Würdigung*, Frankfurt am Main 1982

Kapitel 8

Breuer, D.: *Krustenbildung und thermo-chemische Entwicklung terrestrischer Planeten: Erde und Mars im Vergleich*, Aachen 1994

Lutz, P.: *Sonnensystem & Sonnenfinsternis*, Lichtenau-Scherzheim 1999

Morrison, D.: *Planetenwelten. Eine Entdeckungsreise durch das Sonnensystem*, Kusterdingen 1999

Danksagungen

Die Fernsehserie wäre ohne das talentierte Team der Produzenten Robin Brightwell, Cynthia Page, Danielle Peck, Isabelle Rosin und Simon Singh und unsere kreativen und erfahrenen Assistenten Liz Drake, Chris Nicholas und Duncan Copp nie möglich gewesen. Wir alle haben vom Rat und der Hilfe unseres Executive Producers Richard Reisz, unseres Unit Managers Phil Checkland und des Produktionsleiters Sue Crane profitiert. Viele weitere haben wichtige Beiträge zur Fernsehserie geleistet, vor allem unsere Film Editors Jon Bignold, Christy Hanna, Helen Walker und Alice Forward, unser Designer Andrew Sides sowie Alex Hope und das Team der Moving Picture Company. Des weiteren gilt unser Dank Evonne Francis, Alex Branson, Cathy Walker und Paul Ralph für ihre unschätzbare Hilfe im Büro sowie an den Drehorten. Für ein Projekt dieser Größenordnung ist man auf gute Freunde angewiesen, und in dieser Hinsicht schulden wir alle Jana Bennett, ehemals Leiterin von BBC Science, Dank, die *Die Erdgeschichte* stets enthusiastisch gefördert hat und ohne deren Unterstützung die Serie nie realisiert worden wäre.

Glossar

Andesit Feinkörniges vulkanisches Gestein, benannt nach den Anden, hauptsächlich bestehend aus Feldspat, Pyroxen, vereinzelt Quarz und Olivin – die Zusammensetzung ist als intermediär definiert.

Asthenosphäre Schwacher Teil des Mantels, der unter der Lithosphäre anschließt

Atmosphäre Die Erde umgebende Gasschicht – nahezu die gesamte Masse der Atmosphäre befindet sich in den untersten 30 Kilometern.

Basalt Feinkörniges vulkanisches Gestein, das hauptsächlich aus Feldspat, Pyroxen und vereinzelt Olivin aufgebaut ist – die Zusammensetzung ist als basisch definiert.

Benioffzone Geneigte Zone einer Subduktionszone

***Black smoker* (schwarzer Raucher)** Säule aus heißem, schlammigem Wasser, das aus dem Meeresboden herausschießt

Chondrit Allgemein für Meteorit, der sphärische Strukturen aufweist, die Chondrulen genannt werden

Diskordanz Kontakt zwischen zwei Gesteinsformationen, der durch erhebliche Erosion vor der Ablagerung der jüngeren sedimentären Lage entstand (Erosionsdiskordanz).

Echolot Gerät zur Messung der Tiefe der Ozeane

Eiszeit Zeitraum in der Erdgeschichte, in dem große Eisdecken an Land exisitieren – wir befinden uns heute in einer Eiszeit.

Elastizitätsverhalten Folge der elastischen Eigenschaften der Erdkruste; bei einem Erdbeben springt die Erdkruste zurück wie ein elastisches Gummiband.

Eukaryonten Einzellige Organismen, die einen Zellkern und Organellen besitzen und Sauerstoff zum Überleben benötigen

Eulerpol Rotationsachse, die eine relative Bewegung zweier Platten beschreibt

Feldspat Mineral der Silikatgruppe, das häufig in vulkanischem Gesteinen vorkommt, vor allem in Graniten

Flüssigkeiten Substanzen, die zum Fließen fähig sind – auch feste Materialien können fließfähig werden.

Geschiebe Ungeschichtete Ablagerung von Gesteinsfragmenten, die von Gletschern transportiert und abgelagert wurden

Gesteinsschicht Lage sedimentärer Gesteine

Glazial Zeitspanne in einer Eiszeit, in der die Temperaturen am niedrigsten sind und die Eisdecken ihre größte Ausdehnung haben

Glaziales Maximum Kälteste Periode einer Eiszeit, in der die Eisdecken ihr größtes Ausmaß erreicht haben

Glimmer Gruppe silikatischer Gesteinsbildner, die eine blättrige beziehungsweise schichtartige Struktur aufweisen. Weißer Glimmer (Muskovit) dient als feuerfestes Scheibenmaterial an Öfen.

Gondwana Superkontinent, der vor etwa 200 Millionen Jahren existierte. Die späteren Kontinente Afrika, Südamerika, Australien, Indien und die Antarktis waren in ihm vereint.

Granat Gesteinsbildendes Silikat-Mineral, das hauptsächlich in metamorphen Gesteinen vorkommt

Granit Grobkörniges magmatisches Gestein, das hauptsächlich in der Erdkruste auftritt. Die Hauptbestandteile sind Quarz, Feldspat und Glimmer.

Halbwertzeit Zeitspanne, in der die Hälfte der Atome eines radioaktiven Elements zerfällt

***Hot spot* (heißer Fleck)** Ortsfeste vulkanische Aufschmelzungszonen außerhalb von Plattenrändern

Interglazial Zeitspanne in einer Eiszeit, wenn die Temperaturen am höchsten sind und die Eisdecken ihre kleinste Ausdehnung haben

Isotope Eine von zwei oder mehreren Formen eines Elements, die sich im Atomgewicht unterscheiden

Känozoikum Erdneuzeit, die den Zeitraum zwischen vor 65 Millionen Jahren und heute umfaßt

Kern Zentrum der Erde, in dem das erdmagnetische Feld erzeugt wird. Er besteht hauptsächlich aus Eisen und Nickel; der innere Kern ist fest, der äußere flüssig.

Kohlenstoffhaltiger Chondrit Bestimmte Form eines Meteorits, der eine ähnliche Zusammensetzung wie ein Solarnebel hat und reich an Kohlenstoff und Wasser ist

Kontinent Teil der Erdoberfläche, der von der Lithosphäre unterlagert wird und sich normalerweise über dem Meeresspiegel befindet

Kontinentale Kruste Äußerste Schicht des festen Erdkörpers im Bereich der Kontinente, die im Durchschnitt ungefähr 35 Kilometer dick ist (unterhalb von Gebirgsregionen bis zu 70 Kilometer). Sie ist reich an den Mineralen Quarz und Feldspat.

Kontinentalschelf Randbereich der Ozeane, der sich mehrere 100 Kilometer von der Küste weg erstreckt, in dem die Wassertiefen weniger als 200 Meter beträgt

Konvektion Fließmuster einer abkühlenden Flüssigkeit, in der heiße Bereiche aufsteigen und kalte absinken

Kruste Äußerste Schicht des festen Erdkörpers mit einer unterschiedlichen Zusammensetzung der unterlagernden Schichten

Lava Verflüssigtes Gestein, das während einer Eruption aus einem Vulkan fließt und sich an der Erdoberfläche verfestigt

Lithosphäre Äußerer fester Teil der Erdschale, die eine Platte bildet; sie besteht aus der Kruste und dem darunterliegenden oberen Teil des Mantels und ist etwa 100 Kilometer dick.

Mantel Bereich des Erdkörpers zwischen Kruste und Kern; der obere Teil des Mantels besteht hauptsächlich aus Olivin und Pyroxen

***Mantle plume* (Manteldiapir)** Heißer aufsteigender Bereich des Mantels an die Erdoberfläche, der Vulkanismus auslöst

Mesozoikum Erdmittelalter, das den Zeitraum von vor rund 250 bis 65 Millionen Jahren umfaßt

Metamorphes Gestein Gestein, das nach seiner Bildung einer Umwandlung durch Temperatur und Druck unterliegt

Meteorit Gesteinskörper, der aus dem All auf die Erde fällt

Mittelozeanischer Rücken Lineare Schwellenzone in der Mitte der Ozeane; neue ozeanische Kruste wird durch Vulkanausbrüche entlang der Scheitelzone der Mittelozeanischen Rücken gebildet.

Nebel Bereiche aus Gas und festen Partikeln im All

Olivine Gruppe silikatischer Minerale, die reich an Magnesium und Eisen sind; hauptsächlich im oberen Teil des Mantels zu finden

Ophiolithe Gesteinsformation, die alle drei Schichten der ozeanischen Kruste umfaßt; sie sind dem Mantelgestein aufgesetzt und wurden an Land entdeckt.

Ozeangraben Langer, tiefer Graben im Ozeanboden, in dem die Platten ins Erdinnere abtauchen

Ozeanische Kruste Kruste unterhalb der Ozeane, die eine Dicke von etwa 7 Kilometern aufweist und aus drei Schichten besteht: Im oberen Teil befindet sich eine dünne Schicht aus Sedimentgestein; die mittlere Schicht besteht aus feinkörnigem Vulkangestein (Basalt), die untere Lage aus grobkörnigem magmatischem Gestein.

Paläozoikum Erdaltertum, das den Zeitraum vor etwa 550 bis 250 Millionen Jahren umfaßt

Pangäa Superkontinent, der vor etwa 250 Millionen Jahren existierte und alle Kontinente in sich vereinte

Platten Gekrümmte feste Bereiche der äußeren Erdschale

(Lithosphäre), die sich relativ zueinander bewegen
Plattentektonik Bewegliches Verhalten von Platten
Postglaziales Elastizitätsverhalten Prozeß, bei dem die Erdoberfläche ihre ursprüngliche Gestalt wiedererlangt, nachdem sie durch das Gewicht riesiger Eisdecken eingedrückt worden war
Präkambrium Abschnitt der Erdgeschichte vor dem Paläozoikum
Primär- oder P-Wellen Form von seismischen Wellen, die durch Erdbeben hervorgerufen werden und das Erdinnere durchlaufen; die Wellenausbreitung ähnelt einer schwingenden Feder.
Prokaryonten Einzellige Organismen, die keinen Zellkern oder Organellen besitzen und keinen Sauerstoff zum Überleben benötigen
Pyroxene Gruppe silikatischer Minerale, die hauptsächlich in magmatischen Gesteinen und im oberen Teil des Erdmantels auftritt
Quarz Gruppe von gesteinsbildenden Mineralen, die aus Silicium und Sauerstoff (SiO_2) bestehen
Rodinia Superkontinent, der vor ungefähr 750 Millionen Jahren existierte und alle Kontinente in sich vereinte
Schiefer Mittelkörniges metamorphes Gestein, mit blättrigen Mineraleinschlüssen wie Glimmer, das in dünnen parallelen Platten bricht
Sedimentgesteine Gesteinsschichten, die sich aus älteren Gesteinsfragmenten zusammensetzen; diese werden auf der Erdoberfläche durch Wasser und Wind transportiert und später in Schichten abgelagert.
Sekundär- oder S-Wellen Form seismischer Wellen, die durch Erdbeben hervorgerufen werden und in Seitwärtsbewegungen das Erdinnere durchlaufen
Silikat Gesteinsbildendes Mineral, das den größten Teil der Erdkruste und des Erdmantels bildet; weitgehend aus Silizium und Sauerstoff zusammengesetzt
Solarnebel Nebel, aus dem das Sonnensystem entstand
Stromatolithen Gesteine, die durch Ausscheidung von Algen entstanden; sie bestehen aus mehreren dünnen, knollenartigen Schichten karbonatischer Minerale und aus Detritus.
Subduktionszone Bereich der Erde, in dem Lithosphärenplatten in den Erdmantel absinken
Tomographie (seismische) Erstellung von Bildern aus dem Erdinneren anhand von Erdbebenwellen
Transformstörung Verwerfung zwischen zwei Platten, die sich in horizontaler Richtung gegeneinander verschieben.
Vulkanbogen Kette von Vulkanen, die über einer Subduktionszone liegen
Vulkangestein Gestein, das als Ergebnis vulkanischer Aktivität entstand; es wird gebildet, wenn die geschmolzene Lava erstarrt.

Bildnachweis

BBC Worldwide dankt den folgenden Rechteinhabern für die Bildvorlagen sowie für die Abdruckgenehmigung der Fotografien. Obwohl wir mit größter Mühe versuchten, alle Copyright-Inhaber ausfindig zu machen und zu nennen, möchten wir uns für alle eventuell entstandenen Fehler oder Auslassungen entschuldigen.

Associated Press Seite 226u; **Ardea** Seiten 15, 190 (François Gohier), 180 (John-Paul Ferrero); Auszug aus der 1:63 360 **British Geological Survey-**Karte, Blatt 102 Assynt (S&D). © NERC 1965. Alle Rechte vorbehalten. Seite 25; **Chip Clark** Seite 31 (Artist/Peter Sawyer); **Dr. Peter Clark** Seite 133; **Sir John Clerk of Pemicuik** Seite 16; **Bruce Coleman Collection** Seite 22 (Nicholas De Vore); **Mary Evans Picture Library** Seite 20; **The Field Museum** Neg No: GEO808ZOc Seite 188; **Geological Society of America** Seite 46; **Getty Images** Seiten 111 (Raphael Koskas), 140–141 (John Warden); 170 (Robert Van Der Hilst), 190 (Larry Ulrich); **Glacier Garden, Lucerne** Seite 144; **Dr. Mike Hambrey** Seiten 143, 152–153; **Robert Harding Picture Library** Seiten 107, 109 (Douglas Peebles), 90–91; **Image Bank** Seiten 32–33 (Rob Atkins); **Institute of Geological and Nuclear Sciences Ltd** Seiten 114–115, 118, 156 (Lloyd Homer); **JOIDES** Seiten 55, 147; **Dr. Simon Lamb** Seiten 28, 29, 30, 64, 68, 69, 71, 74, 82, 83, 127, 131, 135, 139, 195; **Landform Slides** Seiten 99, 142, 145; **Cyril Laubscher** Seite 174; **NASA** Seiten 215, 221, 223, 226–227, 231, 232; **National Oceanic and Atmospheric Administration/National Environmental Satellite, Data Information Service/National Geophysical Data Centre** Seiten 44, 52; **Natural History Museum, London** Seiten 1, 95, 103, 185, 186–187, 191, 203, 212; **Planet Earth Pictures** Seiten 10–11 (Mike Read), 186 oben (Ken Lucas), 196 (Nigel Tucker), 199 (Gary Bell), 200 (Jonathan Scott), 202 (Anup Shah); **Rex Interstock/DPPI** Seite 93; reproduziert aus Philosophical Transactions of **The Royal Society** mit Genehmigung von Dr. B. Bullard Seite 35; **Science Photo Library** Seiten 2 (Earth Satellite Corporation), 6 (NASA), 17 (Martin Land), 21 (Rosenfeld Images Ltd), 23 (Roberto de Gugliemo), 36 (W. Haxby, Lamont-Doherty Earth Observatory), 59 (Dr. Ken Macdonald), 62/63 (Prof. Stewart Lowther); 65 (US Geological Survey), 76 (DLR, ESA), 75 (NASA), 87 (Alfred Pasieka), 110 (NASA), 126 (NASA), 138 (Massonnet et al/CNES), 151 (CSIRO), 154 (Munoz-Yague/Eurelios), 161 (NASA), 172–173 (John Reader), 178 (PH Plailly/Eurelios), 179 (Tony Craddock), 198 (Geological Survey of Canada), 204 (John Reader), 206–207 (David A. Hardy), 211 (Chris Butler), 213 (NASA), 214 (NASA), 222 (NASA), 224 (NASA), 225 (Novosti), 226 (US Geological Survey); **Dr. Mike Searle** Seiten 57, 125; **Sileshi Semaw** Seite 205; **Southampton Oceanography Centre** Seite 39; © by **Marie Tharp** 1977. Reproduziert mit Genehmigung von Marie Tharp, 1 Washington Avenue, South Nyack, NY 10960 Seite 42–43; **Tony Waltham** Seiten 67, 146; **Wood's Hole Oceanographic Institution** Seiten 32, 60, 61.

Die computergenerierten Abbildungen stammen von: **Dr. Philip England** Seite 129; **Hedrik-Jan van Heijst und John Woodhouse** Seite 106; **Lorcan Kennan** Seite 121; **Conall MacNiocall** Seite 81; **Graham Robertson** Seite 102; **Paul Valdes** Seite 160.

Alle Illustrationen wurden von **Gary Hincks** angefertigt, außer jene auf den Seiten 56, 66, 104, 105, 108, 148, 150, 154, 155, 164, 176 und 182–183 (zusammen mit Gary Hincks), die **Michael Eaton** anfertigte.

Register